中国信息经济学会电子商务专业委员会推荐教材

21世纪高等院校电子商务规划教材
21st Century University Series Textbooks of E-Commerce

U0914952

电子商务概论

（第2版）

Introduction to Electronic Commerce

童旺宇 吴红 明均仁 主编

人 民 邮 电 出 版 社
北 京

图书在版编目（CIP）数据

电子商务概论 / 童旺宇，吴红，明均仁主编. -- 2版. -- 北京 : 人民邮电出版社，2015.3（2015.12重印）
21世纪高等院校电子商务规划教材
ISBN 978-7-115-38368-6

Ⅰ. ①电… Ⅱ. ①童… ②吴… ③明… Ⅲ. ①电子商务－高等学校－教材 Ⅳ. ①F713.36

中国版本图书馆CIP数据核字(2015)第026623号

内 容 提 要

本书紧密结合我国电子商务应用的需要，根据近年来企业电子商务运营管理与发展的新形势和新特点进行编写。全书共 12 章，全面系统地介绍了电子商务的整体框架及其所涵盖的主要内容，强调相关概念、基本理论、技术支持和实际应用的完整性和成熟性；同时也强调研究成果的前沿性，与案例、报告、数据结合，力图反映出电子商务的最新发展趋势，使读者在阅读此书后能够对电子商务有一个清晰完整的了解，为后续课程的学习奠定基础。

本书既可作为高等院校电子商务、经济管理及计算机相关专业的教材或参考书，也可作为从事电子商务的实际工作者和相关领域管理人员的参考用书或培训教材，对于广大社会自学者也是一本非常有益的参考读物。

◆ 主　　编　童旺宇　吴　红　明均仁
责任编辑　王小娟
责任印制　张佳莹　彭志环

◆ 人民邮电出版社出版发行　　北京市丰台区成寿寺路 11 号
邮编　100164　　电子邮件　315@ptpress.com.cn
网址　http://www.ptpress.com.cn
三河市潮河印业有限公司印刷

◆ 开本：787×1092　1/16
印张：20　　2015 年 3 月第 2 版
字数：499 千字　　2015 年 12 月河北第 2 次印刷

定价：42.00 元

读者服务热线：(010) 81055256　印装质量热线：(010) 81055316
反盗版热线：(010) 81055315

Foreword 前言

第 2 版前言

电子商务作为现代科技进步和网络经济发展催生出的新型生产力，不仅在拉动内需、解决就业、扩大销售、促进经济发展、加速传统产业升级、提高企业竞争力等方面发挥着重要作用，而且也彻底改变了企业的生产制造与经营管理，深刻改变了企业商务活动的运营模式。

国内众多高校都相继开设了电子商务本科专业，为社会输入了大量相关人才，但是电子商务本身极快的发展速度和国内外企业观念的不断更新对本专业教学提出了更高要求，现有的教材急需更新扩充以满足高等院校电子商务相关课程的教学需要。为此，我们特组织相关优秀教师编写了这本教材。本书力求全面系统地介绍电子商务的整体框架及其所涵盖的主要原理、技术、发展趋势等，使读者在阅读此书后能够对电子商务的理论、技术、应用有一个清晰完整的了解，并为后续课程学习打下基础。

全书共 12 章，以学习者应用能力培养为主线，紧密结合我国电子商务应用的需要，按照电子商务商业活动的基本过程和规律，根据近年来企业电子商务运营管理与发展的新形势和新特点进行编写；每章都有案例分析和阅读资料，跟踪学科最新发展动态，考虑专业内容的更新，不仅讲解知识，还针对专业领域应用的迫切需要，提供与理论相结合的应用实例和报告数据，具有实用性、理论适中、案例丰富、通俗易懂、便于学习掌握等特点，以达到学以致用的目的。

本书由童旺宇（湖北工业大学）、吴红（汉口学院）、明均仁（武汉工程大学）担任主编，负责全书的组织设计、质量控制和统编定稿。具体章节编写如下：第一章、第三章、第四章由明均仁、王吕、张茜编写；第二章、第五章、第十章、第十二章由吴红编写；第六章、第七章、第八章、第九章、第十一章由童旺宇编写；唐文舒、高凯、郑慧、帅美青参与了相关资料和数据报告的整理。

在本书编写过程中，编者参阅借鉴、引用了国内外有关书刊资料、数据库和相关网站的信息与资料，收集、收录了大量的最新有关电子商务的案例、报告和相关法律法规，因为篇幅所限未能在文中一一注明，在此一并致谢。由于电子商务的不断发展和作者的水平有限，加之时间仓促，书中难免存在不当或错误之处，恳请同行与读者批评指正，以期改进。

编者

2014 年 11 月

Contents

目录

第一章　电子商务概述

本章要点

- ➢ 电子商务的定义
- ➢ 电子商务的特点
- ➢ 电子商务的分类
- ➢ 电子商务产生的背景和发展
- ➢ 各国电子商务发展概况

当前世界经济正向全球化、一体化方向发展，商业活动迅速扩展到了全世界的每一个地方，如何跨越不同的国家和地区来快捷地完成企业之间的交易过程也就成为各级商业对象的当务之急。Internet 的出现为商务活动的自动化和快捷化创造了有利的条件和全新的信息空间，同时对商业活动产生了前所未有推动和革新作用，电子商务也随之应运而生。

第一节　电子商务的含义

一、电子商务的定义

电子商务（Electronic Commerce，EC）一词起源于 1970 年左右，类似的术语还有 Electronic Business（电子商业），Electronic Transaction（电子交易），Electronic Trade（电子贸易），Electronic Business（电子业务），Electronic Consumer（电子消费），Cyber Shopping（网络贸易）等。

最初，人们对电子商务的认识是从"电子"和"商务"的字面含义而来的。所谓"电子"就是指通过电子方式，也就是不同于物理接触的方式，包括电子数据交换系统（Electronic Data Interchange，EDI）、电子邮件（E-mail）、电子公告系统（BBS），图像处理、智能卡等。所谓"商务"就是指商业交换活动，商务活动指围绕交易行为而发生的广告、交易、支付、服务等活动，它包括商业对象面向其外部而发生的交易行为，也包括商业对象内部为完成交易活动而展开的产品设计、生产、财务管理、营销策划和售后服务等活动。

发展至今，还没有一个较为全面、具有权威性的能够为大多数人广为接受的电子商务的准确定义。专家学者、政府部门、行业协会和 IT 公司从不同角度提出了各自的见解。这些定义各有不同的出发点与含义，它们从不同角度阐述了电子商务，从中也可以看到人们认识电子商务的一些探索。下面将一些较有代表性的定义汇集，以期帮助大家对电子商务有较为全面的认识。

1．学者对电子商务的定义

① 美国权威学者瑞维·卡拉科塔教授和安德鲁·温斯顿教授在他们的名著《电子商务的前沿》中指出，"广义地讲，电子商务是一种现代商业方法。这种方法通过改善产品和服

务质量、提高服务传递速度，满足政府组织、厂商和消费者的降低成本的需求。”

② 美国的 Emmelhainz 博士在其专著《EDI 全面管理指南》中，从功能的角度将电子商务定义为：通过电子方式，并在网络基础上实现物资、人员过程的协调，以便商业交换活动。

③ 美国 NIIT（National Institute of Information Technology）负责人 John Longenecker 从营销角度将电子商务定义为“电子化的购销市场，使用电子工具完成商品购买和服务”。

④ 西安交通大学李琪教授在其专著《中国电子商务》一书中指出：“客观上存在着两类或三类依据内在要素不同而对电子商务的定义。第一，广义的电子商务定义：电子工具在商务活动中的应用。电子工具包括从初级的电报、电话到 NII（National Information Infrastructure）、GII（Global Information infrastructure）和 Internet 等。现代系统商务活动是从泛商品（实物与非实物、商品与商品化的生产要素等）的需求活动到商品的合理、合法的消费除去典型的生产过程后的所有活动。第二，狭义的电子商务定义：在技术、经济高度发达的现代社会里，掌握信息技术和商务规则的人，系统化运用电子工具，高效率、低成本地从事以商品交换为中心的各种活动的全过程。”

⑤ 电子商务专家杨坚争教授对电子商务的定义：交易当事人或参与人利用现代信息技术和计算机网络（主要是互联网）所进行的各类商业活动，包括货物贸易、服务贸易和知识产权贸易。

2．政府、组织对电子商务的定义

① 全球信息基础设施委员会（GIIC）电子商务工作委员会报告草案中对电子商务定义如下。电子商务是以运用电子通信为手段的经济活动，通过这种方式人们可以对带有经济价值的产品和服务进行宣传、购买和结算。这种交易的方式不受地理位置、资金多少或零售渠道的所有权影响，公有和私有企业、公司、政府组织、各种社会团体、一般公民、企业家都能自由地参加广泛的经济活动，其中包括农业、林业、渔业、工业、私营和政府的服务业。电子商务能使产品在世界范围内交易并向消费者提供多种多样的选择。

② 联合国经济合作和发展组织（OECD）是较早对电子商务进行系统研究的机构，它将电子商务定义为利用电子化手段从事的商业活动，它基于电子数据处理和信息技术，如文本、声音和图像等数据传输；其主要是遵循 TCP/IP、通信传输标准，遵循 Web 信息交换标准，提供安全保密技术。

③ 世界贸易组织电子商务专题报告中，定义电子商务“就是通过电信网络进行的生产、营销、销售和流通活动，它不仅指基于 Internet 上的交易，而且指所有利用电子信息技术来解决问题、降低成本、增加价值和创造商机的商务活动，包括通过网络实现从原材料查询、采购、产品展示、订购到产品、储运及电子支付等一系列的贸易活动。”

④ 美国政府在其《全球电子商务纲要》中比较笼统地指出：“电子商务是指通过 Internet 进行的各项商务活动，包括广告、交易、支付、服务等活动，全球电子商务将会涉及全球各国。”

⑤ 欧洲议会在“欧洲电子商务发展倡议”给出的定义是：“电子商务是通过电子方式进行的商务活动。它通过电子方式处理和传递数据，包括文本、声音和图像。它涉及许多方面的活动，包括货物电子贸易和服务、在线数据传递、电子资金划拨、电子证券交易、电子货运单证、商业拍卖、合作设计和工程、在线资料、公共产品获得等。它还包括了产品（如消费品、专门设备）和服务（如信息服务、金融和法律服务）、传统活动（如健身、

教育）和新型活动（如虚拟购物、虚拟训练）等。”

3．企业对于电子商务的定义

① IBM 公司的电子商务（E-business）概念包括 3 个部分：企业内部网（Intranet）、企业外部网（Extranet）、电子商务（E-commerce）。它所强调的是在网络计算环境下的商业化应用，不仅仅是硬件和软件的结合，也不仅仅是我们通常意义下的强调交易的狭义的电子商务（E-commerce），而是把买方、卖方、厂商及其合作伙伴在因特网（Internet）、企业内部网（Intranet）和企业外部网（Extranet）结合起来的应用。它同时强调这三部分是有层次的：只有先建立良好的 Intranet，建立好比较完善的标准和各种信息基础设施，才能顺利扩展到 Extranet，最后扩展到 E-commerce。

② 通用电器公司（GE）认为：电子商务是通过电子方式进行商业交易，分为企业与企业间的电子商务和企业与消费者之间的电子商务。企业与企业间的电子商务：以 EDI 为核心技术，增值网和因特网为主要手段，实现企业间业务流程的电子化，配合企业内部的电子化生产管理系统，提高企业从生产、库存到流通各个环节的效率。企业与消费者之间的电子商务：以 Internet 为主要服务提供手段，实现公众消费和服务提供方式及相关的付款方式的电子化。

③ Intel 公司给出的电子商务定义是“电子商务=电子化的市场+电子化的交易+电子化的服务”。

④ HP 公司提出电子商务（EC）、电子业务（EB）、电子消费（EC）和电子化世界的概念。它对电子商务（E-Commerce）的定义是：通过电子化手段来完成商业贸易活动的一种方式，电子商务使我们能够以电子交易为手段完成物品和服务等的交换，是商家和客户之间的联系纽带。它包括两种基本形式：商家之间的电子商务及商界与最终消费者之间的电子商务。对电子业务（E-business）的定义：一种新型的业务开展手段，通过基于 Internet 的信息结构，使得公司、供应商、合作伙伴和客户之间，利用电子业务共享信息。E-business 不仅能够有效地增强现有业务进程的实施，而且能够对市场等动态因素作出快速响应并及时调整当前业务进程。更重要的是，E-business 本身也为企业创造出了更多、更新的业务动作模式。对电子消费（E-consumer）的定义：人们使用信息技术进行娱乐、学习、工作、购物等一系列活动，使家庭的娱乐方式越来越多地从看电视向上网转变。

4．本书对电子商务的定义

从上述不同定义可以看出，有关政府组织和学者们侧重于从电子商务运用的技术，以及对政府、企业和消费者的影响等方面界定电子商务。企业侧重于从企业经营管理的微观方面界定电子商务。它通过改进产品和服务质量、提高服务传递速度，满足政府组织、厂商和消费者的降低成本的需求；强调创造新的商机，以较少的投入获得较高的回报，创造商业价值。

我们认为理解电子商务应包含如下几层含义。

① 它采用多种电子方式，特别是它通过 Internet 进行；

② 它实现商品交易、服务交易（其中包含人力资源、资金流、信息服务等）。

③ 它包含企业间的商务活动，也包含企业内部的商务活动（生产、经营、管理、财务等）。

④ 它涵盖交易各个环节，如询价、报价、订货、售后服务等。

⑤ 它采用电子方式是形式，跨越时空、提高效率是主要目的。

综合以上分析，我们可以对电子商务做出这样的定义：电子商务是各种具有商业活动能力和需求的实体（生产企业、商贸企业、政府机构、个人消费者等）为了跨越时空限制，为了提高商务活动效率，从而采用计算机网络和各种数字化传媒技术等电子方式实现商品交易和服务交易的一种贸易形式。

二、电子商务的概念模型

电子商务概念模型是对现实世界中电子商务活动的一般抽象描述，它由电子商务实体、电子市场、交易事务和信息流、商流、资金流、物流等基本要素构成，如图 1-1 所示。

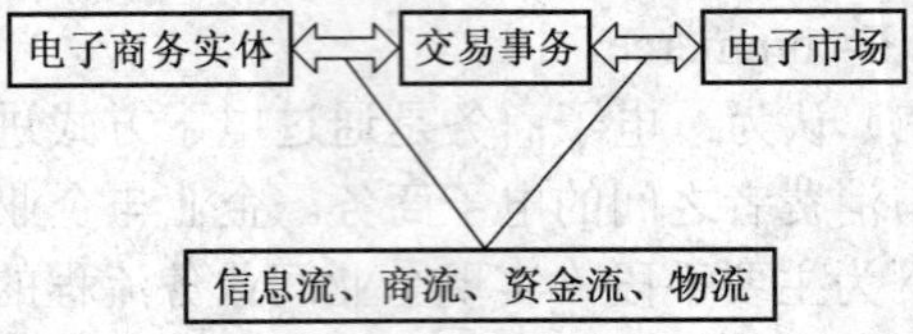

图 1-1　电子商务的概念模型

1．电子商务实体

在电子商务概念模型中，能够从事电子商务活动的客观对象被称为电子商务实体。它可以是企业、银行、商店、政府机构、科研教育机构或个人等。

2．电子市场

电子市场是电子商务实体在 Internet 上从事商品和服务交换的场所。在电子商务中，对于每个交易实体来说，所面对的都是一个电子交易市场，各种各样商务活动的参与者必须通过电子交易市场来选择交易的对象和内容，利用通信装置，通过网络联接成一个统一的整体。

3．交易事务

交易事务是指电子商务各实体之间所从事的具体的商务活动内容，如询价、报价、转账支付、广告宣传、商品运输等。

电子商务的每一笔交易都包含着信息流、商流、资金流、物流。其中信息流既包括商品信息的提供、促销行销、技术支持、售后服务等内容，也包括诸如询价单、报价单、付款通知单、转账通知单等商业贸易单证，还包括交易方的支付能力、支付信誉等。商流是指商品在购、销之间进行交易和商品所有权转移的运动过程，具体是指商品交易的一系列活动。资金流主要是指资金的转移过程，包括付款、转账、结算、兑换等过程。物流指交易的商品或服务等物质实体的流动过程，具体包括商品的运输、储存、配送、装卸、保管、物流信息管理等各种活动。

在电子商务模式下，信息流、商流、资金流的处理都可以通过计算机和网络通信设备实现。物流方面只有交易的无形商品可以直接通过网络传输的方式配送，如各种电子出版物、信息咨询服务、有价信息和软件等，而对于大多数商品和服务来说，仍然要经由传统的经销渠道，通过物理方式传输。

从电子商务的概念模型中不难看出，电子商务实质上是电子商务实体围绕交易事务通过电子市场发生的经济活动关系，产生这些经济活动关系是通过物流、资金流、商流、信息流来实现的。电子商务强调“四流”的整合，以物流为物质基础，商流为表现形式，信息流作为连接的纽带，引导资金流正向流动。

三、电子商务的特点

电子商务作为一种新型的不断发展成熟的交易方式，在信息流、商流、资金流、物流分离的情况下，具有全球化、数字化、低成本性、方便性、高效性、集成性、协调性和安全性的特点，下面对这八个特点分别进行简要阐述。

1. 电子商务的全球化

经济全球化和信息化是当今世界经济社会发展的趋势，各国各地区的人们正在有意识或无意识地被纳入世界经济社会体系之中，Internet 和电子商务的出现加速了这一进程。电子商务全球化，是指通过 Internet 展开的商务交易和商务服务，不受地理环境、国家区域等传统商务条件的限制。借助于电子商务技术和管理的帮助，消费者不仅可以与国内经营者交易，而且也可以和世界范围的任何经营者发生交易关系。任何一个企业都可以利用这个虚拟市场向全世界推销自己的产品。国内用户可以享受国外的信息服务，如搜索引擎、网络社区、即时通信等。数字化信息在网上自由的传播，交流速度快，内容全面，真实完善，极大地完善了全球的商务环境。

2. 电子商务的数字化

当商务及与商务活动相关的各种信息都以数字形式被采集、存储、处理和传输的时候，商务模式就发生了质的变化，数字生活、数字商务、虚拟企业等数字化形式就应运而生了。数字化具有的易于存储、查询、处理、修改信息等优越性，使人类将前进的方向与数字化牢牢地捆绑在一起。正是由于电子商务的数字化特点，它使得商务活动中的商流、资金流、和信息流都能够在计算机网络中迅速传输，形成“三流合 e”的商务模式。这使得现代商务活动朝着“无纸”商务、信息商务、快速商务的方向发展。

3. 电子商务的低成本性

电子商务使得买卖双方的交易成本大大降低。电子商务没有店铺成本，没有专门的销售人员，没有库存压力，这也是电子商务交易优于传统商务的突出特征之一。低成本对交易双方都是十分有利的，在具体实践中，尽管电子商务的模式有很多，但最终都体现了低成本这一优势，这也是电子商务被称为先进生产力的理由之一。

4. 电子商务的方便性

时间、空间限制是人们从事社会经济活动的主要障碍，也是构成企业经营成本的重要因素。Internet 遍及全球各个角落，电子商务贸易活动也随之遍布全球，电子商务把商业和其他业务活动所受的时空限制大大弱化了，从而降低了企业经营成本和国民经济运行成本。企业与企业间可以在网上方便地进行贸易合作、商业洽谈及商业信息传递等，用户能足不出户地查询商业信息、享受购物便利，同时也节约了耗费在搜寻产品服务上与浪费在交通上的时间成本，这体现了电子商务给人们带来的方便性。

5. 电子商务的高效性

由于在 Internet 上能实现电子数据交换，这使得电子商务中的各种商务活动所产生的商业文件、信息都可以在互联网上实现瞬间传递和自动处理，没有了传统商务活动中处理速度慢、费用高等缺点，极大提高了商务活动的运作效率和交易速度。并且，在互联网上发布信息具有高速、实时的特点，也能及时引导企业按市场需求作出快速反应，从而避免产品积压和过时现象。

电子商务为企业节省了大量的开销，无需营业人员、无需实体店铺，并可以提供全天候服务，提高销售量，提高客户满意度和企业知名度等。例如，瑞士一家覆盖全国的网上超市，全部经营管理人员只有 8 人，经营数千种商品，开业仅几个月就有数万客户，其商品的储存、运输及送货上门均由邮政部门承担。

6．电子商务的集成性

电子商务对事物处理有整体性和统一性，它能规范事务处理的工作流程，将人工操作和电子信息处理集成为一个不可分割的整体。集成性提高了人力和物力的利用效率。网络使企业可以自动处理商务过程，不再像以往那样强调公司内部分工。企业在 Internet 上可进行客户服务，使消费者更加便利。电子商务经济活动的领域打破了传统的各个产业、各个行业之间的经营界限，扩展到了涉及制造业、服务业、信息产业等领域的相互融通与合作，因而具有综合性特点。

7．电子商务的协调性

电子商务的迅速简便和友好界面可以反馈用户信息，决策者可以通过它获得高价值的商业情报和制订一体化方案。电子商务可以有效地促进现代物流活动和金融支付实现一元化管理。这种一体化管理使得供应链中的各个公司联系更加紧密，减少物流的重复环节，缩短物流流动的时间，从而提高现代物流的效率和效果。同时电子商务的标准化使包括编码、工具、设施等均符合国际标准，这是经济全球化、国际商务活动协调互通的需要。

8．电子商务的安全性

安全性是电子商务必须考虑的核心问题，它要求网络能够提供一种端到端的安全解决方案，包括加密机制、签名机制、分布式安全管理、存取控制、防火墙、安全 Web 服务器、防病毒保护等。国际上许多公司都联合开展了安全电子交易的技术标准和方案研究，出台了 SET（安全电子交易）和 SSL（安全套接层）等协议标准，使企业能够建立一种安全的电子商务环境。

四、电子商务的功能

电子商务通过 Internet 可以提供在网上交易和管理的全过程的服务，具有如下九大功能。

1．广告宣传

电子商务使企业可通过自己的 Web 服务器、网站主页（Homepage）和电子邮件（E-mail）在全球范围内进行广告宣传，树立企业形象和发布各种商品信息，客户使用网络浏览器可以迅速找到所需的商品信息。与其他各种广告形式相比，在网上的广告成本最为低廉，而给顾客的信息却最为丰富。

2．咨询洽谈

电子商务使企业可借助非实时的电子邮件（E-mail）、即时通信（Instant Messenger）、新闻组（NewsGroup）和实时的讨论组（Chat）来了解市场和商品信息、洽谈交易事务，如有进一步的需求，还可用网上的白板会议（White Board Conference）、公告板（BBS）、微博（MicroBlog）来交流及时的信息。在网上的咨询和洽谈能超越人们面对洽谈的限制，提供多种方便的异地交谈形式。

3．网上订购

企业的网上订购系统通常都是在商品介绍的页面上提供十分友好的订购提示信息和订购交互表格，当客户填完订购单后，系统回复确认信息单表示订购信息已收悉。快速便捷的网上订单，让企业商家能够更快、更好地处理订单业务。电子商务的客户订购信息采用加密的方式使客户和商家的商业信息不会被泄露。

4．网上支付

网上支付是电子商务交易过程中的重要环节，客户和商家之间可采用信用卡、电子钱包、电子支票和电子现金、网上银行、第三方代理支付等多种电子支付方式进行网上支付，采用在网上电子支付的方式节省了交易的开销。对于网上支付的安全问题，现在已有实用的 SET 协议、SSL 协议等来保证信息传输安全性，通过客户认证、数字签名和数据加密等技术措施的应用保证电子账户操作的安全性。

5．服务传递

电子商务通过服务传递系统将客户所订购的商品尽快地传递到已订货并付款的客户手中。对于有形的商品，服务传递系统可以对本地和异地的仓库在网络中进行物流的调配，并通过快递业务完成商品的传送；而对于无形的信息产品，如软件、电子读物和信息服务等，则立即从电子仓库中将商品通过网上直接传递到用户端。

6．意见征询

企业的电子商务系统可以采用网页上的“选择”、“填空”等设置及时收集客户对商品和销售服务的反馈意见，客户的反馈意见能提高网上交易售后服务的水平，使企业获得改良产品、发现市场的商业机会，使企业的市场运作形成一个良性的封闭回路。在电子商务交易中，消费者可以对所购买的产品进行评价，这些评价信息将为潜在的消费者提供看法和建议。

7．交易管理

电子商务的交易管理系统可以完成对网上交易活动全过程中的人、财、物、客户及本企业内部的各个方面进行协调和管理。电子商务的上述功能，为网上交易提供了一个良好的交易服务和进行管理的环境，使电子商务的交易过程得以顺利和安全的完成，并可以使电子商务获得更广泛的应用。

8．售后服务

在商务交易完成以后，企业通过电子商务了解用户使用产品情况，解答用户咨询的问题，征集用户对产品的意见，提供售后技术支持。售后服务行为，可以提高产品服务质量，提升企业品牌，有效提高用户的满意度，加强用户对产品的忠诚度。

第二节　电子商务的分类

一、按参与电子商务的主体分类

1．企业与消费者间电子商务（Business to Customer，B2C）

企业与消费者之间的电子商务可以说就是通过网上商店（电子商店）实现在线商品零售和为消费者提供所需服务的商务活动，这是大众最为熟悉的一类电子商务类型。目前，在 Internet 上有许许多多各种类型的虚拟商店和虚拟企业，提供各种商品和与商品销售有关的服务。

通过网上商店买卖的商品可以是实体化的，如书籍、鲜花、服装、食品、汽车、电视等；也可以是数字化的，如新闻、音乐、电影、数据库、软件及各类基于信息的商品；还可以是各类服务，如安排旅游、在线医疗诊断和远程教育等。开展 B2C 业务的网站可以是传统实体企业，如国美（www.gome.com.cn）、戴尔（www.dell.com.cn）等；也可以是专门从事网上销售的虚拟企业，如易趣（www.ebay.com.cn）。企业与消费者之间的电子商务引发了商品营销方式的重大变革，无论企业还是消费者都从中获益匪浅。据 2014 中国电子商务研究中心监测数据显示，2014 年上半年中国网络零售市场交易规模达 10 856 亿元，同比增长 43.9%，其中 B2C 企业网络零售市场交易规模有 3 111.6 亿元。

2．企业与企业间电子商务（Business to Business，B2B）

企业与企业的电子商务是指在 Internet 上采购商与供应商谈判、订货、签约、接受发票和付款及索赔处理、商品发送管理和运输跟踪等所有活动。企业间的电子商务包括了供应商管理、库存管理、销售管理、信息传递和支付管理等功能，通过这些功能的应用实现了减少订货成本，缩短周转时间，降低存货成本，促进存货周转，安全及时地传递订单、发票等所有商务文档信息及进行网上电子货币支付等业务。

B2B 方式是电子商务应用中最重要的和最受企业重视的一种形式。据中国电子商务研究中心监测数据显示，截至 2014 年 6 月，我国 B2B 电子商务服务网站达 12 030 家，同比增长 5.5%。目前在电子商务的交易额中所占的资金额度也最大。2014 年 8 月 27 日，中国电子商务研究中心发布了《2014 年（上）中国电子商务市场数据监测报告》。根据该报告截至 2014 年 6 月，中国电子商务市场交易额达 5.85 万亿元，同比增长 34.5%。其中，B2B 电子商务交易额达到 4.5 万亿元，同比增长 43.9%。

B2B 不仅适用于大企业之间，可利用企业间专门建立的网络完成买卖双方的交易，也适用于中小企业，通过诸如阿里巴巴之类的中介机构建立的平台，为每笔交易寻找最佳合作伙伴，完成从订购到结算的全部交易行为。根据中国电子商务研究中心的监测数据显示，截至 2014 年 6 月，国内使用第三方电子商务平台的中小企业用户规模（包括同一企业在不同平台上注册但不包括在同一平台上重复注册）已经突破 1 950 万元。

3．企业与政府间电子商务（Business to Government，B2G）

企业与政府之间的电子商务涵盖了政府与企业间的各项事务，包括政府采购、税收、商检、管理条例发布和法规政策颁布等。

政府在电子商务活动中扮演着两重角色：既是电子商务的使用者，进行商业购买活动，又是电子商务的宏观管理者，对电子商务起着扶持和规范的作用。政府作为消费者，可以通过 Internet 发布自己的采购清单，公开、透明、高效、廉洁地完成所需物品的采购。政府作为宏观管理者，对企业宏观调控、指导规范、监督管理的职能以电子商务方式更能充分、及时地发挥。借助于网络及其他信息技术，政府职能部门能更及时全面地获取所需信息，做出正确决策，做到快速反应，能迅速、直接地将政策法规及调控信息传达于企业，起到管理与服务的作用。

4．企业与员工间电子商务（Business to Employee，B2E）

B2E 为企业员工提供基于互联网的工具及由这些工具所启动的服务。B2E 最初的重点是为员工提供自助服务、电子学习、沟通渠道、社区服务和知识管理等一系列的服务。

随着 B2E 向“对泛企业的商务（Business-to-Extended enterprises）”模式的发展，一些企业正在拓宽 B2E 的范围：他们建立了可以向企业外部开展服务的模式与结构，向合作伙伴提供类似于向员工提供的服务、向客户提供经过筛选的服务。B2E 成为许多企业转型的平台，而现在 B2E 还被用来进一步改变企业与合作伙伴和客户的关系。

B2E 将使人力资本管理及员工关系管理从诸如员工福利、人事、薪资等人力资源的传统事项，发展到为企业员工及管理层提供服务的综合性系列工具。这个系列工具能通过实现合作、知识管理、电子学习、知识创新等提高企业及员工的生产力。

5．消费者与消费者间电子商务（Customer to Customer，C2C）

C2C 模式即消费者之间通过 Internet 进行相互的个人交易，如个人拍卖等形式。这种模式为消费者提供了便利与实惠，成为电子商务迅速普及与发展的重要环节。随着今后各种技术的进步，以及网上支付形式的变化和电子货币的推广和使用，可以相信 C2C 形式的电子商务也像在现实社会中的自由市场上的商品一样会得到同样的发展。

2014 年上半年网络零售企业继续抢占市场占有率，各个企业之间的竞争更加激烈。据中国电子商务研究中心监测数据显示，在国内 C2C 市场，淘宝的地位依旧稳固，截至 2013 年 12 月，淘宝占全部的 96.5%，而拍拍网占 3.4%，易趣网占 0.1%。

二、按网上支撑平台分类

按所利用的计算机网络划分，电子商务有基于企业内部网（Intranet）、企业外部网（Extranet）、互联网（Internet）和其他网络的 4 种类型的电子商务。

1．基于企业内部网（Intranet）的电子商务

Intranet 是采用互联网技术和产品所建立起来的企业内部专用网络，是一个针对企业的人员、信息的集成机制。在企业的生产经营中，Intranet 是生产管理的工具，也是产品设计的资源，还是巨大的数据库。例如，在 Intranet 上召开在线会议，发布经营计划、工艺流程说明、产品研制说明、设计跟踪、生产质量和交付程序、在线报表，利用网络进行运行信息跟踪，开展内部信息管理等。

基于 Intranet 的电子商务可以在企业内部普及电子邮件，可以保证企业各部门和人员充分享用 Internet 的全部功能，缓解传统信息传统过程中的丢失和歪曲现象。企业内部网与互联网联接，其间用“防火墙（Firewall）”隔离，从而实现了开放性与安全性的统一。目前，很多国内知名的大企业（如海尔、联想等）利用 Intranet 建立了自己内部集生产、管理、资金为一体的网络集成管理系统，用其进行的企业内部的电子商务活动，降低了内部管理成本和费用，加速了内部的资金周转和使用效益，获得了较好的效果。

2．基于企业外部网（Extranet）的电子商务

Intranet 是 Internet 的另一种应用，是 Intranet 的外部扩展和延伸。运用万维网技术扩展一个企业的内联网，形成企业间或同一企业不同地区间的 Extranet，增强了企业与其供应商和客户及企业各地区部门的联系速度和效率。随着现代信息技术的发展，企业联盟间、合作伙伴间都建立了彼此联系的 Extranet。

Extranet 所提供的是既充分利用互联网的方便，又具有安全性能的商品交易与行政作业环境。它能使企业和其他企业及相关机构如材料供应商、部件供应商、产品批发商、用户、银行、工商管理、税务部门等之间互访 Intranet，开展商品交易及相关作业，同时由于 Extranet 置于防火墙之后，拒绝非法外来访问，从而使得这种商务活动具有与电子数据交换和企业内部网同样的安全性。

基于 Extranet 的电子商务的业务流程在企业的内部和外部间流动，更多的动态信息包括商业文件也在网上进行传送。通过 Internet 来实现企业内部网之间的联接，既能够利用互联网覆盖面广的优点，扩大合作企业面，同时又能利用 Internet 降低成本。

3．基于互联网（Internet）的电子商务

基于Internrt的电子商务是指利用连通全球的Internet开展的电子商务活动，所涉及的领域广泛，如在线产品信息发布、在线订货、物流管理等，全世界各个企业和个人都可以参与。

基于Internet的电子商务不受地域范围的限制，在理论上既是一个全球市场环境，也是一个地域市场环境，还可以是一个行业市场环境。由于Internet功能齐全，如电子邮件、电子公告和新闻组、在线交谈、文件传输、远程登录、信息检索等，为开展各种内容的商务活动提供了技术支持，因此，基于它的电子商务基本上涵盖了贸易活动及相关行政作业的全部内容。

Internet是一个开放性网络，具有全球性、互动性、联接方便、联接费用低、信息资源及表现形式丰富和使用方便等特点，但是，它又同时存在着各种安全风险，开展这种电子商务活动对于安全技术及电子商务政策、法规建设有着很高的要求。

4．基于其他网络的电子商务

其他电子商务网络平台还包括EDI网络和其他增值网。

基于EDI网络的电子商务指利用EDI进行的电子交易，具有安全、可靠等特点。我国推行的“金字”工程中的“金关”就是EDI在我国的开发与应用。

基于其他增值网的电子商务，如大家熟悉的自动存／取款ATM、视频点播VoD（Video on Demand）及视频会议等都可归结到此类模式下，这些都是基于计算机网络的电子商务活动的重要补充。

三、按交易活动网上完成的程度分类

根据电子商务的交易过程是否可以在网络上完整地进行，从产品、代理渠道和销售过程方式等维度的数字信息化程度上划分，电子商务可以分为完全电子商务和不完全电子商务两种类型。

1．完全电子商务

完全电子商务是指完全通过电子商务方式实现和完成整个交易过程的交易。一些数字化的无形产品和服务如计算机软件、网络版书刊、娱乐内容（影视、游戏、音乐节目等）、电子订票、远程教育、旅馆订房等，供求双方直接在网络上完成联机订购或申请服务、付款、交付，而无需借助其他手段。完全电子商务交易对象限于无形产品和网上信息服务。目前，有网上订阅（在线服务、在线出版、在线娱乐）、付费浏览等商务模式。

2．不完全电子商务

不完全的电子商务是指无法完全依靠电子商务方式实现和完成整个交易过程，它需要依靠一些外部要素，如有形商品的交付过程仍然要采用传统的运输方式来完成交易。当产品、销售过程和代理人3个维度中的任意一项未能为数字化时则称为不完全电子商务。例如，通过网上购买图书等实物，且以邮政快递等运送形式交货，因而使这一过程处于不完全电子商务状态。一些物质和非数字化的商品无法在网络上供货，尚需借助其他一些外部辅助系统如运输系统、邮政系统等完成货物的运输与递送。专门的物流配送中心是这类电子商务的补充，其主要目的是完成它所欠缺的货物交付过程，使其具有接近于完全电子商务的形态和功能。

四、按交易的地域范围分类

按交易的地域范围，电子商务可以划分为本地电子商务、区域电子商务、国家电子商务、国际电子商务 4 种类型的电子商务。它们之间的差别主要表现在对于电子商务系统和电子商务环境方面有着特定的要求。

1. 本地电子商务

本地电子商务是指在本地区范围内开展的电子商务，交易双方都在本地范围之内，利用本地的电子商务系统开展商务活动。发展本地电子商务是我国电子商务发展的一个方向。网络消费者在同等情况下会优先从本地网站购买商品，在支付、配送和售后服务等方面也会享受到很多便利。本地电子商务系统是开展全国和全球电子商务的基础系统，因此，建立和完善本地电子商务信息系统是最终实现全球电子商务的一种途径。电子商务应该重视本地化服务。

2. 区域电子商务

区域电子商务是指在某一地理区域范围内进行的网上电子交易活动。其交易的地域范围较大，对软硬件和技术要求较高，要求在区域范围内实现商业电子化、自动化，实现金融电子化，交易各方具备一定的电子商务知识、经济能力和技术能力，并具有一定的管理水平和能力等。

2014 年 2 月，福建省出台“跨境贸易电子商务工作实施方案”，其中提出“建设海峡两岸跨境电子商务示范区，不断深化闽台电子商务合作，率先引进一批在台湾有影响力的电商企业，开展跨境网络零售业务，设立区域采购配送中心、研发中心、物流运筹中心，逐步形成海峡两岸电子商务产业链”。其发展电子商务主旨是：以应用电子商务推动现代商贸流通体系建设为出发点，完善发展环境，提高应用水平，加快产业带动，加强示范引导，走出一条既符合国际电子商务发展规律，又具有中国特色的发展道路；同时，作为海峡西岸经济区唯一的省会中心的区位优势辐射海西两岸，进一步促进两岸经贸交流，逐步形成两岸电子商务行业互动、资源共享、优势互补、互利共赢、共同发展的新格局。

3. 国家电子商务

国家电子商务是指在本国范围内开展的电子商务。在这种电子商务应用中，交易双方及相关部门分处国内的不同地区，利用本国电子商务开展商品交易和相关行政作业。国家电子商务在构成要素和联结网络上与区域电子商务没有本质区别，只不过在范围和规模方面提升到了国家级。远程国内电子商务要求具有一个全国性的电子商务环境，例如，要在全国范围内实现商业电子化、自动化，实现金融电子化等。

4. 国际电子商务

国际电子商务是指在全世界范围内进行的电子交易活动，参加电子商务的交易各方通过网络进行贸易活动。它涉及有关交易各方的相关系统，如买卖方国家进出口公司系统、海关系统、银行金融系统、税务系统、保险系统等。

综上所述，电子商务的分类可以按参与电子商务的主体、网上支撑平台、交易活动网上完成的程度及交易的地域范围等进行分类，如表 1-1 所示。

表1-1 不同标准的电子商务分类

分类标准	分类
参与主体	B2C、B2B、B2G、B2E、C2C
网上支撑平台	基于企业内部网、企业外部网、互联网的电子商务
交易活动网上完成的程度	完全电子商务、不完全电子商务
交易的地域范围	本地电子商务、区域电子商务、国家电子商务、国际电子商务

第三节　电子商务的产生与发展

一、电子商务产生的背景

电子商务的产生与发展，得益于全球经济一体化的迅速发展，得益于信息处理技术及通信技术的迅速发展和成熟，得益于相应商业环境的完善，同时商业自动化、企业管理信息系统的完善及金融行业的自动服务系统的形成也为电子商务的产生和发展奠定了基础。

1．电子商务产生与发展的商务背景

在商品经济条件下，经济规律作用的结果必然要求全球资源进行合理优化配置，从而形成经济全球化、市场国际化、社会分工国际化等，导致资本的大量转移和跨国公司的纷纷涌现，推动国际贸易的发展。自20世纪80年代后期以来，世界先后出现了欧洲共同体、北美自由贸易区、东南亚经济联盟和西方七国集团等多个跨国、跨地区的经济和贸易集团。随着各国经济的区域化、全球化，各国商业和经济的发展越来越多地依赖于国际商务业务，跨国、跨地区的商贸文件、资金流通和物资流动变得日益频繁。

由于国际商贸所涉及的内容繁多，既包括海关、税收，又包含结算和运输等，从而与内陆贸易有实质性的区别，而且各国之间对于这些业务的商务政策和处理方式又不同，这就造成了数据处理的急剧增长，原有的数据处理系统已经远远不能适应国际贸易商务发展的需要，只有开发新的商贸系统才能适应全球商贸发展的需要。

另外，国际贸易的迅速增长要求在贸易过程中，制造商、供货商和消费者之间，跨国公司和其各分公司之间需要努力提高商业文件、单证的传递和处理速度，提高处理的准确度，而传统的文件采用人工方式处理，劳动强度大、效率低、出错率高，因而追求商业贸易的“无纸化”成为所有贸易伙伴的共同需求。以纸为载体的贸易单证和文件成为阻碍国际贸易发展的另一个关键因素。

2．电子商务产生与发展的技术背景

信息技术的发展为电子商务的产生和发展奠定了坚实的技术基础，并且推动着电子商务应用的蓬勃发展。计算机的处理速度越来越快，处理能力越来越强，价格越来越低，都为电子商务的应用提供了物质基础；Internet逐渐成为全球通信与交易的媒体，全球上网用户呈级数增长，国际线路容量不断增大，带宽不断增加，特别是越来越多的用户使用宽带上网，Internet上的应用和服务也更加丰富，这些又为电子商务的发展提供了应用条件；网络计算技术的迅速发展，网络数据库也不断推陈出新，随着Web的诞生，许多商家开始采用Web应用系统来支持电子商务，Java语言的诞生进一步促进了Internet与网络计算的发展；计算机安全保障技术和网络安全技术的研究和发展，包括数据加密技术、数字签名技术和防火墙技术的应用等，为电子商务的发展提供了重要的保障。

现代意义上的电子商务是 Internet 技术成熟后才开始的。1990 年，Internet 进入以资源共享为中心的应用服务阶段；1991 年，美国政府宣布 Internet 向社会公众开放，允许在网上开发商业应用系统；1992 年，Internet 主干网上计算机发展到 4 500 台。1993 年，万维网（World Wide Web）在 Internet 上出现，这是一种具有处理图文、声像、超文本对象能力的网络技术，使 Internet 具备了支持多媒体应用的功能；到了 1995 年，Internet 上的商业信息首次超过了科教信息，这既是 Internet 此后爆炸性发展的标志，也是电子商务从此起步发展的标志。

3．电子商务产生与发展的环境背景

电子商务的产生与发展还离不开电子支付、网络安全及相关法律体系的完善等因素。以电子支付技术为基础的信用卡、电子钱包和电子货币的普及应用，为电子商务提供了金融基础环境。

1996 年 2 月，VISA 和 Master Card 两大信用卡国际组织共同制定保障在 Internet 上进行安全电子交易的 SET 协议，该技术协议得到了 Netscape、IBM、Microsoft 等一些技术领先的跨国公司的支持。SET 协议适用于电子商务 B2C 模式，进行围绕客户、商务、银行，或客户、商务、收单行/开户行及其他银行相关关系确认身份，以保障电子商务交易的安全。SET 协议的出台使得在一个安全的网络环境下完成购物和支付成为可能，为电子商务的产生与发展起到了关键的推动作用。

1994 年成立的美国网景公司 Netscape 致力推广 SSL 协议，用以弥补 Internet 上的主要协议 TCP/IP 在安全性能上的缺陷，因为 TCP/IP 难以确定用户的真实身份，从而可用于支持 B2B 方式的电子商务。

另外加拿大北方电讯公司 Nortel 所属的 Entrust 公司开发公钥基础设施技术 PKI，支持 SET、SSL、IP sec 及电子证书和数字签名，可弥补 SSL 协议的缺陷，IBM、SunMicrosystems 等公司均采用 Entrust 公司的 PKI 技术以支持 B2B 方式的电子商务能够进行安全结算。

总之，20 世纪 80 年代末期以 Internet 和 EDI 为代表的全球网络技术迅猛发展，推动了现代通信技术的不断更新，为人们从事各种经济和管理活动提供了极大的便利。于是各种借助于 Internet 和 EDI 技术的各种应用系统纷纷诞生了，例如，基于银行业务的自动银行系统，基于商贸往来资金兑换业务的电子资金汇兑系统，以及基于电子数据交换技术的商业电子数据交换系统。这些都为电子商务的发展奠定了物质基础，打下了良好的发展环境。

二、电子商务的发展阶段

1．基于 EDI 的电子商务

电子商务的最早应用是从 EDI 电子商务系统开始的。EDI 曾经在电子商务的发展过程中担当过非常重要的角色。

EDI 起源于 20 世纪 60 年代末，从概念的提出到技术的应用，都得到了政策和企业的大力支持，国际贸易、金融、海关、航空等领域得到迅速的应用。有关 EDI 的最初想法来自美国运输业，原因是运输业流通量大，货物和单证的交接次数多，而单证的交接速度常常赶不上货物的运输速度。当时的贸易商们在使用计算机处理各类商务文件的时候还发现，由人工输入一台计算机的 70%的数据是来源于另一台计算机输出的文件，过多的人为因素

也影响了数据的准确性和工作效率的提高。

任何一个企业其经营的最终目标都是“以最少的投入，获得最大的产出”。企业的经营方针已定，所以无论是强化经营管理，还是深入挖掘企业内部潜力，他们共同的目的都是降低生产经营成本，提高企业生产效率。过去，企业采取计算机技术曾使内部生产、管理等业务方面的生产效率大幅度提高，但是在外部经营环境方面，特别是各企业间的信息交流方面，计算机技术的优势远没有得到发挥。在当今全球经济相互依存与竞争日益强化的形势下，EDI 在国际、国内等贸易领域中受到经营者的高度重视。它在很大程度上改善了企业之间信息交换的不足，因此得到了广泛的应用。

在商业贸易活动中，企业需要与贸易伙伴进行大量的商务信息传递，选择适当的通信方式传送商务活动中的订单、合同、回执、账单和托运单等单证及执行各种商务功能是十分重要的。传统贸易过程的通信方式通常是参与贸易的有关各方通过电话、传真和邮递等方式进行贸易磋商、签约和执行。有关的贸易文件的制作和传输要通过人工来进行处理和邮寄。一个贸易过程要经过很多环节，含有同样交易信息的不同文件要经过多次重复处理才能完成。这就增加了重复劳动量和一些额外的开支，使出错的机会也增加了，给贸易双方造成不必要的损失。传统方式下贸易单证的传递方式如图 1-2 所示。

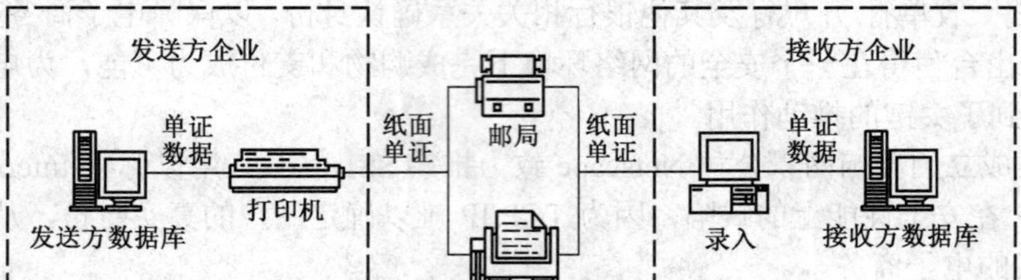

图 1-2　传统方式下贸易单证的传递方式

随着计算机技术和网络技术的不断发展和应用，人们开始探索用电子手段来代替传统的纸面的信息记录和信息传输方式（即用电子单据取代纸张单据），使人工干预降低到最低程度，从而增加信息的传递速度，消除信息的第二次录入，使出错的机会大大减少了。这种新的方式就是 EDI，也经常称无纸贸易。

EDI 是 Electronic Data Interchange 的英文缩写，译为“电子数据交换”。它是模拟传统商务单据流转过程，对整个贸易过程进行简化，EDI 并不仅仅是技术，更是一种数据通信的管理方法。进入 20 世纪 90 年代后，随着网络技术和信息技术的广泛应用和迅速发展，基于 EDI 的电子商务系统成为信息技术向商贸领域渗透的产物，用于计算机之间商业信息的传递，包括日常咨询、计划、询价、合同等信息的交换。EDI 条件下贸易单证的传递方式如图 1-3 所示。

关于 EDI 的定义，由于其发展和实施方法各有不同，所以有多种解释。在这里我们采用国际标准化组织为 EDI 下的定义：EDI 是将商业或行政事务处理，按照一个公认的标准，形成结构化的事务处理程序或消息报文格式，从计算机应用系统到计算机应用系统的数据传输方法。

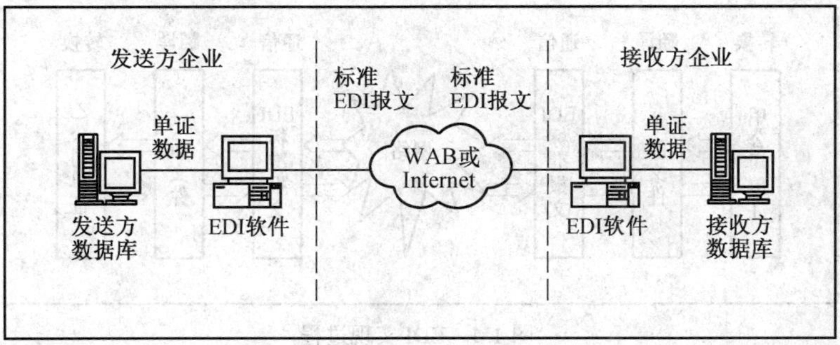

图 1-3 EDI 条件下贸易单证的传递方式

事实上，EDI 是一种用电子数据输入取代人工数据输入的方法。实施 EDI 的目的不仅仅是消除纸张，更重要的是消除邮寄的延误和丢失数据的重复输入。正确理解 EDI 的含义要把握以下几点。

① EDI 是计算机应用系统之间的数据传输。

② EDI 使用统一的标准编制被传输的资料。

③ EDI 使用电子方式进行数据的传输，是由计算机自动读取而无需人工干预的电子数据交换。

④ EDI 被广泛应用于商业贸易伙伴之间。

数据标准、EDI 软件及硬件和通信网络是构成 EDI 系统的三要素。

① 数据标准：EDI 标准是由各企业、各地区代表共同讨论、制订的电子数据交换共同标准，可以使各组织之间的不同文件格式，通过共同的标准，获得彼此之间文件交换的目的。

② EDI 软件及硬件：要实现 EDI，必须配备相应的 EDI 软件和硬件。

从硬件方面来看，EDI 所需的硬件设备大致有：计算机调制解调器、电话线和计算机。

从软件方面看，EDI 软件具有将用户数据库系统中的信息翻译成 EDI 的标准格式，以供传输交换的能力。虽然应用的灵活性很强，可以适应不同行业的不同需求，但由于不同行业的企业是根据自己的业务特点规定信息传输格式，因此当需要发送 EDI 电文时，必须用某些方法从公司的专有数据库中提取信息，并把它翻译成 EDI 的标准格式进行传输，这就需要 EDI 相关软件的帮助。EDI 软件包括格式转换软件、翻译软件和通信软件。

③ 通信网络：通信网络是实现 EDI 的手段。EDI 通信方式有多种，其中点对点的方式只有在贸易伙伴数量较少的情况下使用。但随着贸易伙伴数目的增多，当多家企业直接使用计算机通信时，就会出现由于计算机生产厂家不同、通信协议相异及工作时间不易配合等问题。为了克服这些问题，许多应用 EDI 的公司逐渐采用第三方网络与贸易伙伴进行通信，即增值网络（Value Added Network，VAN）方式，是由专门的网络服务商提供的增值服务。它类似于邮局，为发送者与接收者提供通信平台和邮箱维护，并提供存储转送、记忆保管、通信协议转换、格式转换、安全管制等服务功能。因此通过增值网络传送 EDI 文件，可以大幅度降低相互传送资料的复杂度和困难度，提高了 EDI 的效率。

EDI 的实现过程就是用户将相关数据从自己的计算机信息系统传送到有关交易方的计算机信息系统的过程，如图 1-4 所示。

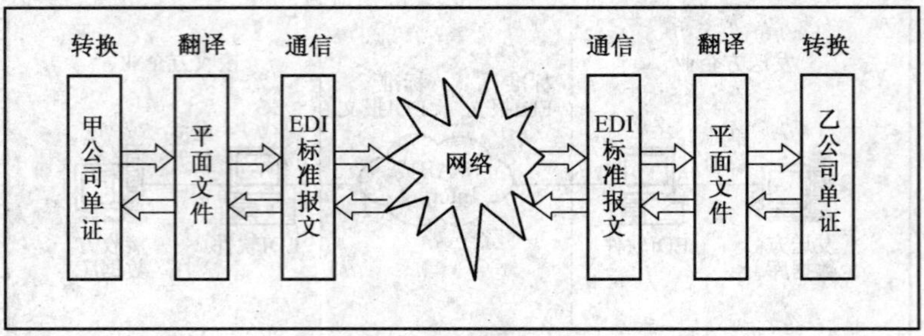

图 1-4　EDI 实现过程

EDI 具有以下的特征。

① EDI 是两个或多个计算机应用进程间的通信。

② 遵循一定语法规则与国际标准。

③ 数据是自动的投递和传输处理而不需人工介入，由应用程序对它自动响应，从而实现事务处理或贸易自动化。

④ 通信网络是 EDI 应用的基础，计算机应用是 EDI 的条件，标准化是 EDI 的关键。

从功能上划分，EDI 可以分为 4 类。第一类贸易数据互换系统（Trade Date Interchange，TDI）它用电子数据文件来传输订单、发货票和各类通知。第二类是电子金融汇总兑系统（Electronic Fund Transfer，EFT），即在银行和其他组织之间实行电子费用汇兑。第三类是交互式应答系统（Interractive Query Resonse，IQR），它可在旅行社或航空公司作为机票预订系统，根据顾客的要求确定目的地、时间、票价和其他信息。第四类是计算机辅助设计（Computer Aided Design，CAD）图形的自动传输。它主要应用于建筑行业，利用 EDI 传输设计图纸、订货、收据等。

EDI 的作用：

① 降低了纸张的消费；

② 减少了许多重复劳动，提高了工作效率；

③ EDI 使贸易双方能够以更迅速有效的方式进行贸易，大大简化了订货或存货的过程，使双方能够及时充分地利用各自的人力和物力资源；

④ 通过 EDI 可以改善贸易双方的关系，厂商可以准确地估计日后商品的需求量，保证自己的安全库存，商家也可以提高存货的效率，增强竞争能力。

EDI 的应用能增加贸易机会，提高贸易效率，实现“无纸”贸易，减少出错机会，降低成本，提高竞争力，有助于企业决策分析，密切伙伴关系。因为这些优势，其标准的国际化就成为人们日益关注的焦点之一。早期的 EDI 使用的大都是各地的行业标准，不能进行跨行业 EDI 互联，严重影响了 EDI 的效益，阻碍了全球 EDI 的发展。为促进 EDI 的发展，世界各国都在不遗余力地促进 EDI 标准的国际化，以求最大限度地发挥 EDI 的作用。其主要目的是消除各国语言、商务规定及表达和理解上的歧义性，为国际贸易实务操作中的各类单证数据交换搭起一座电子通信的桥梁。

2. 基于 Internet 的电子商务

EDI 的运用使得单证和文件处理的劳动强度、出错率和费用大为降低，效率大为提高，极大地推动了国际贸易的发展，显示出巨大的优势和强大的生命力。由于 EDI 通信系统的建立需要较大的投资，使用 VAN 的费用很高，因此限制了基于 EDI 的电子商务应用范围的扩大，而且EDI对于信息共享的考虑也较少，比较适合大型公司。随着大型跨国公司对信息共享的需求增加和中小公司对EDI的渴望，迫切需要建立一种新的成本低廉、能够实现信息共享的电子信息交换系统。

20世纪90年代中期以后，Internet迅速普及，其逐步走向企业和寻常百姓家，在功能上也由信息共享演变为一种大众化的信息传播工具。1991年以后，一直排斥在Internet之外的商业贸易活动正式进入这个王国，使电子商务成为Internet应用的最大热点。Internet也借助于商业应用而迅速发展。例如，以直接面对消费者的网络直销模式闻名的美国戴尔（Dell）公司、亚马逊（Amazon）网上书店、eBay拍卖网站，都是利用电子商务而获得了巨大的成功。面对电子商务如此迅猛的发展趋势，金融服务商摩根士丹利近期的一份研究报告显示，全球互联网用户持续增加，目前已经达到10亿人，并且用户分布更加分散。1995年，美国Internet用户数量占全球网民总数的65%，而2005年这一比例降至23%。美国曾是世界上使用Internet的头号大国，而现在很明显已经不是，中美两个国家的网民数量占整个世界的31%，其中中国网民在亚洲占51%。在2000年美国有95 000 000网民，在2010年为239 000 000。亚太及欧洲地区网民分别占全球总数的36%和24%。该报告显示互联网企业的资本规模越来越庞大。谷歌（Google）、雅虎、易趣（eBay）、雅虎日本和亚马逊（Amazon）的市场价值合计达到2 620亿美元，并且还在与日俱增。电子交易和网上银行的发展同样是日新月异。

以Internet为主的电子商务比以EDI为主的电子商务对企业具有更大的吸引力，这些优势主要体现在以下几个方面。

① 费用低廉。开放性的Internet，使用费用很便宜，一般来说，其费用不到VAN的1/4。

② 覆盖面广。Internet几乎遍及全球的各个角落，用户通过普通电话线就可以方便地与贸易伙伴传递商业信息和文件。

③ 功能更全面。Internet可以全面支持不同类型的用户实现不同层次的商务目标，如发布电子商情、在线洽谈、建立虚拟商店或网上银行等。

④ 使用更灵活。基于Internet的电子商务可以不受特殊数据交换协议的限制，任何商业文件或单证都可以直接通过填写与现行的纸面单证格式一致的屏幕单证来完成，不需要翻译，任何人都能看懂或直接使用。

Internet克服了EDI的不足，满足了中小企业对于电子数据交换的需要。Internet作为一个费用更低、覆盖面更广、服务更好的系统，将替代VAN而成为EDI的载体。在Internet基础上建立的电子信息交换系统，成本低廉且能实现信息共享，为在所有的企业中普及商务活动的电子化——电子商务提供了可能。基于Internet的EDI具备EDI和Internet的共同优势，因此，有人把通过Internet实现的EDI直接叫做Internet EDI。

3. E概念电子商务与移动商务

自2000年年初以来，人们对于电子商务的认识，逐渐由电子商务扩展到E概念的高度，人们认识到电子商务实际上就是电子信息技术同商务应用的结合。而电子信息技术不但可以和商务活动结合，而且还可以和医疗、教育、卫生、军事、政府等有关的应用领域结合，从而形成有关领域的E概念。电子信息技术同教育结合，孵化出电子教务——远程教育；电子信息技术和医疗结合，产生出电子医务——远程医疗；电子信息技术同政务结合，产生出电子政务；电子信息技术同军事联系，孵化出电子军务——远程指挥；电子信息技术和金融结合，产生出在线银行；电子信息技术与企业组织形式结合，形成虚拟企业，等等。

对应于不同的 E 概念，产生了不同的电子商务模式，有所谓的 E-B、E-C、E-G、E-H 等。随着电子信息技术的发展和社会需要的不断提出，人们会不断地为电子信息技术找到新的应用，必将产生越来越多的 E 概念。

除了 E 概念，M 概念渐渐进入消费者的视野。移动商务（Moble-commerce），是指通过移动通信网络进行数据传输，并且利用移动信息终端参与各种商业经营活动的一种新电子商务模式，它是新技术条件与新市场环境下的新电子商务形态。移动商务需要手机、便携式计算机、PDA 等可移动设备作为基础，利用无线通信技术联接网络，完成商务活动，具有无处不在、及时性、交互性、安全、个性化等优势。这些特点奠定了移动商务的无线商机。目前移动商务主要提现在信息服务和商务活动上。

第一，移动信息服务。用户可以使用许多基于手机等设备软件，获取信息服务，如天气预报、新闻、信息搜索、手机邮件等。第二，移动金融服务。手机银行渐渐普及，功能也越来越完善，用户可以通过移动端，随时查看自己账户信息、完成支付、股票交易等。第三，移动购物。用户通过无线网络，查询商品信息，确认订单，完成支付，甚至是获得商品或者服务。第四，移动办公。通过企业 WAP 上的移动邮局收发电子邮件，以“迅捷、安全、高效”的显著功能，提高办公效率。第五，娱乐。利用无线网络，用户可以随时随地进行下载音乐，观看视频，登录手机微博，进入手机社交网站等，不再局限于传统的有线网络设备。

2010 年中国移动电子商务实物交易规模达到 26 亿元，同比增长 370%。看好移动购物的发展方向，网站们纷纷抢占移动商务市场。淘宝、京东、当当、麦考林等各大网站发布手机版网上商城后，用户可以在手机、iPod touch 和 iPad 上实现网络购物。伴随着无线网络、移动终端的发展，移动通信费用的下降，移动商务将迎来高速发展时期。

第四节　各国电子商务的发展状况

一、国外电子商务的发展概况

1. 北美地区

美国在 20 世纪 90 年代中期开始了电子商务的革命，到 1999 年电子商务开始迅猛发展，伴随着 Internet 的急剧扩张，电子商务迅速席卷了美国社会的每一个角落，成为美国经济发展的一大热点。特别是 2000 年以来，美国电子商务营业收入保持着 28%的高速增长。

电子商务已成为美国经济中不可或缺的重要组成部分。根据 GIA（Global Industry Analysts）发布的调查数据表明，2013 年美国电子商务市场销售规模约为 2 630 亿美元，占比达到 5.8%，相比 2012 年的 2 255 万美元（约为 1.4 万亿人民币）增长 14.8%。2013 年美国移动端的电子商务交易额达 388.4 亿美元（约合 2 425.6 亿人民币），相较 2012 年的 248.1 亿美元（约合 1 549.4 亿人民币）增长 56.5%，预计到 2017 年移动商务交易额将高达 1 085.6 亿美元。另外，据美国互联网流量监测机构 comScore 发布数据显示，2013 年 11 月至 12 月假日购物季美国电子商务零售总额刷新历史，达 465 亿美元，同比上涨 10%。其中，“网购星期一”连续四年成为最旺在线消费日。eMarketer 表示，2013 年美国 B2C 电子商务销售额增长 12%，达到 3 848.0 亿美元；2012 年增长了 13.8%，达到 3 434.3 亿美元。2013 年美国网民的平均网络购物支出为 2 466 美元。由此看出，美国依旧是全球最大的

B2C 电子商务市场。

美国电子商务的成功可归因于多方面因素：开展的时间最早，信息高速公路的建设完备，人们消费观念超前等。此外，大批企业在激烈的竞争中逐渐认识到这种新型交易方式的独特优势，纷纷投入巨资对原有的经营模式进行改造。其中，美国政府支持和引导政策也起到了很大的促进作用。例如，为了使电子商务在法律的保护和规范下健康发展，美国先后颁布了一系列政策性规定，1995 年，美国政府发表了《全球电子商务纲要》，全面阐述了美国联邦政府对电子商务的立场、观点和战略思想，并拟定了一系列的原则，试图将其推广到世界各地；1997 年，美国政府发表了《全球电子商务框架》，对信息基础设施、管理框架和商务环境等方面的行动原则进行了规定；2000 年 2 月 13 日，美众议院通过《电子签名法案》，另外还有“全球电子商务选择税收政策”白皮书、《统一计算机信息交易法（UCITA）》、《电子签名法》等。

加拿大是全球电子商务最为发达的国家之一。2009 年，加拿大的国民上网普及率为 84.3%，世界排名第 12 位。2000～2008 年，加拿大的国民上网普及率上升了 120%。调查显示，2010 年加拿大 80%的 16 岁以上个人在使用 Internet。82%的居住人口在人口密集的城市区域 Census Metropolitan Areas （CMA）使用 Internet，其他区域则为 72%的人口在使用网络。根据加拿大独立企业联合会（Canadian Federation of Independent Business，CFIB）研究显示，89%的小企业拥有网络连接。有资料表明，加拿大 2010 年的全国居民宽带普及率为 98%；农村的宽带普及率为 96%。根据 eMarketer 提供的数据，2013 年加拿大电子商务销售额占总零售额的 4.5%，预计到 2018 年市场份额将会上升至 8.2%（439.5 亿美元）。

加拿大政府一直十分重视发展电子商务，将推动电子商务看作实现本国经济持续增长的一项重要经济发展战略。政府的目标是要确立加拿大在全球电子商务中的领袖地位，力争在全球范围内最大限度地获取新技术所带来的巨大经济利益。为了构建消费者在加拿大开展电子商务的信用和信心，加政府致力于在一个虚拟的市场中构建明确的规则，以保护个人信息的隐私，这主要通过联邦隐私法的实施及新通过的反垃圾邮件法的实施得以实现。加拿大《个人信息保护和电子文件法》（Personal Information Protection and Electronic Documents Act，PIPEDA）于 2004 年 1 月 1 日全面实施。2004 年 5 月，加拿大政府就电子认证制订了框架性原则（Principles for Electronic Authentication－A Canadian Framework），该原则即就电子认证在加拿大如何设计、开发和发展的统一准则或合意（shared agreement）。2010 年 12 月 15 日，加政府通过《反互联网和无线垃圾邮件法案》即 Bill C-28，该法旨在减少、阻止在加拿大生成的绝大多数具有威胁和欺骗形式的垃圾邮件，如身份窃取、网络仿冒、间谍软件等，以驱逐垃圾邮件的制造者。

2．欧洲地区

Internet 的飞速发展已经冲击了欧洲社会的各行各业，尤其是商业、法律、技术及金融等部门。有关研究发现，欧洲各国的 Internet 应用发展并不均衡。为了普及电子商务，欧盟采取了一系列措施。早在 1997 年 4 月 15 日，欧盟就提出了《欧盟电子商务行动方案》，规定了信息基础设施、管理框架和电子商务等方面的行动原则，以促进欧盟电子商务的发展和竞争力。

最新的“eEurope 2005”行动计划，目的在于提供更好的电子商务的发展环境，以加速欧洲产业的生产竞争力、促进公共服务现代化、改善教育品质，并让每个欧洲公民都享有全球化信息社会的利益。为了达到此项目标，“eEuroPe 2005”计划着重扩展全欧洲的网络，进行安全的宽带网络基础设施建设，以改善欧洲整体生产力，并为欧洲公民提供更多的网络服务。该计划主要可分为两个执行项目：其一是公共服务与电子化的应用与内涵的改进，该计划希望在 2005 年之前改善公共服务，特别是电子政务、电子教学等，并为企业提供良好的电子化整体环境；其二是在宽带基础建设与信息安全议题上，希望能够推动宽带市场自由竞争，降低宽带价格，进而促进宽带普及化。目前有 8.16 亿人生活在欧洲，其中网民人数为 5.65 亿，网购用户为 2.64 亿，社交媒体用户为 4.43 亿。欧洲人均年网购金额为 1 884 美元。

根据欧洲电子商务协会的数据统计：2013 年，欧洲的电子商务交易总额达到 4 969 亿美元（约合 3 630 亿欧元），同比增长 19%。其中有 46%来自服务交易，54%来自实物交易。其中，欧盟 28 国的电子商务交易总额为 4 352 亿美元，同比增长 18%。从网上零售来看，2013 年欧洲网上零售的交易总额为 50.36 亿美元，同比增长 18.68%，但仅占到了零售业总销售额的 5.7%。值得关注的是，欧洲网上零售已至少连续 5 年保持着两位数百分比的增长率。

意大利《共和国报》报道，根据意大利商会联合会研究显示，2013 年意大利电子商务交易额达 126 亿欧元，同比增长 15%。法国《回声报》报道称，根据法国电子商务协会（FEVAD）23 日公布的数据，截至 2014 年 6 月，法国共有网上商家 14.72 万家，同比增长 15%。据分析，法国电子商务交易额的大幅增加，主要原因是网上产品的不断丰富和网购人群的持续扩大。FEVAD 预测，到 2014 年年底，法国网上商家数量将超过 16 万家，2014 年全年电子商务交易额增长将超过 10%，达到 565 亿欧元。

Internet Retailer 发布的 2013 欧洲电子商务 500 强年度报告，欧洲领先的电子零售商取得了不错的成绩，集体增加了 17%的网络销售，达到 1 227.4 亿美元。

3. 亚太地区

Internet 在亚太地区已经深入到百姓的日常生活中，成为人们生活中不可分割的一部分，消费者开始主动地使用并依赖 Internet。

据韩国统计厅发表的《2012 年电子商务及网络购物动向》资料显示，2011 年韩国电子商务总额达 1 144.7 万亿韩元（约合人民币 6.5 万亿元），同比增加 14.5%。具体来看，企业间（B2B）交易额占 91.8%，同比增加 15.1%，消费者之间（C2C）的交易额增加 20.6%，企业和政府间（B2G）的交易额增加 6.6%，企业和消费者间（B2C）的交易额增加 6.0%。2012 年电子商务中网络购物交易额为 32.347 万亿韩元，同比增加 11.3%。2013 年第三季度韩国电子商务交易额达 292.034 万亿韩元（约合人民币 1.67 万亿元），同比增幅仅为 5.3%，环比减少 5.4%。从第三季度电子商务交易的具体内容来看，企业间的交易规模同比增加 4.8%，企业与政府间的交易增加 11.6%，企业与个人之间的交易增加 14.4%，个人之间的交易增加 14.8%。从网络购物的情况来看，第三季度交易总额为 9.6030 万亿韩元，同比增加 13.5%。

在亚太地区，日本的电子商务发展迅速。电子商务在日本经济活动中所占的地位越来越重要，并正在迅速改变着企业经营方式和人们的生活习惯。2012 年，日本 B2C 市场规模为 9.5 万亿日元，同比 2010 年增长 12.5%。同时，代表电子商务浸透指标的电子商务转化率约为 3.1%，同比 2010 年上升约 0.3%。日本狭义 B2B 市场规模约为 178 万亿日元，同比 2010 年增长 4.1%，不断扩大，代表电子商务浸透指标的电子商务转化率（在所有商务中，电子商务交易所占比率）为 17.5%（狭义），同比 2010 年增长 1.4%。

日本电子商务的发展得益于网络通信基础环境的迅速发展，具有鲜明特色的移动通信和移动上网的快速发展及拥有众多的便利店。根据企业界的要求，日本政府尤其是日本国际经贸部积极同私人机构合作，在日本经济的每一个商务活动中开展电子商务的促进计划。此外还加强电子商务预算，扶持电子商务企业发展。日本国际经贸部对电子商务进行分类：把商家和客户之间的电子商务称作客户电子商务，把商家和商家之间的电子商务称作公司电子商务。推动从研究部门到生产部门之间过程的数字化。

目前新加坡是世界上电子商务发展最为迅速的国家之一。《2000 年世界竞争力年鉴》把新加坡的电子商务基础设施列为亚洲第一、世界第四。据新加坡信息通信发展局和国家统计局的统计，新加坡电子商务收入近年来翻了几番，在新加坡 9 000 家公司中，98.7%的公司使用了互联网，包括在线销售和购买，以及与政府有关的网上服务。新加坡电子商务的大部分来自 B2B 业务，金融和会计业务是 B2B 电子商务收入的主要部分，占 56%，为 285.1 亿美元。增长率最高的行业是交通、存储和电信，幅度为 265%，其次是批发、零售和制造业。

新加坡是推广互联网较早和互联网普及率较高的国家。根据新加坡信息通信管理局（IDA）的信息产业统计调查，新加坡的信息产业收入在 2005 年、2006 年和 2007 年分别增长 8.9%、19.9%和 13.8%；2008 年达到 581 亿新元，比 2007 年增长 12.4%。在家庭信息化方面，2008 年新加坡家庭拥有计算机的比例达 80%，在家上网的比例达 76%，网上购物者的比例为 36%；在企业信息化方面，新加坡企业整体使用计算机的比例为 76%，拥有员工 50 人以上 200 人以下的企业使用计算机比例达到 99%，200 人以上员工的企业使用计算机的比例达到 100%。新加坡企业拥有自己网站的整体比例为 36%，员工在 50 人以上 200 人以下的企业拥有网站的比例为 78%，员工人数为 200 人以上企业拥有网站的比例为 90%。据新加坡通信及新闻部提供的数据，目前有 65.8%的新加坡人每天上网，90%的新加坡人拥有智能手机，70%的人用手机使用社交媒体。

4．其他地区

拉丁美洲是除了北美、欧洲和亚太地区之外，另一个大的电子商务区域。在智利首都圣地亚哥举行的“2012 电子商务日”活动中，受 VISA 公司委托，美洲经济网发布了一份名为《2012 拉丁美洲电子商务》的报告指出，拉美地区的电子商务规模将会持续增长，预计自 2010～2013 年期间，整个地区电子商务规模增长将超过 120%。2012 年拉美地区的电子商务消费额可能将达到 544.70 亿美元，远超过 2011 年 432.30 亿美元和 2010 年 302.64 亿美元。随着更为便捷的新型在线支付平台及功能日趋完善的移动设备层出不穷，这一强劲的增长势头将持续攀升。预计到 2013 年，拉美地区电子商务消费总额可能将高达 699.94 亿美元。具体来看，拉美各国 B2C 电子商务消费情况大不相同。巴西成为该地区的佼佼者，其国内 B2C 电子商务消费额占整个拉美地区总额的 59.1%；排在其后的分别为墨西哥（14.2%）、加勒比地区（6.4%）、阿根廷（6.2%）、智利（3.5%）、委内瑞拉（3.3%）、中美洲地区（2.4%）、哥伦比亚（2.3%）、秘鲁（1.4%）及其他所占份额更少的国家（1.21%）。拉丁美洲咨询机构 Tendencias Digitales 对拉美的网民的网络行为进行调查，数据显示，有 59%的上网用户在过去的一年在网络上购物。阿根廷、智利、乌拉圭的受访者位居前列。

根据 Internet Retailer 机构公布的最新数据，拉丁美洲电子商务发展迅速，吸引了像亚马逊这样的国际电商，其 2013 年在拉丁美洲市场的零售增幅达到 142%。据统计，拉丁美洲地区电子商务的年交易总额已超过 600 亿美元。在拉美国家中，智利和巴西的电子商务发展最为成熟，而墨西哥则发展最为缓慢。不过，目前拉丁美洲在线零售额只是亚马逊国际销售中的一小部分。Internet Retailer 估计，2013 年亚马逊全球交易额 299.3 亿美元中，拉丁美洲占 4.75 亿美元，比例仅为 1.6%，同时多数来自亚马逊增长最快的海外市场——巴西。据了解，亚马逊在拉丁美洲的交易额增幅分别是欧洲的 8.3 倍、中国的 3.7 倍和北美市场的 7 倍。不断成长的电子商务将推动拉丁美洲的收益， eMarketer 预测在该地区 B2C 电子商务销售额，不包括巴西，2014 年总额将达到 152 亿美元，2015 年增长将翻倍至 285 亿美元。

其他国家和地区，如南非、以色列、俄罗斯等，都拥有较发达的经济并拥有一定数量的 Internet 用户。例如，南非的上网人数比非洲其他国家加在一起还多，南非公布了最新互联网研究报告显示，由于南非互联网用户近年来发展迅速，2009 年南非互联网用户为 530 万；2010 年上升至 680 万；2011 年升至 850 万；到 2012 年年底前将突破 1 000 万。报告同时指出，目前南非大约 600 万用户通过台式计算机和笔记本计算机上网，大约 790 万用户通过手机上网。该报告分析指出，多种因素在推动南非互联网发展迅速，这其中包括先进的智能手机推广、光缆等现代化通信系统的使用及社会各种服务的需求等。

二、中国电子商务发展概况

我国电子商务发展从起步到高速发展经历了较漫长的时期，其大致可分为 5 个阶段。

萌芽与起步期（1990～2000 年）

1990～1993 年开展 EDI 的电子商务应用阶段。

1993～1997 年政府组织领导开展金关、金卡、金税等“三金工程”阶段，为电子商务发展打下了良好的基础。

1997 年，“易贸通”推出 Tradeeasy.comB2B 贸易入门网站。

1997 年 12 月，中国化工网（英文版）上线，成为国内第一家垂直 B2B 电子商务商业网站。

1998 年 10 月，美商网（又名“相逢中国”）获多家美国知名风险投资公司千万美金投资，是最早进入中国 B2B 电子商务市场的海外网站，首开全球 B2B 电子商务先河。

1998 年 2 月，由焦点科技运营的中国制造网（英文版）在南京上线。

1998 年 12 月，阿里巴巴正式在开曼群岛注册成立，1999 年 3 月其子公司阿里巴巴中国在我国杭州创建，同年 6 月在开曼群岛注册阿里巴巴集团。

1999 年 8 月，邵亦波创办国内首家 C2C 电子商务平台“易趣网”。

1999 年 5 月，“中国电子商务第一人”王峻涛创办“8848”涉水电子商务，并在当年融资 260 万美元，标志着国内第一家 B2C 电子商务网站诞生。

1999 年 6 月，《数字化经济》一书在 8848 首发，成为中国网上首发图书第一例。

1999 年 9 月 6 日，中国国际电子商务应用博览会在北京举行，是中国第一次全面推出的电子商务技术与应用成果大型汇报会。

1999 年 9 月，招商银行率先在国内全面启动“一网通”网上银行服务，建立了由网上企业银行、网上个人银行、网上支付、网上证券及网上商城为核心的网络银行服务体系，并经央行批准成为国内首家开展网上个人银行业务的商业银行。

1999 年 12 月，建设银行在京宣布推出网上支付业务，成为国内首家开通网银的国有银行。

1999 年，中国网库推出“中国网络黄页”，并在全国各地开通了地方 114 网，并以各地 114 网为基础为企业提供网络信息化应用等全套服务。

冰冻与调整期（2000～2003 年）

2000 年新年、春节前后的旺季，中国 B2C 电子商务迎来的第一个节日网购销售高峰。

2000 年 4 月，于 1992 年成立的慧聪国际推出了慧聪商务网，即现在的慧聪网。

2000 年 5 月，卓越网成立，为我国早期 B2C 网站之一。

2000 年 6 月 21 日，中国电子商务协会正式成立。

2000 年 12 月，阿里巴巴在 1999 年 10 月获高盛等公司 500 万元天使投资的基础上，获日本软银等境外财团联合投资 2 500 万美元，由此开始奠定阿里巴巴电子商务王国的基础。

2001 年 7 月 9 日，中国人民银行颁布《网上银行业务管理暂行办法》。

2001 年 10 月，中国化工网成功打赢“中国入世跨国知识产权第一案”，捍卫了对全球化工顶级域名 chemnet.com 的所有权，成为我国互联网领域知识产权官司的标榜。

2001 年 11 月，中国电子政务应用示范工程通过论证，这标志着中国向“电子政府”迈出了重要一步。

2002 年 3 月，全球最大网络交易平台 eBay 以 3 000 万美元的价格，购入易趣网 33%股份。

2002 年 7 月 3 日，召开的国家信息化领导小组第二次会议，审议通过了《国民经济和社会发展第十个五年计划信息化重点专项规划》、《关于我国电子政务建设的指导意见》和《振兴软件产业行动纲要》。

2002 年 9 月，王峻涛创办 6688 电子商务网站，二度进军 B2C 网上商城。

复苏与回暖期（2003～2006 年）

2003 年 5 月，“非典”给电子商务带来了意外的发展机遇，各 B2B、B2C 电子商务网站会员数量迅速增加，并且部分实现盈利，C2C 也由此酝酿变局。

2003 年 5 月，阿里巴巴集团投资 1 亿人民币成立淘宝网，进军 C2C；随后几年内，渐改变国内 C2C 市场格局，而网购理念与网民网购消费习惯也进一步得到普及。

2003 年 6 月，eBay 以 1.5 亿美元收购易趣剩余 67%股份，国内最大 C2C 企业由此被外资全盘并购。

2003 年 10 月，阿里巴巴推出“支付宝”，致力于为网络交易用户提供基于第三方担保的在线支付服务，正式进军电子支付领域。

2003 年 12 月，慧聪网（08292-HK）香港创业板上市，为国内 B2B 电子商务首家上市公司。

2004 年，阿里巴巴集团与 Intel 公司合作建设中国首个手机电子商务平台。

2004 年 1 月，阿里巴巴集团董事局主席马云正式提出“网商”概念。

2004 年 1 月 8 日，中国电子商务“先驱”8848 在京“复出”回到电子商务领域，转型专注做“中国电子商务引擎”。

2004 年 6 月，“第一届网商大会”在杭州举办。

2004 年 8 月，亚马逊以 7 500 万美元协议收购卓越网，并更名为卓越亚马逊。

2004 年 8 月 28 日，第十届全国人大常委会第十一次会议表决通过了《中华人民共和国电子签名法》，于 2005 年 4 月 1 日起施行。

2004 年年底，信息化领导小组第四次会议，通过了《关于加快电子商务发展的若干意见》。

2005 年 2 月，支付宝推出保障用户利益的“全额赔付”制度，开国内电子支付的先河；当年 7 月又推出“你敢用，我敢赔”的支付联盟计划。

2005 年 4 月 1 日，《电子签名法》正式施行，奠定了电子商务市场良好发展态势的基础，也是中国信息化领域的第一部法律。

2005 年 4 月 18 日，中国电子商务协会政策法律委员会组织有关企业起草的《网上交易平台服务自律规范》正式对外发布。

2005 年 8 月，阿里巴巴并购雅虎中国全部资产，同时得到雅虎 10 亿美元投资，雅虎则拥有 40%股份，由此成为阿里巴巴最大控股股东。

2005 年 9 月 12 日，腾讯依托 QQ 逾 5.9 亿的庞大用户推出“拍拍网”，C2C 三足鼎立格局渐形成。

2005 年 10 月 26 日，中国人民银行出台《电子支付指引（第一号）》，全面针对电子支付中的规范、安全、技术措施、责任承担等进行了规定。

崛起高速发展期（2006～2008 年）

2006 年 3 月，“第一届中小企业电子商务应用发展大会”在北京举行。

2006 年 5 月，环球资源入购慧聪国际 10%已发行股本，结成“中国最大 B2B 战略联盟”，直至 2007 年 12 月撤资。

2006 年 6 月，商务部公布了《中华人民共和国商务部关于网上交易的指导意见》（征求意见稿）。

2006 年 10 月，慧聪网与分众无线联手推出国内首个无线 B2B 平台。

2006 年 11 月，创立于 1999 年的 B2B 电子商务商之一亚商在线，被世界 500 强公司之一的 Office Depot 收购，亚商在线是中国当时最大的办公用品与办公服务 B2B 电子商务公司，Office Depot 公司是世界最大的电子商务零售商之一，网上年销售额达 38 亿美元。

2006 年 12 月 15 日，电子商务领军企业网盛科技（002095，SZ）登陆深圳中小企业板，标志着 A 股“中国互联网第一股”诞生，由此改变了十年来我国互联网产业与资本市场的无一境内上市公司的尴尬历史。

2006 年 12 月，eBay 和 TOM 在线建合资公司 TOM 易趣，分别持股 49%和 51%。

2007 年 3 月 6 日，商务部发布了《关于网上交易的指导意见（暂行）》。

2007 年 4 月，PPG 共获得 5 000 万美元的国际风险投资，这种无店铺、无渠道的 B2C 新型电子商务直销模式，表明传统产业与电子商务的进一步融合。

2007 年 4 月，网盛科技宣布正式推出“基于行业网站联盟的 B2B 门户与搜索平台——生意宝（Toocle.cn），首开由垂直 B2B 转型综合 B2B 之先河，国内综合 B2B 市场由此渐跨入多元化良性竞争阶段。

2007 年 6 月 1 日，国家发改委、国务院信息化工作办公室联合发布我国首部电子商务发展规划——《电子商务发展“十一五”规划》，首次在国家政策层面确立了发展电子商务的战略和任务，这是我国第一个国家级的电子商务发展规划。

2007 年 6 月，我国行业网站首例并购案宣告完成，网盛科技斥资 1 000 万元 51%控股并购中国服装网（efu.com.cn），由此揭开了我国行业网站整合大幕。

2007 年 6 月，“中国行业网站投资与发展高峰论坛”在杭州举行，这是我国行业网站与资本的首次大规模对接。

2007年7月，“金算盘”推出国内第一个面向中小企业用户的全程电子商务平台。

2007年8月，“今日资本”向京东商城投资1 000万美元，开启国内家电3C网购新时代。

2007年10月，“MadeInChina慧聪网”上线，标志着慧聪网开始涉足外贸领域。

2007年11月6日，开曼群岛注册成立的阿里巴巴网络有限公司（1688-HK）成功在香港主板上市，融资16.9亿美元，创全球互联网企业融资额第二大纪录。

2007年12月17日，国家商务信息化主管部门商务部，公布了《商务部关于促进电子商务规范发展的意见》。

转型与升级期（2008年至今）

2008年5月，中国电子商务协会授予杭州为“中国电子商务之都”称号。

2008年9月，百度“有啊”宣布上线，正式进军C2C。

2009年5月，当当网宣布率先实现盈利。

2009年5月，继“生意宝”推出“生意人脉圈”涉水SNS后，淘宝、阿里巴巴也随之先后推出相应SNS产品，由此，标志着当前最热门的SNS在我国跨入“电子商务时代”。

2009年6月，宁波市在提出打造“行业网站总部基地”之后，又宣布打造“电子服务之都”的目标。

2009年6月，视频网站土豆网、优酷网先后启动将视频技术与淘宝的网购平台相结合，共同提升用户网络购物的真实体验，推出“视频电子商务”应用技术。

2009年6月，“国家队”银联支付与B2C企业当当网签订合作协议，这是银联支付成立7年来，首度进入电子商务支付领域，与在线第三方支付市场领导支付宝形成了正面竞争。

2009年7月，淘宝网诚信自查系统上线，为C2C历史上规模最大的一次反涉嫌炒作卖家自查举措。

2009年9月，卓越亚马逊再次推出全场免运费与当当网相持，这是两大行业竞争者十年来首次同时免运费，标志着“免运费”将开始成为B2C行业标准规则。

2009年9月，“首届电子商务与快递物流大会”在杭州休博园召开，其宏观背景是，物流快递行业作为电子商务的支撑产业之一，近几年在第三方电子商务平台的带动下得到了快速发展。

2010年3月起，团购网站在中国逐渐兴起。

2010年5月，国家工商行政管理总局正式公布《网络商品交易及有关服务行为管理暂行办法》。

2011年3月起，中国互联网大企业纷纷宣布开放平台战略，改变了企业间原有的产业运营模式与竞争格局，竞争格局正向竞合转变。

2012年1月，淘宝商城宣布正式更改其中文名称为“天猫”，随着B2C的发展，它将提供一个定位和风格更加清晰的消费平台。

2013年10月，为实现线下与线上融合的“O2O“商业模式，友阿股份与腾讯公司旗下的腾讯·大湘网签订了合作协议，依托腾讯微信平台和会员入口，建设“友阿微购youa-wego”微信公众平台。

2014年9月，阿里巴巴上市。

1．基础设施发展

根据CNNIC发布的最新数据，截至2014年6月，我国网民数量已经增至6.32亿人，较2013年年底共增加1 442万人，在总人口中的比重攀升到44%。网络普及率为46.9%，较2013年年底提高了1.1个百分点。

截至2014年6月，我国手机网民规模达5.27亿，较2013年年底增加2 699万人，手机网民规模继续保持稳定增长。手机上网已经成为Internet用户新的增长点，移动网络和手机终端在我国网络发展中起着越来越重要的作用，更催生出更多新的应用模式，重构了传统行业的业务模式，带来网络经济规模的迅猛增长。

截至2014年6月，中国域名总数达到1 873万个，其中，.COM域名是706万个，占我国域名总数的36.9%。.CN的域名总数是1 065万，占总数的55.6%。.NET域名总数是832 521个，占总数的4.3%。.ORG域名总数是189 214个，占总数的1.0%。其他类域名数为396个，占总数的0.1%，另外，“中国”域名总数达到28万。如表1-2所示。

表1-2　我国分类CN域名数（资料来源：中国互联网信息中心）

域名	数量（个）	占CN域名总数比例
cn	8 506 143	79.8%
com.cn	1 093 941	10.3%
net.cn	150 207	1.4%
gov.cn	56 348	0.5%
adm.cn	765 605	7.2%
org.cn	66 806	0.6%
edu.cn	4 327	0.1%
ac.cn	1 1262	0.1%
mil.cn	70	0.0%
合计	10 654 709	100.0%

目前中国的国际出口带宽已经有 3 776 909Mbit/s，使中国与国际互联网连接的能力进一步增强。如表1-3所示。

表1-3　主要骨干网络国际出口带宽数（资料来源：中国互联网信息中心）

主要骨干网络	国际出口带宽（Mbit/s）
中国电信	2 428 803
中国联通	922 875
中国移动	337 629
中国科技网	22 600
中国教育和科研计算机网	65 000
中国国际经济贸易互联网	2
合计	3 776 909

2．电子商务法律法规环境

我国发展电子商务的环境（网络基础建设等运行环境、法律环境、市场环境网上支付、信息安全、认证中心建设等条件）逐步完善，国家有关电子商务的政策、法规逐步出台，已为电子商务的发展建立了基本的条件。整体上，我国信息安全环境不容乐观，有 74.1% 的网民在过去半年内遇到过信息安全问题，总人数达 4.38 亿。网上消费欺诈造成了用户对互联网商务类应用安全的担忧、抵制和排斥情绪，影响了商务类应用的可持续发展。为了推动网民商务类应用的深化，管理部门需要尽快完善有关法律法规和监管体系，通过政府、企业、行业协会和用户多方参与，共同维护绿色、健康的网络消费环境。

我国政府也非常重视有关电子商务应用与发展中的安全问题，已经成立和相继成立的行业认证中心，如电信、海关、中国人民银行牵头组织的安全认证中心，上海、广州等城市的认证中心，与安全标准、电子签名、密码系统等相关核心技术的开发都得到重视并正在完善中。为了加强对国内电子商务认证机构的管理，信息产业部（现工业和信息化产业部）于 2001 年 12 月 10 日成立国家电子商务认证机构管理中心。由信息产业部信息化推进司负责对该管理中心的业务指导和管理，中国电子商务协会具体承担管理中心的日常工作。

2004 年 8 月 28 日，第十届全国人大常委会第十一次会议表决通过了《电子签名法》。这部法律规定，可靠的电子签名与手写签名或者盖章具有同等的法律效力。《电子签名法》的通过，标志着我国首部“真正意义上的信息化法律”正式诞生。该法于 2005 年 4 月 1 日起施行。《电子签名法》的出台将增强网上交易的安全性、有效性，较大程度解决电子商务的法律障碍，将对中国电子商务、电子政务的发展起到极其重要的促进作用。

为了配合《电子签名法》的实施，2005 年 1 月 28 日信息产业部第十二次部务会议审议通过了《电子认证服务管理办法》，并于 2005 年 4 月 1 日起与《电子签名法》同步开始施行。

2004 年年底由国务院办公厅下发的《关于加快电子商务发展的若干意见》要求有关部门本着积极稳妥推进的原则，加快研究制定电子商务税费优惠的财税政策，加强电子商务税费管理；支持企业面向国际市场在线销售和采购，鼓励企业参与国际市场竞争。并且，今后政府采购将积极应用电子商务。此外，推进在线支付体系建设也是这项政策的一个重要方面。该文还要求有关部门加紧制定在线支付业务规范和技术标准，研究风险防范措施；积极研究第三方支付服务的相关法规，引导商业银行、中国银联等机构建设安全、快捷、方便的在线支付平台，推动在线支付业务规范化、标准化并与国际接轨。在认真贯彻实施《电子签名法》的基础上，有关部门还将抓紧研究电子交易、信用管理、安全认证、在线支付、税收、市场准入、隐私权保护、信息资源管理等方面的法律法规问题，尽快提出制定相关法律法规的意见；并将加快制定在网上开展相关业务的管理办法，推动网络仲裁、网络公证等法律服务与保障体系建设。

另外，2005 年 1 月 8 日，《国务院办公厅关于加快电子商务发展的若干意见》明确提出了加快电子商务发展的基本原则。2007 年 6 月 1 日，国家发展和改革委员会、国务院信息化工作办公室联合发布了我国首部电子商务发展规划——《电子商务发展“十一五”规划》。2009 年 5 月 9 日，全国首部地方性电子商务法规《上海市促进电子商务发展规定》正式实施，并且明确地定义“电子商务”是通过互联网进行销售商品、提供服务等，另外还规定从事电子商务的企业应当根据国家有关规定，取得相关执照。2010 年 7 月 1 日，《网络商品交易及其有关服务行为管理暂行办法》开始实施，该《办法》规定，通过网络从事商品交易和有关服务行为的自然人，需要向网络平台平台服务的经营者提出申请，提交姓名和地址等真实身份信息，这意味着网上开店正式进入“实名制”时代。

在电子商务发展的同时，为规范第三方电子商务交易平台，2011年4月12日商务部发布了《第三方电子商务交易平台服务规范》，以促进电子商务与网络购物健康和谐发展为宗旨，建立健全长效机制，对第三方电子商务交易平台的经营活动进行规范和引导。《电子商务发展“十二五”规划》提出继续推进电子商务应用普及与深化，大力促进电子商务自主创新，加快电子商务支撑体系建设。

随之更为庞杂和繁复的电子交易、信用管理、安全认证、在线支付、税收、市场准入及隐私权保护等方面的立法将逐步展开，我国电子商务环境将越来越规范、完善，必将形成统一、稳定的电子商务法律体系，各法律法规之间必将呼应和协调。

3. 电子商务服务企业区域分布情况

据2012年中国电子商务研究中心监测数据显示（如图1-5所示），国内电子商务服务企业主要分布在长三角、珠三角一带及北京、上海等经济较为发达的省市。在企业区域的分布上，排在前十的省份（含直辖市）分别为浙江省、广东省、江苏省、上海市、北京市、山东省、四川省、河北省、河南省。

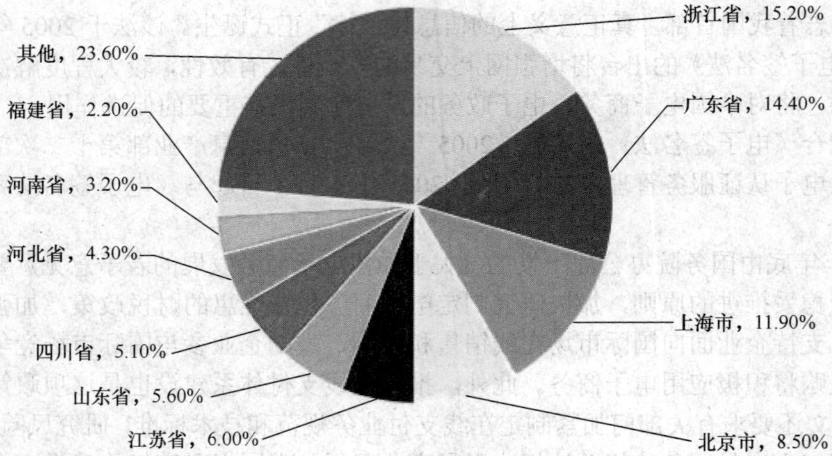

图1-5　2012年中国电子商务服务企业区域分布

近年来，国内各大省市都加大对电子商务行业的扶持力度。江苏省就于2012年上半年成立了首个“农村青年电子商务创业孵化基地”，农村创业青年在基地里能够得到更系统的培训和政策的支持。通过培训的成员可以争取政府贴息小额贷款，取得创业启动资金。

而在浙江，电子商务更是呈现出高速发展的态势。阿里巴巴，网盛“生意宝”、淘宝网等中国电子商务大鳄无不聚集于此。这里物流体系高度发达，对于消费电子行业，特别是大型家电的物流成本大大降低。而浙江特有的良好商业信用环境，也是电子商务在这一地区蓬勃兴起的保证。当信息流、物流和资金流都解决之后，浙江企业所要做的就是：创新再创新。

4. 电子商务服务企业的行业分布

在日益增长的电子商务网站数量中，各电子商务服务商所处的行业至关重要。据2012

年中国电子商务研究中心数据显示（如图 1-6 所示），在目前电子商务网站所处的行业分布来看，排在前十名的依次为：服装鞋帽、纺织化纤、农林畜牧、数码家电、机械设备、化工塑料、食品糖酒、建筑建材、五金工具和医疗医药。

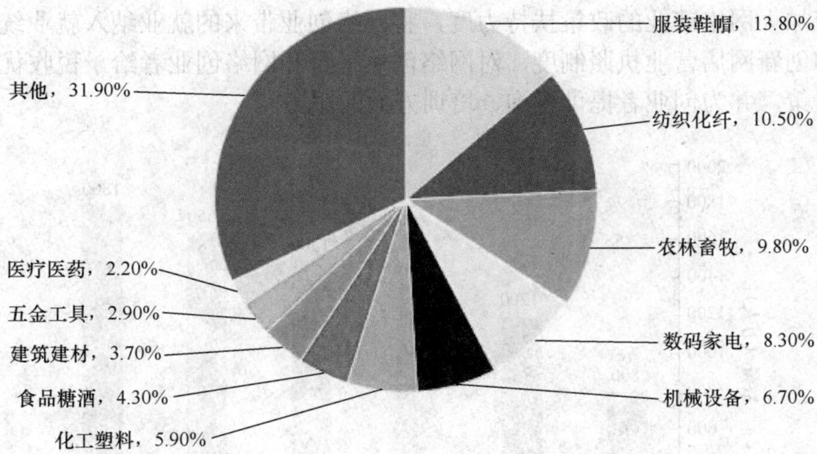

图 1-6　2012 年中国电子商务企业行业分布

在电子商务的行业分布中，服装、纺织等在日常生活中普遍应用的行业所占比重较大。正因为这些行业广泛的消费群体，直接带动了更多的电子商务从业者的进入。

5．电子商务服务行业从业人员情况

电子商务正在成为创造新的经济增长点、新的市场、新的就业方式。根据中国电子商务研究中心监测数据显示，截至 2012 年 12 月，电子商务服务企业直接从业人员超过 200 万人。目前由电子商务间接带动的就业人数，已超过 1 500 万人，如图 1-7 和图 1-8 所示。

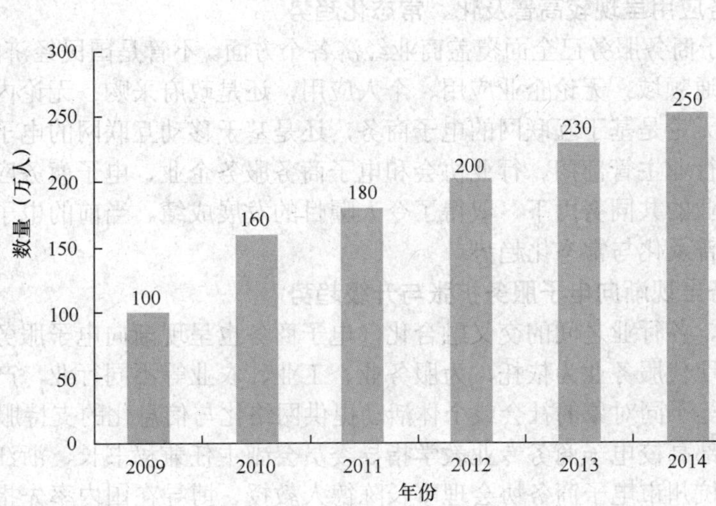

图 1-7　2009 ~ 2014 年中国电子商务服务企业直接从业人员规模

目前，电子商务平台不但能够解决一大批弱势群体的就业问题，而且还带动了快递、结算、广告、形象设计、网上营销和信用评级等一系列服务业，交易的每一个环节都能带动一个产业发展。

当前网络创业对于个人创业者来说具有门槛低、经营方式灵活、交易有安全保障、市场前景广阔等优势，同时还能有效拉动直接就业及相关产业的就业。

政府应加大网络就业的政策扶持力度，将网络创业带来的就业纳入就业统计体系内，积极探索和创新网店营业执照制度，对网络创业平台和网络创业者给予税收优惠和适度宽松的管理政策，并为创业者提供咨询、培训方面的服务。

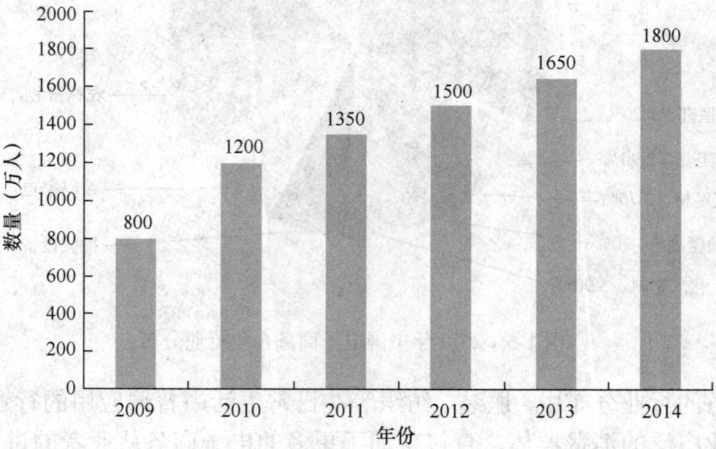

图 1-8　2009～2014 年中国电子商务服务企业带动从业人员规模

三、中国电子商务发展特征与发展趋势

今后中国企业在电子商务应用方面会有如下发展趋势。

1. 电子商务应用呈现较高普及化、常态化趋势

近年来，电子商务服务已全面覆盖商业经济各个方面。不管是国民经济的制造业领域，还是服务业的流通领域；无论企业应用、个人应用，还是政府采购；无论内贸服务，还是跨国外贸服务；无论是基于互联网的电子商务，还是基于移动互联网的电子商务。电子商务在各级政府、行业主管部门、行业协会和电子商务服务企业、电子商务应用企业、电子商务配套服务企业的共同努力下，取得了令人瞩目的发展成绩。当前的电子商务应用，已呈现出了较高的普及化与常态化趋势。

2. 电子商务呈现渐向电子服务扩张与升级趋势

随着各领域、各行业之间的交叉融合化，电子商务也呈现渐向电子服务扩张与升级趋势。电子服务以现代服务业为依托，为服务业、工业、农业等不同行业，产业、企业、团体、家庭、个人等不同对象的社会或个体活动提供网络化与信息化的支持服务。

对此，教育部高校电子商务专业教学指导委员会副主任兼秘书长、浙江大学电子服务研究中心主任、杭州市电子商务协会理事长陈德人教授、博导在国内率先指出，电子服务涵盖：电子商务、电子政务、现代物流、信息服务、企业信息化管理、新媒体应用、数字旅游、数字教育、电子医疗、数字社区、数字家庭等领域。

而在这 11 项领域中，前 6 项都与电子商务有着直接或间接关联。由此可见，“电子服

务业”的诞生，与电子商务的发展和延伸是密不可分的。

3. 企业电子商务应用呈现产业链与供应链全流程化趋势

不仅在企业商机与贸易撮合方面，即从发布商机、寻找客户开始，一直到洽谈、订货、在线付收款、开据电子发票以至电子报关、电子纳税等，都能够通过电子商务平台完成，而且，电子商务平台服务还能覆盖某行业或某领域产业链，甚至能全面应用于企业从采购、研发、生产、招商、市场、零售、企划、行政、财务、人力、设计等几乎所有企业的常规部门。

不难预测：电子商务企业尤其是专业化电子商务企业，其所扮演的角色将不仅满足于一般的信息发布与交易平台，而且更将扮演“第三方行业综合服务商”的重要角色，这其中包括信息平台、交易平台、信誉评级、行业媒体、咨询机构、会展服务商、信息化服务商，甚至融资促进平台等。

4. 行业电子商务将成为发展主流

随着 Internet 对传统商业模式的全冲击，中国电子商务即将进入迅猛发展的快车道，其典型特征是风险资金、网站定位等将从以往的“大而全”模式转向专业细分的行业商务门户。第一代的电子商务专注于内容，第二代专注于综合性电子商务，且涉足商品种类繁多，难以为顾客提供专业、资深的增值信息，而下一代的行业电子商务将增值内容和商务平台紧密集成，充分发挥 Internet 在信息服务方面的优势，使电子商务真正进入使用阶段。

5. 电子商务的安全、诚信与立法等问题逐步完善

随着阻碍电子商务发展的网络普及、在线结算、物流配送的“三座大山”的逐步移除，特别是随着 3G 时代的到来，中国已经进入电子商务快速发展的时期。但与此同时，快速发展的电子商务也存在不容忽视的问题。

相比于美国、日本、韩国等国，中国电子商务仍处于起步阶段，虽然市场潜力巨大，但还有不少瓶颈问题有待突破，如网上交易的安全问题、电子合同的法律问题、网络信用问题等。

值得欣慰的是，政府部门与所有电子商务服务商都在为搬除这些“绊脚石”而努力着。在过去的 12 年里，我国出台了十余部电子商务相关的法律法规。目前，有关部门和机构对商家进行认证及评级、国家及地方日益完善的电子商务立法、交易金第三方保管及交易纠纷的协调仲裁等，这些措施将有效地保证电子商务的健康发展。

6. 移动商务成为电子商务新的应用领域

移动商务，就是利用各种移动设备和移动通信技术，随时随地存储、传输和交流各种信息，进行商业活动的创新业务模式。手机、个人数字助理或笔记本计算机等移动通信设备，通过无线通信技术进行网上商务活动，使移动通信网和 Internet 有机地结合，突破了 Internet 的局限，更加直接地进行信息互动，使用户能够高效、及时地把握市场动态和动向。从应用分类来看，中国企业移动商务的市场份额最高的为移动营销、移动物流、移动支付。随着 3G 时代的到来及中国移动用户与 Internet 用户市场的进一步发展壮大，移动电子商务在为用户随时随地提供所需的服务、应用、信息和娱乐的同时，也满足了用户及商家在安全、社交及自我实现等方面的需求。

7. 更多第三方服务商完善电子商务产业链

由淘宝开放平台而催生出的一批电子商务第三方服务商，正在逐渐成长并调整自己的

定位，未来两三年，将有更多的第三方服务商出现，电子商务的产业链将不断完善。

目前市场上具有一定规模的第三方服务商还屈指可数，而且都是以淘宝作为业务基石，如从开店到供应链运营的服务商“宝尊”，仓储物流服务商“五洲在线”、“虹迪”，工具服务类的有软件和电子商务解决方案服务商“SHOPEX”、数据类的服务商“小艾”等。

未来，将有一批类似于美国GSI公司的独立第三方服务商，它们将独立于淘宝之外，为B2C提供专业化服务。

8．电子商务服务业将成为中国服务贸易新的经济增长点

电子商务服务通过建立全球化的交易规则、标准和服务体系，在不同国家和地区的贸易商之间、贸易商和政府之间形成高效的电子化业务流程，进而实现跨境电子化贸易和贸易高效化。目前，中国正处于电子商务服务业的形成期，预计未来20年，电子商务服务业将成为中国服务贸易新的经济增长点，并加速国际贸易服务领域的变革，这也是全球贸易服务领域变革的必然趋势。

9．线上电子商务平台与线下实体平台呈融合化趋势

随着电子商务服务多元化的发展，以及产业链上下游控制的内在需要，近年来逐渐呈现出线上电子商务平台向线下实体平台扩张的趋势。这在弥补纯线上平台服务能力的同时，也使得电子商务平台的赢利模式由单一走向多元化，而行业准入门槛而随之进一步提高。

在B2B领域，5家B2B电子商务上市公司在线下展览或买家见面会和认证服务中均有覆盖，有些还在行业咨询调研服务、自办发行线下刊物方面有所尝试。在B2C与C2C领域，一些行业领先的B2C企业，如当当网、京东商城等，也从依托第三方物流渐加大对物流的资金投入，在主要城市自建物流，向线下实体扩张。

反之，传统产业的制造商（如家电领域的创维、海信）与渠道商（如家电领域的苏宁、国美）大规模介入B2C市场，纷纷借自建网上商城，进军网络直销领域。甚至像慧聪网、环球资源，本身就是从线下商情刊物和行业会展公司向线上B2B转型而来，且其目前大部分营收还来自线下业务。

无疑，那些能提供更为全面服务的电子商务平台，对于用户而言，会更有吸引力。当然，不论以何种方式提供服务，都想借此抢占更多的市场份额，加强自身核心竞争力。

10．个性化电子商务平台成未来发展中的重大趋势

由于市场规模和完全竞争两大因素，电子商务应用中的个性化特征日益突出，并成为电子商务发展中的又一重大趋势。

专业化水平与市场规模成正比。大规模的网络市场使在传统的区隔化、小规模市场中不经济因而不成立的交易有可能成立，使大量个性化产品和服务得以涌现，既极大地提高了专业化分工水平，促进了商务模式创新，又更充分地满足不断增长的个性化需求。同时，近乎完全竞争的网络市场迫使越来越多的企业和个人摆脱同质化产品和服务的价格竞争，采用产品、服务、客户或商务模式的差异化战略，也加剧了电子商务应用的个性化。

电子商务发展中的个性化趋势正在加速“后工业时代”的到来。与工业时代的大规模、标准化和产品导向不同，后工业时代的经济特征是小批量、个性化和客户导向，是柔性化制造、个性化营销和社会化物流的商务模式。而个性化趋势及其“个性化营销”最为关键——向前推进“柔性化生产”，向后带动“社会化物流”。

11．电子商务发展中生态特征日益突出

电子商务发展中的生态特征和生态关系日益突出，电子商务生态正在成为观察、理解、研究和推进电子商务的极有价值的视角和方法。

电子商务生态是由为特定的最终用户群体提供产品、服务和商业活动，并与电子商务关联的组织、个人及其商业环境组成的一个有机整体。电子商务生态的动力有竞争升级、技术进步和客户需求等。电子商务生态的主要特征有完善协作、共同进化、衰落更新和群体竞争等。可以按生态核心、按生态范围或生态关系将电子商务生态分为若干类型，如网商生态、基于电子商务平台的商业生态、电子商务生态环境、宏观电子商务生态，等等。

平台无疑是电子商务生态中的关键物种——通过提供和分享价值，可以吸引生态成员的加入，并促进企业、消费者和政府等的大规模、全方位资源整合与协同。共同进化是电子商务生态最显著的特征。

12. 区域化成电子商务未来发展的一大趋势

在2009年APEC经济体高官论坛暨全球经济成长中国峰会上，电子商务工商联盟秘书长张念录也曾表示，区域电子商务平台符合国家信息化战略，为国内拓展国际化市场提供了新通道，是我国未来电子商务发展的重要方向。

电子商务立足于我国国情采取有重点的区域化战略，是有效地扩大网上营销规模和效益的必然途径。我国地区经济发展的不平衡和城乡二元结构所反映出来的经济发展的阶梯性、收入结构的层次性都十分明显。在可以预见的今后相当长时间内，上网人口仍将以大城市、中等城市和沿海经济发达地区为主。

电子商务模式区域特征也非常明显，以这种模式为主的电子商务在资源规划、配送体系建设、市场推广等方面都必须充分考虑这一现实，采取有重点的区域战略，才能最有效地扩大网上营销的规模和效益。

13. 中国电子商务将呈现国际化发展趋势

中国电子商务在经历了多年由“定性模式向创新模式”转变的艰难探索中，找到了适合中国国情的发展电子商务之路。中国电子商务不仅已经走出了“网络寒冬”的阴影，而且开始脚步雄健地迈向了跨国电子商务大市场。

目前，中国已经具备了开展国际电子商务的环境特征，已经形成了规模化、有序化、品牌化的网上市场体系，具备了和跨国商家对接的国际支付工具，继A股“中国互联网第一股”网盛科技（先名为生意宝，股票代码002095）于2006年12月15日在深圳上市后，跟随其后的阿里巴巴2007年11月6日在港交所上市，震撼了全国乃至世界。让国际互联网产业巨头和股市投资者感受到了中国互联网公司的分量。这些电子商务网站的上市加快了国际化的进程。

本章小结

本章介绍了一些政府机构、企业、组织及学者对于电子商务的定义的阐述，在内涵上对电子商务的核心内容做了简要分析；从按参与电子商务主体、网络支撑平台、交易活动网上完成的程度及交易的地域范围这4个分类标准对电子商务做出区分；从商业背景、技术背景与环境背景这3个方面对电子商务的产生做了简单介绍；对电子商务的发展阶段：基于EDI的电子商务、基于互联网的电子商务和基于新技术融合交叉的E概念电子商务做了分析；结合相关数据分析了国外、国内电子商务发展的状况。

复习思考题

1．什么是电子商务？
2．如何理解电子商务的内涵？
3．电子商务的特征有哪些？
4．简要介绍EDI的构成要素。
5．简要介绍电子商务按照参与主体划分可以如何分类。
6．简要分析中国电子商务的发展状况。

第二章　电子商务业务模式

本章要点

- ➢ 掌握电子商务模式
- ➢ 了解不同视角下的电子商务模式分类
- ➢ 掌握 B2C、B2B、O2O 电子商务模式的含义及特征
- ➢ 掌握各成功企业的典型模式
- ➢ 掌握基于体现收入、利润角度的模式下的各类别
- ➢ 掌握基于价值链的模式的不同类别的含义及价值取向

第一节　电子商务模式概述

Bill Gates 曾为微软的前途担忧，他深刻地认识到今天的竞争，不只是技术与产品的竞争，企业商务模式的选择失误比企业的低效率更可怕。

20 世纪 90 年代中后期，信息技术快速发展，个人计算机和 Internet 在世界各地迅速普及，电子商务刚出现就以交易费用低、方便、互动和个性化等特点得到商家的广泛关注，电子商务也出现了各种各样的模式。

那么，什么是电子商务模式呢？我们先来了解一下商业模式。

一、商业模式

商业模式即 Business Model，已经成为挂在创业者和风险投资者嘴边的一个名词。有一个好的 Business Model，成功就有了一半的保证。商业模式就是公司通过什么途径或方式来赚钱。简言之，饮料公司通过卖饮料来赚钱；快递公司通过送快递来赚钱；网络公司通过点击率来赚钱；通信公司通过收话费赚钱；超市通过平台和仓储来赚钱等。只要有赚钱的地儿，就有商业模式存在。

彼德·德鲁克曾说过："21 世纪企业之间的竞争，不是产品的竞争，而是商业模式的竞争。"商业模式，也称业务模式，有广义和狭义之分，狭义的商业模式又称为赢利模式，广义的商业模式是指支持企业赢利模式的客户需求、产品价值、运营结构、合作伙伴及关系资产等一系列商业要素的集成。无论如何定义，从现象上看，商业模式是企业"卖什么"、"怎么卖"和"挣多少"的问题；从本质上看，商业模式是企业如何为客户创造价值以实现自身价值的问题。不同的学者对商业模式的概念有不同的表述，如表 2-1 所示。

表 2-1　　商业模式的概念

Paul Timmers	包含了描述商业活动中各个参与者及其角色的产品、服务和信息流的体系结构；参与者潜在利益的描述；收入来源的描述
Afuah，Tucci	企业获取、利用资源为客户提供比对手更好的价值或赢取利润的方法
Amit，Zott	通过商业机会的开发创造价值而设计的事务的内容、结构和管理

续表

Michael Rappa	产生收入、赚钱的方法
Petrovic	创造价值的商业系统
Yves Pigneur	企业提供给顾客的价值和为创造该价值、获得收入流所需要的企业及其伙伴网络的体系结构
Chesbrough， Rosenbloom	从技术输入到经济产出的转换器

从不同的描述中可以看出商业模式的核心是价值，它包括 3 个方面：

① 面向客户的价值（价值体现）；

② 面向投资者的价值（赢利模式）；

③ 面向伙伴的价值。

商业模式就是企业通过创造价值而获取收益所采取的一系列活动，它表明了公司在价值链中所处的位置。任何商业模式都要清楚他们的赢利模式和价值体现，它是商业计划书的主要组成部分。

商业模式可以表现为一个完整的产品、服务和信息流体系，包括每一个参与者和其在其中起到的作用，以及每一个参与者的潜在利益和相应的收益来源和方式。任何一个商业模式都是一个由客户价值、企业资源和能力、赢利方式构成的三维立体模式。在分析商业模式过程中，主要关注一类企业在市场中与用户、供应商、其他合作的关系，尤其是彼此间的物流、信息流和资金流。任何一个商业模式都是一个由客户价值、企业资源和能力、赢利方式构成的三维立体模式。

二、电子商务模式

电子商务模式是企业确定细分市场和目标顾客之后，通过企业内部特定的组织结构和在价值网中的定位，运用网络信息技术，与价值网上的各合作成员整合相关的流程，最终满足顾客的需要，并给企业带来赢利的方式。从电子商务模式的定义出发，可以得出电子商务模式的内涵大致包括 3 个方面。

① 商务活动内容。企业开展的商务活动内容，应该是围绕着提高企业核心竞争力而展开，生产型企业主要是推出满足消费者不断需求的产品并提供优质服务，服务型企业主要从事产品的贸易与提供相关的服务。例如，外经贸企业主要从事的是进出口贸易及提供相关的服务。

② 价值增值方式。生产型的企业依靠产品的附加值获取利润；服务型企业分为两类，流通型和增值型，流通服务型企业通过经销产品的批零差价获取利润，而增值服务型的企业通过各种增值服务赚取利润。

③ 应用系统建设。应用系统的建设包括硬件与软件环境的建设，如计算机系统的选型、网络设备的安装与调试、系统软件与应用软件的开发与应用等。电子商务模式的应用主要是基于电子商务业务模式下的价值增值方式的具体过程，以及实现这个过程的电子商务应用系统框架建设。

电子商务商业模式是企业业务模式在 Internet 环境下的具体应用，其特点表现在目标价值、“流”和“使能器”3 个层次，如图 2-1 所示。

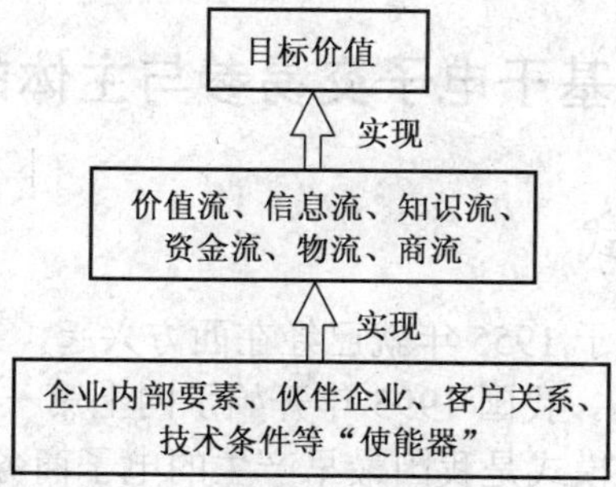

图 2-1　电子商务商业模式的 3 个层次

好的电子商务模式可以使企业在竞争中获得两种优势：一种是电子商务模式对业务中原有重要流程或特性进行改进，以此提高运作效率，并降低成本；另一种优势是电子商务模式对企业业务进行了创新性的突破，创造了新的价值。

电子商务模式有哪些类别呢？国内外的学者从不同的视角研究出了很多种分类方法，这里我们就影响比较大的几种分类方式对电子商务模式进行介绍。

1．基于电子交易参与主体分类

基于电子交易参与主体的不同，根据商务部商业改革发展司于 2008 年 4 月 24 日在网上发布的《电子商务模式规范（征求意见稿）》，电子商务可分为下列模式。

① 企业和消费者之间（Business to Consumer）的模式，简称 B2C 电子商务模式。

② 企业之间（Business to Business）的模式，简称 B2B 电子商务模式。

③ 个人之间（Consumer to Consumer）的模式，简称 C2C 电子商务模式。

④ 政府和企业之间（Government to Business）的模式，简称 G2B 电子商务模式。

2．基于成功案例的模式分类

基于成功案例的模式不同，电子商务分为直接面向顾客、内容提供商、整体企业、信息中介、联合研发、共享采购平台、共享销售平台、全服务提供商、价值网集成者、虚拟社区、供应商管理库存、联合管理库存等。

3．基于体现收入、利润角度的模式分类

基于体现收入、利润角度的模式不同，电子商务分为代理模型、广告模型、信息中介模型、商贸模型、制造商模型、会员模型、社区模型和订阅模型等。

4．基于价值链的模式分类

基于价值链的模式不同，电子商务可分为电子商店、电子采购、电子拍卖、电子集市、第三方市场、虚拟社区、价值链服务供应商、价值链集成者、合作平台、信息代理商、信用服务等。

5．基于结合方式的模式分类

基于结合方式的模式不同，电子商务分为社会化电子商务、O2O 电子商务等，它们是电子商务一种新的衍生模式。

基于电子交易参与主体的分类是最早的分类方式，而后面几种模式随着人们对电子商务模式的营运及是否能创造利润和社会影响程度被广为关注，越来越得到风险投资家及企业管理者们的重视。

第二节 基于电子交易参与主体的不同模式

一、B2C电子商务模式

追溯网上购物的历史，它于1955年就已经在西方兴起，到目前为止，电子商务技术和市场在发达国家已经发育成熟。我国1995年开始了网上第一单业务，并于1998年开始了电子商务的网上零售业。B2C模式是我国最早产生的电子商务模式，以8848网上商城正式运营为标志。在电子商务发展的初期，网上零售是我国经济中增长潜力最大的一个领域；由于亚马逊在美国市场的高速增长，向人们展示了B2C美好的远景。在整个电子商务中，B2C是最基础的一环，如果没有B2C，也就失去了B2B最终发展的目标。

我国B2C市场与C2C市场同时起步，但发展速度却远落后于C2C市场，整体呈现不断攀升态势。从B2C市场份额看，相比C2C市场高度集中的市场格局，B2C市场的市场份额呈现区域分散，所占比均不高的局面，而且并没有出现一家独大的格局。表2-2所示为中国代表性B2C电子商务公司综合服务比较。

表2-2 中国代表性B2C电子商务公司综合服务比较

涉及主要领域	B2C厂商	成立时间	有无自建物流	售后服务	有无开展线下业务	用户规模对比	市场份额对比
百货类	当当网	1999.11	无	邮件/短信服务、“假一赔一”、“差价”返还	无	↑	↑
	卓越亚马逊	2000.5	有	邮件/短信服务、退货换货服务	无	→	→
家电3C类	新蛋（中国）	2001	有	“保修条款”、“蛋保包”延保服务、价格保护政策	无	↑	↑
	京东商城	2004.1	有	退换货政策、价格保护政策	无	→	→
旅游类	携程网	1999.10	无	一条龙跟踪服务	电话销售	→	→
	芒果网	2006.3	无	一条龙跟踪服务	电话销售	↑	↑
服装类	凡客诚品	2007.10	有	退换货政策	无	→	→
	麦网	2001年年初	无	“10天无条件退换货”	目录销售、店铺销售	↑	↑
母婴类	红孩子	2004.3	有	退换货原则	目录销售	→	→
	乐友网	2000.1	无	退货换原则	目录销售、店铺销售	↑	↑
钻石类	钻石小鸟	2002.7	无	“VIP会员专享售后服务”、“15天退换货”	店铺销售	→	→
	珂兰钻石	2007.8	无	“以旧换新服务”、“自行上门服务”、“7天无条件退换货”	无	↑	↑

注：“↑”表明呈现快速增长态势；“→”表明稳健增长态势。

据表 2-2 及中国 B2B 研究中心对网购市场的长期调查与研究，我们对当前与未来的我国网购市场，做如下判断和预期。

① B2C 渐替代 C2C 成网购第一大主流。

近年来，不仅涌现了众多纯线上业务的 B2C 网站，而且各大传统企业也纷纷涉水 B2C 领域。B2C 电子商务市场呈现逆势“井喷”，且渐呈现替代 C2C 成为网购第一大主流的趋势。

② C2C 企业开始涉足代表网购未来趋势的 B2C 业务。

由于 B2C 平台提供的产品在质量、品牌、售后等系列核心环节上，远较 C2C 平台有竞争优势。幸而 C2C 平台也早意识到了这点，均开始布局代表网购未来趋势的 B2C 业务，如淘宝推出淘宝商城、百度提出 X2C 进军 B2C 领域，这意味着 B2C 与 C2C 的“大融合时代”即将到来。

③ 垂直 B2C 企业渐寻求多元化扩张。

无论传统行业，还是互联网新经济（TMT）产业，有很多企业的增长得益于在原先垂直领域取得一定行业地位后，渐寻求多元化扩张，以求减少对某单一行业的依赖性，从而再减少行业周期性风险基础上，又能扩大企业营收规模。

而这方面，垂直 B2C 企业也概莫能外，如当当、卓越亚马逊、凡客诚品、京东商城等，纷纷由专注细分领域转型进军相关行业或突破原先在线销售的单一品牌与产品品类（如凡客诚品），呈多元化经营，谋求企业规模扩张与赢利突破。

④ B2C 企业开始自建物流配送体系。

一些行业领先的 B2C 企业，如当当网、京东商城等，为降低资金周转周期、服务质量，从依托第三方物流渐加大对自建物流的资金投入，向产业链下游有机扩张。从而，实现在做好平台与服务“内功”的前提下，涉足产业链的下游，尤其是网购产品的仓储—物流—配送的“一条龙”服务，乃至支付领域（目前仅 C2C 平台有资金实力自建）。

⑤ 传统制造与渠道商大规模介入 B2C 市场。

传统制造如家电领域的创维、海信等，以及传统实体渠道商如苏宁、国美，近两年来纷纷借自建网上商城进军网络直销领域。

1. B2C 的含义

B2C 又被称为网络直销模式，是从企业到终端客户（包括个人消费者和组织消费者）的业务模式。电子商务时代的 B2C 是通过电子化、信息化的手段，尤其是 Internet 技术把本企业或其他企业提供的产品和服务不经任何渠道，直接传递给消费者的新型商务模式。这里的企业既可以是提供商品和服务的生产商，也可以是商品和服务的分销商。因为它与大众的日常生活密切相关，所以被人们首先认识和接受。

商务部商业发展改革司于 2008 年 4 月 24 日在网上发布的《电子商务模式规范（征求意见稿）》中将这种模式又分为网上商厦和网上商店两种。

2. B2C 的特征

① 基于 Intel 安全电子商务硬件平台的安全网络架构——完善的硬件加密验证体系，快速的服务器 SSL 连接响应，为安全实现电子商务提供了理想基础。

② 简单容易的客户上网——最少一台计算机即可上网，免费主页服务，众多的主页模版及生成向导快速生成个性化的企业主页，基于 Web 的服务上网变成了鼠标的操作。

③ 方便快捷的浏览查询——多种选择的简易组合搜索，迅速获得所需的信息。

④ 灵活多样的订单管理——单击拖曳式的在线采购与表格式的订购方式相结合，轻松

自如的自动生成网上订单。

⑤ 开放的商务撮合平台——其强大的商务撮合功能，可以方便地找到最合适的商务合作伙伴。

⑥ 高效、安全的在线商务洽谈——基于各种加密机制的在线商务洽谈平台，不用担心商业秘密的泄露。

⑦ 规范机密的签约机制——在合同的签订过程中，更加规范保密的机制确保签约各方同等、同时、同效地进行。

⑧ 网上商务服务——权威认证的支付系统，方便的网上报税与网上支付，解除了企业的后顾之忧。

⑨ 基于敏捷供销思想的高效商务运作——提供全面的上下游匹配信息及符合 XML 标准的 ERP 的连接，保证了企业在业界的领先地位。

⑩ 全程的客户跟踪——通过对客户信息的跟踪管理，实现对客户资信度的评估及黑名单的管理。

⑪ 完善的交易历史数据管理——通过对交易历史数据的管理及统计计算，使企业不仅能迅速体察市场变化，更能事先预测市场前景。

⑫ 售后服务支持——完善的售后服务支付与客户投诉处理功能，实现电子商务的完整服务。

3．B2C 的运作流程

企业与消费者之间电子商务的运作流程如图 2-2 所示。

① 消费者进入 Internet，查看在线商店或企业的主页。

② 消费者通过购物对话框填写姓名、地址、商品品种、规格、数量和价格。

③ 消费者选择支付方式，如信用卡、借记卡、电子货币或电子支票等。

④ 在线商店可通过企业的客户服务器检查支付方服务器，确认汇款额是否认可。

⑤ 在线商店或企业的客户服务器确认消费者付款后，通知销售部门送货上门。

⑥ 消费者的开户银行将支付款项传递到消费者的信用卡公司，信用卡公司负责发给消费者收费清单。

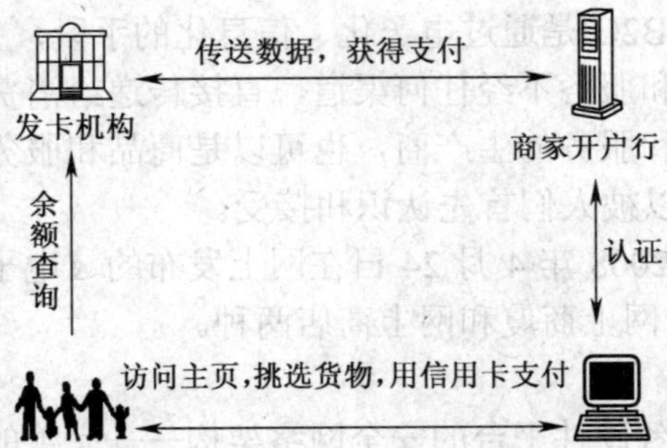

图 2-2　B2C 运作流程

4．我国 B2C 发展的瓶颈

诚信无保障、服务不完善、供应链短小、物流系统未优化是当今中国 B2C 电子商务发展的四大瓶颈。而传统零售业进入 B2C 电子商务领域是解决 B2C 电子商务发展瓶颈的有效办法。

目前除了行业领先的若干家大的 B2C 网上商城（当当、卓越、携程、e 龙、北斗手机网等），绝大部分 B2C 网上商店都是没有实体店面、没有品牌优势、没有资金实力的小企业，诚信度成为最大的发展瓶颈。

5. 经营好 B2C 网上商店的方式方法

目前进行 B2C 网络经营的缺陷有以下几个。

① 正当性不足。并非所有的人都愿意在只看到网上商品的介绍之后，自行比较一下就做出购买的决定，大多数人还是用实体的标准来看待网络商店。相比之下，这些由几个对经营网站有些冲动的年轻人组成的商店，就缺乏说服力强的正当性。

② 过度专注特定的付款方式。过度强调网络付费，会使消费者缺少安全信心从而打消消费的念头。我们很少看到能提供完整的付款方式（货到付款、支票付款、信用卡、银行转账、邮局汇款）的网络商店。

③ 忽略突显个别商品的特殊价值。在实体店中，卖方可以通过各种展示方式塑造出商品的个性，使消费者直接买下商品，但在网上却很难做得到。

④ 卖方身份不明确。在部分网站中，我们很难找到隐藏在网页后面的老板，甚至连电话都找不到，这样无法给消费者信心。多少商机就因此而丧失。

⑤ 缺乏对商品的保证。大部分购物网站都没有实体仓库，但消费者是不会接受这种不愉快的消费方式的：订购一件商品之后得等上半个月才接到一封电子邮件告诉他们有存货。只要有一次不愉快的经历，消费者就可能永远不会再光顾。

⑥ 缺乏个人化的商业关系。很多网站都有所谓的个人化的服务：输入个人密码，然后就会出现专门针对用户设计的网页。但这不是真正的个人化，商业行为的信任感需以一连串的购买经验为基础，然而大多数的网站却受人力的限制而无法做到这样的服务。

⑦ 技术障碍过多。网页设计应以容易操作为主，加上新的花样固然可以吸引人，但是消费者必须再去安装一堆插件或是其他软件才能看到这样的网页，这就成了技术障碍，这样的网站绝对不会成功。

⑧ 不要试图耍小花样。当消费者收到来路不明的广告信时，绝对不会感谢寄送的网络商店，所以在送出之前，别忘了要先获取消费者的同意。

⑨ 缺乏良好的商品配送系统。如果 10 件商品订购中有两件以上无法送到消费者的手中，网络商店就没有理由不去思考建立一套完整物流体系。

从 1999 年下半年开始，随着 Internet 的急剧升温，我国的电子商务呈现出爆炸式增长的局面。这种被业界称为 B2C 模式的电子商务，成为我国互联网业一道靓丽的风景。

对于消费者而言，都希望在浩如烟海的网上商店中方便快捷地找到一件价廉物美、支付安全、配送便捷、售后服务完善的商品，那么对于企业来说如何经营好这样的让消费者满意的网上商店呢？

（1）选择好货源

货源是我们在初期投入最大精力的地方。什么样的商品适合在 Internet 上销售，这已经不是我们需要再去思考的问题，看看淘宝易趣，会发现现在网络销售已经突破了几年前单一的产品线，第三方物流的积极介入，让原来困扰卖家的送货问题迎刃而解，什么样的商品都有通过 Internet 销售的可能了。但抉择的困难往往来自于可以选择的太多。最终，我们确定了选择货源的一些基本原则。

① 选择有新意，能够让人眼前一亮的商品。新意来自于外观的设计和功能的创意，并不一定是稀奇古怪的东西，只要是能解决一些细节的小问题，为生活提供某种方便，或者是能让人会心一笑的商品，都在选择之列。

② 选择能通过网络确定产品的品质的商品。这一点乍一看觉得不可理解，不能亲眼看到、亲手触摸，如何确定商品的品质呢？我们通过两个途径解决这个问题，一是寻找简单的商品，二是选择品牌商品。所谓简单的商品，就是几乎没有什么技术含量，做出来的质量都不会有太大问题，外观比质量更加重要的商品。品牌的商品就是那些已经比较知名，在实体的商场超市能看到、买到的东西，这样购物者只要是曾经在实体店中接触过，就会对其品质有所认可。

③ 选择售后服务相对简单的商品。不是说我们不愿意做售后工作，而是希望售出的产品能比较便于开展服务，从而保障售后服务的质量。如一些购买者买回去不懂得怎么用的产品，尽量就不要选择。

（2）建立B2C物流管理

近些年由于物流管理体系还不完善，跟不上电子商务的发展速度，以致形成了配送瓶颈：服务无法控制和保证，对出现的问题响应太慢，外地的配送成本过高、效率低下，可以配送到的城市范围还很小等诸多问题，制约了B2C业务的发展。如果对电子商务的物流问题没有足够的认识和充分的重视，电子商务的优势就很难在我国发挥出来。B2C电子商务的4种物流模式如下。

① 采用邮政特快专递（EMS）服务的物流模式。实现电子商务的企业或商家从网站或虚拟网站上获得消费者的购物清单和家庭地址等信息，然后到附近的邮局办理特快专递手续将商品寄出，消费者收到邮局的取货通知，到所在地邮局将商品取回，或由邮递员直接将商品送到顾客家中。EMS方式具有方便、快捷的特点，但是也存在以下的问题。首先，EMS服务收费偏高，如果这部分费用由企业或商家负担，则其经营利润会大大降低；如果由消费者承担，则对于小件低价商品，消费者肯定难以接受。其次，EMS很难保证消费者在期望的时间内收到商品。

② 网站自建配送的物流模式。企业或网站在各地的网民密集地区设置自己的配送点，在获得消费者的购物信息后，由配送点的人员为消费者送货上门。这种物流模式可以满足消费者的“即购即得”购物心理需求，但它也存在问题：首先是配送点的布局、人员的配备数量、商品的库存量等很难合理地确定；其次，由于要满足用户的即时需求，对配送时效有严格的要求。

③ 借助第三方物流企业的模式。第三方物流就是电子商务主体将一部分或全部物流活动委托给外部的专业物流公司来完成。物流公司本身不拥有商品，而是与企业或商家签订合作协定或结成合作联盟。采用这种物流管理方式，送达消费者的时间比前述两种方式都要快，而且服务是专业化的、多功能的和全方位的。但是如果送货量太小，送货费用一般比EMS服务还要高。这种管理模式要求专业物流公司要在基础设施、人员素质、信息系统等方面加强建设。

④ 网站与传统商业结合的模式。传统商业特别是连锁经营商业具有得天独厚的资源优势，如丰富合理的商品种类，高附加值的服务，高效的配送体系等，这些正是电子商务主体所欠缺的。电子商务与传统连锁经营的结合能够充分发挥二者的优势，实现资源共享，优势互补。

（3）合适的支付方式

B2C 模式发展的重要障碍——第三方支付（如 C2C 模式下的支付宝）在近年来有很大的突破，对 B2C 模式的发展具有很重要的意义。

二、B2B 电子商务模式

B2B 是电子商务的主流，也是企业在激烈的市场竞争环境下，改善竞争条件、建立竞争优势的主要方法之一。无论是从电子商务的现状来看，还是从电子商务的发展趋势来看，B2B 电子商务市场都远远大于 B2C 电子商务市场。目前基于 Internet 的 B2B 电子商务的发展速度十分迅猛，其应用将会得到不断发展和完善。

据中国 B2B 研究中心相关调查数据显示，从 2009～2013 年，国内行业 B2B 电子商务市场交易规模持续高速增长。我国 2013 年 B2B 市场交易规模达到 7.1 万亿元，同比增长 19.7%，增速同比上升，如图 2-3 所示。2013 年中国电子商务 B2B 市场收入规模达 169.8 亿元人民币，环比增长 25.1%，如图 2-4 所示。截至 2013 年 12 月，我国 B2B 电子商务服务企业达 12 000 家，同比增长 5.7%，如图 2-5 所示。2013 年是电子商务 B2B 市场新增长周期元年，核心电子商务 B2B 企业格局保持稳定的同时加强创新能力，新模式的不断呈现增强了市场活力。

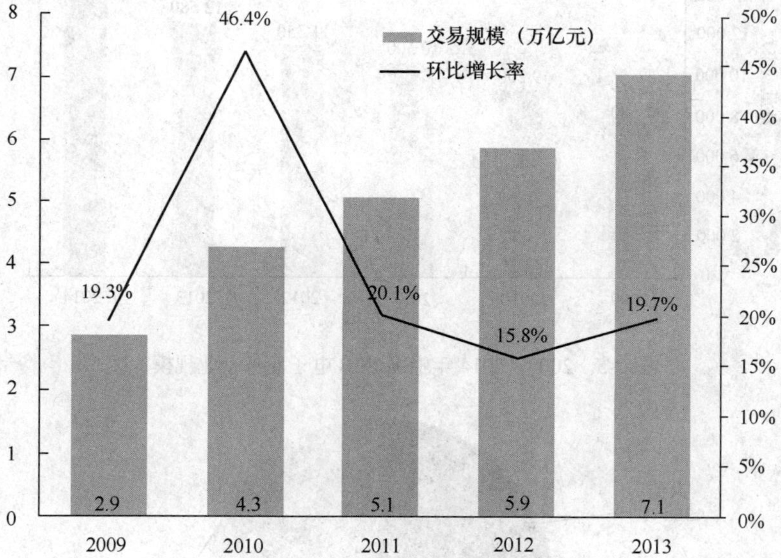

图 2-3　2009～2013 年中国 B2B 市场交易规模

电子商务 B2B 企业不仅满足于一般的信息发布与交易平台，同时扮演着“第三方行业综合服务商”的重要角色，包括信息交易平台在内服务更综合化。第三方 B2B 平台为企业尤其是中小企业提供交易、竞争、市场等信息服务、营销推广服务，部分 B2B 平台还提供在线交易与融资服务，助力于企业的发展。

据中国电子商务研究中心数据显示：2013 年，中国主要中小企业 B2B 电子商务运营商总营收市场份额排名上，阿里巴巴继续排名首位，市场份额为 38.2%。接下来的排名分别为：我的钢铁网（6.8%）、环球资源（6.3%）、慧聪网（4.3%）、敦煌网（3.4%）、焦点科技

（2.6%）、环球市场集团（1.1%）、网盛生意宝（1.0%）、其他（36.3%）。如图 2-6 所示。

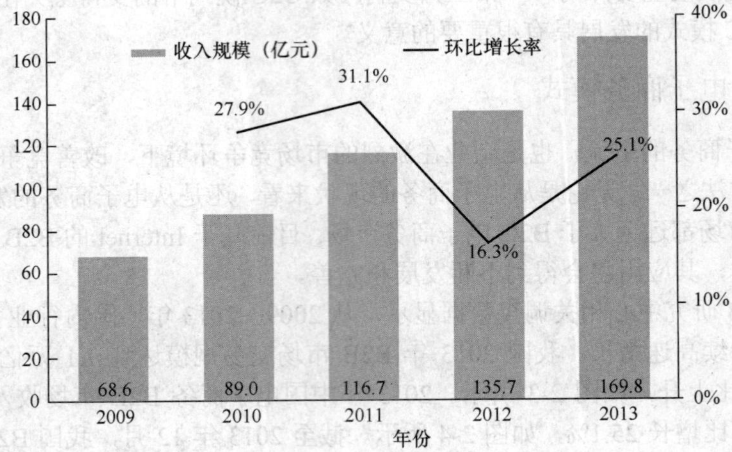

图 2-4　2009 ~ 2013 年中国 B2B 市场收入规模

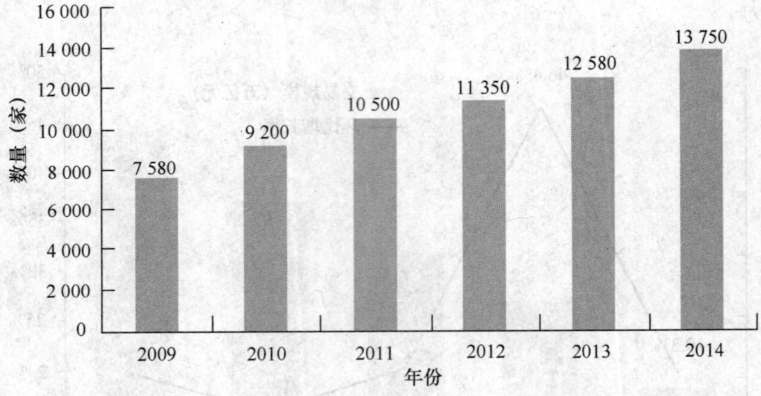

图 2-5　2009 ~ 2014 年中国 B2B 电子商务企业规模

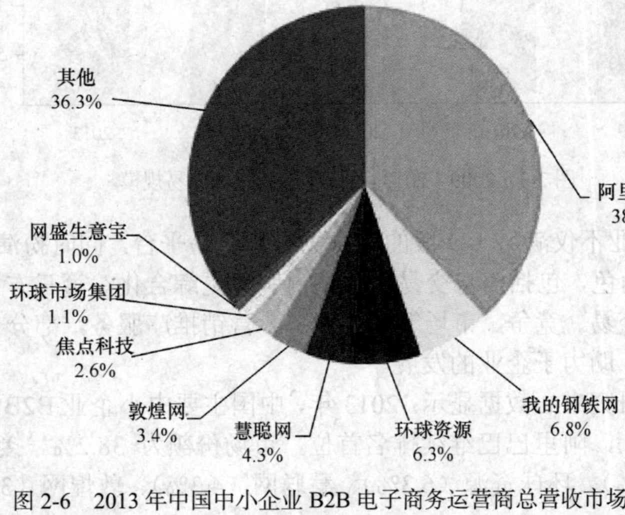

图 2-6　2013 年中国中小企业 B2B 电子商务运营商总营收市场份额

目前中国主要综合 B2B 电子商务服务商格局基本稳定，阿里巴巴仍占据较大份额，而其他运营商也在各自领域有不同幅度增长。从各主要服务商发展情况来看，虽采取了差异化的市场策略，但竞争态势仍为激烈。

在宏观经济持续回暖、外贸日益复苏的背景下，中国综合 B2B 电子商务市场规模增长的原因可从以下方面分析。

从宏观上分析。首先，政府通过鼓励建设网商产业园，加大电子商务企业扶持资金，保障电子商务 B2B 市场良性发展。其次，国际经济环境虽处于回暖之中，但对市场影响力远不如内贸的稳定增长，顺应内贸趋势，电子商务 B2B 市场取得增长。最后，长尾市场爆发期到来冲击着整体 B2B 市场，掌握集中端资源服务长尾端市场。

从微观上分析。首先，电子商务 B2B 企业利用互联网进行营销的比例在逐步增加，市场影响力加大。其次，B2B 商业模式不断成熟及对纵深化服务的需求开始凸显，促进电子商务 B2B 企业发展多元化。再次，电子商务安全认证体系的不断完善，保障了电子商务 B2B 市场交易实现，加强了市场对电子商务 B2B 企业发展的信心。

整体市场随着电子商务 B2B 企业垂直服务深度加大及运营模式多元化发展将保持稳定增长趋势。

1．B2B 的含义及特征

（1）含义

企业与企业之间的业务模式被称作 B2B。电子商务 B2B 的内涵是企业通过内部信息系统平台和外部网站将面向上游的供应商的采购业务和下游代理商的销售业务都有机地联系在一起，开展商务活动的运行模式。它包括企业与其供应商之间的采购；物料管理人员与仓储、物流公司的业务协调；销售部门与其产品批发商、零售商之间的协调等。

实际上面向企业间交易的 B2B，无论在交易额和交易领域的覆盖上，其规模比起 B2C 来都更为可观，其对于电子商务发展的意义也更加深远。这种电子商务系统具有很强的实时商务处理能力，使公司能以一种可靠、安全、简便快捷的方式进行企业间的商务联系活动和达成交易。目前阿里巴巴、慧聪、买麦网三足鼎立，成为国内 B2B 领域的三艘“旗舰”。B2B 的基本结构如图 2-7 所示。

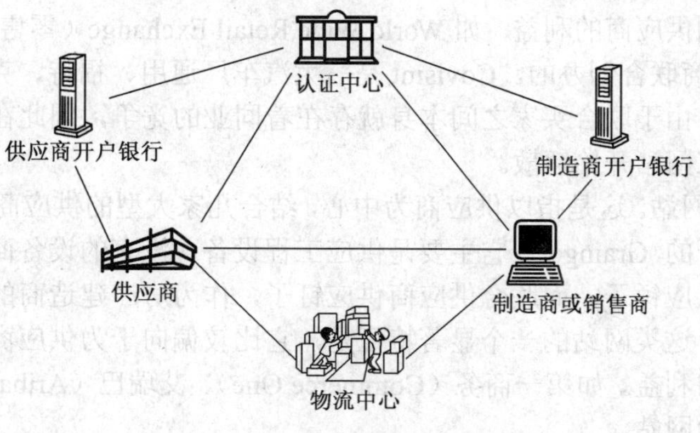

图 2-7　B2B 结构的基本组成

（2）特征

① 改善供应链管理。依靠电子商务技术，可以保证通过 Internet，动态维系企业的供

货、制造、分销、运输和其他贸易合作伙伴之间的关系，真正建立高效的全球供应链系统，使企业的供应链成本维持在低水平。

② 增加商业机会和开拓新的市场。Internet 的无国界和无时限的特点为企业提供了理想和低成本的信息发布渠道，商业机会也因此大大增加。

③ 改善过程质量。信息化管理可以更好的记录跟踪、更少的错误发生，减少的处理时间，降低对人力资源的占用，以及减少非生产用的时间。

④ 缩短订货周期。企业信息化流程提供更快、更准确的订单处理，降低安全库存量，提高库存补充自动化程度和增加客户满意度。

⑤ 降低交易的成本。实现了办公无纸化，贸易过程无纸化，大大减少流程成本，使企业交易成本得到有效的降低。

⑥ 改善信息管理和决策水平。准确的信息和交易审计跟踪造成更好的决策支持环境，协助发现潜在的大市场，发现不断改进和降低成本的规律。

2．B2B 电子商务的主要功能

① 供应商管理。管理得当可减少供应商或供应环节，减少订货成本和周转时间，用更少的人员完成更多的订货工作。

② 库存管理。降低库存，促进存货周转，消除存货不足或存货不当。

③ 销售管理。网上订货、客户档案管理等提高销售效率。

④ 信息传递及交易文档管理。安全及时的传递订单、发票等所有商务文件信息。

⑤ 支付管理。网上电子货币的运用及支付方式畅通有效地提高交易额。

3．B2B 的 5 种经营模式

① 买方市场。这是一种以买家为中心，专门为某一家公司所设计的采购型网站，是由买方自己投资建设的。例如，英特尔、沃玛特、IBM、通用汽车、戴尔计算机等。

② 卖方市场。这是一种以供应商为中心，专门为某一家公司所设计的推广型网站，是由供应商自己投资建设的。

③ 采购入口网站。这是指集中几家大买家共同构建的用来联合采购的网站，投资者希望通过联合买家的议价力量得到价格上的优惠。这类网站最适合的是企业里的非直接性物料采购，如办公室文具等。这类网站有一个显著的特征，它是比较偏向于为买家提供服务，而不会更多兼顾到供应商的利益，如 World Wide Retail Exchange（零售业交换市场），就是大约有 27 家零售商联合创办的。Covisint 是三大汽车厂通用、福特、克莱斯勒共同的采购网站。这类网站，由于联合买家之间本身就存在着同业的竞争，因此在运作上不太容易，目前已经有许多家网站开始解散。

④ 供货入口网站。这是指以供应商为中心，结合几家大型的供应商，供应给多家买家。例如，位于芝加哥的 Grainger，它主要是供应工程设备，没有的设备商品与其他的供应商联合。例如，它供应锤子，而联合供应商供应钉子，作为房产建造商的买家来寻找他所要的产品就很容易。这类网站的一个显著特征是，它比较偏向于为供应商提供服务，而不会更多兼顾到买家的利益。如第一商务（Commerce One）、艾瑞巴（Ariba）、甲骨文（Oracle）等就是这种类型的网站。

⑤ 独立第三方市场。这是一种不会有买方和卖方的投资而自行建立起来的中立的网上市场交易中枢。这种独立的市场交易中枢的角色是非常特别的，它既不偏向买家也不偏向于供应商，如 PlasticNet、PurchasePro、环球资源（Global Sources）等都是属于这种类型。

环球资源的生存和赢利的事实证明，这种经营模式大有发展前途。

4. 电子商务 B2B 在中国应用模式扩展

国内 B2B 电子商务经过近 20 年的发展，出现了 B2B 电子商务市场被几大“巨头”所瓜分绝大部分的局面。这五大电子商务平台分别是阿里巴巴、慧聪网、网盛生意宝、环球资源、中国制造网，它们均为已上市公司或准上市公司，其所占 B2B 市场份额超过 80%。表 2-3 为各大 B2B 电子商务平台所提供主要服务的比较。

表 2-3 中国 B2B 电子商务上市公司综合服务比较

上市服务商	内贸平台	外贸平台	行业咨询调研服务	线下出版物	线下展览或买家见面会	认证服务
阿里巴巴	中国交易市场	国际交易市场	无	无	网货交易会 网商大会	供应商身份认证
生意宝	中文站	全球站、韩国站、日本站	部分优势行业有	部分优势行业有	自办或合作办展、组团海外参展	中国供应商资料认证
慧聪网	国内站	国际站	合资公司，多行业有	《慧聪商情广告》	供需见面会	身份认证
环球资源	内贸网	外贸平台	无	《世界经理人》	视频买家单独见面会	认证供应商
中国制造网	中文版	英文版	无	无	无	认证供应商

从 B2B 电子商务上市公司综合服务比较图中，我们可以看到如下几点。

① 5 家 B2B 电子商务上市公司在内外贸平台、线下展览或买家见面会和认证服务中均有提供。

② 在线下展览或买家见面会方面，各大 B2B 平台各有特色，其中生意宝以自办或合作办展等方式提供服务，慧聪网和环球资源则以举办卖家与卖家供需见面会的形式进行。但无论以何种方式提供服务，都想借此线下服务抢占更多的市场份额。

③ 在行业咨询调研服务方面，目前只有生意宝和慧聪网两家有所涉及，其他 B2B 平台都尚无此项服务。在线下出版物方面，生意宝、慧聪网、环球资源提供此项服务，其中生意宝有涉及化工、纺织、服装等多个专业领域的自办线下刊物，环球资源则有《世界经理人》杂志，慧聪网则有《慧聪商情广告》。

④ 在 B2B 电子商务公司所提供的六大基本服务中，相比而言生意宝和慧聪网两家公司所提供的服务最为全面，其他平台均只是有所涉及，而未全面覆盖。

无疑，那些以“线上 B2B 服务为主、线下 B2B 服务为辅”的电子商务服务企业，能提供更为全面的服务且运营成本可控，这对于用户而言，则更有吸引力。而为用户提供更为专业、深入、完善的服务是 B2B 电子商务平台所应追求的终极目标之一。

5. 中国十大典型 B2B 商业模式

电子商务模式是传统商务模式的网络化、电子化、虚拟化，是网络时代一种新型商业模式。商业模式是能使企业业务运作方式、经营方式、赢利模式的统称。

电子商务经过蓬勃发展，造就了很多知名电子商务企业与品牌，也出现了很多不同的创新商业模式。而随着时间的推进，事实证明拥有优秀商业模式的企业得到了很好的发展。

表2-4为中国B2B研究中心对我国电子商务十大典型的B2B创新商业模式进行的梳理。

表2-4　十大典型的B2B创新商业模式

商业模式	典型企业
以线上外贸服务为主的综合B2B模式	阿里巴巴、中国制造网
以线下内贸服务为主的综合B2B模式	慧聪网、环球资源
以“行业门户+联盟”为主的综合B2B模式	生意宝、中国网库、中搜行业中国
以小宗外贸服务为主的综合B2B模式	敦煌网、易唐网
以供求商机信息服务为主的行业B2B模式	中国化工网、全球五金网、全球纺织网
以行业资讯服务为主的行业B2B门户模式	我的钢铁网、联讯纸业
以招商加盟服务为主的行业B2B模式	中国服装网、糖酒招商网、小生意
以在线交易服务为主的行业B2B模式	金银岛网交所、浙江塑料城网上交易市场
以技术社区服务为主的行业B2B门户模式	中国机械专家网、程序员论坛、螺丝网
以项目外包服务为主的行业B2B模式	软件项目外包网、全球羊毛衫网

（1）以线上外贸服务为主的综合B2B模式

- 模式概述：此类模式的企业以提供外贸线上的服务为主，主要收入来源主要为：会员费、提供增值服务所带来的广告和搜索引擎排名费用，以及向认证供应商收取的企业信誉等认证费用。
- 典型企业：阿里巴巴、中国制造网。

（2）以线下内贸服务为主的综合B2B模式

模式概述：此类模式的企业以提供内贸线下服务为主，主要收入来源为：线下会展、商情刊物、出售行业咨询报告等所带来的广告和所收取的增值服务费用。

典型企业：慧聪网、环球资源。

（3）以“行业门户+联盟”为主的综合B2B模式

- 模式概述：此类模式的企业以联盟的方式对各行业B2B网站进行资源整合，提供“既综合、又专业”的B2B服务。赢利模式主要为：网络基础服务、网络信息推广服务、广告发布服务行业门户加盟服务等。
- 典型企业：生意宝、中国网库、中搜行业中国。

（4）以小宗外贸服务为主的综合B2B模式

- 模式概述：此类模式的企业不仅提供信息服务，同时还整合了包括交易的支付、物流及客户关系管理等，实现在线交易，赢利模式主要以收取企业交易佣金为主。
- 典型企业：敦煌网、易唐网。

（5）以供求商机信息服务为主的行业B2B模式

- 模式概述：此类模式的企业所涉行业比较大，涉及企业数量多，产品品种繁多且标准化，能形成很大的市场，必须做好电话营销。
- 典型企业：中国化工网、全球五金网、全球纺织网。

（6）以行业资讯服务为主的行业B2B门户模式

- 模式概述：此类模式的企业一定要有精通行业、善于做市场分析调查的行业专家参与，只有这样才能做出高质量的市场分析报告，帮助企业正确决策、帮助销售得以提升。

- 典型企业：我的钢铁网、联讯纸业。

（7）以招商加盟服务为主的行业 B2B 模式

- 此类模式的企业一般是以收品牌商的广告费、会员费来维持其运转，会员可在一级或二级栏目上为自己的品牌做广告，也可以查看大量经销商的联系方式。在经营时一定要将网站的流量做大，尤其要关注网站的排名、访问量等可以量化的数据，销售一般是招聘大量的电话销售人员卖广告和会员。
- 典型企业：中国服装网、中国医药网、小生意。

（8）以在线交易服务为主的行业 B2B 模式

- 模式概述：此类模式的企业运营时必须要建立好诚信机制，比如：买卖双方诚信审核，支付的安全性，物流的快捷等，可采用第三方合作伙伴来解决物流、资金流及诚信度审核的问题，交易商品一般为大宗商品。目前比较成熟的模式是仓单交易。
- 典型企业：金银岛网交所、浙江塑料城网上交易市场。

（9）以技术社区服务为主的行业 B2B 门户模式

- 模式概述：此类模式的企业一般不会独立出现，往往是几种模式结合起来，比如：招聘服务、项目外包服务、在线出版服务等需求。运营时需要的是，要服务好技术市场的两端，即行业技术新手和行业技术专家，让双方都能有所收获，网站才能健康发展下去。
- 典型企业：中国机械专家网、程序员论坛、螺丝网。

（10）以项目外包服务为主的行业 B2B 模式

- 模式概述：此类模式的企业赢利模式为对加工厂收费，为加工厂寻找订单或寻找更好的订单。运营时需注意的是，需要加强对客户的培育，或线下运作。
- 典型企业：软件项目外包网、全球羊毛衫网。

三、C2C 电子商务模式

由于 C2C 是个人与个人之间的交易，C2C 的特点就是大众化交易。这一模式最早在美国诞生，eBay 目前是美国知名的 C2C 交易网站。

国内电子商务 C2C 领域在十二年的风起云变中，C2C 企业为抢占市场大打广告战、价格战、公关战、网络战。至今，C2C 领域已初步形成了“一强独大、四足鼎立”的市场格局，这与 B2B 领域格局十分地相似。表 2-5 所示为中国 C2C 市场主要服务商的比较。

表 2-5　中国 C2C 市场主要服务商的比较

服务商	是否盈利	开店认证	支付工具	信用体系	沟通工具	物流	售后服务	社区	投资方
淘宝	否	需要	支付宝	卖家信用 买家信用 卖家好评 买家好评	旺旺	第三方物流	先行赔付 7天无理由退换货	有	阿里巴巴集团
eEay易趣	否	需要	安付通	总信用度 总好评度	易趣通	第三方物流	先行赔付 7天包退 15天包换	有	美国eBay
拍拍	否	需要	财付通	卖家信用 买家信用	QQ	第三方物流	7天包退 14天包换	有	腾讯
有啊	否	需要	百付宝	卖家满意度	百度hi	第三方物流	7天无条件退换货	有	百度

1．C2C 含义

所谓 C2C（Customer to Customer）是指提供给个人与个人间在网上进行实物和服务交易的由第三方经营的电子商务平台，是消费者对消费者的交易，简单地说就是消费者本身提供服务或产品给消费者。

2．网上拍卖

网上拍卖实际上是典型的 C2C 电子商务。买方是消费者，卖方也是消费者，是中国现阶段投机性最大的网上交易。其交易过程是：

① 交易者登录 C2C 型网站；

② 卖方发布拍卖商品的信息，确定起拍价和竞价阶梯、截止日期等信息；

③ 买方查询商品信息，参与网上竞价；

④ 买卖双方成交，买方付款，卖方交货，交易完成。

C2C 的交易流程如图 2-8 所示。

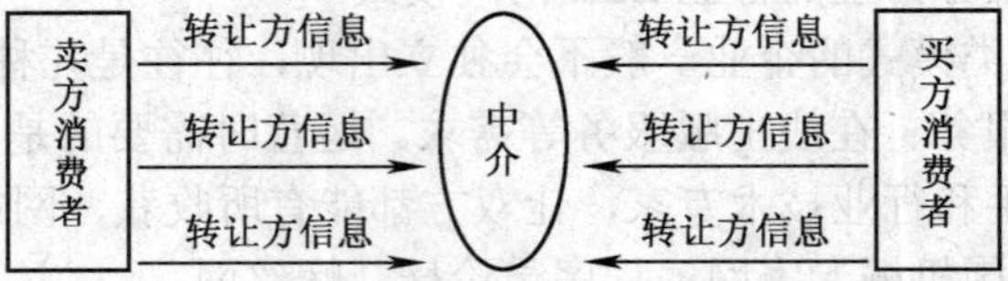

图 2-8　C2C 的交易流程

四、G2B 电子商务模式

1．G2B 含义

政府和企业之间（Government to Business）的电子商务模式，也称政府采购，是指政府或政府授权的机构在网上面向法人进行采购的电子商务平台。

政府通过网络进行采购与招标，快捷迅速地为企业提供各种信息服务；企业通过网络进行税务通报、办理证照、参加政府采购、对政府工作的意见反馈等；政府向企业事业单位发布的各种方针、政策、法规、行政规定等。对政府来说 G2B 电子政务的形式主要包括：电子采购与招标、电子税务、电子证照办理、电子外经贸管理、中小企业服务、综合信息服务等。

2．G2B 的优点

① 提供更广泛、更深入的政府采购咨询专家的支持。结合使用电子政务系统的专家库，政府采购机关将能跨越地域、行业的障碍，获得各个领域大量专家实时的具体指导。利用便利的网络沟通渠道，这些专家可以跨越地域、时间的障碍，全程参与项目的前期准备、中期市场分析和审定与评标后项目实施监督等整个采购项目实施过程，对于部分特殊项目，还可以继续参与项目完成后的使用、维护的咨询工作。另外，由于专家库容量巨大，可以在每次咨询时都随机产生不同的咨询专家小组，从而彻底杜绝投标商与个别专家私下交易情况的发生。

② 扩大供应商的选择面，突破地方保护主义障碍。网上采购面对的是来自为数众多、不受地域限制的供应商，形成了最大的竞争范围。而竞争范围的扩大，最直接的效果就是有利于采购到质优价廉的产品和服务。实行网上采购，在全国甚至全世界选择供应商，将

打破传统政府采购的时空限制，加快采购信息交流速度，方便广大供应商及时获取采购信息，而且可以充分体现政府采购公开、公正、公平原则，增加政府采购的透明度，有效突破地方保护主义和行业保护主义的障碍，同时也有利于政府采购资料的收集、统计和管理。

③ 为参与政府采购的各方提供安全、畅通的沟通渠道。依托电子政务平台实施电子商务，将可以利用强大的网络沟通功能极大地扩展参与政府采购的各方的沟通能力，为各方提供安全、畅通的沟通渠道。通过网上采购，可以达到加快采购速度、缩短成交时间的目的，同时也可以将由于信息沟通不够造成的误解和错误降低到最低限度。

④ 利于监督，真正达到"阳光工程"的目的。传统的交易方式存在着诸多中间环节，实际交易价格无从查起，而网络不但能提供强大的功能和资源，而且各种信息发布一目了然，具有很强的公开性。由于政府采购通过网上进行，形式是公开的，可以接受各方面的网上监督。采购过程、采购标准、成交原则和成交结果是公开的，减少了人为的干扰因素，使采购更加公平和公正。它使政府采购真正成为阳光作业，减少循私舞弊和暗箱操作，既可以降低企业的交易成本，又利于节约政府采购支出。

⑤ 利用集中采购，形成规模效益。集中采购的一个重要优势就是能够形成规模经济，大大降低采购成本。在电子商务系统强大的网络沟通能力和统一管理能力的支持下，将可以打破地区和部门封锁，建立地区性乃至全国性的政府采购大市场，实现全局性集中采购，将可以有效地形成规模效益，缩短采购周期，达到降低采购成本的目的。

第三节　基于成功案例的模式分类

Peter Weill 等人基于众多的实际电子商务案例得出以下模式：直接面向顾客、内容提供商、整体企业、信息中介、联合研发、共享采购平台、共享销售平台、全服务提供商、价值网集成者、虚拟社区、供应商管理库存、联合管理库存等。

一、直接面向顾客

Dell 和 Gateway 公司就是通过网络直接向顾客销售计算机等设备。

1. 含义

直接面向顾客的模式也称网络直销，指绕过传统的销售渠道直接向顾客提供产品或服务。

2. 价值取向

① 企业绕过分销渠道直接面向顾客。

② 使企业拥有更高的利润率和更广的市场前景及更多的顾客信息。

③ 为顾客提供更大的选择范围、更低的价格和更个性化的服务。

二、内容提供商

新华网、中评网等就是专为读者出售经济学、社会学、政治学等领域著名华人学者的论文和著作。

1. 含义

通过网络直接向客户提供信息产品服务。

2. 价值取向

① 通过网络以较低成本获取企业提供的有价值的信息内容。

② 客户拥有更多的选择、更低的价格、更个性化的服务。

③ 提供更多专业化的知识。

三、整体企业

Ford 汽车公司是通过一个单接触点整合企业内不同汽车的品牌，如 Ford、Lincoln、Mazda 等为客户服务，还有海尔的多事业部产品统一销售、订单处理和配送等。

1．含义

将一个大企业中各个事业部提供的各种服务进行整合，为顾客一个企业级的单接触点。

2．价值取向

① 具有多个事业单元企业为某些顾客实行单接触点。

② 通过实际事件或者兴趣领域组织，使得顾客能够了解企业所提供的全部服务。

③ 作为对不同事业单元服务的指标器，以整体的战略指导各个事业单元。

④ 帮助顾客标识需求以选择和获得由多个不同事业单元提供的服务。

四、信息中介

eBay 易趣网，著名的 C2C 电子商务公司，就是提供了这样一个信息中介。

1．含义

通过集中买卖方的信息提供给供应商与客户进行直接交易的虚拟场所。

2．价值取向

① 缩短价值链，使供应商与客户直接进行交易。

② 通过集中交易双方的信息，快速扩展市场的范围。

③ 降低进入市场的门槛。

五、联合研发

Ford、上海贝尔、美国 Boeing 公司就是通过网络系统协调世界各地不同的研发单位办同完成飞机各项技术的攻关，成为研发网集成者。

1．含义

联合研发模式也称研发网集成者，指将研发链的相关参与者通过信息整合，使集成者能够加强对研发网中活动的控制，加强协同处理研发事务的能力。

2．价值取向

① 通过对研发网的各个层次的信息进行集成，以加快研发的速度。

② 拥有强势品牌。

③ 对合作伙伴的能力有更好的掌握。

六、共享采购平台

COVISINT：由 GM、Ford、和 Daimler Chrysler 3 大汽车公司组建的共享采购平台。

1．含义

在企业的采购端，将多个竞争者整合到一起，共享采购信息及采购平台的基础设施。

2．价值取向

① 通过提高采购规模，增强议价能力，降低采购成本。

② 满足供应商对多个客户有单接触点的要求。
③ 降低基础设施建设、维护成本。
④ 降低寻找与开发供应商的成本。

七、共享销售平台

上海爱姆意机电设备公司，就是将国内数家著名机电产品生产商共享于一个销售平台。

1．含义

将多个参与者（包括竞争者）的销售平台整合到一起共享的基础设施。

2．价值取向

① 增加销售机会，降低销售成本。
② 满足客户对多个供应商有单接触点的要求。
③ 降低基础设施建设、维护费用。
④ 及时获得并共享待售信息。
⑤ 联合实力相当的竞争对手对抗另外的竞争对手。

八、全服务提供商

易龙、携程网就是为商务和旅行人员提供全面的解决方案。

1．含义

在某一个领域内直接或者通过与协作者联盟为顾客提供全程的服务。

2．价值取向

① 通过把企业自己的与选定的第三方提供者的产品和服务进行集成，在某一领域满足目标顾客群的全部需求。

② 顾客选择的集成服务能得到比选择单个产品与服务供应商更多的价值。

九、价值网集成者

日本 Seven-Eleven、香港利丰集团就是通过网络、信息系统集成与掌控整个价值网中上下游企业的信息，为客户提供服务。

1．含义

将价值链的上下游厂商的生产与运营信息进行集成、分析，从而加强集成者对价值网的控制与彼此之间的协同。

2．价值取向

① 通过对价值网的各个层次的信息进行集成，提高信息的透明度，加强价值网的控制与协同能力。

② 掌握合作伙伴的经营现状与经营能力，更好地协调与控制整个价值链上的经营活动，提高市场的反应速度。

③ 直接掌握顾客数据，把握市场需求。

十、虚拟社区

中国校友录、同学录、门户网的交流空间、39 健康社区网等都是虚拟社区。

1．含义

为拥有共同兴趣的顾客创建一个在线虚拟社区，并为他们提供相应的服务。虚拟社区与传统社区一样，由许许多多的功能模块构成，这些模块从各个方面满足社区成员的需要，由社区成员共同参与和建设。虚拟社区常见的功能模块除了电子公告版（BBS）、个人电子信箱（Web -based E-mail）、新闻组（News group）、在线聊天室（Chat Room）外，还包括教育窗口、生活服务专栏、娱乐专栏、个性主页栏目等。

2．价值取向

① 建立一个拥有共同兴趣的会员社区。

② 随着社区发展，获取逐步增加的回报。

③ 利用网络的外部性将虚拟社区作为其他模式的补充。

十一、供应商管理库存

P&G对Walmat实行库存管理，联想实行供应商管理库存。

1．含义

供应商管理库存主要应用在供应商（制造商）与其分销商之间，供应商为准确掌握实际需求，将分销商的库存纳入管理范围。

2．价值取向

① 供应商通过库存信息间接了解需求信息。

② 供应商根据库存信息决定分销商的订货点及订货量，以此为依据指导并安排生产活动。

十二、联合管理库存

富基软件公司在百盛集团信息系统基础上，开发了efuture ONE SCM系统，在2000年3月完成基于VMI/JMI和CPER的电子商务建设。

1．含义

供应链供需双方在共享库存信息的基础上，以顾客为中心，共同制订统一的生产计划与销售计划。

2．价值取向

① 解决供应链各节点的库存因各自管理导致的需求放大现象。

② 供需双方同时参与，共同制订库存计划。

第四节　基于体现收入、利润角度的模式分类

亚马逊的“成功”现在还是划引号的，它在建立起自己的规模和客户群的同时，给投资人留下了巨额亏损。

电子商务不仅要使网站有影响，更应关注到其利润及收入的来源，否则，就会爆发“网络泡沫”经济。

Michael Rappa认为电子商务模式能够体现企业如何获得收益的方式，据此可分为代理模型、广告模型、信息中介模型、商贸模型、制造商模型、会员模型、社区模型和订阅模型等。

1．代理模型

代理是促使买卖双方交易的造市者（Market-maker），通过收取一定的代理费用赢利。其具体形式包括：市场交换、买/卖履行、拍卖代理、需求搜集系统、分销商、搜索代理和虚拟市场。

2．万维网广告模型

传统的媒体广告模型的扩展，提供内容（通常，但不一定必须是免费的）和服务（如E-mail、聊天室、论坛等），同时包含旗帜广告，可以说是该站公司的主要或唯一的收入来源。只有当浏览量非常大或者高度专业化时，广告模型才能正常运作。其具体的形式有门户、分类目录、用户注册、基于查询的支付空间、背景广告、面向内容的广告等。

3．信息中介模型

在此模型中，有关消费者和他们的购物习惯的信息是异常有价值的，特别当这些信息被仔细地分析并用来指导定位市场活动时。其具体的形式有广告网络、激励营销、元中介。

4．商贸模型

模拟传统的商品和服务的批发商和零售商。销售可以基于列表价格或拍卖。其具体的表现形式有虚拟商家、目录商和比特买家（Bit Vendor）。

5．制造商模型

被预言为最能体现 Web 的强大力量，使厂商直接接触消费者，压缩了分销渠道。厂商模型是基于效率的，能提高客户服务水平，能更好地理解客户喜好。其具体的表现形式有购买、租赁、许可、商标集成内容。

6．会员模型

和门户相比，会员模型寻求对某一站点的高浏览量。会员站点提供购买点，点击后进入商家。即使会员站点没有产生销售，对于商家来说就没有产生任何成本。其具体的表现形式包括：标题广告的变换、每次点击付钱、利润共享。

7．社区模型

生存依赖于用户的忠诚度。用户在站点上投入了大量的时间和感情，收入依赖其他产品、服务或自愿提供。其具体表现形式包括：内容服务、Person-to-Person 网络服务、信任服务、Internet 服务提供者。

8．实用模型

与订阅者模型不同，按该模型实际使用量付费。其具体的表现形式有计量使用和计量订阅。

第五节　基于价值链的模式分类

1985 年美国哈佛大学著名战略管理专家迈克尔・波特在《竞争优势》中首次提出价值链这一概念，并把它作为一种分析工具，用以识别价值创造途径。基于制造业的观点，迈克尔・波特的价值链理论认为每个企业都是在设计、生产、销售、配送产品和辅助其产品生产等过程中进行种种活动的集合体。价值链是指一个独立的将共同需要视为彼此的组织或商业形成的战略网络，价值链的参与者将共同确认战略目标，共同分担相关的风险和利益，共同投入时间、精力与资源以使这种合作关系得到体现。

以 Paul Timmers 为代表，提出电子模式的架构应该基于价值链的拆分和重构，也就是基于识别价值链中的元素及如何整合价值链中信息的方式。他认为应该从两个维度来区分电子商务模式：创新的程度和功能整合的程度。以此为依据，电子商务可分为电子商店、电子采购、电子拍卖、电子集市、第三方市场、虚拟社区、价值链服务供应商、价值链集成者、合作平台、信息代理商、信用服务等。

1．电子商店

电子商店可以分为几种类型。

① 虚拟商家模式：一种仅通过 Web 进行交易的零售商。

② 目录商家模式：把邮购订单迁移到 Web 订单上的公司，混合了邮件、电话和在线订购等多种方式。

③ 网络店面模式：把传统的砖瓦建筑商铺改为在网上建立的店面。

④ 比特卖家模式：一个严格地只卖数字产品和服务的商家，以它最单纯的形式，同时在 Web 上处理销售和分发业务。

电子商店主要依靠销售商品获得利润。一般来说，电子商店并不适合销售一些需要消费者身临其境挑选的商品，如服装、家具等。

2．电子采购

电子采购是指在网络平台基础上直接进行的采购，利用数字化技术将企业、海关、运输、金融、商检和税务等有关部门有机连接起来，实现从浏览、洽谈、签约、交货到付款等全部或部分业务自动化处理。

3．电子拍卖

所谓拍卖是以公开竞价的形式，将特定物品或财产权利转让给最高应价者的买卖方式。这种买卖方式由来已久，而电子拍卖实际上就是将传统的拍卖转移到网上拍卖平台实现。在线拍卖最大的优势是将拍卖这种贵族化的交易方式利用 Internet 的特点，变成了平民交易。无论是谁，无论他在哪里，只要可以上网，就可以在网上竞拍卖任何物品，并且可以随时成交。

它现有的两大优势：价廉物美、即买即得。

4．电子集市

电子集市是多个电子商店的集合，它本质上扮演了一个基于网络环境下的中间商角色，它处于价值链体系中渠道价值链的地位。它为企业设置形式相对统一的电子商店，并为客户提供交易大厅。

5．第三方市场

这是一种不会有买方和卖方的投资而自行建立起来的中立的网上市场交易中枢。这种独立的市场交易中枢的角色是非常特别的，它既不偏向买家也不偏向于供应商一方。

6．虚拟社区

虚拟社区的核心是网上论坛。它并不属于价值链的任何一个基本元素，但是，它能够为整个价值链或价值链系统增加信息交换量。

7．价值链服务供应商

价值链服务供应商，也称网上企业，主要是整合价值链中的多个步骤，并将这些步骤之间的信息流作为附加值加以开发。这种模式对企业的要求比较高，一般只有那些价值链系统中关键路径的控制者可能采用这种模式。网上企业的商务模式一般包含采购、研发、生产、营销、物流、售后服务等多个环节，大公司及其战略联盟通过网上交易与其后台 ERP 等系统的整合可以优化价值链，使企业组织结构最优化，从而提高企业的竞争力。

8．价值链集成者

价值网集成者利用物理的物流/服务流与信息流的划分，通过收集、综合加工和发布信息，实现对所在产业的虚拟价值网的控制。通过价值网，集成者对信息进行协调，可以提高价值链的有效性，从而形成一种新的价值增值方式。

9．合作平台

合作平台是指在电子平台的商业过程的合作，如联合设计等。

另外，还有信息代理商和信息服务模式，在这里就不一一讲述了。

第六节　基于结合方式的模式分类

随着电子商务市场竞争的日益激烈，电子商务新模式的诞生已经迫在眉睫。在网络经济中，电子商务模式从结合方式角度分为社会化商务商业模式、O2O 商务模式等，它们是电子商务一种新的衍生模式。

一、社会化商务商业模式

由于社会化媒体（如社交网站、SNS、微博、微信、社交媒介、网络媒介）的种种特点，其和电子商务的融合成为一种发展趋势。实践中，许多社会化电子商务企业显示了勃勃生机。

1．社会化电子商务的含义

Social Commerce 即是指社会化电子商务，可以看成是社会化媒体和电子商务的有效融合。它首先出自雅虎，雅虎在 2005 年创造了这个词来定义那些人们可以分享体验、彼此得到建议、找到商品和服务并购买它的线上场所。

它是借助社交网站、SNS、微博、微信、社交媒介、网络媒介等传播途径，通过社交互动、口碑影响力、用户提供内容等手段对商品进行展示、分享和互动，达到有效推广商品的目的，是电子商务一个有效的推广渠道，以此来提高电子商务网上产品的购买比率，给企业带来效益。

2．社会化电子商务的特征

① 会员消费的被动需求模式。

会员消费的被动需求模式，是指会员并不是主动去产生消费需求，而是在受到其他会员购物分享的影响下，被动产生的消费需求。会员的需求与其他会员的主动分享有很强的相关性。在通过口碑相传和其他会员的商品分享，会员受到商品信息的激发而产生消费需求，这里，口碑起很重要的引导作用。

② 用户引导消费模式，会员容易受消费行为影响。

在社会化电子商务的模式中，会员对某一商品的购买欲望往往会因为其他会员的分享、点评及图片展示而被激发。这是典型的一种用户引导行为，这种消费行为不是由商家来引导的，而是有具有社会属性的用户之间的口碑分享而触发的。显然，这比商家直接引导和宣传更有影响力。从社会心理学的角度讲，人往往有模仿与自己处于同样境遇的人的行为的趋向性。

③ 社会化电子商务扮演导购角色，导购员是用户本身。

社会化电子商务是基于用户分享商品信息、点评商品、展示商品和分享商品的使用体验来与其他会员进行互动，以此建立具有社会属性的社交关系。社会化购物分享系统提供这一个分享平台，每一个会员产生的购物信息，对于其他会员来说，起到了导购作用，这种作用的影响力要远远大于商家自身对产品的宣传。

3．社会化电子商务商业模式

社会化电子商务平台可分为如下的3种模式。

一是依托现有的电子商务服务构建社区。这种模式主要被发展成熟的电子商务企业所采用，特别是B2C、C2C、B2B企业。其中运作的比较成功的有：凡客的“凡客达人”、淘宝的“淘江湖”，以及阿里巴巴的“人脉通”等。这几种电子社区平台都是基于自身的电子商务，一方面，通过社会化平台的个性化服务，如买家秀、购物相关话题的分享和交流，加强用户与用户之间、用户与网站之间的联系，增加用户的黏度；另一方面，通过稳定的电子社区关系促进用户的购买行为，从而加速电子商务发展。

二是第三方社会化电子商务平台。这种平台本身并不提供产品或服务，而是构建于现有电商企业的产品或服务。平台通过自身的个性化服务吸引并汇集稳定的用户群，拥有一套自己的关系圈，关系圈的建立是独立于电商企业之外的。在中国，比较有代表性的网站有美丽说、蘑菇街等，这类电商平台为众多的网购用户提供了一个交流彼此购物心得乐趣，分享相关购物资讯，以及结识更多具有相同购物爱好朋友的场所。

三是基于社区的社会化电子商务。现在网络上形成了非常多具有相当影响力的社交平台，如FaceBook、Twitter、新浪微博等。如果能够将这些具有庞大用户群体的社交平台与电子商务进行整合，实施精准营销，不论对于平台本身，还是对于个人与企业用户，都是极具吸引力的。例如，新浪微博的一款第三方应用微跳蚤，其本质是二手商品的交易应用，为微博用户提供发布、查询、评价信息的服务。

总之，随着社会化媒体的快速发展，电子商务呈现出了很多形式。电子商务也摆脱了传统意义上的只是作为产品销售的一个渠道。现在的社会化电子商务，有偏重于产品的企业，如京东、淘宝等；也有侧重于社会化不做产品的企业，如美丽说、蘑菇街；还有利用社会化工具进行资源整合的企业，如一块儿网；也有在社会化平台上开店的个体电商等，电子商务行业出现了从未有过的繁荣。但是，如何能够真正理解这些社会化工具，把它们的优势真正地和电子商务结合起来，需要企业进行更深入的思考。同时，随着智能手机的迅速普及，如何把社会化工具、电子商务、移动终端有机结合起来，也是一些电子商务巨头关注的焦点。

二、O2O商务模式

目前很多行业纷纷探索O2O模式，如拉手网转型升级为O2O模式的团购网站；传统的品牌商李宁将开发自己的O2O平台，还有很多地方性的服务网站也都在提供O2O的服务，如绍兴的越淘网就是绍兴本地生活消费类的O2O电子商务平台。有关专家预计O2O即将打开中国电子商务的蓝图。

1．O2O商务模式的含义

O2O是英文“Online to Offline”的缩写，即将存在于线下的商务资源与线上信息结合在一起，使Internet成为线下交易的前台。简单地说，O2O模式就是把线上的消费者带到现实的商店中去——在线完成支付，线下享受服务。O2O 并不是线上线下的简单结合，也并不只是新增加的一个渠道，而是对人们消费引导的一种延伸。

O2O 这一概念是在 2010 年 8 月被 AlexRampell 提出，但此种模式早年就有，2006 年沃尔玛公司提出的 SitetoStore 的 B2C 战略，即通过 B2C 完成订单的汇总及在线支付，顾客到 4 000 多家连锁店取货，大幅降低运营、物流成本和缩短 POS 刷卡排队的时间，提升店内关联销售额，该模式就是 O2O 的模型。

携程网可以说是中国最早的 O2O 模式，只是它早期仅注重信息流的传递，资金流和服务流一般在线下实现。之后，如大众点评网等也是 O2O 概念的早期实践者。而团购模式的出现，将信息流与资金流一举通过线上实现，商业流与服务流在线下实现，标志着中国 O2O 模式的另一全新阶段。尽管其发展在中国不尽如人意，但不可否认的是，团购这种模式将 O2O 的概念具象化，也将 O2O 推向产业发展前沿。

该模式最重要的特点是：推广效果可查，每笔交易可跟踪，有利于消费者信息的精准把握与广告主广告信息的精准投放。O2O 适合的领域有：体验行业，如咖啡馆、餐厅等；服务行业，如理发店、美容院等。

2. O2O 商务模式的特征

（1）在线支付是核心

O2O 商业模式的核心在于在线支付。从表面上来看，O2O 的主要功能应该是宣传功能。网络的大众传播功能可以将商家的信息以最快的速度、最广泛的程度、最庞大的数量呈现在大众的面前，也就可以在瞬间聚集强大的潜在的消费力量。但实则不然，O2O 与传统的电子商务一样，其核心依旧在于在线支付，倘若 O2O 模式没有了在线支付功能作为其核心，那么 O2O 也就与铺天盖地的网络广告没有什么区别。如果团购网站没有提供在线支付这一功能，那么它与商家如何结算将成为难题。若团购网站仅凭用户网购的统计结果向商家收取一定的费用，那么双方将就网购人数与实体消费的人数无法达成精确的统一而陷入纠纷。更重要的是，如果没有在线支付的功能，那么消费者、实体店、团购网站它们之间的消息的传递将会中断，它们之间的利益链也会中断。对于团购而言，只有用户在线上完成支付，团购网站才会从中获益，才会把消费需求信息准确地传递给实体店，实体店才能更好地为用户服务，用户体验过后会将信息传递给团购网站，以此形成一个信息链、利益链。在线支付不仅是支付本身的完成，也是消费数据考核的可靠标准。传统电子商务中的 B2B、B2C、C2C 等模式的成功都是在在线支付的基础上实现的。对于以提供线下商品和服务消费为主的 O2O 模式而言，在线支付更是举足轻重。

（2）注重线下能力

在资本的推波助澜下，O2O 的市场规模被急剧放大，但由于它需要贯通线上与线下，对企业的资源整合能力要求颇高。很多团购网站之所以红火一番后很快沉寂，就是由于它们的线下服务体系欠缺，损害了用户体验。因此，做好 O2O 的要义在于，必须通过网络的方式将用户资源带到线下去。在 O2O 模式的实践中，最大限度决定它能否成功的，正是线下服务能力。

从试水 O2O 的企业看，生活服务类占相当大的比例。早已在本地生活消费平台构筑起坚固壁垒的“大众点评网”便是最好的例证。近年来，生活服务领域又涌现出一些后起之秀，将 O2O 模式做得有声有色。餐饮类 O2O“哗啦啦”就是此中代表。

哗啦啦网站是国内首创的餐饮 O2O 电子商务平台。该网站为消费者提供在线预订、点菜、支付一站式便捷服务，消费者可以通过计算机、手机、iPad 随时随地选择服务，大大满足了消费者的用餐需求；同时，加盟哗啦啦网站的网络餐厅也为餐饮企业创造了价值，延伸了餐厅的服务时间与空间，提升餐厅的服务效率。此外，网站还开发了基于生活消费体验分享的社交平台功能，用户可以通过网络来分享消费的经历与体验。

“易到用车”是 O2O 租车领域中的典型代表，在没有车也没有驾驶员的情况下，却可以做到只要用户拨打电话即可下单的专业服务。易到用车通过自主搭建网站平台，将用户需求导入上游的大型租车公司，通过线上的信息整合之后，用自身核心技术从后台调配车源，即通过呼叫方式或 APP 为用户提供专乘约租车服务，做到约租车随叫随到，并且线上终端直接对线下服务负责，全程监管。易到用车用 O2O 的理念创造了租车行业的新模式。这些企业之所以能够成功地成为 O2O 模式的代表，最大的因素莫过于找到了与自身相匹配的运营模式，也就是实现了线上虚拟与线下实体相融合的状态。

3．O2O 商务模式的分析

（1）O2O 模式的先行军——团购

虽然团购仅仅是 O2O 模式的“冰山一角”，但是前几年如火如荼的团购确实加速了 O2O 模式的演进，使 O2O 模式得到进一步的发展和完善。

传统的电子商务模式应该是“线上下单+线下物流”的模式，然而以团购为代表的 O2O 电子商务模式采用的则是“线上下单+到店体验”的模式，即消费者在网上下单并完成支付，获得相应的订单消费凭证，然后到实体店消费。这种模式比较适合本地生活服务类的消费。以团购为代表的 O2O 模式的电子商务将消费的方式与客流的引导相结合，使得网络推广的效果可视化，交易数据可控化，这就是 O2O 模式的最大优势。

团购网站可以说是 O2O 模式的经典案例，然而它在国内的发展并不如预期的那么好。中国的团购网站在 2010 年到 2011 年这一年之间经历“大跃进”式的发展。“千团大战”让中国的 O2O 企业痛定思痛。团购网站的混乱的“赔本赚吆喝”的运营模式，线下实体店商家的诚信与服务理念，消费者对团购网站认可的态度都反映出我国团购的行业还处于初级阶段。作为电子商务 O2O 模式的先行军，团购的发展虽然出现了一些问题，但是其发展前景还是毋庸置疑的。

（2）O2O 模式的主力军——本地生活服务消费

团购网站在 2010～2011 年经历了“大跃进”式的发展，团购也逐渐被人们所熟知。从 CNNIC 发布的《2011 年团购行业报告》中不难发现，生活服务类商品或服务（餐饮美食、休闲娱乐、美容健身、酒店旅行等）在团购上更容易吸引消费者，事实上这种在线支付购买线下消费的模式也更容易被接受。传统的电子商务中，消费者更多的是在网上购买商品，然后由商家通过物流公司把商品送到消费者面前。然而类似餐馆、电影院、酒吧、KTV、宾馆等服务不能将其打包送到我们面前，我们必须到线下实体店体验消费。即使是在电子商务最发达的美国，线下实体经济的消费依旧占整个消费的 92%。这就说明本地生活服务消费占据了人们绝大部分的日常消费，这就给 O2O 模式创造了巨大的商机。

随着 2010 年团购的兴起，在线购买本地生活服务的用户数大幅增加，市场规模也随之迅速扩大起来。艾瑞数据显示，2011 年中国本地生活服务 O2O 市场规模为 361.1 亿元，比 2010 年增长 134.9%；2012 年市场规模达到 755.6 亿元，增幅为 109.2%，预计到 2015 年中国本地生活服务 O2O 在线市场规模将超过 2 700 亿元。从这些数据我们可以看出，中国本地生活服务 O2O 市场的规模正在迅速扩大，在未来几年，随着移动互联网的发展，电商企业与实体商户的通力合作，以及居民网购消费习惯进一步养成，中国本地生活服务 O2O 市场的爆发将真正到来。

（3）O2O 模式的未来——移动电商

毋庸置疑，随着移动互联网的发展，智能手机、平板计算机等终端移动设备的普及，与传统的依托于计算机互联网的电子商务相比，移动互联网具有更庞大用户群、更加便利的市场。在移动互联网时代，电商和实体商户能以最低廉的成本和最便捷的方式接触和吸引到更多客户。因此，移动电子商务更适合 O2O 商业模式的应用，也是推动 O2O 模式融入更广泛的商业生活的主导力量。在未来，移动电子商务将成为电子商务的核心力量，将引发强大的商业价值链的迁移。移动互联网正在冲击着传统的商业模式和推动着产业链的利益重构。O2O 商业模式将线上虚拟经济与线下实体经济相贯通融合，也是移动互联网与移动电子商务发展的方向。

在移动互联网时代，实体店已经不能孤立的发展，电商渠道化需要实现把“体验店”作为实体店的功能之一，实现线上线下同价的 O2O 模式。随着移动互联网的发展，消费者在实体店内购物会通过手机进行网上比价，如果实体店零售不转型，将会受到网购的巨大冲击。移动电商靠投资补贴低价的价格驱动策略不会长久，以“服务驱动”的发展理念才是可持续发展之计，因而线上线下同价不会是一个不切实际的目标。

综上所述，O2O 模式带来的不仅仅是一种消费思维和服务模式的改变，更对传统电商提出了新的挑战，运营者们要及时改变固有思维，利用自己已经积累的网络资源，进行大量数据分析，充分实现移动互联网的便利，融合线上和线下的资源，实现完美对接，O2O 模式就会得到理性发展。

本章小结

电子商务模式的组合可提高企业的综合竞争优势，大多电子商务模式有互补性，不同电子商务模式专注的优势领域是相异的，因此难免会在其他方面的能力上有所缺失，将不同模式组合在一起，利用一种模式的优势弥补另外一种模式的弱势，能增强抵抗市场风险的能力，并可开拓新的收入来源。正因为如此，电子商务会随着时代的发展，不断出现创新的模式。

复习思考题

1. 什么是电子商务商业模式，其内涵有哪些？
2. 举出几个有代表性的 B2B、B2C、C2C 的网站，并理解其经营特点。
3. 试从各成功案例来对电子商务进行分类。
4. 从利润、收入方面着手，电子商务分为哪些类型？
5. 请详细说明对价值链中元素和整合不同而相异的各种电子商务模式。
6. 谈谈你是如何理解 O2O 模式的。

第三章　网络营销

本章要点

- 网络营销的定义
- 网络营销与传统营销、电子商务、网上销售
- 网络营销的特点和功能
- 网络营销策略
- 网络营销的手段

信息技术的发展，特别是通信技术的发展，促使网络成为一个更强、更新的媒体。随着网络技术的发展和应用，逐渐改变了经济体系中信息的分配和接受方式，改变了人们生活、工作、学习、合作和交流的环境，企业必须相应地积极利用新技术变革企业经营理念、经营组织、经营方式和经营方法。电子商务正迅速改变着当前的营销模式，网络营销作为一种全新的营销方式在市场经济中扮演着越来越重要的角色。

第一节　网络营销概念

一、网络营销的定义

网络营销就是以网络为基础，利用数字化的信息和网络媒体的交互性来辅助营销目标实现的一种新型的市场营销方式。目前网络营销并没有统一的定义，与许多新兴学科一样，由于不同的人员对网络营销的研究方法和角度不同，对网络营销的理解和认识也有较大差异。网络营销概念的同义词包括：网上营销、互联网营销、在线营销、网路行销等。这些词汇说的都是同一个意思，笼统地说，网络营销就是以互联网为主要手段开展的营销活动。国外对网络营销有许多定义和提法，如 Cyber Marketing、Internet Marketing、Network Marketing、e-Marketing 等。不同的词组有着不同的含义，Cyber Marketing 是指网络营销在虚拟的计算机空间进行运作；Internet Marketing 是指在 Internet 上开展营销活动；Network Marketing 是指在网络上开展的营销活动，而这里的网络不仅仅是 Internet，还可以是一些其他类型网络，如增值网络 VAN。目前，比较习惯采用的翻译方法是 e-Marketing，e 表示电子化、信息化、网络化。虽然不同的教材对于网络营销的含义提法不一，本书提炼其中主要观点如下。

① 网络营销是借助联机网络、计算机通信和数字交互式媒体来实现营销目标的一系列市场行为。

② 网络营销是以互联网为媒体，以新的方式、方法和理念实施的营销活动，它更有效地促成了个人和组织交易活动的实现。

③ 网络营销是利用计算机网络、现代通信技术及数字交互式多媒体技术来实现营销的现代营销方式。

④ 网络营销是指企业以现代营销理论为基础，利用互联网技术和功能，最大限度地满足客户需求，以达到开拓市场、增加赢利为目标的经营过程。

二、网络营销的特点

随着网络技术发展的日渐成熟、网络成本的大幅降低，以及网络用户的日渐普及，网络能把从近在咫尺到远隔天涯的有着潜在交换需求与欲望的组织和个人跨时空地连接起来，从而为企业或顾客创造更多的交换机会。网络营销区别于传统的市场营销，呈现出以下特点。

1. 时域性

营销的最终目的是占有市场份额，由于互联网能够超越时间约束和空间限制进行信息交换，使得营销脱离时空限制进行交易变成可能，企业有了更多时间和更大的空间进行营销，可每周 7 天，每天 24 小时随时随地地提供全球性营销服务。

2. 高信息性

网络空间上的产品不具有触摸性、试用性、亲和性。因此，网络营销要向接受者输出信息、提供服务，使产品更加真实可信、更具亲和力。

3. 国际性

网络营销中采用电子数据、电子传递使营销双方无论身在何处，均可与世界各地的商品生产、销售、消费者进行交流、订货、交易，实现快速准确、双向式信息交流。网络营销是全球化的营销，网络延伸到哪里，信息就会被传递到哪里，它没有地域限制，除了语言文字的一些局限外，它比以往任何传统营销更具国际性。

4. 针对性

互联网上的促销是一对一的、理性的、消费者主导的、非强迫性的、循序渐进式的，而且是一种低成本与人性化的促销，避免推销员强势推销的干扰，并通过信息提供与交互式交谈，与消费者建立长期良好的关系。

5. 服务性

首先表现在营销服务的全天候。营销服务一天 24 小时地运转，没有下班，没有节假日，更能体现随时随地服务的优势。其次营销服务的全方位。网络营销对研发、设计、生产、销售、使用各方面提供服务，并可在订购者的网络监控下进行动作。最后是营销服务的广泛化。无论是顾客，还是一般的浏览者，都会得到体贴的服务。

6. 技术性

网络营销的信息传递及服务是通过强大的技术性支持来完成的，企业实施网络营销必须有一定的技术投入和技术支持，改变传统的组织形态，提升信息管理部门的功能，引进懂营销与计算机技术的复合型人才，未来才能具备市场竞争优势。

7. 整合性

网络营销可由商品信息至收款、售后服务“一气呵成”，因此也是一种全程的营销渠道。企业可以借助互联网将不同的传播营销活动进行统一设计规划和协调实施，以统一的传播资讯向消费者传达信息，避免不一致性产生的消极影响。

8. 高效性

网络可传送的信息数量与精确度，远超过其他媒体，并能应市场需求，及时更新产品或调整价格，因此能及时有效了解并满足顾客的需求。

9．低成本性

首先，网络营销无店面租金成本。传统的店面相当昂贵，特别是黄金地段，可谓是寸土寸金，而网络营销则只需要一台连接在网络上的网络服务器，或租用部分网络服务器的空间即可。其次，实现产品直销，能帮助企业减轻库存压力。传统的经营者，为了降低进货的成本而大量进货，这带来很大的资金压力和经营风险，而且商品的库存盘点和存放也耗费大量的人力和财力，而对于经营状况良好的电子商场，网络营销甚至可以做到“零库存”无需承担任何库存的压力，实现信息时代商品流通的“Just in time”，什么时候卖出货，什么时候才进货。最后，网络营销有较低的促销成本和极好的促销能力，“货架”上的商品可以作为广告宣传的样品，经营者不需要再负担促销广告费用就可以利用服务器将多媒体的商品信息动态存储起来，必要时既可以主动对外散发，又可以随时接受需求者的查询。

三、网络营销的功能

认识和理解网络营销的功能和作用，是实战和利用网络营销的基础与前提。网络营销的功能很多，这里主要介绍其中八大功能。

1．信息搜索功能

信息的搜索功能是网络营销进击能力的一种反映。在网络营销中，将利用多种搜索方法，主动地、积极地获取有用的信息和商机；主动地进行价格比较，了解对手的竞争态势，通过搜索获取商业情报，进行决策研究。搜索功能已经成为了营销主体能动性的一种表现，一种提升网络经营能力的进击手段和竞争手段。

2．信息发布功能

发布信息是网络营销的主要方法之一，也是网络营销的又一种基本职能。无论哪种营销方式，都要将一定的信息传递给目标人群。但是网络营销所具有的强大的信息发布功能，是古往今来其他任何一种营销方式所无法比拟的。

网络营销可以把信息发布到全球任何一个地点，既可以实现信息的广覆盖，又可以形成地毯式的信息发布链；既可以创造信息的轰动效应，又可以发布隐含信息。信息的扩散范围、停留时间、表现形式、延伸效果、公共能力、穿透能力，都是最佳的。

更加值得提出的是，在网络营销中，网上信息发布以后，可以能动地进行跟踪，获得回复，可以进行再交流和再沟通。因此，信息发布的效果明显。

3．商情调查功能

网络营销中的商情调查具有重要的商业价值。对市场和商情的准确把握，是网络营销中一种不可或缺的方法和手段，是现代商战中对市场态势和竞争对手情况的一种电子侦察。

在激烈的市场竞争条件下，主动了解商情、研究趋势、分析顾客心理、窥探竞争对手动态是确定竞争战略的基础和前提。通过在线调查或者电子询问调查表等方式，不仅可以省去大量人力、物力，而且可以在线生成网上市场调研的分析报告、趋势分析图表和综合调查报告。其效率之高、成本之低、节奏之快、范围之大，都是其他任何调查形式所做不到的，这就为广大商家提供了一种市场的快速反应能力，为企业做出科学决策奠定了坚实的基础。

4．销售渠道开拓功能

网络具有极强的进击力和穿透力。传统经济时代的经济壁垒、地区封锁、人为屏障、交通阻隔、资金限制、语言障碍、信息封闭等，都阻挡不住网络营销信息的传播和扩散。

新技术的诱惑力，新产品的展示力，图文并茂、声像俱显的昭示力，网上路演的亲和力，地毯式发布和爆炸式增长的覆盖力，整合为一种综合的信息进击能力，快速地打破封闭的坚冰，疏通种种渠道，找到进击路线，完成开拓市场的使命。这种快速、坚定、神奇、态势、生动是任何媒体、任何其他手段都无法比拟的。

5．品牌价值扩展和延伸功能

美国广告专家莱利·莱特预言：未来的营销是品牌的战争。拥有市场比拥有工厂更重要。拥有市场的唯一办法，就是拥有占市场主导地位的品牌。

随着 Internet 的出现，不仅给品牌带来了新的生机和活力，而且推动和促进了品牌的拓展和扩散。实践证明：Internet 不仅拥有品牌、承认品牌，而且对于重塑品牌形象、提升品牌的核心竞争力、打造品牌资产，具有其他媒体不可替代的效果和作用。

6．特色服务功能

网络营销具有和提供的不是一般的服务功能，而是一种特色服务功能。服务的内涵和外延都得到了扩展和延伸。

在网络营销中，客户不仅可以获得形式最简单的 FAQ（常见问题解答）、邮件列表、BBS、聊天室等各种即时信息服务，还可以获取在线收听、收视、订购、交款等选择性服务，无假日的紧急需要服务、信息跟踪、信息订制、智能化的信息转移、手机接听服务及网上选购、送货到家的服务等。这种服务及之后的跟踪延伸，不仅极大地提高了客户满意度，使以客户为中心的原则得以实现，而且也使得客户成为商家的一种重要的战略资源。

7．客户关系管理功能

客户关系管理（Customer Relationship Management，CRM），源于以客户为中心的管理思想，是一种旨在改善企业与客户之间关系的新型管理模式，是网络营销取得成效的必要条件，是企业重要的战略资源。

在传统经济模式下，由于认识不足，或自身条件的局限，企业在管理客户资源方面存在着较为严重的缺陷。针对上述情况，在网络营销中，通过客户关系管理，将客户资源管理、销售管理、市场管理、服务管理、决策管理集于一体，将原本疏于管理、各自为战的销售、市场、售前和售后服务与业务统筹协调起来，既可以跟踪订单，帮助企业有序地监控订单的执行过程，规范销售行为，了解新老客户的需求，提高客户资源的整体价值，又可以避免销售隔阂，帮助企业调整营销策略，收集、整理、分析客户反馈信息，全面提升企业的核心竞争力。客户关系管理系统还具有强大的统计分析功能，可以为企业提供“决策建议书”，以避免决策的失误，从而为企业带来可观的经济效益。

8．经济效益增值功能

网络营销会极大地提高营销者的获利能力，使营销主体提高或获取增值效益。这种增值效益的获得，不仅来源于网络营销效率的提高，营销成本的下降，商业机会增多，而且在网络营销中，新信息量的累加也会使原有信息量的价值实现增值。这种无形资产促成价值增值的观念和效果，既是前瞻的，又是明显的，是为多数人不认识、不理解、没想到的。

网络营销的明显的资源整合能力，恰恰为这种信息的累加，提供了实现的可能性。这是传统营销根本不具备又无法想象的一种战略能力。

开展网络营销需要用全面的观点，充分发挥各种职能作用，使企业的整体效益最大化。

四、网络营销与传统营销

美国市场营销协会（AMA）对市场营销所下的定义是："市场营销是对构思、产品及服务进行设计、定价、促销及分销的计划与实施过程，其目的是产生满足个人和组织目的的交换。"通过网络进行营销活动并不是要取代传统的营销，传统营销的许多思想、内容同样是适合网络营销的。但网络营销又不是简单地把传统营销原封不动地搬到网络环境中。

1．网络营销与传统营销的相同点

① 两者都是一种营销活动。

② 两者都是为了实现企业的既定目标。企业作为赢利的经济实体，开展营销活动必须具有赢利的动机。企业的赢利是满足消费者需求的报酬。

③ 两者都把满足消费者的需求（潜在的需求和现实需求）作为一切活动的出发点。

④ 两者在活动过程中都会使用各种策略手段。

2．网络营销与传统营销的区别

① 在产品上：网络营销更能满足消费者个性化的需求。在 Internet 上进行市场营销的产品可以是任何产品或任何服务项目，而在传统营销领域却很难做到。

② 在价格上：网络营销的价格更具竞争力。

③ 在销售上：网络营销可以采取直接销售模式，改变了传统的迂回模式，实现零库存、无分销商的高效运作。

④ 在促销上：网络营销可以采取更丰富的内涵和实现方式，传统营销依赖层层严密的渠道，以大量的人力和广告投入市场，这是在网络时代无法负荷的奢侈品。

⑤ 在决策上：网络营销的决策内容更多、响应速度更快。

⑥ 在经营上：网络营销可以降低成本，提高工作效率。

3．网络营销与传统营销的整合

网络营销伴随着电子商务发展而产生，是传统营销在网络时代的延伸和发展。市场竞争日益激烈，企业要想依靠传统的营销手段在市场中取得竞争优势越来越难。虽然网络营销与传统营销相比，具有巨大的优势，但也有明显的缺点：首先，网络营销不能满足非网络用户的需求；其次，并非所有产品都适合在网络进行营销；最后，目前我国的物流水平不高，网购物品到达客户最少要 2 天，所以大多数人都不会选择网购急用的物品。

网络营销的劣势恰是传统营销的优势所在，因此说它们之间具有很强的互补性。二者必须相互整合才能更好得发展，它们的整合方式主要集中在以下两个方面。

（1）各种营销要素和手段的整合

为保证和促进营销的有效性，传统营销要素，如市场调研、目标营销、人员推销、广告促销等将与网络营销相结合，充分利用网络的优势，实现企业的营销目标。网络营销围绕"以消费者为中心"，运用和协调各种不同的传播手段，最终在企业和消费者之间建立长期的、双向的、稳定的关系。

（2）各种营销策略的整合

网络使得企业实施各种营销策略的环境发生了变化，企业的选择更为广泛和丰富，网络营销既可以在网上针对网络虚拟市场开展营销活动，也可以开展传统有形市场的营销活动，以及以传统手段开展的服务于网络虚拟市场的营销活动。基于网站的网络营销是网络营销的主体，它包括网站的规划、建设、维护、推广及与其他营销方法的整合。若是电子商务型的网站，基于网站的网络营销还会涉及产品、价格、渠道和促销等传统营销策略要考虑的各种问题。总之，网络不是唯一的解决方案，而是整体方案的一部分，网络营销必须与公司的整体战略相互匹配和相互支撑。

五、网络营销与电子商务

网络营销和电子商务是一对既紧密联系又相互区别的概念。网络营销是电子商务的组成部分，开展网络营销并不等于一定是实现了电子商务，但实现电子商务一定是以开展网络营销为前提的。它们的区别体现在以下两方面。

① 网络营销与电子商务研究的范围不同。电子商务的内涵很广，其核心是电子化交易，它强调的是交易方式和交易过程的各个环节。而网络营销注重的是以 Internet 为主要手段的营销活动。这表明发生在电子交易过程中的网上支付和交易后的商品配送等内容并不是网络营销所能包含的。同样，电子商务体系中所涉及的安全、法律等问题也不适合全部包括在网络营销中。

② 网络营销与电子商务的关注重点不同。网络营销的重点在交易前阶段的宣传和推广，电子商务的标志之一是实现了电子化交易。网络营销本身并不是一个完整的商业交易过程，而是为了促成交易提供支持，因此它只是电子商务中的一个重要环节。尤其在交易发生之前，网络营销发挥着主要的信息传递作用。所以，电子商务可以被看成是网络营销的高级阶段。

网络营销与电子商务之间的联系可以概括为以下几点。首先，网络营销和电子商务有着共同的技术基础。网络营销与电子商务产生和发展的技术都是计算机网络技术。其次，网络营销是电子商务的基础，是企业电子商务整体战略的核心环节，电子商务是网络营销发展的高级阶段。网络营销战略的制定以客户的需求为导向，电子商务战略的制订以网络营销战略的制订为导向。网络营销作为创造交换机会、促成商品交换实现的企业经营管理手段，是企业电子商务活动中最基本的也是最重要的网络商业活动。网络营销是企业整体营销战略的一个组成部分。最后，网络营销整体战略的实现也需要电子商务其他环节工作的密切配合。网络营销不仅是营销部门的市场经营活动，还需要其他相关部门（如采购部门、物流配送部门、生产部门、财务部门、人力资源部门、产品开发和设计部门等）的配合。因此，网络营销的成功实现需要电子商务其他环节的高度配合。

六、网络营销与网上销售

网上销售是网络营销发展到一定阶段的产物，网络营销是为扩大销售（包括网上销售和网下销售）服务的，但网络营销本身并不等于网上销售。

① 网络营销活动并不一定能实现网上直接销售的目的，但是，有可能增加总销售额；同时，网络营销作为一种收集信息和发布信息的工具，其效果可能表现在多个方面。

② 网上销售的推广手段也不仅仅靠网络营销，往往取决于许多传统的方式。一方面，网络营销活动在网上销售上起了一些有效的推动作用，但同时，也极大地推动了公司的网下销售，也不断树立起了企业自身的形象；另一方面，网上销售不光依靠互联网，还可采取很多网络以外的方式。

第二节　网络营销策略

一、网络营销策略概述

传统的市场营销策略是由麦卡锡教授提出的 4P 组合，即产品（Product）、价格（Price）、渠道（Place）和促销（Promotion）。这种理论的经济学基础是厂商理论，即利润最大化，所以 4P 理论的基本出发点是企业利润，而没有将客户的需求放到与企业的利润同等重要的地位上来。20 世纪 90 年代以来，美国营销学者罗伯特 • 劳特朋提出了 4C 的市场营销理论，即消费者的需求和欲望（Consumer's wants and needs）、成本（Cost）、便利（Convenience）、和沟通（Communication）。4C 是以客户需求为导向的。21 世纪初美国学者舒尔兹（Schultz）提出了包括市场反应（Reaction）、顾客关联（Relativity）、关系营销（Relationship）和利益回报（Retribution）的 4R 理论。随着以 IT 技术为代表的高科技产业迅速崛起，营销概念又有了新的阐述，即差异化（Variation）、功能化（Versatility）、附加价值（Value）和共鸣（Vibration）的营销组合 4V 理论。

市场营销的理论由 4P 到 4C，再到 4R，直到 4V 的发展，使企业一步一步地更加接近客户，接近消费者。4P 理论是站在企业的角度来看营销，它的出现一方面使市场营销理论有了体系感，另一方面使复杂的现象和理论简单化，有更好的可操作性，从而促进市场营销理论的普及和应用。4C 理论是在对 4P 理论扬弃的基础上，将整个营销活动的目标置于现实消费者和潜在消费者身上。4C 理论的营销工具是营销过程中消费者、成本等基本因素的组合运用，努力做到产品、服务、成本的和谐统一。4R 理论同样重视消费者的需求，但更多地强调以竞争为导向，是站在消费者的角度看营销，同时注意与竞争对手争夺客户。4V 营销理论首先强调企业要实施差异化营销，一方面使自己与竞争对手区别开来，树立自己独特形象，另一方面也使消费者相互区别，满足消费者个性化的需求。其次，4V 理论要求产品或服务有更大的柔性，能够针对消费者具体需求进行组合。最后，4V 理论更加重视产品或服务中的无形要素，通过品牌、文化等以满足消费者的情感需求。

二、产品策略

1. 网络营销产品概念

网络营销与传统的市场营销之间存在着差异：从事网络营销的企业，主要通过基于 Internet 的虚拟市场进行营销活动，与传统营销方式下的市场相比，在这种网络虚拟市场中，企业与客户之间的互动性大大增强了，客户的多样化和个性化需求得到了很好的满足。为体现客户在网络环境下的产品营销运作上的作用，网络产品的层次在传统营销产品的基础上进一步扩展，保留了传统市场营销产品整体概念中已有的 3 个层次（核心产品、形式产品、附加产品）的基础上，又扩展出期望产品和潜在产品这两个层次。因此在网络营销中，产品的整体概念可分为 5 个层次，如图 3-1 所示。

① 核心产品。它是指产品或服务所能提供给客户的最基本的效用或利益。例如，女人购买化妆品，并不是为了获得产品本身，而是为了通过使用产品能让自己更漂亮。网络营销的突出特点是互动性，通过网络能充分地了解客户的需求，更好地为客户服务是网络营销的一大优势。因此，开展网络营销活动的企业，在设计和开发产品核心利益时要从客户的角

度出发，要根据上次营销效果来决策本次产品的设计开发，要以客户为中心，使自己产品提供的基本效用符合客户的需求。同时，由于不同类型的客户对同种产品的核心需求存在着差异，在营销过程中也应注意识别。

② 形式产品。核心产品是抽象的，企业必须以一定的形式向客户展示，这种就是形式产品。形式产品包括品牌、包装、质量等，在式样和特征方面要根据不同地区的文化来对其针对性加工。形式产品是核心产品的物质载体，产品的基本效用通过形式产品的物质形态反映与体现出来。

③ 期望产品。在网络营销中，客户处于主导地位，消费呈现个性化的特征，不同的消费者可能对产品的要求不一样，因此产品的设计和开发必须满足客户这种个性化的消费需求。这种客户在购买产品前对所购产品的质量、使用方便程度、特点等方面的期望值，就是期望产品。为满足这种需求，对于物质类产品，要求企业的设计、生产和供应等环节必须实行柔性化的生产和管理。对于无形产品如服务、软件等，要求企业能根据客户的需要来提供服务。

④ 延伸产品。它是指客户在购买产品时，从产品的生产者或经营者那里得到的附加服务。产品的这一层次的主要作用是协助客户更充分、更好地享受核心产品带来的基本效用。在网络营销中，延伸产品包括售后服务、送货、质量保证、信贷等。

⑤ 潜在产品。它是在延伸产品层次之外，由企业提供的能满足客户潜在需求的产品层次。它主要是产品的一种增值服务，与延伸产品的主要区别是客户没有潜在产品仍然可以很好地使客户得到需要的核心产品的利益和服务。在高新技术发展日益迅猛的时代，有许多潜在需求和利益还没有被客户认识到，这就需要企业通过引导和支持更好地满足客户的潜在需求。

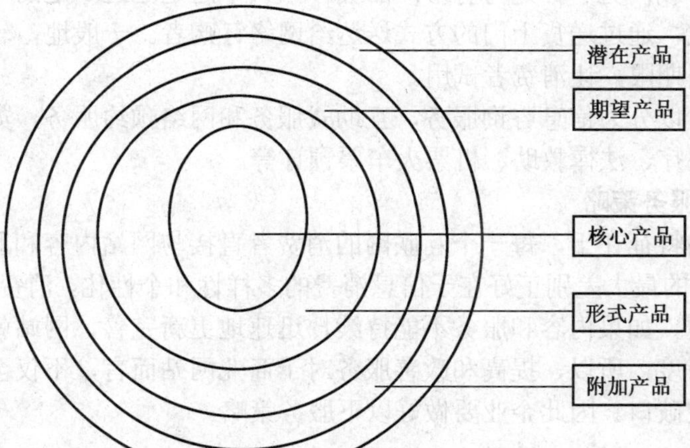

图 3-1　网络营销产品整体概念层次

2. 网络营销产品分类

网络营销的产品按照其形态的不同可以分为两大类，即有形产品和无形产品。

（1）有形产品

有形产品是指具有具体物理形状的物质产品。在网络上销售有形产品的过程与传统的购物有所不同，在这里已没有传统的面对面的买卖方式，网络上的交互式交流成为买卖双方交流的主要形式。消费者或客户通过卖方的主页考察其产品，通过填写表格表达自己对品种、质量、价格、数量的选择；而卖方则将面对面的交货改为邮寄产品或送货上门，这一点与邮购产品颇为相似。因此，网络销售也是直销方式的一种。

通过网络进行销售的有形产品按照购买性质不同又可以分为以下三大类。

① 便利产品。

客户购买便利产品的频率较高，且不会花费太多的时间和精力，同时此类产品的价值都比较低廉，如洗发水等。便利产品还可以依据客户购买方式的不同细分为日用品、冲动品和应急品。日用品是客户日常消费需要的产品，消费者会习惯性的购买；冲动品是客户本来没有计划购买，因为一时冲动，偶然购买的产品，一般这种产品价格低廉；应急品是在紧急情况下购买的产品，如药品。

② 选购产品。

在购买选购产品的时候，客户对产品的质量、样式、价格等要进行反复比较，才能最终决定是否购买。通常这类产品的使用时间都比较长，不需要高频率地购买，如高档护肤品等。

③ 特殊产品。

特殊产品是指具有特殊效益的产品。通常这类产品的销售渠道十分有限，也只有特定的客户群体热衷于购买，如个人计算机、打印机等。

（2）无形产品

无形产品和有形产品的本质区别是无形产品一般是无形的，即使表现出一定的形态也是通过其载体体现出来。网络上的无形产品可以分为两大类：软件商品和在线服务。

软件商品包括各种软件游戏、电子图书、电子报刊等。此类产品获得的方式一种是由客户直接从网上下载；另一种是与有形产品类似，只不过是通过一定的介质（如光盘、磁盘等）进行有形化，通过送货上门的方式送达给网络订购者。一般地，软件销售企业会设置一定的免费使用期限，让消费者试用。

在线服务又可以分为信息咨询服务、互助式服务和网络预约服务，如股市行情分析、金融信息、远程医疗、法律救助、机票火车票预订等。

3．网络营销服务策略

互联网经济的特征在于，每一个互联网的消费者直接与网站内容和服务的生产发生互动。它与传统经济的最大差别正好在于信息消费的多样性和个性化，消费者的选择性很大，很难被捕捉和粘住，如果内容和服务不能持续、迅速地更新完善，网站就无法将消费者的注意力转化为忠诚度，所以，提高和改善服务对于商业网站而言，不仅至关重要，而且是加速发展的最佳突破口。因此企业要做好以下服务策略。

（1）售前服务

企业网络营销售前服务主要是信息服务。它分为两种：一种是通过自己网站宣传和介绍产品信息，一般的要求企业的网站必须有一定的知名度，否则很难吸引顾客的注意；另一种是通过建立“虚拟展厅”充分展示产品形象，激发购买欲望。一般的消费者都喜欢“眼见为实”，要见到实物才会购买，通过展示能让消费者看到实实在在的产品，并通过导航系统，使消费者能迅速、快捷地寻找到所需产品的信息。

（2）售中服务

网上售中服务主要是指销售过程中的服务。在交易过程中，企业向客户提供简单方便的商品查询、体贴周到的导购咨询、简便高效的商品订购、安全快捷的货款支付、迅速高效的货物配送等服务，以保证商品交换活动的顺利实现。另外，在设计营销网站时，在提供网上订货功能的同时，还要提供订单查询功能，方便客户及时了解定单执行情况。

如美国联邦快递，它通过高效的邮件快递系统将邮件在递送中的中间环节的信息都输送到计算机的数据库，客户可以直接通过网上查找邮件了解自己的货物最新动态，包裹到了哪一站、在什么时间采取什么步骤，投递不成的原因、在什么时间采取了下一步措施，直至收件人安全地收到包裹为止。这种方便快捷实现了双方的共同增值。

（3）售后服务

网上售后服务就是借助 Internet 的直接沟通的优势，以便捷方式满足客户对产品帮助、技术支持和使用维护的需求，是企业为客户服务的方式。网上售后服务有两类，一类是基本的网上产品支持和技术服务，另一类是企业为满足客户的附加需求提供的增值服务。

由于分工的日益专业化，使得一个产品的生产需要多个企业配合，因此产品的支持和技术也相对比较复杂。提供网上产品支持和技术服务，可以方便客户通过网站直接找到相应的企业或者专家寻求帮助，减少不必要的中间环节。如美国的波音公司通过其网站公布其零件供应商的联系方式，同时将有关技术资料放到网站，方便各地飞机维修人员及时索取最新资料和寻求技术帮助。为提升企业的竞争能力，许多企业在提供基本售后服务的同时，还提供一些增值性服务。

（4）方式方法

① 建立客户数据库，积极管理与客户的关系。在网络营销活动中，客户是企业的一项重要资源，企业应树立关系营销观念，建立客户数据库，以积极管理与客户的关系，提高客户满意度，加强客户忠诚度。通过客户数据库，企业可以全面了解客户的购买力、个性偏好等信息，从而在合适的时间用极具针对性的促销方案，通过电子邮件的方式来向客户推荐。

② 提供良好的网上自动服务系统，提高客户满意度。在消费者购物过程的最后一个阶段是使用评价阶段。在在线售后服务过程中，如果能根据客户的需要自动适时地提供服务，是提高客户满意度的重要途径。

③ 设计 FAQ 页面，解决常见问题。在网站中提供 FAQ 页面，主要是为客户提供有关产品、公司情况方面的信息，这样既能够引发那些随意浏览者的兴趣，也能帮助那些在产品使用中遇到疑难问题的客户迅速找到所需的信息，获得常见问题的现成答案。

④ 设计答疑解惑空间，解决疑难问题。这样做目的是解答一些不是经常遇到的且相对深入的问题，特别是一些故障类的问题。让客户在企业的技术指导下自己解决问题，并因此树立企业或网站在客户心目中的可信度。

⑤ 利用在线聊天室。在企业网站上建立网上社区，用在线聊天的方式让用户对企业的产品或服务提出意见建议，还可以吸引更多潜在客户的参与，提供售后服务人员与用户实时交流的渠道。

⑥ 利用 BBS。BBS 是一种简单实用的方法，但一定要做到有问必答，网上解决不了的问题应马上通过电话、传真、信函等传统方式回复用户并加以解决。

⑦ 电子邮件列表。电子邮件是最便宜的沟通方式，企业建立邮件列表，可以让客户自己登记注册，然后定期向客户发布企业最新的信息，加强与客户的联系，这是很多企业网站经常采用的方法之一。这种方式的效果远远大于漫无目的、轰炸式的电子邮件广告。

⑧ 利用交互式的表格。在许多网站上有“在线反馈”、“读者留言”等栏目，目的就是通过网络直接为用户进行产品售前、售中、售后的全过程服务。网站设计中还可以考虑产品信息查询、驱动程序选择、疑难问题解答等内容；可以利用“信息查询”向用户提供服务政策、服务网点、在线支持、下载中心、服务产品等信息。

4．网络营销品牌策略

品牌是一种信誉，由产品品质、商标、企业标志、广告口号、公告关系等混合交织形成。网上品牌与传统品牌有着很大不同，传统优势品牌不一定是网上优势品牌，网上优势品牌的创立需要重新进行规划和投资。根据美国著名咨询公司 Forrester Research 公司在 1999 年 11 月发表的调查报告，知名品牌与网站访问量之间没有必然的联系，这个结果意味着公司要在网上取得成功，绝不能指望依赖传统的品牌优势。

企业树立品牌存在如何提高被识别和选择的概率问题，还有如何提高选择者忠诚度的问题。传统的解决问题的办法是借助各种媒体树立企业形象，提高品牌知名度，通过在消费者中树立企业形象来促使消费者购买企业产品，企业的品牌就是消费者识别和选择的对象。

企业在互联网上进行商业活动，同样存在被识别和选择的问题。由于域名是企业站点联系地址，是企业被识别和选择的对象，因此提高域名的知名度，就是提高企业站点的知名度，也就是提高企业被识别和选择的概率。域名在互联网上可以说是企业形象的化身，是在虚拟网上市场环境中商业活动的标识，所以，必须将域名作为一种商业资源来管理和使用。

也正因为域名具有商标特性，与商标一样具有“域名效应”，使得某些域名已具有潜在价值。如以 IBM 作为域名，使用者很自然联想到 IBM 公司，联想到该站点提供的服务或产品同样具有 IBM 公司一贯承诺的品质和价值，如果被人抢先注册，注册者可以很自然地利用该域名所附带的一些属性和价值。

由于互联网市场容量非常规增长，消费者群的聚集，域名商标的潜在价值是很难以往常的模式进行预测的。传统营销联系是基于一对多的模式，企业只是借助媒体提供信息、传播信息，消费者只能凭借片面宣传和消费尝试建立对企业的形象；而互联网的交互性，超文本链接、多媒体及操作的简易性，使在网上进行宣传更具操作性和可信性，更易建立品牌形象，更易加强与消费者的沟通，提高品牌忠诚度。

域名的选取和命名是以英文字母为基础进行的，由于英文字母的有限性，加之域名越短越容易记忆和使用，以及顶级域名的国际标准规定，导致域名的选择具有很大的局限性。同时由于申请者广泛，使域名选择重复和类似的概率非常高，企业还面临域名被抢先注册或类似使用的障碍。针对这些抢注或类似使用，企业必须了解清楚后采取相应策略予以解决。

此外，考虑到域名的商标资源特性，还应该考虑到以下几个方面。

① 与企业已有商标或企业名称具有相关性。

② 简单易记易用。

③ 多个域名。由于域名命名的限制和申请者广泛，极易出现申请类似的域名，减弱域名的识别和独占性，导致用户的错误识别，因此企业一般要同时申请多个类似相关的域名以获得保障。

④ 国际性。域名命名一般用英语单词为佳，如“中国”的拼音“ZhongGuo”可以很

容易被中国人识别出来，可对于不了解中国文化的人就不知所云，如果用“China”就可以兼顾国内和国外的用户。

域名的申请注册必须向授权组织申请。一般顶级域名选择是没有多大本质区别的，但如果是国际性企业则应在通用域名下申请，以体现企业的国际性。从实际使用的角度来讲，到底应注册哪类域名，取决于该企业开展业务的地域范围、主要用户群的居住地、主要目标市场的地域和企业未来的发展目标。

在注册域名时可以自己直接到域名管理机构进行注册，一种方式直接但需要自己准备有关材料，而且也不是很专业；另一种方式是比较常用的，即委托专业公司代理注册，只需要缴纳一定代理费用即可，专业公司不但可以提供注册服务，还可以帮助企业推广注册的域名，扩大企业在网上的知名度。

域名商标的管理主要是针对域名对应站点内容的管理，因为消费者识别和使用域名是为了获取有用信息和服务，站点的页面内容才是域名商标的真正内涵。站点必须有丰富的内涵和服务，否则再多的访问者可能都是过眼云烟，难以真正树立域名商标的形象。要保证域名使用和访问频度高，必须注意：信息服务定位、网站内容的多样性、时间性、访问速度、域名的国际性、用户审计等问题。

提高站点内容的丰富性和服务性，还需注意域名及站点的发展问题，以尽快发挥域名的商标特性和站点的商业价值，避免出现与营销企业形象有关的域名站点问题。创建网上域名品牌其实与建立传统品牌的手法大同小异，方法如下。

① 多方位宣传，利用各种机会多方曝光网址。

② 通过产品本身的品质和客户的使用经验来建立品牌。

③ 利用公关造势建立网上品牌，这对新型网站非常重要。

④ 遵守约定规则。

最后，企业还应注意持续不断塑造网上品牌形象。

三、价格策略

价格策略是企业营销策略中最富有灵活性和艺术性的策略，是企业的一种非常重要的竞争手段，也是营销组合策略中的重要组成部分。它直接关系着市场对产品的接受程度，影响着市场需求量，即产品销售量的大小和企业利润的多少。因此在开展网络营销活动中，企业应该特别重视价格策略的运用，以巩固企业在市场中的地位，增强企业的竞争能力。

1. 网络营销产品定价的目标

产品定价的目标是指企业通过制定产品价格所要达到的目的。企业在为产品定价时，首先必须要有明确的目标。不同企业、不同产品、不同市场、不同的时期有不同的营销目标，因而要求采取不同的定价策略。但是，企业定价目标不是单一的，而是一个多元的结合体。在网络营销中，企业定价目标主要有以下几种。

（1）以维持企业生存为目标

当企业经营管理不善，或由于市场竞争激烈、消费者的需求偏好突然发生变化等原因，造成产品销路不畅、大量积压、资金周转不灵，甚至濒临破产时，企业只能为其积压了的产品定低价，以求迅速出清存货，收回资金。但这种目标只能是企业面临困难时的短期目标，长期目标还是要获得发展，否则企业终将破产。

（2）以获取当前理想的利润为目标

追求目前利润的最大化，而不考虑长期效益。选择此目标，必须具备一定的条件，即当产品声誉好，而且在目标市场上占有竞争优势地位时，方可采用，否则还应以长期目标为主。

（3）以保持和提高市场占有率为目标

市场占有率是企业经营状况和企业产品竞争力的直接反映，它的高低对企业的生存和发展具有重要意义。一个企业只有保持或提高市场占有率，才有可能生存和发展。因此，这是企业定价选择的一个十分重要的目标。

（4）以应付或抑制竞争为目标

有些企业为了阻止竞争者进入自己的目标市场，而将产品的价格定得很低，这种定价目标一般适用于实力雄厚的大企业。中小企业在市场竞争激烈的情况下，一般是以市场为导向，随行就市定价，从而也可以缓和竞争，稳定市场。

（5）以树立企业形象为目标

有些企业的定价目标实行的是"优质优价"，以高价来保证高质量产品的地位，以此来树立企业的形象。

总之，企业的产品定价目标一般与企业的战略目标、市场定位和产品特性相关。企业的产品价格的制订应主要从市场整体来考虑，取决于需求强弱程度和价值，取决于接受程度和来自替代性产品的竞争压力大小。在网络营销中，企业进入网络营销市场的起步阶段的主要目的是占领市场以求得生产和发展机会，然后才是追求企业的利润。因此，目前网络营销产品一般都是低价，甚至免费，以期在快速发展的虚拟市场中寻求立足机会。网络市场一般可分为两个部分，即消费品市场和工业品市场。对于消费品市场，企业必须采用相对低价策略来占领市场；对于工业品市场，购买者一般是商业机构和组织机构，购买行为比较理智，企业可以采用网络营销活动降低的供应采购成本而达到目标。

2．网络营销产品定价策略

（1）免费价格策略

免费价格策略是市场营销中常用的营销策略，它主要用于促销和推广产品，这种策略一般是短期和临时性的。但在网络营销中，免费价格不仅仅是一种促销策略，它还是一种非常有效的产品和服务定价策略。

具体来说，免费价格策略就是将企业的产品和服务以零价格形式提供给消费者使用，满足消费者需求。特别是对于许多数字产品，如网络上的免费邮箱、免费订阅等服务。免费价格有这样几类形式：第一类是产品和服务完全免费，即产品（服务）从购买、使用到售后服务所有环节都实行免费服务；第二类是对产品和服务实行限制免费，即产品（服务）可以被有限次使用，超过一定期限或者次数后，取消这种免费服务；第三类是对产品和服务实行部分免费，如一些著名研究公司的网站公布部分研究成果，如果要获取全部成果必须付费；第四类是对产品和服务实行捆绑式免费，即购买某种产品或者服务时赠送其他产品和服务。

免费价格策略之所以在互联网上流行，是有其深刻的背景的。一方面，互联网的发展得益于免费策略实施。另一方面，互联网作为20世纪末最伟大的发明，它的发展速度和增长潜力令人生畏，任何有眼光的人不敢放弃发展成长的机会，免费策略是最有效的市场占领手段。目前，企业在网络营销中采用免费策略，其中一个目的是让用户免费使用形成习惯后，再开始收费。例如，金山公司允许消费者在互联网下载限次使用的 WPS2000 软件，其目的是想消费者使用习惯后，然后掏钱购买正式软件。这种免费策略主要是一种促销策略，与传统营销策略类似。另一个目的是想发掘后续商业价值，它是从战略发展的需要来制订定价策略的，主要目的是先占领市场，然后再在市场上获取收益。

（2）订制生产定价策略

作为个性化服务的重要组成部分，按照客户需求进行订制生产是网络时代满足客户个性化需求的基本形式。由于消费者的个性化需求差异性大，加上消费者的需求量又小，因此企业实行订制生产必须在管理、供应、生产和配送各个环节上，都要适应这种小批量、多式样、多规格和多品种的生产和销售变化。

订制生产定价策略是在企业能实行订制生产的基础上，利用网络技术和辅助设计软件，帮助消费者选择配置或者自行设计能满足自己需求的个性化产品，同时承担自己愿意付出的价格成本。目前这种策略的尝试还只是在初步阶段，消费者只能在有限的范围内进行挑选，还不能完全要求企业满足自己所有的个性化需求。

（3）使用定价策略

传统交易关系中，产品买卖是完全产权式的，客户购买产品后即拥有对产品的完全产权。但随着经济发展，人们生活水平的提高，人们对产品需求越来越多，而且产品的使用周期也越来越短，许多产品购买后使用几次就不再使用，非常浪费，这样也制约着许多客户对产品的需求。为改变这种情况，企业可以在网上采用类似租赁的按使用次数定价的方式。

所谓使用定价，就是客户通过互联网注册后可以直接使用某公司产品，客户只需要根据使用次数进行付费，而不需要将产品完全购买。这不仅减少了企业为完全出售产品而进行不必要的大量生产和包装浪费，同时还可以吸引过去那些有顾虑的客户使用产品，扩大市场份额。客户每次只是根据使用次数付款，节省了购买产品、安装产品、处置产品的麻烦，还可以节省不必要的开销。

采用按使用次数定价的产品一般要适合通过互联网传输，可以远程调用。目前，比较适合的产品有软件、音乐、电影等产品。对于软件，如我国的用友软件公司推出网络财务软件，用户在网上注册后在网上直接处理账务，而无须购买软件和担心软件的升级、维护等非常麻烦的维护事务；对于音乐产品，也可以通过网上下载使用专用软件点播；对于电影产品，则可以通过现在的视频点播系统 VOD 来实现远程点播，无需购买影带。另外，采用按次数定价对互联网的带宽提出很高要求，如带宽不够将影响数据传播，势必会影响客户租赁使用和观看。

（4）拍卖竞价策略

网上拍卖是目前发展比较快的领域，经济学认为市场要想形成最合理价格，拍卖竞价是最合理的方式。网上拍卖主要是由消费者通过互联网公开竞价购买商品，在规定时间内出价高者赢得。目前国外比较有名的拍卖站点是 http://www.ebay.com，它允许商品公开在网上拍卖，拍卖竞价者只需要在网上进行登记即可，拍卖方只需将拍卖品的相关信息提交给 ebay 公司，经公司审查合格后即可上网拍卖。

根据供需关系，网上拍卖竞价方式有下面几种。

① 竞价拍卖：最大的是 C2C 的交易，包括二手货、收藏品，也可以是普通商品以拍卖方式进行出售。如 HP 公司也将其一些库存积压产品放到网上拍卖。

② 竞价拍买：竞价拍卖的反向过程，消费者提出一个价格范围，求购某一商品，由商家出价，出价可以是公开的或隐蔽的，消费者与出价最低或最接近的商家成交。

③ 集体议价：在互联网出现以前，在国外主要是通过多个零售商结合起来向批发商（或生产商）以数量换价格的购买方式。互联网出现后，普通的消费者也能使用这种方式购买商品。集体议价模式，是一种由消费者集体议价的交易方式，这在目前的国内网络竞价市场中，还是全新的。提出这一模式的是美国著名的 Priceline 公司（http://priceline.com/）。在国内，雅宝已经率先将这一全新的模式引入了自己的网站。

就价格而言，理论上有两种价格模式：浮动价格模式和固定价格模式。浮动价格模式包括竞价拍卖、竞价拍买和集体议价等竞价模式，固定价格模式包括供方定价直销、需方定价求购等定价模式。

上面的一些拍卖竞价方式是一种最市场化的方法，随着互联网市场的拓展，将有越来越多的产品通过互联网拍卖竞价。目前拍卖竞价针对的购买群体主要是个体消费者。拍卖竞价并不是企业目前首要选择的定价方法，因为拍卖竞价可能会破坏企业原有的营销渠道和价格策略。适合网上拍卖竞价的产品一般是企业的一些库存积压产品，也可以是新产品。许多企业将这些产品以低廉价格在网上拍卖，以吸引消费者的关注，起到促销的效果。

（5）低价定价策略

借助互联网进行销售，比传统销售渠道的费用低廉，因此网上销售价格一般来说比市场价格要低。由于网上的信息是公开的和易于搜索比较的，因此它对消费者的购买起着重要作用。根据研究，消费者选择网上购物，一方面是因为网上购物比较方便，另一方面是因为从网上可以获取更多产品信息，从而以最优惠价格购买商品。这种情况下，企业可以采取直接低价定价策略、折扣定价策略或者促销定价策略。

上述几种价格策略是企业在利用网络营销拓展市场时可以考虑的几种比较有效的策略，并不是所有的产品和服务都可以采用上述定价方法的，企业应根据产品的特性和网上市场发展的状况来决定定价策略的选择。不管采用何种策略，企业的定价策略应与其他策略配合，以保证企业总体营销策略的实施。

四、渠道策略

市场营销理论认为，各市场主体之间的关系取决于其实力高低和相对优势的大小，这种实力不仅体现在产品的性能、价格、售后服务上，而且体现在渠道的建设上，渠道作为企业一种极为重要的无形资产，正日益受到厂商的重视。在网络营销条件下，传统营销的分销渠道已不能满足厂商低成本与多样性的要求。在分销渠道长度方面，减少了交易的中间层次，使宽渠道的营销出现了一次质的飞跃。

1. 网络营销渠道的功能

与传统营销渠道一样，以互联网作为支撑的网络营销渠道也应具备传统营销渠道的功能。营销渠道是指与提供产品或服务以供使用或消费这一过程有关的一整套相互依存的机构，它涉及信息沟通、资金转移和事物转移等。一个完善的网上销售渠道应有三大功能：订货功能、结算功能和配送功能。

① 订货系统。它为消费者提供产品信息，同时方便厂家获取消费者的需求信息，以求达到供求平衡。一个完善的订货系统，可以最大限度降低库存，减少销售费用。

② 结算系统。消费者在购买产品后，可以有多种方式方便地进行付款，因此厂家（商

家）应有多种结算方式。目前国外流行的几种方式有：信用卡、电子货币、网上付款等，国内付款结算方式主要有：邮局汇款、货到付款、信用卡等。

③ 配送系统。一般来说，产品分为有形产品和无形产品，对于无形产品如服务、软件、音乐等产品可以直接通过网上进行配送；对于有形产品的配送，涉及运输和仓储问题。现在各国已经形成了专业的配送公司，如著名的美国联邦快递公司，它的业务覆盖全球，实现全球快速的专递服务，DELL 公司则将美国货物的配送业务都交给它来完成。

2．网络营销渠道策略

网络营销渠道可以分为三大类：第一类是通过互联网实现的从生产者到消费者的网络直接营销渠道（简称网上直销）；第二类是通过融入互联网技术后的中间商机构提供网络间接营销渠道；第三类就是将直接营销和间接营销相结合的双道法。

（1）网上直销

网上直销与传统直接分销渠道一样，都是没有营销中间商。网上直销渠道一样也要具有上面营销渠道中的订货功能、支付功能和配送功能。网上直销与传统直接分销渠道不一样的是：生产企业可以通过建设网络营销试点，让消费者可以直接从网站进行订货；企业通过与一些电子商务服务机构如网上银行合作，使消费者可以通过网站直接提供支付结算功能，简化了过去资金流转的问题；对于配送方面，网上直销渠道可以利用互联网技术来构造有效的物流系统，也可以通过互联网与一些专业物流公司进行合作，建立有效的物流体系。

与传统分销渠道相比，不管是网上直接营销渠道还是间接营销渠道，网络营销渠道更具竞争优势。首先，利用互联网的交互特性，网络营销渠道从过去单向信息沟通变成双向直接信息沟通，增强了生产者与消费者的直接连接。其次，网上营销渠道可以提供更加便捷的相关服务。最后，网络营销渠道的高效性可以大大减少过去传统分销渠道中的流通环节，有效降低了成本。

（2）网络时代的新型中间商

由于网络的信息资源丰富、信息处理速度快，基于网络的服务可以便于搜索产品，但在产品（信息、软件产品除外）实体分销方面却难以胜任。目前出现了许多基于网络（现阶段为 Internet）的提供信息服务中介功能的新型中间商，可称之为电子中间商（Cybermediaries）。电子中间商有以下几类。

① 目录服务。利用 Internet 上的目录化的 Web 站点提供菜单驱动进行搜索，现在这种服务是免费的，将来可能收取一定的费用。

② 搜索服务。与目录不同，搜索站点为用户提供基于关键词的检索服务，站点利用大型数据库分类存储各种站点介绍和页面内容。搜索站点不允许用户直接浏览数据库，但允许用户向数据库添加条目。

③ 虚拟商业街。虚拟商业街（Virtual Malls）是指在一个站点内连接两个或以上的商业站点。虚拟商业街与目录服务的区别是，虚拟商业街定位于某一地理位置和某一特定类型的生产者和零售商，销售各种商品、提供不同服务。站点的主要收入来源依靠其他商业站点对它的租用费。

④ 网上出版。由于网络信息传输及时而且具有交互性，网络出版 Web 站点可以提供大量有趣和有用的信息给消费者，目前出现的联机报纸、联机杂志属于此类型。由于内容丰富且基本上免费，此类站点访问量特别大，因此出版商利用站点做 Internet 广告或提供产品目录，并以广告访问次数进行收费，如 ICP 属于此类型。

⑤ 虚拟零售点（网上商店）。虚拟零售店不同于虚拟商业街，虚拟零售店拥有自己的货物清单，它能直接销售产品给消费者。

⑥ 站点评估。消费者在访问生产者站点时，由于内容繁多、站点庞杂，往往显得束手无策，不知道该访问哪一个站点。提供站点评估的站点，可以帮助消费者根据以往数据和评估等级，选择合适站点访问。通常一些目录和搜索站点也提供一些站点评估服务。

⑦ 电子支付。电子商务要求在网络交易的同时，能实现买方和卖方之间的授权支付。

⑧ 虚拟市场和交换网络。虚拟市场提供一种虚拟场所，任何只要符合条件的产品可以在虚拟市场站点内进行展示和销售，消费者可以在站点中任意选择和购买，站点主持者收取一定的管理费用。

⑨ 智能代理。智能代理是这样一种软件，它根据消费者的偏好和要求预先为用户自动进行初次搜索，还可以根据搜索经验自动学习优化搜索标准。消费者可以根据自己的需要选择合适的智能代理站点为自己提供服务，同时支付一定的费用。

在筛选电子商务中介商时，必须考虑成本、信用、覆盖、特色和连续性五大因素。这五大因素可以称为网络间接营销的五大关键因素，也称为“5c”因素。

a．成本（cost）。

这里的成本是指使用中介商提供信息服务的支出。这种支出分为两类：一类是中介商建立网络服务主页的费用；另一类是维持网站正常运行的成本。在两类成本中，维持成本是主要的、经常的，各个中介商之间有较大的差别。

b．信用（credit）。

这里的信用指网络信息服务商所具有的信用度的大小。这一点往往会被忽略。相对于其他基本建设投资来说，建立一个网络服务站所需的投资较少，因此，信息服务商如雨后春笋般出现。目前，我国还没有权威性的认证机构对这些信息服务商进行认证，因此，企业在选择中介商时应注意它们的信用程度。

c．覆盖（coverage）。

覆盖是指网络宣传所能够波及的地区和人数，即网络站点能够影响的市场区域。对于企业来讲，站点覆盖面并非越广越好，还要看市场覆盖面是否合理、有效，是否最终能够给企业带来经济效益。这一点非常类似于在电视台做广告。例如，“短腿产品”（如啤酒）在地区性电视台做广告的效果较好；而“长腿产品”（如药品）则非常适于在全国性电视台做广告。

d．特色（character）。

每一个网络站点，受到中介商总体规模、财力、文化素质的影响，在设计、更新过程中表现出各自不同的特色，因而具有不同的访问群。企业应当研究这些访问群，即顾客群的特点、购买习惯和购买频率，进而选择不同的电子商务交易中介商。

e．连续性（continuitve）。

网络发展的实践证明，网络站点的寿命有长有短。一个企业要想使网络营销持续稳定地运行，就必须选择具有连续性的网络站点，在用户或消费者中建立品牌信誉、服务信誉。为此，企业应采取措施加强与中介商的联系，防止中介商将别的公司的产品作为主营产品。

与传统中间商一样，电子中间商起着连接生产者和消费者的桥梁作用，同样帮助消费者进行购买决策和满足需求，帮助生产者掌握产品销售状况，降低生产者为达成与消费者交易而形成的成本费用。

（3）双道法

所谓的双道法，是指企业在进行网络分销决策时，同时使用网络直接渠道和网络间接销售渠道，以达到销售量最大的目的。在西方众多企业的网络营销活动中，双道法是最常见的方法。在买方市场的情况下，通过两条渠道推销产品比通过单一渠道更容易实现“市场渗透”。

五、网络促销策略

1．网络促销的特点

网络促销是指利用现代化的网络技术向虚拟市场传递有关商品和劳务的信息，以刺激需求，引起消费者购买欲望和购买行为的各种活动。和传统的市场促销相比，网络促销有以下 3 个明显的特点。

① 网络促销通过网络技术传递商品和劳务的信息。网络促销是建立在计算机与通信技术基础之上的，并且随着计算机和网络技术的不断改进而改进。

② 网络促销是在虚拟市场上进行的。这个虚拟市场就是互联网，从事网络促销的人员需要跳出实体市场的局限性，采用虚拟市场的思维方法。

③ 网络促销是全球性的、全天候的活动。网络营销突破了地理限制，使之成为全球范围的竞争。在网络上订货和购买，可以在任何时间进行，这就是现在最新的电子时空观。

2．网络促销的功能

（1）告知功能

网络经济属于注意力经济，公众的注意力能够带来相应的经济回报。网络促销是把企业的产品、服务、价格等信息传递给目标公众，引起他们的注意，从而引起购买或者使用的欲望。

（2）说服功能

网络促销的目的在于通过各种有效的方式，解除目标公众对产品或者服务的疑虑，说服目标公众坚定购买决心。

（3）反馈功能

网络促销能够通过电子邮件及时地收集和汇总消费者的需求和意见，迅速反馈给企业管理层。对企业的经营决策具有较大的参考价值。

（4）创造需求功能

运作良好的网络促销活动，不仅可以诱导需求，而且可以创造需求，发掘潜在的顾客，扩大销售量。

（5）稳定销售功能

企业通过适当的网络促销活动，树立良好的产品形象和企业形象，使更多用户形成对本企业产品的偏爱，达到稳定的销售目的。

3．网络促销组合

传统市场营销的促销形式主要有 4 种：广告、销售促进、宣传推广和人员推销。网络促销是在网上开展的促销活动，有 4 种形式，分别是网络广告、销售促进、站点推广和关系营销。其中网络广告和站点推广是网络促销的主要形式。

网络广告就是利用网站上的广告横幅、文本链接、多媒体的方法，刊登或发布广告，通过网络传递到互联网用户的一种高科技广告运作方式。

站点推广就是利用网络营销策略扩大站点的知名度，吸引网上流量访问网站，起到宣传和推广企业及企业产品的效果。站点推广主要有两类方法，一类是通过改进网站内容和服务，吸引用户访问；另一类通过网络广告宣传推广站点。

销售促进就是企业利用可以直接销售的网络营销站点，采用一些销售促进方法如价格折扣、有奖销售、拍卖销售等方式宣传和推广产品。

关系营销是通过借助互联网的交互功能吸引客户与企业保持密切关系，培养客户的忠诚度，提高收益率。

4．网络促销的实施

网络促销要求促销人员深入了解商品信息在网络上传播的特点，分析网络信息的接受对象，设定合理网络促销目标。网络促销的实施可以从以下几个方面考虑。

（1）确定网络促销对象

网络促销对象是针对可能在网络市场上产生购买行为的消费群体提出来的，主要包括3类人员。

产品的使用者。产品的使用者是指实际使用或消费产品的人。实际的需求是这些人实施消费的直接动因。抓住这部分消费者，网上销售就有了稳定的市场。

产品购买决策者。产品购买的决策者是指实际决定购买产品的人。网络促销也应当把购买决策者放在重要位置上。

产品购买的影响者。产品购买的影响者是指看法或者建议上可以对最终购买决策者产生一定影响的人。通常在高档耐用消费品的购买决策上，他们的影响力可能会起决定性的作用。这是因为对高档耐用品的购买，购买者往往比较谨慎，一般会在广泛征求意见的基础上再做决定。

（2）设计网络促销内容

网络促销的最终目标是引起购买。这个最终目标是要通过设计具体的信息内容来实现的。消费者的购买过程是一个复杂的、多阶段的过程，促销内容应当根据购买者目前所处的购买决策过程的不同阶段和产品所处的寿命周期的不同阶段来决定。

（3）决定网络促销组合方式

网络促销活动主要通过网络广告促销和网络站点促销两种促销方法展开。由于企业的产品种类不同，销售对象不同，促销方法与产品种类和销售对象之间将会产生多种网络促销的组合方式。企业应当根据网络广告促销、网络站点促销两种方法各自的特点和优势，根据自己的市场情况和顾客情况，扬长避短，合理组合，以达到最佳的促销效果。

（4）制定网络促销预算方案

在网络营销实施过程中，企业首先必须明确网上促销的方法。其次，需要确定网络促销的目标。最后，需要明确希望影响的是哪个群体、哪个阶层，是国外的还是国内的。

（5）衡量网络促销效果

网络促销的实施过程到了这一阶段，必须对已经执行的促销内容进行评价，衡量一下促销的实际效果是否达到了预期的促销目标。

此外还应加强网络促销过程的综合管理。

第三节 网络营销的手段

一、网络广告

1. 网络广告的概念

所谓网络广告，是指广告主利用一些受众密集或有特征的网站发布商业信息，并设置链接到某目的网页的过程。网络广告既不同于平面媒体广告，也不是电子媒体广告的另一种形式。其基本特征一是利用数字技术制作和表示，二是具有可链接性，只要被链接的主页被网络使用者点击，就必然会看到广告，这是任何传统广告无法比拟的。

2. 网络广告的形式

（1）横幅广告（Banner）

一个展现商家广告内容的图片，放置在广告商的页面上，是互联网广告中最基本的广告形式，尺寸是 468×60 像素，或 234×30 像素，一般是使用 GIF 格式的图像文件，可以使用静态图形，也可用多帧图像拼接为动画图像。除普通 GIF 格式外，新兴的 Rich Media Banner 能赋予广告更强的表现力和交互内容，但一般需要用户使用的浏览器插件支持（Plug-in）。Banner，一般被翻译为网幅广告、旗帜广告、横幅广告等，如图 3-2 所示。

图 3-2 神州数码公司的 Banner 广告

（2）标识广告（Logo）

它通常用来宣传商家的商标或特定标志，尺寸一般是 120×60 像素、88×31 像素。由于尺寸比 banner 小，所以位置灵活，易于放置，而且费用相对较低。

（3）按钮广告（Button）

它是从 banner 演变过来的一种广告形式，图形尺寸比 banner 要小，有 120×60 像素、120×180 像素、80×40 像素、40×20 像素等大小。它可以被更灵活地放置在网页的任何位置。

（4）漂浮广告（Moving icon）

会飞的按钮广告，可以根据广告主的要求并结合网页本身特点设计“飞行”轨迹，增强广告的曝光率。如图 3-3 所示的是丰田卡罗拉汽车的漂浮广告。

图 3-3 汽车漂浮广告

（5）画中画广告

画中画广告存在于某一类新闻中所有非图片新闻的最终页面。该类广告配合广告主需要，链接至为广告主量身订做的网站，大大增强了广告的命中率。在内页中使用 Flash 的动态与声音效果，具有相当大的吸引力，点击率比 Banner 高。图 3-4 所示是新浪新闻页面中发布的画中画广告。

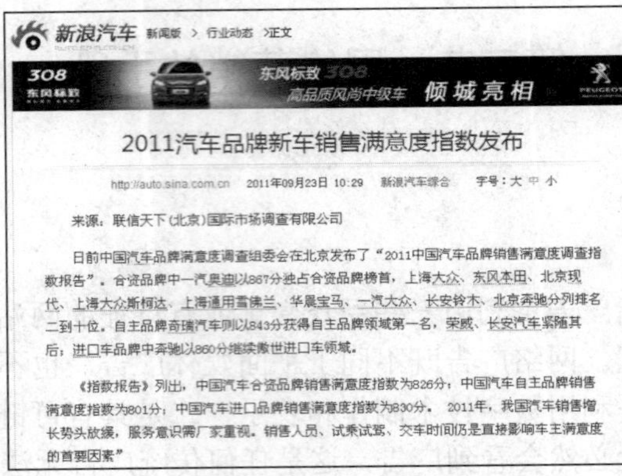

图 3-4　新浪新闻页面中的画中画广告

（6）文字链接（Textlink）广告

它是通过一般性的简短文字链接，直接连接到客户的广告内容页面上。该类广告简单明了，直接涵盖主题，对访问者而言具有较强针对性和引导性。图 3-5 所示即为文字链接广告示例。

图 3-5　新浪网首页上的文字链接广告

（7）弹出广告（Pop-up）

在打开首页后弹出一个新的小窗口，出现广告即是弹出广告，如图 3-6 所示。直接链接到客户的广告内容页面上。

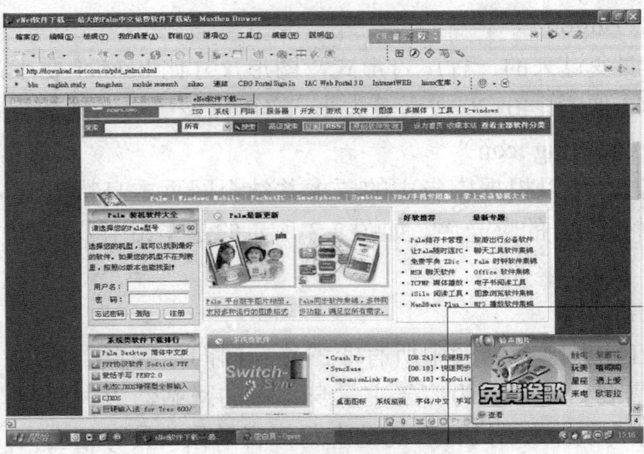

图 3-6　eNe 软件下载网站的弹出广告

（8）背投广告（Pop-under）

背投广告不像弹出广告直接弹出在当前页面的前面，而是弹出在当前页面的后面，一般占据整个屏幕的大小。

（9）擎天柱广告（Vertical）

它是利用网站页面左右两侧的竖式广告位置而设计的广告形式。这种广告形式可以直接将客户的产品和产品特点详细的说明，并可以进行特定的数据调查、有奖活动。图 3-7 所示即为中央电视台网站首页上波司登羽绒服的擎天柱广告。

图 3-7　CCTV 首页上的擎天柱广告

（10）通栏广告

通栏广告置于整个页面的中部，可以在媒体网站的首页和频道页面刊登。宽屏广告由于被放置在网站的黄金版位上，一方面广告的含金量增加，另一方面由于中位的缘故，访客在浏览页面下端信息时势必接触广告，从而提高了广告的有效曝光。

（11）电子邮件广告

电子邮件广告具有针对性强（除非肆意滥发）、费用低廉的特点，且广告内容不受限制。特别是它可以针对具体某一个人发送特定的广告，为其他网上广告方式所不及。图 3-8 所示是电子邮件广告的示例。

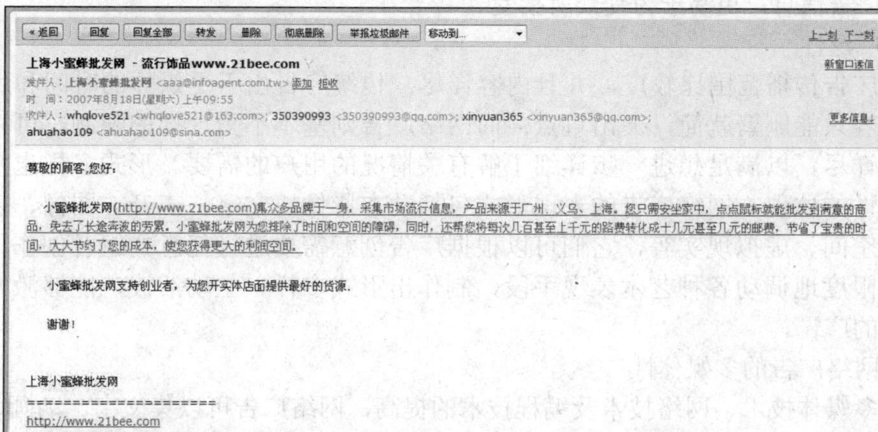

图 3-8　小蜜蜂批发网的电子邮件广告

（12）Rich Media

Rich Media 一般指使用浏览器插件或其他脚本语言、Java 语言等编写的具有复杂视觉效果和交互功能的网络广告，这些效果的使用是否有效一方面取决于站点的服务器端设置，另一方面取决与访问者的浏览器是否能顺利查看。一般来说，Rich Media 能表现更多、更精彩的广告内容，图 3-9 所示的广告可以直接读取用户的鼠标位置信息，给人一种能用鼠标拉起大树的感觉。

图 3-9　搜狐财经版上的 Rich Media 广告

3．网络广告的特点

（1）全球性和全天候性

网络广告的传播不受时间、空间限制，只要具备浏览互联网的条件，任何人在任何地点、任何时候都可以阅读到网络广告信息。这是传统媒介无法比拟的。

（2）实时性与持久性

网络媒体便于随时更改信息，广告主可以根据需要随时进行广告信息的改动，可以即时将最新的产品信息传播给消费者。网络媒体还可以长久保存广告信息。广告主建立起有关产品或服务的网站，等待消费者随时检索、查询。

（3）交互性

可以说交互性是网络广告区别于传统广告的最大特点。网络广告不同于传统媒体信息的单向传播，而是信息的双向互动传播。受众可以查询、获取他认为有用的广告信息，而商家也可以及时获得受众的反馈信息。网络广告具有交互性的特点，可以根据受众的需求、愿望传达广告信息，更易于为受众所接受。

（4）广泛性

网络广告传播范围比较广，并且内容详尽。传统广告由于受媒体的时间和版面的限制，其内容只能删繁就简，突出重点；而网络广告则基本不受这样的限制，可以将广告做得十分详尽，以满足想进一步详细了解有关情况的用户的需要。形式多样也是网络广告的广泛性的体现。网络广告的表现形式包括动态影像、文字、声音、图像、表格、动画、三维空间、虚拟现实等，它们可以根据广告创意需要进行任意的组合创作，从而有助于最大限度地调动各种艺术表现手段，制作出形式多样、生动活泼，能够激发消费者购买欲望的广告。

（5）网络广告的多媒体性

随着多媒体技术、网络技术及编程技术的提高，网络广告可以集文字、动画、全真图像、声音、三维空间、虚拟现实等为一体，创造出身临其境的感觉，既满足浏览者收集信息的需要，又提供了视觉、听觉的享受，增加了广告的吸引力。

（6）网络广告的信息容量大，发布站点多，发布成本低

通过网页的超链接，网络广告能容纳无限量的广告信息，能发布关于商品的详尽信息，

这是传统媒体无法比拟的。

（7）网络广告效果的可测量性

在互联网上可以通过权威公正的访问统计系统精确统计出每一条广告信息的曝光次数、点击次数，还可以了解目标受众接触广告的时间和地区分布，从而为广告主科学评估广告效果、制定广告策略、广告计费提供依据。

4．网络广告的发布

网络广告的发布有多种方式，如何选择一种行之有效的广告发布方式，以取得最佳的效益，首先就需要对网络广告的多数发布方式及其特点有所了解。目前，应用的比较广泛的网上广告发布方式有以下几种。

（1）建立自己的网站发布广告

建立自己的网站发布广告是行之有效的方法。建立自己的网站，应当提供较多非广告信息，以给网页的访问者带来其他的利益。例如，搜狐的主页上有许多时事新闻，Novell的主页上有许多供访问者下载的免费软件。

企业建立自己的网站用以树立自身形象，发布产品与服务信息，可以用多种方法。

① 建立自己的 Web 服务器，申请独立的域名。

这种方法所需的费用大，特别是初期投资。它需要购买硬件与软件，租用专用的通信线路。同时，还需要专业技术人员进行维护与更新。这种方式一般适合大型的公司、大型的企业集团及政府机构采用。

② 租用 Internet 服务商的机架位置，实行服务器托管方式。

这种建立企业 Web 的方式，是将自己的主机放在 Internet 服务商的通信机房内，由 Internet 服务商提供 IP 地址，并提供必要的维护，而主机内部的系统维护及数据的更新由用户自行负责。这种方式不需要搭建复杂的网络环境，不需要申请专用的线路，省略了大量初期投资及日常维护的费用。因此，这种方式特别适宜有大量信息需要传递和发布的企事业单位。另外，主机的托管方式的费用相对固定，对企业来说，可以控制信息发布的费用支出。

③ 利用虚拟主机技术。

网络广告的发布者付给虚拟主机提供商一定的费用，租用网络公司的硬盘空间，将信息做成网页发布。从事虚拟主机服务的网络公司可以为用户办理国内、国际域名注册，为用户制作与维护主页，协助在搜索引擎上注册，在主页中提供链接。在这种方式下，网络广告的发布者仍然拥有独立的网址。从外部看，该网址与具有独立服务器的用户没有任何差别。另外，虚拟主机技术还可以使用户得到以自己的域名为后缀、用户名为前缀的电子邮件服务，特别是公司内部不同的部门、分公司要求设置不同的目录与权限，进行大量的文件与报表的传输。采用虚拟技术的用户无需对硬件与软件及通信线路进行维护，只需对自己的网上信息进行维护即可，可以大大节省在网上发布信息的费用。因此，虚拟主机技术为中小型企事业单位广泛采用。

（2）利用著名网站发布广告

利用国内外著名网站发布广告应该说是目前最流行的网络广告方式，也是最有效的广告方式。当用户访问一些网上知名网站，特别是一些搜索引擎时，其主页上必有一些广告，这些广告通常被做成醒目的、生动的图形或文字。这些网站点击率非常高，因此，广告主投放在这些网站上的广告可收到很好的广告效果。通常，利用著名网站上发布广告的广告主会采取以下方式。

① 栏目赞助。

由广告主对网站的某些栏目实行赞助，网站为其做广告。这是网络起步阶段多数网站亏本经营条件下的一种常见方法，如 Nokia 赞助 ChinaByte 的网络学院栏目。

② 合作办网站。

这里包含两种情况，一是合作办网站，一是协作办网站。由两家或两家以上的单位共同建立网站，双方对技术与资金负责。例如，证券专业站点中的“中国荟萃”是由北京中鸿讯信息技术有限公司与四川公用信息产业有限责任公司合作建立的网上证券专业站点，是目前国内先进的公众多媒体通信网与先进的网上证券交易软件的结合。无论是合作的哪一方，都在共建的网站上发布了广告。

③ 标志广告。

经常在网上漫游的网民都熟悉，绝大多数网页上都有各种各样的图标，既有动态的也有静态的，文字与图形交替出现。这种图标小巧精致，色彩明亮，有强烈的视觉吸引力。通常人们将其称之为标志广告（Banner）。标志广告是一种非常有效的网络广告手段，由于它本身含有经过浓缩的广告词，制作又十分精美，广告效果非常明显。而由于这些图标往往做成超级链接，当人们有意无意地点击它时，就会引导人们去浏览一个新的网页。在不少著名网站的主页上，由于为广告主提供的版面极为有限及收入的原因，会造成多家广告主轮流在网站上播放自己的 Banner。例如，我国各地中国电信网站上主页页眉上的 Banner 经常更换广告。ChinaByte 的主页页眉处轮流播放着 Intel、IBM 和 TOYATA 等公司的广告。

（3）电子邮件广告

电子邮件是网民最经常使用的通信工具。只有不到 30%的网民每天上网浏览信息，但却有超过 70%的网民每天使用电子邮件。电子邮件广告是目前许多公司运用得较多的网络广告之一。通常广告主建立自己的客户邮件列表，定期向客户发送广告、发布新产品的信息。此外，也可以向其他公司购买邮件组定期发布广告信息。电子邮件广告通常应制作得短小精练，便于在目前网络传输速度不够理想的条件下，占用客户较少的下载时间。如果广告中图片过多、文件过大，或者广告内容不能吸引客户，很容易引起客户的反感而拒收广告主的电子邮件。

除以上方法之外，还可以利用网上调查发布广告，也可以利用 BBS 来发布广告。

二、病毒式网络营销

病毒式网络营销并非传播病毒，而是利用用户之间的主动传播，让信息像病毒那样扩散，从而达到推广的目的。它实质上是在为用户提供有价值的免费服务的同时，附加上一定的推广信息。病毒式营销，是一种鼓励个体之间相互传递营销信息，从而通过信息的曝光和影响来创造指数级增长的传递策略。

1．病毒式网络营销的特点

① 价格低廉。

② 传播速度极快。

③ 可信度高，受众抗拒心理低。

④ 超越单一的网站限制。常规网络广告必须登录某网站才可以看到广告，而病毒式的

传播可以通过电子邮件等手段把信息传至从不上某一网站的群体。

⑤ 推荐者帮忙找目标人群。病毒式网络营销按推荐人的积极性将其大概分为两类：第一种是被动式，如电子邮件、电子贺卡及电子书籍，利用产品或服务及时附带，推荐人不需要任何动作；第二种是主动式，如网上售书系统和链接联盟等，都需要推荐人主动填写相关信息。

2．病毒式营销原则及技巧

① 提供真正有价值的服务和产品。市场营销人员的词汇中，“免费”一直是最有效的词语，大多数病毒性促销计划以提供有价值的免费产品或者服务来引起注意。如一款最新式的数码摄录机适当的优惠比一个单纯新饮料上市又不提供大奖的广告更具有吸引力。

② 给予推荐人适当的奖励刺激。如进行网上有奖促销，以游戏竞赛的形式得分最高者为胜，这样则可以设置让现有参加者每推荐一个新注册用户就增加自己分数，以鼓励口碑传播的积极主动性。巧妙的病毒性促销计划利用的是公众的积极性，建立在公众积极性和行为基础之上的营销战略将会取得成功。

③ 必须不费力。病毒只有在易于传染的情况下才会传播，因此，携带营销信息的媒体必须易于传递和复制。病毒式网络营销得以极好地发挥作用是因为即时通信变得容易而且廉价，数字格式使得复制更加简单。从营销的观点来说，营销信息越简单，信息越传输容易，信息传递范围也就越容易向很大规模发展。

④ 重个人隐私和网络礼仪。这是大多数国内企业和网站都忽略了的问题。即使是朋友推荐，但所传播的信息毕竟不是接受者所期待和事先允许的，所以必须设置询问功能接受者是否愿意继续收到同类的信息，并保证不利用其邮箱作其他用途（如贩卖给别人），以免以后给对方造成不必要的骚扰。

⑤ 个性化。如将信息内容设计为“关心你的好朋友×××向您诚意推荐……”等字样，还可以让推荐人自行加上更多语句而非单纯网址。

⑥ 加强娱乐性。如加入一些搞笑的动画、Flash、电子贺卡或笑话等。

3．病毒式网络营销的常见方法

（1）免费资源

免费的资源在无论何时都会引起大家的关注和自发的传播，如免费的邮箱，免费的空间，免费的域名，免费的软件，免费的程序等。其实很多都是试用或者是购买收费产品的赠品，当用户自己在使用并对外宣传的时候，也就为提供该服务的公司做了免费宣传。

（2）便民服务

便民服务不像上面的免费服务一样需要一定的财力物力，比较适合小公司或个人网站。在网站上提供日常生活中常会用到的一些查询，如公交查询、电话查询、手机归属地查询、天气查询等，把这些实用的查询集中到一起，能给用户提供极大的便利，会得到用户很好的口碑，也就能很快地推广开来。

（3）邀请

邀请类病毒营销的最先使用者是 Google 的 gmail。它在推广初期就利用了饥饿营销与病毒营销的双重功效，不接受公开注册，而是需要现有用户的邀请才能注册。稀缺使人们产生好奇，邀请则使病毒营销发挥到极点。同时，“邀请”的机制使有共同兴趣爱好的用户聚成一个“圈子”，在这个圈子里用户能互相交流信息，为其他产品或服务的推广埋下伏笔。

（4）节日祝福

每当到节日时，可以通过 QQ、MSN、E-mail 等工具向朋友发送一些祝福，后面附上网页地址或精美图片。由于在节日里，大家都很高兴收到来自朋友的祝福和喜欢发祝福给朋友，一个“病毒”就这样形成了。

（5）精美网页或笑话

娱乐是生活的重要内容，也是大家共同的生活元素。例如，做一个精美的网页或精彩的笑话发给朋友，朋友一定会很高兴并且会很快地发送给其他的好朋友。娱乐信息是为数不多的能让几乎所有的人都喜闻乐见的内容，将商业信息融入娱乐中来，或者设计娱乐化的传播场景是病毒营销设计的重要一环。

三、伙伴营销

伙伴营销是一种完全建立在互联网技术基础之上的新型商业模式，这种模式克服了许多营销的缺陷，简单地说，这种模式是在营销人员与客户进行促销交谈时把客户作为平等的合伙人来看待。

1. 伙伴营销的两大特点

互联网的发展使得企业和消费者之间可以迅速沟通，E-mail 的广泛应用使得企业在收到消费者反馈信息的速度加快的同时又降低了成本。

现在是一个授权于消费者的时代，消费者可以自己决定希望与哪个公司保持伙伴关系或者不与哪个公司交谈，他们也厌恶各种营销活动对正常生活造成的混乱，于是希望寻找一种简单的方法实现购买目的。

企业应该对这两种新的事实有清醒的认识，并全力投入伙伴营销，在这种模式中，不再是企业寻找目标客户，而是消费者选择企业。

老练的消费者会同几家同类公司保持联系，因此，企业应该通过设计满足消费者需求的广告和促销活动来左右消费者的行为，这样可以与消费者保持更为紧密的关系，否则，没有采取有效的行动的公司将与消费者更为疏远。

2. 伙伴营销模型的 3 个基本要素

伙伴营销模型包括 3 个基本要素：

① 授权与顾客；

② 调动顾客参与的积极性；

③ 创建一个便利的空间。

采用伙伴营销模型的公司认识到市场上真正的决策者在于消费者。消费者主动参与到企业的广告和促销过程中自己决定与哪些公司建立伙伴关系，他们的合作关系、组合将根据自己的经验而改变，因此，传统的目标定位手段没有作用。

最后，伙伴营销需要一个进行交易的场所，这个场所的主要成分必须是完全透明的，消费者可以完全了解、接触公司并决定与哪些公司建立伙伴组合。总而言之，伙伴营销远远胜过许可营销，公司与消费者之间建立的是真正的伙伴关系，消费者是主动的参与者而不是被动的接受者，而许可营销只是仅仅一次请求顾客的许可，然后向消费者发送电子邮件信息。

四、RSS

1．RSS 的概念

RSS（Really Simple Syndication）是目前使用最广泛的 XML 应用。RSS 搭建了信息迅速传播的一个技术平台，使得每个人都成为潜在的信息提供者。发布一个 RSS 文件后，这个 RSS Feed 中包含的信息就能直接被其他站点调用，而其由于这些都是标准的 XML 格式，所以也能在其他的终端和服务中使用。

使用 RSS 获取信息的前提是，先安装一个 RSS 阅读器，然后将提供 RSS 服务的网站加入 RSS 阅读器的频道即可。

2．RSS 作为网络营销工具的优点

① RSS 的使用率在不断提高。

② RSS 的送达率几乎是 100%。

③ RSS 信息的点击率比较高。

④ 从营销成本来看，购买 RSS 广告展示的成本比较低。

3．企业 RSS 营销指南

（1）具有 RSS 订阅功能

在开发网站时，利用 XML 技术添加 RSS 订阅功能，这样用户在访问企业网站时就可以点击 RSS 或 XML 订阅新闻，一旦有新内容发布，订阅者就可以打开阅读。

（2）不断更新内容

当网站有新内容发布时，用户的 RSS 阅读器就会接受并显示连接，所以不断更新新闻内容是 RSS 营销的关键。

（3）对订阅者进行跟踪分析

收集用户的点击行为，分析他们的爱好、阅读习惯等信息，为制订网络营销策略提供数据基础。

五、Rich E-mail

简单说来，采用 Rich Media 技术的电子邮件就是 Rich E-mail。它属于许可电子邮件的一种创新。目前，我们在邮件中经常能够见到它的身影。

1．Rich E-mail 在网络营销中的作用

很明显，Rich E-mail 的视觉效果远好于纯文本格式的邮件，同时由于 Rich E-mail 增强了可点击性，反馈率远高于纯文本邮件。从营销效果来讲，Rich Media 与 E-mail 的结合简直是完美，取得的营销效果有时让人难以置信。

2．应用 Rich E-mail 的限制因素

① Rich E-mail 的应用还处于起步阶段，无论从用户的可接受程度，还是从技术、价格等方面都存在一定的限制。据调查，现在只有大约 40%的用户可以接受 HTML 格式的邮件，而这是应用 Rich E-mail 的最基本条件。

② 从技术角度讲，设置一封包含 Rich E-mail 的邮件并非一般用户都可以做到，即使专业的 E-mail 营销人员也需要有一段时间的转变过程，而且，不同的公司所采用的标准也不一致。例如，Radical Mail 公司使用 JAVA 配置音频文件，而 Real Player 采用的是 Plug-in 技术，相同点是都将声音信息集成到电子邮件中去。

尽管如此，可以预期，在不远的将来，Rich E-mail 在网络营销中将展现出强大的发展势头，值得营销人员高度关注。

六、博客营销

1. 博客营销概述

博客营销的概念没有严格的定义，简单来说，就是利用博客这种网络应用形式开展网络营销。博客就是网络日记，英文单词为 blog（Web Log 的缩写）。博客具有知识性、自主性、共享性等基本特征，正式博客的这种性质决定了博客营销是一种基于知识源（包括思想、体验等表现形式）的网络信息传递形式。博客营销具有明确的企业营销目的。

2. 博客营销的基本形式

① 利用第三方博客平台的博客文章发布功能开展的网络营销活动。

② 利用企业网站自建博客频道，鼓励公司内部有写作能力的人员发布博客文章以吸引更多的潜在用户。

③ 有能力的运营维护独立博客网站的个人，可以通过个人博客网站及其推广，达到博客营销的目的。

3. 博客营销的特点和优势

博客营销的特点有如下几个。

① 在信息发布方面，博客与其他工具有一定相似的地方，但博客具有知识性、自主性、共享性等基本特征。

② 博客与企业网站相比，文章的内容题材和发布方式更为灵活。企业网站的内容和表现形式往往是比较严肃的产品资料等，而博客的文章内容题材和形式多样，因此，更容易受到用户的欢迎。

③ 与门户网站发布广告和新闻相比，博客传播具有更大的自主性，并且无需直接费用。

④ 与供求信息平台的信息发布方式相比，博客的信息量更大，表现形式更为灵活，而且完全可以用“中立”的观点来对自己的企业和产品进行推广。博客文章的信息发布与供求信息发布是完全不同的表现形式，博客文章在一定意义上可以说是一种公关方式，只是这种公关方式完全是由企业自行操作的，无需借助于公关公司和其他媒体。

⑤ 与论坛营销的信息发布方式相比，博客文章显得更为正式，可信度更高。

⑥ 由于博客营销是以博客的个人行为和观点为基础，所以博客营销必须正确处理个人观点与企业立场的问题。

博客营销的优势主要表现在以下几个方面。

① 细分程度高，定向准确。

② 互动传播性强，信任程度高，口碑效应好。

③ 影响力大，引导网络舆论潮流。

④ 与搜索引擎营销无缝对接，整合效果好。

⑤ 有利于长远利益和培养忠实用户。

七、新闻组和论坛营销

1. 新闻组营销

新闻组（Usenet 或 Newsgroup）是个人向新闻服务器所投递邮件的集合。新闻组是一个基于网络的计算机组合，这些计算机组合被称为新闻服务器，不同的用户通过一些软件可连接到新闻服务器上，阅读其他人的消息并可以参与讨论。新闻组是一个完全交互式的超级电子论坛，是任何一个网络用户都能使用的可进行相互交流的工具。

2. 新闻组的优点

新闻组和 WWW、电子邮件、远程登录、文件传送同为互联网提供的重要服务内容之一。新闻组是一种高效而实用的工具，它具有四大优点。

① 海量的信息。新闻组的信息量之大是难以想象的，就连 WWW 服务器也难以相比。

② 直接交互性。在新闻组上，每个人都可以自由发布自己的消息，不管是哪类问题、多大的问题都可以直接发布到新闻组上和成千上万的人进行讨论。这似乎和 BBS 差不多，但是与 BBS 相比有两大优势，一是可以发表带有附件的“帖子”，传递各种格式的文件；二是新闻组可以离线浏览。但是新闻组不提供 BBS 支持的即时聊天，这也许是新闻组在国内使用不广泛的原因之一。

③ 全球互联性。全球绝大多数的新闻服务器都连接在一起，就像互联网本身一样。在某个新闻服务器上发表的消息会被送到与该新闻服务器相连接的其他服务器上，每一篇文章都有可能漫游到世界各地。这是新闻组最大的优势，也是网络提供的其他服务项目所无法比拟的。

④ 主题鲜明。每个新闻组只要看它的命名就能清楚知道它的主题，所以在使用新闻组其主题更加明确，往往能够一步到位，而且新闻组的数据传输速度与网页相比要快得多。

3. 论坛营销

论坛又名 BBS，全称为 Bullietin Board System（电子公告板）或者 Bullrtin Board Service（公告板服务），是 Internet 上的一种电子信息服务系统。它提供的是一块公共电子白板，每个用户都可以在上面书写，可以发布信息或提出看法。它是一种交互性强、内容丰富而即时的 Internet 电子信息服务系统。

论坛营销可以成为支持整个网站推广的主要渠道，尤其是在网站刚开始的时候，是个很好的推广方法。利用论坛的超高人气，可以有效为企业提供营销传播服务。而由于论坛话题的开放性，几乎企业所有的营销诉求都可以通过论坛传播得到有效的实现。论坛营销是以论坛为媒介，参与论坛讨论，建立自己的知名度和权威度，并顺带着推广一下自己的产品或服务。运用的好的话，论坛营销可以是非常有效果的网络营销手段。

本章小结

网络营销是科技发展的产物，从广义上讲，凡是以网络作为主要手段、为达到一定的营销目标进行的营销活动，都可以称为网络营销。它具有虚拟性、高信息性、国际性、互动性、服务性、技术性、针对性、参与性、低成本性的特点；还具有信息搜索、信息发布、商情调查、营销渠道开拓、品牌价值拓展和延伸、特色服务、客户关系管理和经济效益增值八大功能。理解网络营销要注意区别传统营销、电子商务和网上销售。网络营销同样要讲究策略，它包括产品策略、价格策略、渠道策略和促销策略。开展网络营销活动，需要借助一定的网络营销工具，采用一定的网络营销手段，网络营销的手段有很多，包括网络广告营销、病毒式网络营销、伙伴营销、RSS、Rich E-mail、博客营销、新闻组和论坛营销等，因此必须全面了解网络营销的知识，才能使之很好地为企业所用。

复习思考题

1. 网络营销有哪些特点和功能？
2. 请比较网络营销与传统营销、电子商务、网上销售的异同。
3. 网络营销的产品策略有哪些？
4. 网络营销的价格策略有哪些？
5. 网络营销的渠道策略有哪些？
6. 网络营销的促销策略有哪些？
7. 举例说明网络营销实际运用成功的案例，并分析点评。

第四章　电子商务法律问题

本章要点

- 数据电文引起的法律问题
- 电子商务安全问题
- 电子商务信用问题
- 电子商务税收问题
- 知识产权保护问题
- 电子商务中的网络广告问题
- 消费者权益保护问题

自20世纪90年代以来，以Internet为基础的电子商务迅猛发展。利用计算机技术、网络技术和远程通信技术实现整个商务（买卖）过程的电子化、数字化和网络化已逐渐盛行。与传统商务方式相比，电子商务具有3个特点：① 无国界性，Internet是开放性的、易于访问，没有出入境限制，缩短了供需双方的距离；② 虚拟性，电子商务活动中，经营使用的场所、机构、人员都可“虚拟化”，企业或个人申请一个网址后就可以利用它来宣传自己的产品，接受订货等；③ 无纸化，传统商务方式所用的信息及其载体被数字化了，人们被授予识别号、识别名或识别文件作为其在网上活动的标识，手写签名、图章等被电子签名代替，纸制凭证、记录被电子表单、记录、文件等所代替。

电子商务的这些特点，在给经营者带来巨大商机和给消费者带来空前便利的同时，也引出了许多法律问题。

第一节　数据电文引起的法律问题

电子商务的突出特点是信息数字化（或电子化）和网络化，企业内部信息和文档电子化，对外交易联络、记录的电子化，尤其是电子合同的应用，带来了许多法律问题。如何保证信息安全并具有证据效力，如何保证记录方式不容易被窜改、删改、复制、遗失，而且不脱离其记录工具（计算机）作为证据独立存在就是必须解决的问题。本书着重从电子商务合同问题方面展开其相关法律问题的论述。

合同是交易的核心内容。传统的合同多通过书面订立，可以通过签名和印章来识别。电子商务中的合同采取了新的形式，具有了新的特点。我国合同法虽然承认电子合同的法律效力，但对于电子合同、企业电子账本及其他各类电子文档的格式、操作规范等没有明确规定。电子合同目前应着重解决5个问题：书面形式问题、电子签名的认证问题、合同生效及履行问题、合同各方的责任问题及证据问题。

一、书面形式问题

依据中国立法对合同书面形式概念的界定，《合同法》第11条解释道，“书面形式是指合同书、信件和数据电文（包括电报、电传、传真、电子数据交换和电子邮件）等可以有形地表现所载内容的形式”。表面上看，中国似乎也已经将电子数据纳入“书面形式”的范畴，但仔细对比，不难发现其中存在以下问题。

① 以“形式等同法”代替“功能等同法”，无法准确把握电子合同的形式有效性。

我国《合同法》对书面形式的规定采用“有形说”，但对什么是“有形”，其标准在何，均未做出明确规定。那么，将声音数字化之后是有形吗？仅仅在屏幕上显示是有形吗？“有形”是指可听、可见还是可摸？事实上，电子数据本身和书面文件是不能等同的，两者只是在作为合同载体时具有相同的功能。“形式等同法”把本属无形非纸质的电子合同归入有形的纸质的书面合同形式中，其本意也许是为了电子合同在其他方面均能得到适用或实施，但“签名”、“原件”等这些“书面”的问题就被回避了，引发电子合同在证据、票据、签名等方面不能适用现有法律，使得无法准确把握并实现电子合同的形式有效性。

② 电子数据“非驴非马”，在证据法“原件”认定中处境尴尬。

电子证据在诉讼中能否被法院采纳为证据，我国《合同法》没有规定。按照现行证据法规定，书面形式的证据必须是有形的书面文件，包括合同、单据，而且必须是原件。最高人民法院《关于适用〈中华人民共和国民事诉讼法〉若干问题的意见》第 78 条规定，“证据材料为复制件，提供人拒不提供原件或原件线索，没有其他材料可以印证，对方当事人又不予承认的，在诉讼中不得作为认定事实的根据”；第 53 条也规定，“收集、调取的书证应当是原件”，“收集、调取的物证应当是原物”。原件是原始形成的书面文件，其作用主要在凭证方面，能够证明文件所记录的内容充分完整而且从未被改动。电子数据作为人们不能直接感知意义的物质，以数字形式“记忆”在计算机中，必须通过屏幕显示或打印机打印才能为人们感知，但此时应是原件的副本而非原件。

电子合同作为一种新兴的合同形式，随着科技的发展不断变化，电子合同书面形式问题的背后实际上逐渐演变成其法律承认和法律效力的问题。《合同法》作为调整平等主体之间权利义务关系的综合性法律规范也应与时俱进，及时调整其中关于电子合同书面形式及其他相关方面的规定，从而满足社会实务的要求。

二、电子签名的认证问题

在电子商务活动中，参与交易的各方可能在整个交易过程中自始至终不见面，传统的签字方式很难应用于这种网上交易。因此，如何使彼此的要约、承诺具有可信赖性，当债务与合同义务发生不履行时，又如何有效使违约方承担起应负的法律责任，这就涉及交易各方的身份确认问题。目前，按照信息发达国家的做法，在网络上通过电子签名的方式以确定交易方的身份。

电子签名是由符号及代码组成的，它具备了上述签字的特点和作用。对每一方来讲，具体采取什么符号或代码，将根据现有的技术、相关经验、可应用标准的要求及使用的安全程序来做出决定。任何一方的电子签名可以不时地改变，以保护其机密的特征。因此，电子签名的产生和广泛运用给我国立法带来了两个新的课题，即电子签名是怎样认定和电子签名是否有效的问题。

1. 电子签名的概念

电子签名是公开密钥加密技术的另一类应用。它的主要方式：报文的发送方首先从报文文本中生成一个散列值（或报文摘要），发送方用自己的私钥对这个散列值进行加密来形成发送方的电子签名。然后，这个电子签名将作为报文的附件和报文一起发送给报文的接收方；报文的接收方首先从接收到的原始报文中计算出散列值（或报文摘要），接着再用发送方的公钥来对报文附加的电子签名进行解密。如果两个散列值相同，那么接收方就能确认该电子签名是发送方的。通过电子签名能够实现对原始报文完整性的鉴别和不可抵赖性。

2．电子签名的认定

电子签名的一个重要的特点是能证实信息发送人的身份及电子文件的可靠性和完整性。它对于发送人和被发送的信息都是独一无二的，具有可验证性和不可否认的权威性特点；它在计算机之间交换数字证书有助于确定当事者就是他们所宣称的人。由于电子签名具备了这些特点，才有助于对它的认定。

（1）电子签名认定的技术实现

从其技术实现来说，关于电子签名的认定，在电子签名制度下，可以通过电子商务认证中心（Certification Authority，CA）核发公钥与私钥的方式解决身份确认问题。作为独立于交易各方的权威机构，如果交易双方或第三人对当事人身份或交易内容有所质疑，认证中心即可作为鉴定人提供有关身份确认的资料与证据。这样，交易中的双方或第三人均不得任意否认交易的发生及其内容，从而使当事人在网络这一虚拟世界环境下所发出的要约与承诺与现实世界的要约与承诺同具法律拘束力。

目前，我国就有广东、上海等地建立的电子商务认证中心（简称 CA 中心），解决电子商务交易各方的身份确认问题。此外，我国外经贸部门、信息产业部、公安部等部门都在建立自己的 CA 中心，但如果标准不统一，会带来交叉认证的麻烦，也会增加交易的成本，不利于电子商务的发展。因此，很有必要通过立法设立一个统一的或者几家权威的电子商务认证中心，从法律上确立电子商务认证中心的地位，以解决电子商务交易各方的身份确认问题。

（2）电子签名与电子认证的法律要求

电子签名与电子认证政策法律用以调整认证中心、证书用户、国家行政机关与不特定的社会公众之间在认证电子交易过程中所发生的法律关系，调整对象主要包括平等主体之间民商事法律关系和非平等主体之间的行政法律关系。数据电信的商业化应用，除了需要电子签名作为认证手段之外，在 Internet 等开放性网络环境下，认证中心的服务也是必不可少的。与此同时，调整认证法律关系的规范，将成为电子商务法律制度，乃至普通商事法律中的基本内容之一。与一般信息服务不同的是，认证中心所提供的是经过核实的，有关电子商务交易人所关心的基本信息。实际上它是关于交易当事人的事实状况的信息，通常包括交易人是谁、在何处、以何种电子签名方式与之交易，其信用状况如何等。

电子签名只是从技术手段上对签名人身份做出辩认及能对签署文件的发件人与发出电子文件所属关系做出确认的方式，但如何解决判定公共密钥的确定性及私人密钥持有者否认签发文件的可能性等问题，则是电子签名技术本身无法解决的问题。换言之，这里面有一个解决私人密钥持有人信用度的问题。这里面包括两种可能性：一是密钥持有人主观恶意，即有意识否认自己做出的行为；二是客观原因，即发生密钥丢失、被窃或被解密情况，使发件人或收件人很难解释归责问题。事实上，相类似的问题在我们传统商业交易活动中也存在，只不过我们有相对完整的解决方案，包括相配套的法律规范及保护措施。在电子交易过程中，同样需要一个具有权威性公信力的第三方作为安全电子认证中心（即 CA 中心）对公开密钥行使辨别及认证等管理职能，以防止发件人抵赖或减少因密钥丢失、被偷窃或被解密等风险。

由此可见，电子签名的安全使用必须配合安全电子认证中心体系的建立。事实上，西方很多国家（美国、加拿大、德国等）及日本都已经或正在建立相配套的公共密钥基础设施（Public Key Infrastructure）。这样，网络上电子签名与安全电子认证的相互结合就解决了前面阐述的由于电子签名技术方面无法解决的信用度的问题。

（3）电子签名安全认证机构的法律地位

电子签名安全认证机构在电子签名制度中占据重要位置。从世界范围看，安全电子商务认证中心的设置主要有两种途径：一种是由政府组建的或者授权的机构担任，以政府信用作为担保；另一种则是通过市场的方式建立，在市场竞争中建立信用。新加坡《电子交易法案》采取的是后一种方式，即政府并不组建或授权安全电子商务认证中心，有能力的组织都可以进入安全认证的市场（新加坡境外的安全认证中心要进入其市场则必须经新加坡政府管理机构的批准），凭借自己的市场竞争能力建立信用。但是，新加坡在安全认证市场管理方面还是非常严格的。首先，《电子交易法案》规定，政府任命一个安全认证中心的管理机构，负责许可、证明、管理和监督安全认证中心的活动。其次，《电子交易法案》规定了所有从事安全认证业务（如签发电子凭证，即数字证书）的机构都必须遵循的统一标准。最后，安全认证中心可以自愿向管理机构申请许可，虽然管理机构的许可并不妨碍安全认证中心进入市场，但是得到许可的安全认证中心可以享受某种优惠，尤其是可以享受法律规定的责任限制。总之，新加坡的做法是明松暗紧，既不把安全认证市场管死，又能把市场管住。

为了保障我国电子商务的健康发展，由政府组建的或者授权的机构担任电子签名的安全认证中心还是必要的，如广东省电子商务认证中心（注册名为广东省电子商务认证有限公司）、上海市电子商务安全证书管理中心有限公司就是在政府授权下组建的。

3．电子签名的法律效力

从实质上说，电子签名仅是一种电磁记录。尽管这种电磁记录有效性已经得到了我国现行法律的承认，如1999年修订的《合同法》中规定要约和承诺都可以采用数据电文的形式，明确确认了电子合同的法律效力，并且2005年4月1日起实施的《电子签名法》也首次赋予了可靠电子签名与手写签名或盖章具有同等的法律效力。但是，与电子签名法律效力相关的一个问题是，在网络交易中以何种技术生成的电子签名才是安全可靠的，才是法律认同的？这也是自电子签名方式出现以来一直争论不休的一个问题。在电子签名立法最早也最发达的美国对此大致有两种解决方案：一种是以犹他州和伊利诺斯州为代表的“技术特定化”（technology specific）方案，认为只有用非对称密钥加密技术做出的电子签名，才具有与用笔签名同样的法律效力，而其他技术如计算机口令、对称密钥加密、生物笔迹辨别法、眼虹膜网等技术，或安全系数不足，或应用成本过高，均不宜作为法定签名技术予以确定；另一种是以加利福尼亚州和罗德岛州为代表的技术非特定化方案，认为技术特定化限制了其他同类技术的发展，也不利于对消费者的保护，等等。

通过对两种方案的衡量与比较，可以认为，技术非特定化方案更有利于互联网产业和网络商务的发展。在技术标准和其他互操作性机制上应该由市场来决定，政府试图制订控制互联网的技术标准的做法只会造成妨碍技术革新的危险。因为互联网上正盛行自愿标准，而标准的发展和接受是以媒体和一致同意为基础的。这一点正是刺激互联网迅速发展的重要因素。法律也只需原则管理规定，凡是能够对交易者身份予以识别的电子技术手段均可以用作电子签名的生成技术从而对电子签名的效力予以认可就够了，而不宜将某种特定技术标准与电子签名的法律效力直接挂钩。当然，这并不意味着政府不能利用其公权通过法律手段对信息产业进行必要的干预，缺乏规则的法制的经济无疑也是危险的。

三、合同生效及履行问题

1. 合同生效时间问题

有人认为网上订购时，若使用在线支付，款项被划出账户时合同成立，若使用邮寄付款　则以寄出邮戳为准，这显然不符合我国法律的规定。对于未付款或未发货的合同是成立的，据我国《合同法》规定，“承诺生效时合同成立，采用数据电文形式订立合同，收件人指定特定系统接受数据电文的，该数据电文进入该特定系统的时间，视为到达时间；未指定特定系统的，该数据电文进入收件人的任何系统的首次时间，视为到达时间。”

实际上，正常情况下，消费者通过网络向商家发出订单时，合同已经成立了，除非网络出现故障，该信息不能进入商家的系统。因此，虽然当事人没有付款或发货，合同已经成立，至于付款和发货问题则已经进入了合同履行阶段。

2. 合同履行问题

如果出现网络卖家不付款或不发货、发错货的情况，如何才能保障合同双方的利益？淘宝网给出一种解决方法，即消费者先将款项支付到支付网关，交易双方确认以后，支付网关方完成支付，如果有一方未确认，支付网关自动将款项返回给消费者。对于实时交易的模式及先付款、后收货的模式，往往可以由订单来证明交易的有效性，从而保证合同的履行，但订单的履行有赖于商家的信用，如果商家的信用存在问题，消费者的权益将难以保障。

四、合同各方的责任问题

我国曾发生过这样的案例，一知名网站以极低的价格出售商品，当消费者下了订单要求购物时，网站却以故障为由，主张合同无效。如果这种主张成立的话，那么网站都可以这样的借口来否定合同，这将对消费者的利益造成很大的损害，也违背了民法的公平原则，破坏了市场交易秩序。作为一个商业网站，对其设施应当尽“适当关注”的义务，机器损害是网站没有“关注”好自己的机器，理应由其承担所造成的一切责任。

电子商务合同的订立，绝大部分都需要网络服务商的参与，那么如何确定网络服务者的法律责任呢？国际上一般认为，网络服务提供者不应因其无法控制的第三方的电子形式的信息而承担民事的或者刑事的责任，即便第三方利用网络服务提供者的系统和网络传播了违法或者侵权的信息，否则将会大大挫伤网络服务提供者的积极性，不利于本国新兴网络业的发展。但是，在电子合同的发送过程中，网络服务提供者由于未作适当的防范而遭到他人侵入，导致信息的丢失，或者网络服务提供者延迟或错发而导致信息的丢失是否仍然免责呢？理论和实践上都存在较大争议。有人提出网络服务提供者应当免责，而由要求使用该服务器的合同一方负责，若双方并无特别约定，则由发送方承担责任。如果这样的话，必然会导致网络服务提供者请示所传递的信息，忽视被服务者的利益，虽然保护了网络服务提供者的利益，却不利于电子商务的长远发展，因此，让网络服务提供者承担相应的责任是完全有必要的。

五、证据问题

由于电子合同的要约和承诺都采用数据电文的形式，因此，电子证据具有技术含量高、易被篡改和伪造、复合性和间接性等特点。此外，绝大多数时候电子合同并不产生书面形式，根据证据最优原则，证据要求出示原件，对计算机记录而言是无所谓原件与复印件的，因此，法律是否承认数据电文具有法律效力具有非常重要的意义。

《联合国电子商务法》规定，不得仅仅以某项信息采用数据电文形式为理由而否定其法律效力。目前，各国基本上都已经承认了计算机记录是可以作为证据的，只是各国做法并不统一。如法国规定，交易金额超过 5 000 法郎时，交易必须经双方当事人达成书面协议，通常交易情形若无法产生书面文件时也可例外，电子商务合同正是可以例外的一种。我国《民事诉讼法》并没有规定计算机记录的法律效力，《合同法》则规定书面形式包括电子数据交换和电子邮件，可以看作已经承认了数据电文的法律效力。在司法实践中，法院通过具体的判例也承认了计算机记录的法律效力。但是，由于存在磁盘的记录可以不留痕迹加以改动，这使数据电文的准确性受到质疑。这个两难问题如何解决是法律需要应对的问题之一。

由于在电子商务合同中，可以控制记录修改的“几个点”无非是消费者、商家和网络服务提供者。尤其是网络服务提供者（ISP）占有着大量的数据，因此，法律有必要规定对于网络服务提供者、商家应当保留他们的交易记录到一定的期限，这个期限的确定应以诉讼时效为准。同时，对于商家和客户应当养成良好的习惯，应在计算机中及时保存记录。若是通过电子邮件完成的合同，来往信件中尽量使用“回复”功能，以保存来信的内容；定期对交易内容进行备份等。

有人认为，对于网络的过多限制将会不利于新兴的网络业的发展。实际上并非如此，从理论上看，对电子商务加以立法，使相关当事人明确自己的权利和义务，能够预见行为的后果；规范合同订立的过程，使电子交易更加安全，对于在网络中树立诚信的交易观念非常重要。从实践上看，电子商务的法律规范，会减少网络欺诈的行为，保护当事人的利益，完善相应的安全措施，又能更好地保护商家的商业秘密和用户的隐私。

第二节　电子商务安全问题

随着 Internet 的发展，电子商务已经逐渐成为人们进行商务活动的新模式，越来越多的人通过 Internet 进行商务活动。在网络运营过程中经常会遇到一些障碍，这些障碍或来自于技术操作方面，或来自于 Internet 上的病毒，或其他不可预测又一时无法排除的原因，导致电子商务中的交易中止，从而给买卖双方带来损失，该由谁来负责？网络服务商还是买卖中的一方？至今没有明确的法律规定。虽然有一些互联网技术服务商提供保障网络安全的服务，但是绝不可能完全杜绝电子商务中的网络故障及人为的黑客破坏。如果没有相关的法律规定，一旦在电子商务交易中出现上述原因引发的法律诉讼，便会由于没有相关的具体法规，给法院对这些诉讼的审理带来极大的困难。

如何解决上述问题，国际上通行的做法和我国目前流行的技术就是采用电子签名技术。但是，电子签名技术的实施需要安全、便捷的电子商务应用环境。如何建立这个环境，对信息提供足够的保护，已经成为商家和用户都十分关心的话题。

一、电子商务安全存在的问题

一般而言，电子商务安全问题可分为三大部分：网络安全问题、信息安全问题和交易安全问题。

（1）网络安全问题

它主要指计算机和网络本身可能存在的安全问题，也就是保障电子商务平台的可用性和安全性问题，其内容包括计算机物理安全、系统安全、网络设备安全、数据库安全、网络设备安全、网络服务安全等。

安全的网络环境是电子商务发展的关键，同时电子商务的发展对网络的安全性提出了前所未有的要求，而网络的不安全性也构成了电子商务发展的最大障碍。网络的不安全性主要包括网络攻击和计算机病毒的传递等。历史上，由于网络攻击和病毒破坏造成电子商务巨大损失的事例屡见不鲜。

（2）信息安全问题

它是指电子商务务信息在网络传递过程中面临的信息被窃取、被篡改、被假冒和被恶意破坏的问题，如交易双方交易的内容被第三方窃取或交易一方提供给另一方使用的文件被第三方非法使用等。电子商务中对信息安全的要求就是要求信息传输的安全性、信息的完整性及交易者身份的确定性。

（3）交易安全问题

它是指在电子商务虚拟市场交易过程中存在的交易主体真实性、资金的被盗用、合同的法律效应、交易行为被抵赖等问题。

二、电子商务安全的法律制度

我国目前还没有专门的电子商务安全法，只是在电子商务的网络安全、信息安全和交易安全3个方面出台了一些相关的法律规范。

（1）关于网络安全和信息安全的法律规范

20世纪90年代中期至今，我国已出台了一批专门针对网络和信息安全的法律、法规及行政规章。如1994年2月国务院颁布的《计算机信息系统安全保护条例》、1996年2月发布1997年5月修正的《计算机信息网络国际联网管理暂行规定》、1997年2月由公安部发布的《计算机信息网络国际联网安全保护管理办法》、2000年9月发布的《中国人民共和国电信条例》与《互联网信息服务管理办法》、2000年12月由全国人民代表大会常务委员会通过的《关于维护互联网安全的决定》等。此外，1997年修订刑法，增加了第285条、第286条、第287条，对计算机信息系统保护及利用计算机系统犯罪处罚的条文。

（2）我国涉及交易安全的若干法律法规

现行的主要有4类：① 综合性法律，主要是民法通则和刑法中有关保护交易的条文；② 规范交易主体的有关法律，如公司法、各种企业法等；③ 规范交易行为的有关法律，包括经济合同法、产品质量法、价格法、消费者权益保护法、广告法、反不当竞争法等；④ 监督交易行为的有关法律，如会计法、审计法、票据法、银行法等。

我国对交易安全的研究起步较晚，且长期以来注重对财产静态权属关系的确认和保护，未能现代市场经济交易频繁、活泼、迅速的特点。虽然在上述4类法律法规中体现了部分交易安全的思想，但却没有明确的电子交易安全的法律规定。由于没有明确的法律规定，在出现法律纠纷时，往往会造成因为适用法律的不同而造成判决结果大相径庭。

三、电子商务安全管理制度

（1）网络安全管理制度

作为电子商务的基础构架，Internet 的诞生并不是因为商业目的，而是为了能方便地共享计算机资源，因此，Internet 开放有余而严密不足。为了满足电子商务在网络安全上的要求，世界各国纷纷制定相关法律法规及管理制度，如美国 1987 年通过的《计算机安全法》、1998 年 5 月发布的“使用电子媒介作为传递用途的声明”，德国的《信息和通信服务规范法》，英国的《监控电子邮件和移动电话法案》，日本的《反黑客法》等。我国的有关法律、行政法规和规章也涉及了关于网络安全的管理制度，主要包括：① 维护 Internet 安全的决定；② 国际 Internet 出入信道的管理制度；③ 市场准入制度；④ 计算机病毒防治管理办法。

（2）信息安全管理制度

我国目前对于网络信息的管理制度主要有两种：分级制度和电子商务安全认证制度。这两种制度都是从网络信息资源的安全出发，为了保证网络信息资源的安全而制定的。前者是针对网络上所有的信息，后者则在电子商务方面更有针对性。

① 分级制度。

分级制度是指对于网络网络信息资源，要明确其信息分类，实行等级安全管理制度。目前，我国网络信息资源根据信息的性质和重要程度划分为 3 级：A 级指机密信息资源，实行费强制安全保护；B 级指内部信息资源，实行自主安全保护；C 级指公共信息资源，实行一般安全保护。此外，应严格区分内部网和外部网，凡涉及内部生产管理或不宜公开的网络应在物理上与公共网隔开，防止黑客入侵。凡涉及机密的资料按有关保密政策传递和存放，严禁与普通资料混存混传。

各单位应当制订信息安全管理制度，对信息进行安全稽核，防止信息被非法增加、删除、修改或复制。网站经营者所发布的信息应具有真实性、完整性和可靠性。为减少信息事故纠纷，对涉及第三方的信息应签署“入网责任书”，明确双方权利义务和法律责任，保证信息质量，信息提供者对所提供的信息的合法性与真实性承担法律责任，经营单位承担管理责任。对用户中发生的恶意事件应及时处理，重大事件及时逐级上报。

② 电子商务安全认证制度。

电子商务安全认证制度主要是为了满足 4 个方面的信息安全要求，即电子商务信息内容的保密技术要求、身份鉴别认证的技术要求、信息内容的完整性鉴别技术要求及抗抵赖交易活动的安全技术要求，并以此来保障网络的信息安全，消除用户对网络信息安全的恐惧心理，从而放心地在网络上完成各种商务活动或事务活动。

（3）交易安全管理制度

目前，涉及电子商务交易安全的制度有以下几个。

① 市场准入制度。

电子商务交易安全对市场准入提出较高的要求，即对经营者的资格、与网络建设密切相关的诸如网络运营商、信息服务提供商、数字证书认证机构、密钥管理机构等服务机构应当实行严格的审查，确信其具有一定的资信条件、供货能力、运输能力及健全的售后服务体系等，才允许进入市场交易。

② 电子签名的安全制度。

一项完善的电子签名一般应同时满足唯一性、不可能被伪造、容易被鉴定及不可能被拒绝的特性，即电子签名的真正使用无法否认真实创制使用关系。

③ 电子认证安全制度。

电子认证主要是与交易安全的信用的安全，保证交易人的真实可靠，是组织制度的保证。电子认证机构所提供的服务，包括交易相对人的身份、公开密钥、信用状况等情况。

④ 电子支付安全制度。

电子支付安全电子交易安全中最重要的环节，目前主要采用加密保护、线上认证保证电子支付的安全。

在 Internet 上实现的电子商务交易必须具有保密性、完整性、可鉴别性、不可伪造性和不可抵赖性等特性，一个完整的电子商务系统在保证其计算机硬件平台和软件平台安全的基础上，还应当具备以下特点：① 强大的加密保证；② 使用者和数据的识别与鉴别；③ 存储和加密数据的保密；④ 可靠的联网交易和支付；⑤ 方便的密钥管理；⑥ 数据的完整性，防止抵赖。电子商务对计算机网络安全与商务安全的双重要求，使电子商务的安全复杂程度比大多数计算机网络的更高，电子商务应作为安全工程，而不是解决方案来实施。同时，相关的法律与法规必须要跟上电子商务安全的发展，尤其在交易安全方面，亟待国家级的交易安全法律法规的出台。针对电子商务无国界的特点，我们还应该加强国际合作，使电子商务真正发挥其应有的作用。唯有如此，我们才能顺应时代潮流，推动我国经济的发展；也唯有如此，我们才能在经济全球化的今天，参与到国际竞争中去，并进而赢得竞争的优势。

第三节　商业信用问题

随着世界经济一体化、全球化进程的不断加快，电子商务已经逐渐成为人们进行商务活动的新模式。电子商务在迅速发展的同时，自身也面临着诸多问题。在这些问题中，信任与信用体系的建立已经成为中国电子商务发展的瓶颈。本文以电子商务中的信用问题为研究对象，对电子商务的信用风险进行了分析，探讨了电子商务信用体系的建设，为建立完善的信用体系提出了相应的措施。

一、电子商务与商业信用的关系

商业信用并不是电子商务所特有的，而是所有市场经济的要求。但是，社会商业信用是电子商务的必要环境，而且由于电子商务自身的特点，对社会商业信用体系提出了更高的要求。

1. 交易主体的复杂性，需要有在线身份认证

电子商务是基于 Internet 的“非面对面的”远程的交易活动，而 Internet 又是一个开放性的计算机网络，因此电子商务的交易双方都需要在线确认对方的身份，即 CA 认证。电子商务的开展需要建立相应的 CA 认证机构，完善全国范围的 CA 认证体系。

2. 电子商务加剧了买卖双方对商品信息的不对称

在一般情形下，与买方相比，卖方对商品的质量更清楚，特别是零售市场，而电子商务会加剧这种信息的不对称。在电子商务模式下，买方不能亲眼观察、检查、检验商品，主要依靠卖方在网上展示的图片、文字说明了解商品的性能、功能和质量。而事实上，一些商品的质量特征是很难甚至不能通过图片和文字展示清楚的，如商品的形、色、香、味。我们经常会发现从网上图片看起来非常漂亮的东西，而实物并非如此。

3．交易与付款不同步，需要信用机制作支持

完整的电子商务的款项支付采用在线电子支付方式。采用电子支付方式，交货过程与付款过程不同步，这就可能出现买方付清了货款但收不到货物或者卖方交付了货物但收不到货款的情况。采用电子支付方式，需要有信用机制作保证。另外，如果采用货到付款的方式，也可能遇到买方无理拒收货物的情况。要解决这一问题，也需要建立相应的信用机制。

电子商务的出现带来了一些新的信用问题，也加剧了一些老的信用问题，电子商务的出现强化了对社会商业信用的需要。

二、我国电子商务商业信用现状

1．普遍缺乏信用意识和信用道德规范

我国市场经济由计划经济脱胎而来，社会信用经济发育较晚，市场信用交易不发达，社会普遍缺乏现代市场经济条件下的信用意识和信用道德规范。信用保障体系还未完全建立，社会信用缺失反过来影响到电子商务活动中。国内企业的交易多限于面对面的进行，网上信用意识较差。很多企业与个人对于信用的重要性缺乏应有的认识，不讲信用照样可以生存和发展，社会上信用缺失行为较多。这种信用程度较低，三角债情况严重，假冒伪劣商品泛滥的现实商业环境，无疑制约了电子商务信用状况的改善。

2．企业内部电子商务信用管理制度不健全

西方企业信用意识较强，内部电子商务信用管理机制较为健全，同时拥有先进的技术和发达的个人资料网络。西方企业信用部门在电子商务交易之前，就对客户信用进行评估，较好地为电子商务的发展奠定了基础。然而我国企业的电子信息技术设备配置较落后，信息化水平比较低，企业内部电子商务信用管理制度还不健全，大多企业根本就没有设置信用管理部门，交易之前缺少对客户资料的调查，对客户的信用状况缺乏应有的了解，在电子商务中错误选择交易对象，进而导致违约现象的发生。

3．网络陷阱层出不穷

网络购物存在着重重“陷阱”，买方一不留神，就会上当受骗。常见的陷阱有如下几种。

① 低价诱惑：在网站上，如果许多产品以市场价的半价甚至更低的价格出现，这时就要提高警惕性。

② 高额奖品：有些不法网站、网页，往往利用巨额奖金或奖品诱惑吸引消费者浏览网页并购买其产品。

③ 虚假广告：有些网站提供的产品说明夸大其辞甚至虚假宣传，消费者购买到的实物与网上看到的样品不一致。

④ 设置格式条款：买货容易退货难，一些网站的购买合同采取格式化条款，对网上售出的商品不承担“三包”责任、没有退换货说明等。

很明显，商业信用问题不是减少了，而是加剧了，这极不利于电子商务的发展。而消费者维权意识的提高，将在某种程度上推动我国电子商务信用体系的建设。

4．国家缺乏有效的法律保障和奖惩机制

市场经济是信用经济，也是法治经济。信用问题的解决离不开法律的保障。然而我国法制建设还不健全，尤其是在信用法制建设方面更是明显落后于社会与经济发展的步伐。我国现有的法律法规不足以对社会的各种失信行为形成强有力的法律规范和约束。同时有法不依和执法不严的问题也相当严重，在一些失信和电子商务诈骗案件的审理中，还存在严重的地方保护主义倾向。社会上更是缺乏严格的失信惩罚机制，这都为电子商务信用问题的解决增加了难度。

三、我国电子商务信用体系的建设

电子商务的健康发展需要加强我国商业信用体系的建设，但商业信用不可能依靠商业活动中单方面地自觉自愿建立起来，也不可能依靠纯粹的道德而建立起来。商业信用是电子商务参与者互动的过程，商业信用机制的建立需要社会多方面的参与。

1．加强电子商务法律规范建设

市场经济是一种信用经济，一种法制经济，在电子商务模式下更是如此。在商业活动中给他方造成损害的失信行为，应该受到法律的制裁。失信行为可能受到多种形式的惩罚，比如失去客户、失去供应商等，但法律手段是最直接、最有效的惩罚。法律是商业信用的保障，我国应完善电子商务相关的法律规范。2005 年 4 月 1 日，我国了第一部电子商务法规《中华人民共和国电子签名法》正式实施，从法律上明确了电子数据、数字签名的有效性。但是由于缺乏与之相关的措施和细则，再加上目前我国的信用文化的缺乏与流失，使得这些规定对我国目前的电子商务现状的改善起不了太大作用，因此加强电子商务法律规范建设是当务之急。

2．加强对网上商业活动的执法监督

开设一个商务网站是一件很容易的事，利用各类网站进行商业活动也很方便，而与此相对应的是侵权人利用这种形式侵权的成本也相对较小，再加上电子商务的虚拟性、隐蔽性等特征，从而给想利用电子商务从事非法行为的人也带来了便利，同时给工商管理工作也带来了难度。因此各地工商行政管理部门更要加强协调，打击网上非法经营活动，保护消费者权益，给合法的电子商务活动一个“洁净的空间”，增加网民对电子商务的信用度。

3．加强电子商业行业自律建设

加强电子商务信用环境的建设，行业自律极其重要。中国电子商业协会是中国电子商务的行业组织，要制定各会员必须共同遵守的商业规则，切实保护消费者的权益。现在，各商务网站都有自己的交易规则，这往往使网上购物者顾虑重重，担心自己的权益受侵害，从而对电子商务望而却步。商务网站不能在点击合同（格式合同）中添加霸王条款，不能在合同条款上做手脚、设陷阱，损害消费者权益。电子商业协会要通过互联网接受社会对会员的投诉，对会员不遵守共同商业规则的行为进行处罚，直至开除会员资格。

4．建立一个全国范围的商业信用信息网络

商业信用是靠信用信息在社会上的传播来起作用的。即使一家企业的商业信用等级很高，如果它的信用信息没有通过可靠的渠道传递给他人，这家企业对他人的商业信用也等于“0”。商业信用要通过可靠的渠道进行传播，互联网就是商业信用传播的最好手段。要建立一个基于互联网的全国范围的商业信用信息网络，通过这个网络，可以查询到全国任何企业和个人的信用记录。通过自动运行信用评估模型，信息网络还能提供对企业和个人的信用评价、信用等级。在美国，任何一个有经济活动的人都有一个社会安全号，当人们申请工作、支取工资、到银行存款、租房、赋税时，都要出示和登记社会安全号。这个号

码终身不变，国家设置专门的机构，通过网络，把每个人的借款、还款、付账、工资、失业等信息都记录在案。在全国各地专门机构，可以付费查阅个人的信用记录。同时，错误地登记别人的坏信用也要负相应的法律责任。我国要发展和完善电子商务，应当借鉴美国的经验，建立类似的商业信用信息网络。

在我国，一些地方也开始建立地方性的商业信用信息网络。上海市成立了一个专门调查个人消费信用的资信公司，建立了我国第一个个人信用征信服务系统。通过与全市15家商业银行、300 多家支行营业部的信用网络联通，为市民申办信用消费提供配套的个人信用报告。同时，可向被允许部门提供个人的银行和商业信用、社会和职业信誉四大类咨询服务。一些人恶意透支、赊账不还、偷逃税款或受到公安处罚等不良行为都作为个人信用评估资料被记录在案。

广东省汕头市以市信息中心为平台，通过连接工商局、国税局、打假办、外经贸局和汕头海关等部门的信息网络建立起了汕头信用网。相互联通的客户可直接点击信息网上的“红名单”和“黑名单”便可立即了解到汕头市7万家工商企业和中介机构的信用记录状况。

全国的商业信用信息网络的建设需要进行统一规划，以实现全社会信用信息的高度共享。

5．发挥第三方中介机构的作用

为了加快电子商务贸易信用环境建设，我们还应该借鉴国外的做法，加强第三方中介机构在建立电子商务贸易信用环境中的作用。虽然第三方中介机构的介入可能会增加贸易双方的交易成本，认证中介机构对信息的认证还存在法律效力的问题，但这些并不能否定中介机构对电子商务贸易信用建设的监督和促进作用。在许多情况下，法律是无能为力的，只有信誉能起作用。在法律框架之外建立依靠信任机制发挥作用的第三方在线机构，是电子商务贸易信用建设不可或缺的一部分。这方面我国已经有了起步，如我国第三方网上认证机构中比较典型的“红盾 315”网站，就是北京市工商行政管理局下属的一个要求经营性网站备案登记的网上认证机构。另外，阿里巴巴的“诚信通”也已经有了第三方认证机构的特性。

在传统的商业交易中，商业信用问题始终是个大问题。从历史上看，我国的许多商业主体信誉低下，有时甚至影响到了银行的电子商务的发展及其信用保障。通过建立完善的社会信用保障机制，形成“诚信为本、以德经商”的商务环境，可以有效地降低企业经营的风险，提升企业的经济竞争力，以保障电子商务的交易可靠性和安全性，促进电子商务的迅速发展。

第四节　关税和税收问题

对于有形货物的离线电子商务，由于有形通关过程的存在，现行增值税税收政策依然适用。对于数字化信息产品如软盘、CD、VCD、DVD、书刊等，消费者通过下载在线取得，由于不存在一个有形的通关过程，由海关征收关税及代征进口环节增值税和消费税的征收基础不复存在，对这部分电子商务的关税及进口环节增值税和消费税征收将变得非常困难。

电子商务的无国界性、虚拟性、无纸化特点在给企业带来巨大商机和消费者空前便利的同时，也引发了一些国家税收方面的新问题：常设机构的概念和范围界定遇到了困难，电子商务突破了原有以固定地点为依托的物理形态，而是采取虚拟无形的方式进行经营，销售商并没有拥有固定的销售场所，其代理人也无法确定，这样就不能依照传统的常设机构标准进行征税；有形产品交易和服务交易难以区分，如以数据形式传输的无形产品，是应该归为提供有形产品还是服务交易，税法没有做出相关规定，税务机关就不能按照现行的法律确定起征收对象的性质、适用税种、税率等，这就造成了税收工作上的技术困难，造成资金流失。

随着电子商务的日益完善，网络国际投资业务的蓬勃发展。设在某些避税地的网上银行可以对客户提供完全的"税收保护"。假定某国际投资集团获得一笔来自全球的证券投资收入，为躲避所得税，可以将其以电子货币的形式汇入此类银行，这就造成了一定程度上国内税务的流失。由于网上贸易是通过大量无纸化操作达成交易，账簿、发票均可在计算机中以电子形式填制，而电子凭证容易修改，且不留痕迹。税收审计稽查失去了最直接的纸质凭据，无法追踪。

一、电子商务带来的税收问题

电子商务的迅猛发展，致使税务管理部门来不及研究相应的征管对策，更没有系统的法律、法规来规范和约束企业的电子商务行为，出现了税收管理真空和缺位，导致应征的税款白白流失。从理论上分析，从 Internet 上流失电子商务的税收主要有关税、消费税、增值税、所得税、印花税等。据测算，美国的函购公司转移到 Internet 之后，政府每年大约损失各种税收约 30 亿美元。由于电子商务可以规避税收义务，大大降低企业税收负担，因此，一些企业纷纷通过上网规避税收，牟取暴利，在逃避大量税收的同时，扰乱了正常的市场秩序。

1. 常设机构的判断问题

（1）纳税人身份及企业性质的判定问题

就是税务机关应能正确判定其管辖范围内的纳税人及交易活动，这种判定是以实际的物理存在为基础，因此，在传统交易活动中，纳税人身份的判定上并不存在问题。但在互联网市场中，看不到传统概念中的商场、店面、销售人员，甚至连涉及商品的手续，包括合同、单证，甚至资金等，都以虚拟方式出现，而且，互联网的使用者具有隐匿性、流动性，通过互联网进行交易的双方，可以隐匿姓名、居住地等，企业可以轻而易举地改变经营地点，从一个高税率国家移至低税率国家。所有这些，都造成了在对纳税人身份判定上的难度。

大多数从事电子商务的企业注册地位于各地的高新技术园区，拥有高新技术企业证书，具有营业执照上限定的营业范围，但并没有明确提及电子商务业务。有些企业营业执照上注明从事系统集成和软件开发销售、出口，但实际上主要从事电子商务业务。这类企业是属于所得税意义上的先进技术企业和出口型企业，还是属于生产制造企业、商业企业还是服务企业，因判定性质不同将导致企业享受的税收待遇有所不同。从事电子商务企业按 3%税率缴纳营业税，而从事电子商务的普通企业则需缴纳 5%的营业税。那么，被定性为什么样的企业就成了关键问题。

（2）客户身份难以确定

按照现行税制，判断一种商业行为是否应课税及课税数量与客户身份密切相关。比如我国目前实行的出口退税和对进口商品征收关税的政策，这些活动都必须查明客户身份。

如果将现有的税收原则不加修改地应用于电子商务税收，本来有纳税义务的企业很可能冒充或是通过隐瞒商品的真实消费从而逃避进口关税。虽然科技在发展，但是从技术角度看，无论是追踪付款过程还是供货过程，都难以查清供货目的国的买方身份，从而无法确认应征税的贸易究竟是国内贸易还是国际贸易，使传统的税制在应用过程中遇到了极大困难。

2．税收征管体制问题

（1）电子商务交易过程的可追溯性问题

电子商务交易过程的可追溯性，简单地说就是在确定了纳税主体后，是否有足够的依据收到应收的税，证据是否足够，是否可查。

目前，我国电子商务还处于初级阶段，网上 CA 和网上支付体系正在建设中，在线的电子商务交易数额还是较少。商家之间的电子商务主要是商谈、合同和订单处理，还基本上没有进入电子支付阶段。所以，在间接的电子商务阶段，商务交易过程电子化，而送货或电子成分更高的间接电子商务扩大或普及时，考虑到电子商务交易过程中的虚拟性，相关交易环节的具体情况有赖于交易的如实申报，所以电子商务交易过程的可追溯性问题会更加突出，尤其是在数字产品的电子商务过程中。

（2）电子商务过程的税务稽查问题

在具备税收管辖权、交易过程可追溯的前提下，电子商务稽查就成为保障电子商务税收的重要一环，即是否能定额征收的问题。在互联网这个独特的环境中，由于订购、支付，甚至数字化产品的交易都可通过网上进行，使得无纸化的程度很高，订单、买卖双方的合同，作为销售凭证的各种票据都以电子形式存在，且电子凭证又可被轻易地修改而不留任何线索、痕迹，导致传统的凭证追踪审计失去了基础；并且，互联网贸易的发展刺激了支付系统的完善，联机银行与数字现金的出现，加大了税务机关通过银行的支付交易进行监管的难度；还有，随着计算机加密技术的成熟，纳税人可以使用加密、授权等多种保护方式掩藏交易信息。如何对网上交易进行监管以确保税收收入及时、足额地入库是网上征税的又一大难题。

3．课税对象认定问题

（1）数字产品性质的认定

电子商务将原先以有形式提供的商品转变为以数字形式提供，使得网上商品购销和服务的界限变得模糊。对这种以数字形式提供的数据和信息应视为提供服务所得还是销售商品所得，目前税法还没有明确的规定。

（2）印花税的缴纳问题

在电子商务交易中，实现了无纸化操作，且交易双方常常“隐蔽”进行，使得印花税的计税依据难以确定。网上订单是否具有纸质合同的性质和作用，是否需要缴纳印花税，目前也不明确。

4．税收管辖权问题

（1）双重征税问题

一个极端的例子：中国公民在马来西亚的电子商务网站上订购货物，并且要求将货物发往泰国，这样做的结果可能是同时得到 3 个国家的税单。首先，按照居民收税收管辖权征税办法，中国政府有权征收所得税；按照收入来源地管辖权征税的话，泰国政府也有权征收流转税；而马来西亚政府有可能以交易操作发生地为依据，也可根据来源地，有权征税。对同一笔税源，由于税收管辖权的重叠，而导致重复征税。

（2）纳税人避税问题

电子商务的便捷性与高流动性为跨国公司操纵利润、规避税收提供了便利。跨国公司通过互联网，只要简单的操作就可以轻松地将其在高税区的利润转到低税区或避税港。

二、适应电子商务发展的税收对策

尽快建立适应电子商务的征收管理方法。世界各国对电子商务的税收征管问题都十分重视，而且行动迅速。例如，经济合作与发展组织（OECD）成员同意免征电子商务关税，但也认为在货物的定义不稳定的情况下决定一律免征关税是不妥的，与此同时通过互联网销售的数字化产品视为劳务销售而征税；欧盟贸易委员会提出了建立以监管支付体系为主的税收征管体制的设想；日本规定软件和信息这两种商品通常不征关税，但用户下载境外的软件、游戏等也有缴消费税的义务；新加坡和马来西亚的税务部门都规定在电子商务中的软件供应行为都要征收预提税等。综合各国的经验及我国国情，可以考虑对网络服务器进行强制性的税务链接、海关链接和银行衔接，以保证对电子商务的实时、有效监控，确保税收征管，打击租用网上交易的逃避税行为。

尽快建立电子商务法律、法规，完善现行税法。世界各国已纷纷制定了针对电子商务的法律框架，在我国，对电子商务税收问题的研究正处于起步阶段，因此，要尽快建立电子商务的法律法规体系。一是要制定电子交易条例，为电子商务行为提供有效的法律保障；二是要制定电子货币法，为电子支付系统提供相应的法律保障；三是要协调国际金融、商务有关的法律法规，防止发达国家凭借经济和技术的优势制定不平等条约。此外，要改革和完善现行增值税、消费税、所得税税收法律，补充对电子商务的有关条款。

坚持税收中性和效率原则相结合，适当给予电子商务税收优惠政策。税收中性原则要求有形交易和电子交易间应遵循中性原则，平等对待经济上相似的交易收入。而税收效率原则要求税收的征收和缴纳应尽可能确定便利和节约，尽可能避免额外负担，促使市场经济有效运转，在不影响纳税人对贸易选择的前提下制定一档优惠税率引导企业合法经营，但要求上网企业必须将通过网络提供的服务、劳务和产品销售等业务单独核算，否则不能享受税收优惠。

统一税收管辖权，实行单一的居民管辖权。我国现行的税收管辖权是地域管辖和居民管辖权二者兼而有之，目的是最大限度地保证国家的财政收入。但是，收入来源地概念在电子商务中变得相当模糊，不易确定，交易双方往往借此偷逃税款。居民概念的确定较之收入来源地概念要清晰得多，只要是本国的居民从事电子商务活动，就得征税。对电子商务征税采用单一居民管辖权在操作上既简便，又能增加税收收入。

随着电子商务的发展，越来越多的企业从中取得了巨大的利润，与此形成鲜明对比的是各国政府在对电子商务行为征税方面却越来越捉襟见肘，表现最为突出的是电子商务税收征管问题及避税问题。要解决好这些问题，必须在立法方面通过对一些概念、范畴的重新界定和对现有税制进行补充，但应当贯彻公平税负、适当优惠的原则，从而保证电子商务稳定、健康地发展。

第五节　知识产权问题

在网络环境下，现有的著作权制度力不从心，作品无法得到有效保护。任何人都可以轻而易举地把非本人的作品上载到网上并进行传播，而作者却可能对此毫不知情。Internet的跨时空性使得跨国性的侵权行为变成了普遍现象，而法律在这个领域的相对空白致使网上侵权行为十分严重，使电子商务的发展受到一定的影响。

一、电子商务涉及的知识产权问题

知识产权是指个人或集团创建的并受法律保护的思想、计划、观念和其他的无形资产的所有权。在电子商务范畴里，知识产权主要包括：著作权与相关权利、商标权和域名、专利权、商业机密。

1. 著作权与相关权利

1996年12月，世界知识产权组织（WIPO）在日内瓦缔结了《世界知识产权组织版权条约》（WCT）和《世界知识产权组织表演和录音制品条约》（WPPT），这两个条约使国际版权立法进入了数字时代。

（1）著作权

著作权是指对原始作者的初始创作进行保护，包括文学、戏剧、音乐、艺术和其他一些智力创作，不管是出版和未出版的，并有权利从对它进行复制或以其他方式使用该作品的人收取费用。

对于将他人享有著作权的作品数字化后在网上传播的行为，国外立法有不同的规定，但这种不同并不影响对著作权人作品数字化后传播的保护。

美国认为著作权人现有的复制权和发行权足以覆盖这种新的传播方式，没有必要就作品在网络上的传播再规定一种权利。美国法院的众多案例均支持了这样的立场：即未经著作权人许可即将作品上传到网站，视为未经许可向公众提供作品的复制件，侵犯了著作权人的发行权。例如，在Marobie案、Web World案和Kutz案中，法院认定未经许可将他人的作品上载到网页的网主侵犯了著作权人的发行权。

而欧盟、日本及澳大利亚则对此行为则是选择了创设的“公众传播权”。欧盟在2001年通过《关于协调信息社会的版权和有关权若干方面的指令》中第3条设定了作品的“公众传播权”和相邻权作品的类似权利。这种权利是指著作权人享有的授权或者禁止以有线或无线的方式向公众传播其作品的专有权，包括让公众中的成员以个人选择的时间和地点访问作品的方式获得作品的权利。

（2）网络邻接权

网络邻接权是与著作权相关的权益，指作品的传播者依法享有的权利，主要包括表演者、录音录像制品制作者、广播电视组织及出版者因传播作品活动享有的权利。

2. 商标权和域名

（1）商标权

商标权是指商标所有人在法律规定的有效期内，对其经商标主管机关核准注册的商标享有的独占的、排他的使用和处分的权利。只有经商标局核准注册的商标，才享有商标权并依法予以保护。

（2）域名

在Internet上每位用户都有一个由数字和英文字母组成的账号或身份号，其基本功能是标识特定的计算机地址，即域名。域名是商家在网上定位的依靠，被广泛地用作商业标识符号，成为发展电子商务的基本手段，如同商标一样，它潜藏着巨大的商业价值和广告效应。域名是否应该视为一种独立的新型知识产权，大部分国家和组织对此还持否定态度，一般认为域名属于文字类商业标识，是传统商业标识的“网络版本”。对于域名与商标权的纠纷，各国多倾向于商标权的保护，尤其是驰名商标的保护。

3. 专利权

专利权使其持有者有权利在一定时期内决定一项发明的使用和收取源于该发明的特许使用费。依照我国现行法律规定，专利包括 3 种，即发明专利、实用新型专利和外观设计专利。与网络、电子商务相关的专利性问题有以下两个。

（1）关于计算机程序和商业方法的可专利性问题

从世界范围来看，20 世纪 80 年代前，单纯的计算机程序在各国均不属于可专利性主题范围。只有当计算机程序与某一装置结合在一起，形成一个完整的技术方案时，才可以获得专利，成为可专利性的主题。

（2）界面设计、各种技术及网上软件的可专利性问题

各种技术包括网上资料压缩技术、密码技术、信息处理、检索技术等。从目前国际领域的做法看，这些技术与软件只要符合专利申请的条件，均可获得专利保护，特别是软件获得专利以后，其保护力度远远大于版权法的保护。

4. 商业机密

《中华人民共和国反不正当竞争法》规定，商业秘密是指不为公众所知悉的，能为权利人带来经济利益，具有实用性并经权利人采取保密措施的技术信息和经营信息。

二、电子商务中的侵权行为

1. 网上侵犯著作权的行为

网络使用者或服务商，在自己的网页、电子布告栏等论坛区非法复制、传播、转贴他人作品；把网上传输的作品下载并复制成光盘，甚至赢利；将他人作品上传到网络或从网络上下载进行非法使用；越权或超期等非法使用共享软件；未经许可而将他人作品提供到网上进行公众交易或传播，或明知侵权而仍在网上散布复制品；擅自破解著作权人对物品所采取的技术措施等；侵害网络作品著作人的人身权，如发表权、署名权、保护作品完整权、修改权等。还有侵犯网上邻接权，网上突出表现在利用网络工作对录音制作者的权益进行侵犯，主要有两个类别：一是不经权利人许可，将擅自复制的数字音乐档案（主要为 MP3 格式的档案）上传到网上（上载）供人免费下载；二是虽不是自己直接上载，而是通过链接将其他网站的音乐档案集中到自己的网站，并通过提供窗口和条件，供使用者免费下载。

2. 引起域名纠纷的行为

（1）域名恶意抢注而引起的纠纷

行为人故意将他人的知名商标、商号涵盖的文字注册为自己的域名，再以高价将这些域名卖给该知识产权所有人。

（2）域名与商标权、商号的冲突纠纷

在排除恶意抢注的情况外，域名使用者与商标权人仍旧会发生种种纠纷。此类纠纷中包括某一网络使用者的域名包含他人文字注册商标的单词、字母等。

3. 网上侵犯专利权的行为

随着计算机硬件和软件技术的发展，全球网络专利权的纠纷案件与日俱增。以著名的

计算机软件发明专利诉讼案件 Stac Electronic 告微软公司为例，Stac 为数据压缩技术领先者，拥有自行研发之 Data Compression Apparatus and Method 美国第 5016009 号专利。Stac 从微软公司操作系统 MSDOS 6.2 测试版中利用还原工程（reverse engineering）得知其侵害了自己的专利技术。Stac 到法院控告微软公司，经法院裁定微软侵权行为成立，赔偿 Stac 1.2 亿美元，大大增强了 Stac 公司的竞争力。

4．网上侵犯商业秘密的行为

近几年来，网络上的商业机密保护已成为重要课题。例如在网络上公布共享软件的注册码。共享软件在一定的试用期满后，会要求消费者进行注册（付费）之后，才能继续使用该软件，于是就有某些人破解该软件的注册码，并公布在网络上，使其他人也可免付费，此种注册码属于商业机密之一种。将商业机密置放于 BBS 站、www 网页、Newsgroup 上，使多数人得以任意下载、转载、读取，很多人认为这个很正常，其实这是一个很严重的商业秘密侵害问题。

三、电子商务环境下的知识产权保护策略

1．通过法律手段保护网络知识产权

从 1996 年 WIPO 通过 WCT 和 WPPT 以来，电子商务中知识产权保护在很多方面已经有了相当成型的国际公约。目前，中国已制定《专利法》、《商标法》、《著作权法》、《反不正当竞争法》、《知识产权海关保护条例》、《集成电路布图设计保护条例》及《计算机软件保护条例》等一系列有关知识产权保护的法律法规，初步形成在市场经济条件下与国际经济贸易接轨的知识产权法律保护体系。尽管我国关于知识产权保护方面已经达到了发展中国家的先进水平，但是，相对于世界公约的要求及从建立一个良好的尊重知识产权、建立完善的激励机制、维护社会竞争秩序方面来看，我国在对知识产权保护方面的工作仍有待结合电子商务的发展趋势进一步完善。

① 完善电子商务及知识产权立法。将电子商务活动纳入法律管制的范畴，制定专门性的电子商务操作规范性法制，强调电子商务过程中对知识产权的法律保护，使合法与非法行为有一个明确的界定，可以减少新形势下出现的新种类知识产权之权利不稳定及“游离”状态。英国等国家对“工业版权”加以立法方面的保护，对电子商务中产生的多领域交叉知识产权保护是一个较好的方法，能够从法理及实践意义上解决诸如“域名”、“工业艺术品”、“网络设计”、“电路布图”等到底是属于商标、专利、反不正当竞争还是著作权法律哪个单方面保护的争论问题。

② 加大执法的力度，强调“一体化”保护手段。我国司法机关通过司法解释，逐步完善了对网络条件下的知识产权法律保护。因此，基本上已经解决了“无法可依”的问题。如最高人民法院颁布的《关于审理涉及计算机网络著作权纠纷案件适用法律若干问题的解释》明确了“网络服务提供者通过网络参与他人侵犯著作权行为，或者通过网络教授、帮助他人实施侵犯著作权行为的，人民法院应根据民法通则第 130 条规定，追究其与其他人或直接实施侵权行为人的共同侵权责任”。对电子商务中知识产权的法律保护，关键的还在于加强执法和实现“一体化”综合保护手段。“一体化”保护，不但要求行政执法机关的协调，也要求在运用法律规定方面实行综合处理。对侵犯他人知识产权的行为，要给予严厉的制裁。只有严格的执法，才有可能实现竞争状态的良性循环，才能真正体现知识产权制度对科技创新的引导、激励、保护作用。

2. 通过技术手段保护网络知识产权

对于国内电子商务企业而言，必须了解所可能面临的国内外各种烦杂的知识产权保护问题，并通过一系列技术手段，保护自身的网络知识产权。

① 在网络著作权管理措施与相关权利方面，网络经营者与管理者在使用者申请登录使用权限时，应设法告知使用网络时应注意的著作权相关事项。网络使用者不论为付费或免费取得网络使用权时，通常均需经过网络经营者与管理者所制订的注册程序，为让使用者在使用网络时，确实了解并遵守著作权法的相关规定，网络经营者与管理者应于使用者申请登录使用权限时，以适当的方式（如在供使用者填写的申请格式中，以重体字、有色彩字或加注记号显示），告知其在网络上取用与流通信息时，应注意的著作权相关事项。

② 在网络商标与域名管理措施方面，为预防商标遭他人抢注为域名，企业可采取下列措施：商标如尚未向商标局注册，应尽快以商标向 CNNIC 申请注册域名；由于域名有领域之分，且不同领域受理域名注册的单位不同，如为国际化的企业也应在主要市场所在国家申请注册；域名申请时间很快且不需缴申请费，因此即使尚未申请商标，也可先申请。

③ 在网络专利管理措施方面，随着美国开始承认商业方法的可专利性，未来国内企业势必会面临更大的挑战，而有必要对此趋势有所了解。配合此等趋势，国内企业除了应了解国外的发展，并在建构电子商务体系的同时，注意有关软件专利的问题以外，如有突破传统的商业方法或交易方式的创意产生时，也应考虑申请专利，以保护自身的权益。

④ 在网络商业机密方面，为防止企业的商业机密或客户资料外泄，可采取下列防范措施：区分资料的机密等级；设定各员工接触各种资料的权限；要求员工时常更换密码；员工离职时，应立即取消其计算机账号或更换密码；监视，包括线上实时监视或将员工的电子邮件做成备份档。另外，还可以从提高知识产权的保护意识、增强道德修养方面来保护知识产权。可通过宣传、教育来培养人们的知识产权保护意识，增强人们的职业道德、学术道德等。

但是，上述保护知识产权的手段与方法都不是万能的。法律手段有其漏洞，而且属于事后的救济；技术手段也并非万无一失的；道德手段则缺乏强制性。总之，应当根据实际情况，综合考虑运用各种手段，才能有效地保护网络知识产权。

四、案例分析

在我国，虽然针对著作权有了多种法律和法规，但这些法律法规仍能以解决目前实践的一些问题，不能满足现有电子商务发展的需要。2008 年，珊瑚虫 QQ 案掀起轩然大波，极大地凸显了当前法律法规的空白。

珊瑚虫 QQ 案

2001 年，北京理工大学陈寿福推出珊瑚虫版 QQ；2002 年 11 月，陈寿福曾发表声明称将停止更新和传播珊瑚虫版 QQ。2003 年，陈寿福发现，利用“插件技术”，在没有修改腾讯 QQ 软件的任何源代码的情况下，开发出的“腾讯 QQ 珊瑚虫增强包”可以与腾讯 QQ 软件自动结合，并改变腾讯 QQ 的某些功能。于是，他再度开始更新珊瑚虫版 QQ，将修改好的软件以珊瑚虫 QQ 的名义放在自己注册的“珊瑚虫 I 作室”网站（www.coralqq.com、www.soff.net）供用户下载。随后，加入其他插件，为北京智通无限科技有限公司、265 网络技术（北京）有限公司、Google（中国）信息技术有限公司的软件或网站做广告，牟取利益。2006年8月20日，腾讯公司对珊瑚虫版QQ的作者陈寿福提起诉讼。2006年12月20日，北京市海淀区人民法院判决腾讯公司起诉珊瑚虫版QQ侵犯著作权胜诉，软件作者陈寿福被判向腾讯赔偿经济损失10万元。2007年12月19日，珊瑚虫版QQ作者被拘案在深圳南山区法院开庭审理。根据珊瑚虫工作室网站披露的庭审细节，陈寿福一度否认认罪，一审未宣判。2007年12月24日，该案在深圳再度开庭审理，双方在法庭上进行庭辩，审判结果将择日宣判。陈寿福律师在辩护词中称，对于陈寿福开发珊瑚虫QQ系列软件并提供下载行为，腾讯是知情、许可，甚至引导和获益的。2008年1月，有报道与传闻称该案件一审出结果，法院一审认定陈寿福的行为构成侵犯著作权罪，腾讯与珊瑚虫工作室均给予否认。2008年3月6日，腾讯QQ珊瑚虫案一审第三次开庭，庭审时间不到10分钟，当庭仍未宣判结果。2008年3月20日，珊瑚虫版QQ侵权案于当天下午在深圳南山区法院做出一审判决，法院判定被告人陈寿福犯侵犯著作权罪，判处有期徒刑3年，并处罚金人民币120万元，同时法院将对陈寿福违法所得总计人民币1 172 822元予以追缴。陈寿福当场表示将会在法律规定期限内上诉。

值得注意的是，法院并没有认定陈寿福律师提供的“腾讯公司在官方网站提供珊瑚虫QQ下载”，“腾讯公司邀请陈寿福参加官方QQ新版发布会并征询第三方开发接口意见”等证据，也未对律师的辩护做任何分析解释。

从整个案件来看，2003年是案件的分水岭。

2003年之前，还是学生的陈寿福确有修改腾讯公司享有著作权的腾讯QQ软件，并制作成珊瑚虫QQ软件提供网络下载的行为。当时陈寿福受到了公安机关的警告，并保证“不再修改腾讯QQ软件”。但这时候，陈寿福并未因“珊瑚虫QQ”获得任何直接或者间接的收入。这个期间，陈寿福的做法肯定是侵权的，毫无争议。

2003年起，陈寿福利用“插件技术”，在没有修改腾讯QQ软件的任何源代码的情况下，开发出的“腾讯QQ珊瑚虫增强包”可以与腾讯QQ软件自动结合，并改变腾讯QQ的某些功能。这与此前直接修改腾讯QQ软件并制作成珊瑚虫QQ软件有着“异曲同工”之妙。在此背景下，一方面，陈寿福把“增强包软件”单独放在网页上提供下载；另一方面将该“增强包”和腾讯QQ软件简单打包在一起，命名为“腾讯QQ珊瑚虫版”，放在自己的网站上提供下载。也正是在此期间，陈寿福在插件中捆绑商业广告牟利。

上述行为最终可能给陈引来牢狱之灾，但问题的焦点集中在，这种制作并发布“并未修改任何腾讯QQ程序”的“增强包”软件行为是否构成侵犯腾讯著作权？如果说违反著作权或反不当竞争法，那么陈寿福律师提供的“腾讯公司在官方网站提供珊瑚虫QQ下载”，“腾讯公司邀请陈寿福参加官方QQ新版发布会并征询第三方开发接口意见”等证据又做怎么样的解释？目前，各方专家纷纷对案件发表评论，但观点不一，总体上有侵权与不侵权两方面观点。

侵权观点认为，陈寿福侵权的行为应当予以打击。为了防止盗版，商家会使用加密锁或软加密对软件进行保护，非法授权的用户将无法正常使用，如果第三方开发出一种程序，可以绕过加密锁而使非法用户未经授权使用许可证，这种行为就是盗版。

深圳南山法院认定陈寿福侵权，其法律依据为：根据《最高人民法院、最高人民检察院关于办理侵犯知识产权刑事案件具体应用法律若干问题的解释》第5条的规定：……以赢利为目的，实施刑法第217条所列侵犯著作权行为之一，违法所得数额在15万元以上的，属于“违法所得数额巨大”；具有下列情形之一的，属于“有其他特别严重情节”，应当以侵犯著作权罪判处3年以上7年以下有期徒刑，并处罚金：

非法经营数额在25万元以上的；

未经著作权人许可，复制发行其文字作品、音乐、电影、电视、录像作品、计算机软件及其他作品，复制品数量合计在5000张（份）以上的；

其他特别严重情节的情形。

2007年4月颁布的《最高人民法院最高人民检察院关于办理侵犯知识产权刑事案件具体应用法律若干问题的解释（二）》第一条又将前一规定的第二款规定的“有其他严重情节”改为“复制品数量在二千五百张（份）以上的，属于刑法第二百一十七条规定的“有其他特别严重情节”。

不侵权观点认为，关于是否修改腾讯QQ：一方面陈寿福编写的程序中没有修改任何腾讯QQ的代码，是完全独立的两个软件；另一方面程序运行起来以后陈编写的程序确实又改变了腾讯QQ的一些功能，所以很难说清。关于复制发行打包后的“腾讯QQ珊瑚虫版”获取的广告收益，一方面单纯靠复制免费的QQ无法获取广告收益，另一方面复制的行为和获益的结果又确实存在，收益是属于复制QQ所得还是属于陈自己开发的插件所得，这也很难说清。

这种知识产权相关法律没有任何规定，有争议的情况，在作为民事案件的时候，一般是法官根据各种实际情况，按照自己的判断做出判决。但是做为刑事案件，判决是非常严肃的，因为这关乎着一个公民的人身自由和名誉，根据我国“罪刑法定”和“疑罪从无”的原则，有争议的案件不能判作有罪。

近年来，伴随互联网行业高速发展，不止腾讯屡受各种“修改版QQ”困扰，国内与腾讯QQ类似的共享软件受到第三方软件中间商或软件“创作者”修改、复制，并通过安装、发行广告插件等影响的情况已极为普遍，并成为我国知识产权保护和司法诉讼中的一道难题。珊瑚虫QQ侵权案的审理和最后判决，将对互联网产业发展和软件著作权等知识产权保护，产生重大影响。

我国司法机关通过司法解释，逐步完善了对网络条件下的知识产权法律保护。因此，基本上已经解决了“无法可依”的现象。但是，从法律实践来看，相关的法律法规仍然很不完善，在具体实施时存在着较大争议。另外，对电子商务中知识产权的法律保护，关键的还在于加强执法和实现“一体化”综合保护手段。“一体化”保护，不但要求行政执法机关的协调，也要求在运用法律规定方面实行综合处理。对侵犯他人知识产权的行为，要给予严厉的制裁。

第六节　网络广告

自1994年10月美国热线网站开始互联网第一例网络广告以来，网络广告已经成为很多网站收入的主要来源，其表现形式、技术、人们的接受程度、市场都有很大的提高。虽然互联网有着非常多的自由和创意空间，网络广告仍需要在一定程度上遵循媒体的要求。

现阶段，我国没有一部国家级的、正式的针对网络广告的专门法律。根据《中华人民共和国广告法》（以下简称《广告法》）第二条规定，“广告，是指商品经营者或者服务提供者承担费用，通过一定媒介和形式直接或者间接地介绍自己所推销的商品或者所提供的服务的商业广告。”网络广告应当属于广告监管的范围，网络广告的经营活动都应当适用《广告法》的规定。2001 年 5 月，《北京市网络广告管理暂行办法》（以下简称《办法》）的正式出台并实施，补充了相关法律法规的空白，同时也标志着出台国家级的相关法规迫在眉睫。

一、网络广告概念及特征

1. 网络广告概念

在《北京市网络广告管理暂行办法》第二条中这样规定，“所谓网络广告，是指互联网信息服务提供者通过互联网在网站或网页上以旗帜、按钮、文字链接、电子邮件等形式发布的广告。互联网信息服务提供者包括经营性和非经营性互联网信息服务提供者。”

2. 网络广告基本特征

网络广告的基本特征有如下几个。

① 独特的表现性，它是利用数字技术制作和表示。

② 可链接性，只要被链接的主页被网络使用者点击，就必然会看到广告，这是任何传统广告无法比拟的。

③ 强制性，难以拒绝被人为地塞进电子信箱中或打开网站的界面即跳出映入眼帘。

④ 双向互动性，网络广告增加了用户了解广告内容的机会。当用户点击某商品时，响应的网页不仅显示搜索结果，往往还显示厂商的广告信息。用户对于广告的响应，使厂商能够方便地掌握大量用户信息。

二、网络广告所涉及法律问题

1. 网络广告发布载体的规范问题

许多企业拥有自己的网站，网络广告的制作又非常简单，其广告发布和审查完全由自己来决定，犹如本企业的宣传资料。同时，很多企业网站为增加浏览率和知名度，往往会与一些规模较大的门户网站或兄弟网站建立链接。这种形式实际上应该属于网络广告，但是由于《广告法》没有规定，而无法约束和管理。同时，一些经营网络广告的综合网站，在网站中不仅对自己进行广告宣传，同时也在承接为他方提供广告平台服务，在经营过程中大多会采取“合理”的变通方法。更多的站点与广告客户之间签订的是合作协议书，而不是《广告法》所规定的正式广告合同，一旦发生冲突，合作协议书就成了解决纠纷的主要依据。至于合作的双方的广告经营资格却更加是无法加强规范管理。

针对上述问题，《办法》中就规定了备案登记和网站域名的注册登记制度，以及审核颁发《广告经营许可证》制度，对上述两种问题进行了规范。《办法》第五条规定，“经营性互联网信息服务提供者为他人设计、制作、发布网络广告的应当到北京市工商行政管理局申请办理广告经营登记，取得《广告经营许可证》后到原注册登记机关办理企业法人经营范围的变更登记。非经营性互联网信息服务提供者不得为他人设计、制作、发布网络广告。在网站发布自己的商品和服务的广告，其广告所推销商品或提供服务应当符合本企业经营范围。”可以看出，《办法》中对于非经营性网站的随意链接做了限制性规定，而对一些大型的经营性网站则实行登记监管制度。

但是，《办法》只适用于北京市，属于地方性法规。随着我国的市场规则的国际化统一，到底什么样的网站可以经营网络广告业务，链接国际性的网站怎样规范，是否还需要行政机关审批、进行资格认证，以及确立经营网络广告的市场准入条件等因素，都将促使国家级法律法规的尽快出台。

2．网络中广告主、广告经营者、广告发布者的法律界定问题

我国现行的是 1995 年实行的《广告法》，主要是针对以传统的平面媒体和电子媒体传播的商业广告。根据该法第二条规定，"广告主，是指为推销商品或提供服务，自行或委托他人设计、制作、发布广告的法人、其他经济组织或个人。广告经营者，是指受委托提供广告设计、制作、代理服务的法人、其他经济组织或个人。广告发布者，是指为广告主或者广告主委托的广告经营者发布广告的法人或者其他经济组织。"依照这样的规定，广告主、广告经营者、广告发布者的界定及他们的职责显而易见也是非常清晰的。

而网络广告的出现使得这三者的界限日渐模糊。首先，传统的操作模式里一般的企业不可能自己经营媒体而又发布自己的广告，但现在很多企业在自己的网站中设计、制作、发布网络广告，则这家企业就集广告主、广告经营者、广告发布者于一身了。另外，由于互联网是开放的，建立主页及主页的链接又是非常容易的，由此出现的信息都可以理解为广告的一种形式。这种链接关系复杂，使得广告主、广告经营者、广告发布者三者之间的区分就更加困难了。因此，现行《广告法》对广告主、广告经营者、广告发布者的定义和约束已经不能适应网络广告的现状和发展了，必须对现行的《广告法》加以扩展。

3．关于广告主体和广告内容的审查问题

（1）广告主体和广告内容的审查

传统的广告业务中，广告经营者和广告发布者都有义务对广告主查验有关证明文件和核实广告内容，对于内容不实或者证明文件不全的广告，广告经营者不得提供设计、制作、代理服务，广告发布者不得发布。但是，对于网络广告，这些义务都归于广告发布者（即网站）。那么，因发布虚假广告，欺骗和误导消费者，使购买商品或者接受服务的消费者的合法权益受到损害的，网站是不是也要按照《广告法》的规定，在明知或应知广告虚假仍设计、制作、发布的，才应当依法承担连带责任。就此，国内某些知名律师专门登录到网上做过调查，登录了 4 家网站，其中有三家直接可以按照网站的提示即时注册为××有限公司、生产××产品和联系电话等内容。由此可见对于网络广告的审查义务，网站根本没有做到。可是没有做到怎么样去追究这些广告发布者的法律责任？如果这些广告发布者以"既不是明知、也不是应知、而是确实不知"为理由来抗辩的话，现行的法律对它就只有无奈了。

国内的网络广告大多是无证经营，网络广告经营中的问题也是层出不穷，而广告主、广告经营者与广告发布者三者的利益关系却没有相应的法律来规范，在现有条件下只有《广告法》可以提供法律依据，而《广告法》完全不适应网络环境。为此应尽快制定旨在制止网络虚假广告和不正当广告竞争行为的互联网广告管理办法，对申请开展广告业务的互联网企业进行规范，符合条件的核发广告经营许可证不符合的则不准进行广告经营，违者将以超范围经营查处。

（2）网络广告的不正当竞争问题

网络广告不同于传统广告，利用网络广告进行不正当竞争从严格意义上来说，并不体现在广告的内容、形式及广告的制作、发布上，而是表现在利用数字技术革新的新形式上。这些行为主要有以下几种。

① 利用加框的超链接技术，即某网站以分割视窗的方式将其他网站的内容呈现在自己

的网页上，当浏览者点击此网站与其他网站的链接时，其他网站的内容会出现在此网站页面的某一个区域，而此网站页面的广告则始终呈现在浏览者的面前，这样，此网站广告就可以借助其他网站的内容而被宣传。在此过程中，浏览者往往误以为自己没有进入其他的网站。

② 抄袭其他网站的内容，主要是指剽窃、抄袭其他网站的内容、页面布局等，原封未动照搬的情况较少，多数是大部分相同，仅做小修小改，使浏览者误以为此网站为彼网站，以提高点击率，进行不正当竞争。

③ 利用元标记或相关技术将指向其他网站的链接指到自己的网站，使浏览者误以为其他网站就是自己的网站或自己网站的一个子节点。此行为是一种典型的不正当竞争行为，是绝对的违法行为。

由于产品广告，尤其是于人民生命健康密切相关的一些产品广告，在一定程度上具有证明产品品质、引导消费的作用，广告中任何形式的虚假或不负责任的宣传，都可能导致对消费者的误导和欺骗，甚至导致生命健康权或财产权受到侵害。因此，对相关产品的及企业的审查将是十分必要的。要真正规范网络广告行为，首要的问题是运用法律手段来搞好对网络广告的管理工作，并相应地修改《广告法》、《反不正当竞争法》和《消费者权益保护法》，将网络广告纳入其调整范围，同时要加强国际协作和双边约定，实现网络广告的国际保护。

4．关于广告合同的订立问题

《广告法》中规定，“广告主、广告经营者、广告发布者之间在广告活动中应当依法订立书面合同，明确各方的权利和义务”。

而网络广告的操作模式一般有5种类型。

① 同普通模式一样签订书面合同。

② 通过网络数据电文形式等同于形成书面合同。

③ 接受网站的“协议”或“声明”从而等同于合同。

④ 回复一封E-mail（确认信）等同于合同。

⑤ 免费发布合同。

合同的目的就是使双方的权利义务关系清晰明确且如约履行，而综合网络广告5种类型来看，再一次验证《广告法》对于网络广告来说真的已经滞后了，各方的权利和义务根本无法明确。

因此，在完善相关法律时，除了要考虑对几种形式的合约效力认证和确认的法律专业问题以外，还要综合考虑诸如电子认证、电子签名、电子钥匙等技术上的问题。

5．网络广告的可识别性管制问题

《广告法》规定，广告应当具有可识别性，能够使消费者辨明其为广告。大众传播媒介不得以新闻报道形式发布广告。通过大众传播媒介发布的广告应当有广告标记，与其他非广告信息相区别，不得使消费者产生误解。

网络广告具有很强的隐蔽性，其主要形式有以下3种。

（1）以网络新闻形式发布的广告

网络新闻的存在是不争的事实，而许多新闻网站专业化的程度高，拥有特定阅览群体，一些企业与这类网站有着特殊的关系，网络模糊了新闻与广告的界限。

（2）在BBS上发布的广告

它主要是以论坛讨论问题形式出现的，商业网站在主页上开辟专业论坛讨论企业产品与服务的性能、质量、功能之类的问题。此时，许多企业以网民的名义故意在论坛上提起论题，讨论一番，在其中有意兜售自己的产品。

（3）以新闻组形式出现的广告

与 BBS 类广告相似，但浏览者更多地采用离线方式浏览。

鉴于网络广告的隐蔽性，为保护消费者的合法权益，有必要确定网络广告的可识别性并加以管制。

6. 关于网络广告的责任问题

谈起责任，无非包括刑事、行政和民事责任 3 种。《办法》的出台，虽然已经走在国内的前列，但仍属于比较粗线条的规范。就目前客观而言，网络广告虽已从逐渐的实践中总结和相对完善起来，但是各类相关法律问题仍然不断出现，如网络广告的双方真的产生纠纷或利用网络广告进行犯罪活动，又或者对责任人如何进行行政处罚等问题，都将进入法律的空白境地。对于一些法律和道德范畴禁止的问题，国家在制定规范的时候必须加以明确，同时要明确相关责任，以及与行政法相结合，完善处罚、申诉、复议等行政程序。

网络广告不管对网站媒体还是对广告主来说都是必须重视的，一方要卖广告，一方要选择高效的广告媒体进行市场推广。规范的网络广告规格会对网络广告市场起一定的规范作用，也会引起更多网络广告人士的关注，也有助于规范网络广告内容和广告活动，促进方兴未艾的互联网广告市场健康有序的发展。其他诸如可否在网上实现网络广告管理中心、成立网络广告管理协会、组织有关专家展开网络广告与传统广告的论坛、广告费用的网上支付方式及合约履行的监管、审查和纠纷解决等系列问题，也是网络广告规范中会遇到的，在这里就不做太多论述了。

第七节 消费者权益的保护问题

在信息高速发展的现时代，电子商务仿佛一把双刃剑，一方面以其成本低、效率高、速度快的特点在竞争日益激烈的商业环境中，越来越广泛地得到消费者认可；另一方面，在网络交易过程中，出现的各种损害消费者权益的情形，成为其发展的阻碍，也对消费者权益保护提出严峻的挑战。

传统的商品交易双方的主体一方为商品经销商，另一方为消费者，商品经销商的市场准入主要由工商部门调整，消费者不需要市场准入。而电子商务的交易过程不但把商家和金融机构联系在一起，而且把数字认证机构、支付网关及以技术为支撑的互联网络接入服务运行机构等完全地融合在一起，交易过程中需要通过法律规范予以市场准入的对象就有商家、金融机构、数字认证机构、支付网关及互联网络接入服务运行机构等，而消费者则以自愿的形式，通过数字认证来保障其消费行为。这就需要变更现有单一主体制度，制定出相应法律法规对以上各方当事人的权利义务进行统一调整。

在网上购物中，商家往往采用格式合同以节省消费者的时间，但这些格式合同条款中，往往有许多“霸王条款”。在发生纠纷时，仅靠《消费者权益保护法》等原有的法律保护已显乏力；企业可以轻易获取消费者的个人资料，消费者的隐私权也难以保障。因此，今后制定的法律规范在进一步确保落实消费者的合法权益，在明确各方义务的同时，还应明确商家在收集资料时应当向消费者履行告知义务，取得消费者的认可。这样，消费者就享有了选择权，避免了不必要的纠纷。为保证电子商务活动得以正常进行，政府需要提供一个透明的、和谐的商业法律环境。

一、电子商务中消费者权益保护中存在的问题

在电子商务交易中，最大威胁来自于消费产品及服务的可用性。即使消费者确认了经营者的真实性，鉴别了消费品的完整性，在实际交易过程中交易信息的可用性同样可能导致信任危机。消费的可用性一般可分为 3 个方面：第一，消费者本身对商品是否需要；第二，信息本身是否真实、有效；第三，消费行为是否受到法律保护。由此可能面临的问题，主要表现在以下几个方面。

（1）网络消费欺诈问题

网络消费欺诈是指经营者以非法手段针对网络消费欺诈。信用缺失、网络消费欺诈现象严重出现在电子商务活动中，不良商家往往利用网络的虚拟性，提供不完整的商品信息甚至虚假信息及发布虚假广告，侵犯消费者的知情权，甚至涉及欺诈活动与非法传销。

（2）网络消费合同履行问题

网络消费合同履行主要表现在延迟履行、瑕疵履行、售后服务无法保证。

（3）网络支付安全问题

网络的开放性增加了消费者财产遭受侵害的风险，消费者在使用电子货币支付货款时可能承担以下风险：网上支付信息被厂商或银行收集后无意或有意泄露给第三者，甚至冒用；不法分子盗窃或非法破解账号密码导致电子货币被盗、丢失；消费者未经授权使用信用卡造成损失；信用卡欺诈；支付系统被非法入侵或病毒攻击等。

（4）网络消费者隐私权保护问题

在电子商务中，由于网络隐私所能带来的经济利益和黑客技术的发展，对消费者隐私权构成侵犯的最大风险来自于对个人信息的收集、传播和利用。网络隐私一旦被滥用，将给消费者个人带来难以想象的后果和网络秩序的混乱。

（5）网络消费纠纷和消费者损害赔偿权的实现问题

电子商务是以互联网为运行平台进行的商务活动，而互联网的无国界特性打破了主权疆界的界限，并动摇了在传统的地域主权基础上形成的司法管辖基础。虚拟的网络空间中地理界限的消失，使得很难判断网上活动发生的具体地点和确切范围，而将其对应到某一特定的司法管辖区域就更为困难。

二、对电子商务中保护消费者权益的政策建议

1. 立法先行，充实、完善现行法律体系

对于网络支付安全，除了采取当事人自律规范、从网络技术上确保交易安全等措施外，更要从法律上明确银行、经营者的赔偿责任，平衡其与消费者之间的权利义务。立法内容应当考虑：规定经营者的义务；制定隐私保护政策与措施并予以公示；对消费者面临的隐私风险有说明和提示义务；对所收集的个人信息的合理使用与限制、禁止使用的义务。

我国目前对电子商务中消费者权益保护，可以援引作为依据的法律是《民法通则》、《合同法》、《消费者权益保护法》、《广告法》等，但这些法律调整的主要对象是传统的交易形式，并没有将电子商务交易的特性考虑在内。就目前情况而言，国家已经制定出相应的电子商务法规，但远远不能解决实际中的纠纷，有待从信息披露、合同履行、格式条款、个

人数据保护、意外损失的风险承担等方面规范网络经营者的义务进一步完善。

2．发挥公权力量，加强网上交易监管

网上侵犯消费者权益行为类型复杂，隐蔽性强，技术手段先进，对其进行监管的难度也大。因此，对网上侵犯消费者权益的监管要捕捉和识别违法行为的较高的科技手段，并设置相应的监测体系，如网上投诉网站、网上仲裁机构等，兼采取强硬的法律措施与手段，让行政监管和司法救济相互配合、双管齐下，严厉打击各种侵犯消费者权益的违法行为。

3．加强信用制度，健全全社会信用体系

通过法律规定网络经营者具有在线信息披露义务。网络经营者的在线信息包括经营者身份信息、商品或服务信息和交易条件信息。建立一个统一的、覆盖面广的信用体系，将信用缺失者的信用记录置于公众监督之下，从而大大提高其失信成本，只有这样，全社会的信用意识才能得到有效提高，网上消费才能变得更加轻松和可靠。

4．规避风险，充分发挥CA认证中心功能

在电子商务交易过程中，CA 认证中心作为 PKI 中最重要的角色，同时作为第三方机构来面对消费者和经营者。CA 中心主要通过在互联网上给电子商务交易双方发放各种电子证书，以确保消费者在交易中的合法权益。

CA 认证中心必须具备以下条件：第一，需要具备相关资质；第二，服务领域广泛、公正、全面；第三，认证技术全面；第四，管理严格、服务规范。

5．加强消费者隐私权的保护

在传统的消费市场中，隐私保护一般不属于消费者保护的突出问题，现行消费者权益保护法也未做特别的规定。但在网上交易中，消费者隐私保护变得非常突出，需要有针对性地制定特别的规则或法律条文，加强对消费者隐私权的保护。同时消费者也需要提高自己的隐私保护意识和保护技能，尽量减少隐私暴露的机会。

网络特性是电子商务消费者权益处于不利地位的根源，使消费者面临信息欺骗、格式合同陷阱、合同的不当履行、信息传递安全等问题。为了使网络消费者的权益保护达到传统消费环境中的水平，应加强立法，发挥相关行政部门应有的监管职能，加强行业协会和中介机构力量，消费者自我保护意识的提高也很有必要。相信在各方面共同努力下，消费者的权益在电子商务活动中能够得到充分保障，从而促进电子商务健康、蓬勃的发展。

本章小结

电子商务的无国界性、虚拟性、无纸化特点，给经营者带来巨大商机和给消费者带来空前便利的同时，也引出了许多法律问题，主要表现为电子合同问题、电子商务安全问题、商业信用问题、关税和税收问题、著作权问题、网络广告、消费者权益保护问题 7 个方面。本章全面分析了这 7 个方面的问题，并指出，要解决好这些问题，必须出台相关的法律法规，从立法的角度来加以解决；同时，所制定的法律法规必须随着网络和电子商务的发展，不断地进行扩展、更新和修订，以适应新的形势。

目前，我国急需制定的有关电子商务的法律法规主要有：买卖双方身份认证办法电子合同的合法性程序、电子支付系统安全措施、信息保密规定、知识产权侵权处理规定、税收征收办法、广告的管制及网络信息过滤等内容。

我国 2005 年 4 月 1 日开始实施的《电子认证服务管理办法》是我国第一部真正意义上

的电子商务法，它的颁布和实施极大地改善了我国电子商务的法制环境，推动了我国电子商务的发展。但是，该法篇幅有限，不可能解决所有的电子商务问题，只能说是我国电子商务法制建设的一个开始。待时机成熟，应该出台一部完整的电子商务法，对上述问题做出统一的规定。总之，电子商务是未来商务活动的主流方式，随着它的推广，将会不断引发一系列的立法需求。政府面对新情况、新问题，应正确运用法律手段来保证电子商务的有序发展。

复习思考题

1．电子商务在带来巨大商机和空前便利的同时，会带来哪些法律问题？
2．在电子签名认定过程中需要注意哪些方面？
3．电子商务安全问题包括哪几个方面？
4．分析电子商务环境下的知识产权问题。
5．分析网络广告涉及的法律问题。
6．电子商务中消费者权益保护存在哪些问题？

第五章　电子商务物流

本章要点

- 物流的概念、内容与分类
- 物流与电子商务的关系
- 物流管理的内容，物流配送和供应链管理的概念与应用
- 电子商务物流技术

电子商务是20世纪信息化、网络化的产物，在电子商务的每一笔交易过程中，都包含着4种基本的“流”，即信息流、商流、资金流和物流。电子商务发展初期，由于人们对电子商务过程的注意力主要集中在信息流、商流、资金流的电子化、网络化的技术改进和应用方面，因此忽视了物流的电子化过程。但随着电子商务的进一步推广与应用，物流的重要性对电子商务的影响日益明显，物流在电子商务活动中处于重要地位。

第一节　物流概述

一、物流的产生与发展

物流（Physical Distribution）这一名词最早是由美国学者阿奇·萧于1915年在《市场流通中的若干问题》一书中提出的，他指出“物流是与创造需求不同的一个问题”，“物资经过时间或空间的转移，会产生附加价值”。因为在20世纪初，西方一些国家发生了经济危机，存在着较严重的生产过剩和需求不足的问题，因此企业界为了扩大销售，提出了销售和物流的问题，着重研究在销售过程中的物流。

在第二次世界大战中，美国军队为了改善战争中的物资供应状况，研究和建立了“后勤（Logistics）”理论并加以实践和应用。“Logistics”的核心是将战时物资的生产、采购、运输、配给等活动作为一个整体来进行统一布署，以求对战略物资进行补给的费用更低、速度更快、服务更好。实践证明，这一理论的应用取得了很好的效果。战后，“后勤”的理论被应用到企业界，后来又有商业后勤和流通后勤的提法，这时的后勤涵盖了整个生产过程和流通过程中的物流，因而是一个包含范围更广泛的物流概念。

物流概念主要通过两条途径从国外传入我国，一条途径是在20世纪80年代初随“市场营销”理论的诞生而从欧美传入，“Physical Distribution”用中文译为“实体分配”或“实物流通”，实体分配的译法被普遍接受。所谓“实体分配”指的是商品实体从供给者向需求者进行的物理性移动。

另一条途径是“Physical Distribution”从欧美传入日本，用日文翻译为“物流”，20世纪80年代初期，我国从日本直接引入“物流”这一概念。物流工作中的集装箱船如图5-1所示。

图 5-1　物流工作中的集装箱船

本书从狭义的角度讨论物流的发展历程，按照时间顺序，在社会发展、物流发展及物流学科发展的特点进行比较分析的基础上，将物流的发展大体分为 3 个阶段，各阶段的主要特点如表 5-1 所示。

表 5-1　物流各发展阶段的主要特点

阶段	社会发展特点	经济发展特点	物流发展特点	物流学科发展特点
第一阶段：20世纪初至50年代	工业化时期，大多数欧美国家陆续进入工业化社会	制造业发展迅速，社会分工不断细化	物流发展规模小，渠道不畅，成本不高，其作用未受到应有的重视	从经济学角度建立了物流学科（PD）；第二次世界大战时期，从技术角度确立了物流学科的地位
第二阶段：20世纪60至90年代	世界各国大都采用了“大量生产—大量销售—大量消费—大量废弃”的社会发展模式	制造业的大规模化与与零售业的大规模化并举	物流产业逐步形成和壮大，多产品、少批量的配送成为这一阶段主要的物流形式	各国对物流的认识开始由PD转向Logistics，第三方物流理论的出现确立了物流产业
第三阶段：20世纪90年代至今	网络时代到来	经济全球化、一体化、知识经济初露端倪	发展到供应链管理阶段	支撑物流学科发展的物流经济学科、物流管理学科、物流技术学科初步形成理论体系，综合性的物流学科正在发展

二、物流的概念

1．物流的概念

对于物流，目前国内尚没有一个统一的概念，各国提法也并不一致，但大体含义是相同的。物流是指为了满足客户的需要，以最低的成本，通过运输、保管、配送等方式，实现原材料、半成品、成品及相关信息由商品的产地到商品的消费地所进行的计划、实施和管理的全过程。

2001 年 8 月 1 日，我国颁布的《国家标准物流术语》（GB/T18345—2001）正式出台，该标准对物流得定义简单且明了：物流是物品从供应地向接收地的实体流动过程，根据实际需要，将运输、储存、装卸、搬运、包装、流通加工、配送、信息处理等基本功能实现有机结合。这个定义既参考了美国、日本的物流和物流管理的定义，又充分考虑了中国物流发展的现实。从中可以看出，物流是一个物品的实体流动过程，在流通过程中创造价值，满足顾客及社会性需求，即物流的本质是服务。

物流一般是由对商品的运输、仓储、包装、搬运、装卸、流通加工及相关的物流信息等环节构成，并对各个环节进行综合和复合化后所形成的最优系统。对物流的管理就是如何按时、按质、按量，并以系统最低的成本费用把所需的材料、货物运到生产和流通领域中任何一个需要的地方，以满足人们对货物在空间和时间上的需求。物流通过运输解决对货物空间位置上的变化要求，通过存储调剂解决对货物的需求和供给之间的时间差。

2．物流的功能

物流系统的基本要素包括运输、储存、装卸搬运、包装、流通加工、信息等。这些基本要素有效地组合、联结在一起，构成物流系统的功能组成要素，能合理、有效地实现物流系统的总目的。物流的功能要素是为了创造时间价值、场所价值和加工附加价值而进行的物流作业活动。

（1）运输功能

运输是物流各环节中最重要的部分，是物流的关键。运输一般分为输送和配送。有人将运输作为物流的代名词。运输方式有公路运输、铁路运输、船舶运输、航空运输、管道运输等，如图 5-2 所示。没有运输，物品只能有存在价值，却没有使用价值，即生产出来的产品，如果不通过运输，送至消费者手中进行消费，等于该产品没有被利用，因而也就没有产生使用价值。没有运输连接生产和消费，生产就失去意义。

一般认为，所有商品的移动都是运输，运输可以划分为两段：一段是生产厂到流通据点之间的运输，批量比较大、品种比较单一、运距比较长，这样的运输称为“输送”；另一段是流通据点到用户之间的运输，一般称为“配送”，就是根据用户的要求，将各类商品按不同类别、不同方向和不同用户进行分类、拣选、组配、装箱，按用户要求的品种、数量配齐后送给用户，其实质在于“配齐”和“送达”。

现代化大生产的发展，社会分工越来越细，区域之间的物质交换更加频繁，促进了运输业的发展，产业的发展也同时促进了运输技术的革新和运输水平的提高。反过来说，运输手段的发达也为产业发展创造了便利条件。

海洋运输

液化气体运输

图 5-2　常见运输方式

（2）储存功能

在物流中，运输承担了改变商品空间状态的重任，储存则承担了改变商品时间状态的重任。而库存是与储存既有密切关系又有区别的一个概念，它是储存的静态形式。产品离开生产线后到最终消费之前，一般都要有一个存放、保养、维护和管理的过程，也是克服季节性、时间性间隔，创造时间效益的活动。储存的目的是克服产品生产与消费在时间上的差异，使物质产生时间上的效果。储存是物流体系中唯一的静态环节，相当于物流系统中的一个节点，起着缓冲和调节的作用，其主要的载体是仓库。

库存主要分为基本库存和安全库存。基本库存是补给过程中产生的库存。在订货之前，库存处于最高水平，日常的需求不断地“抽取”存货，直至该储存水平降至为零。实际在库存没有降至零之前就要开始启动订货程序，于是在发生缺货之前，就会完成商品的储存。补给订货的量就是订货量。在订货过程中必须保持的库存量就是基本库存。

为了防止不确定因素对物流的影响，如运输延误；商品到货，但品种、规格、质量不符合要求；销售势头好，库存周转加快或紧急需要等，都需要企业另外储备一部分库存，这就是安全库存。

确定合理库存是企业物流管理的重要内容之一，但是库存管理并没有统一的模型，而且每个企业都有自己特殊的存货管理要求，所以企业只能根据自己的具体情况，建立有关模型，解决具体问题。典型的仓库操作模型如图5-3所示。

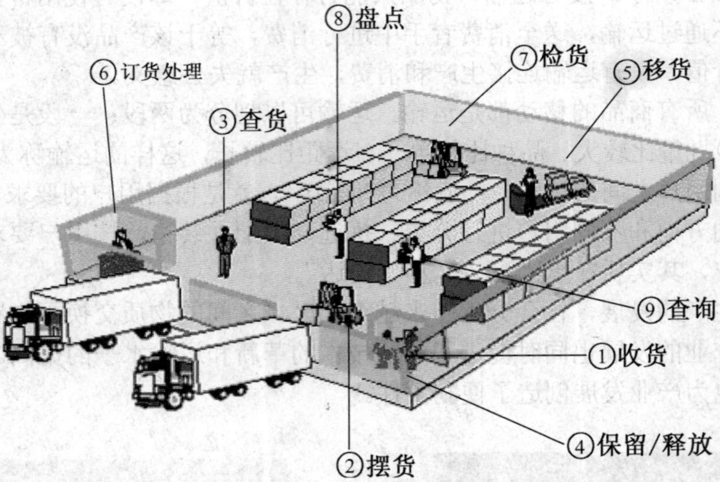

图5-3　典型的仓库操作模型

（3）包装功能

包装可大体划分为两类。一类是工业包装，或叫运输包装、大包装；另一类是商业包装，或叫销售包装、小包装，如图5-4所示。工业包装是为保持商品的品质，商业包装是为使商品能顺利抵达消费者手中，提高商品价值、传递信息等。由此看来，包装的功能和作用不可低估，它既是生产的终点，又是企业物流的起点。包装的作用是按单位分开产品，便于运输，并保护在途货物。注重包装是保证整个物流系统流程顺畅的重要环节之一。包装被称为生产的终点，同时也是社会物流的起点。

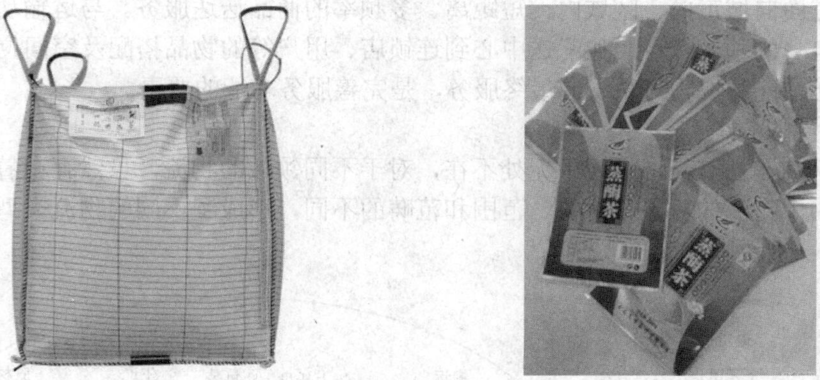

集装袋　　小型包装袋

图 5-4　不同类型包装

（4）装卸搬运功能

装卸搬运的功能是连接运输、储存和包装各个系统的节点，该节点的质量直接关系到整个物流系统的质量和效率，而且又是缩短物流移动时间、节约流通费用的重要组成部分。装卸搬运环节出了问题，物流其他环节就会停顿。装卸和搬运质量的好坏、效率的高低是整个物流过程的关键所在。装卸搬运的工具、设施、设备不先进，就会影响搬运装卸的效率、商品的流转时间及商品的破损率，物流成本就会增大，影响整个物流过程的质量。

（5）流通加工功能

所谓流通加工就是产品从生产者向消费者流动的过程中，为了促进销售，维护产品质量，实现物流的高效率所采取的使物品发生物理和化学变化的功能。通过流通加工，可以节约材料、提高成品率，保证供货质量和更好地为用户服务。所以，对流通加工的作用同样不可低估。流通加工是物流过程中“质”的升华，使流通向更深层次发展。同时也是在生产加工、流通领域中的延伸。

（6）信息功能

物流信息是连接运输、储存、装卸、包装各环节的纽带，没有各物流环节信息的通畅和及时供给，就没有物流活动的时间效率和管理效率，也就失去了物流的整体效率。通过收集与物流活动相关的信息，就能使物流活动有效、顺利地进行。

信息包括与商品数量、质量、作业管理相关的物流信息，以及与订货、发货和货款支付相关的商流信息。不断地收集、筛选、加工、研究、分析各类信息，并把精确信息及时提供给决策人员，以此为依据判断生产和销售方向，制订企业经营战略，以便做出高质量的物流决策。

与物流信息密切相关的是物流信息系统，即管理人员利用一定的设备，根据一定的程序对信息进行收集、分类、分析、评估，并把精确信息及时地提供给决策人员，以便他们做出高质量的物流决策。物流信息系统的目的是不但要收集尽可能多的信息，提供给物流经理，使他们做出更多的有效的决策，还要与公司中销售、财务等其他部门的信息系统共享信息，并将有关的综合信息传至公司最高决策层面，协助他们形成战略计划。

（7）配送

配送是面向城市内、区域内、短距离、多频率的商品送达服务。与运输功能相比，配送又具有自身的基本特点，如配送中心到连锁店、用户等的物品搭配及空间位移均可称为配送。配送最能体现物流系统的最终服务，是完善服务功能的要素。

3．物流的分类

物流活动在社会经济领域中无处不在，对于不同领域的物流，虽然存在着相同的基本要素，但由于物流的对象、目的、范围和范畴的不同，形成了不同的物流类型。物流的划分图如图5-5所示。

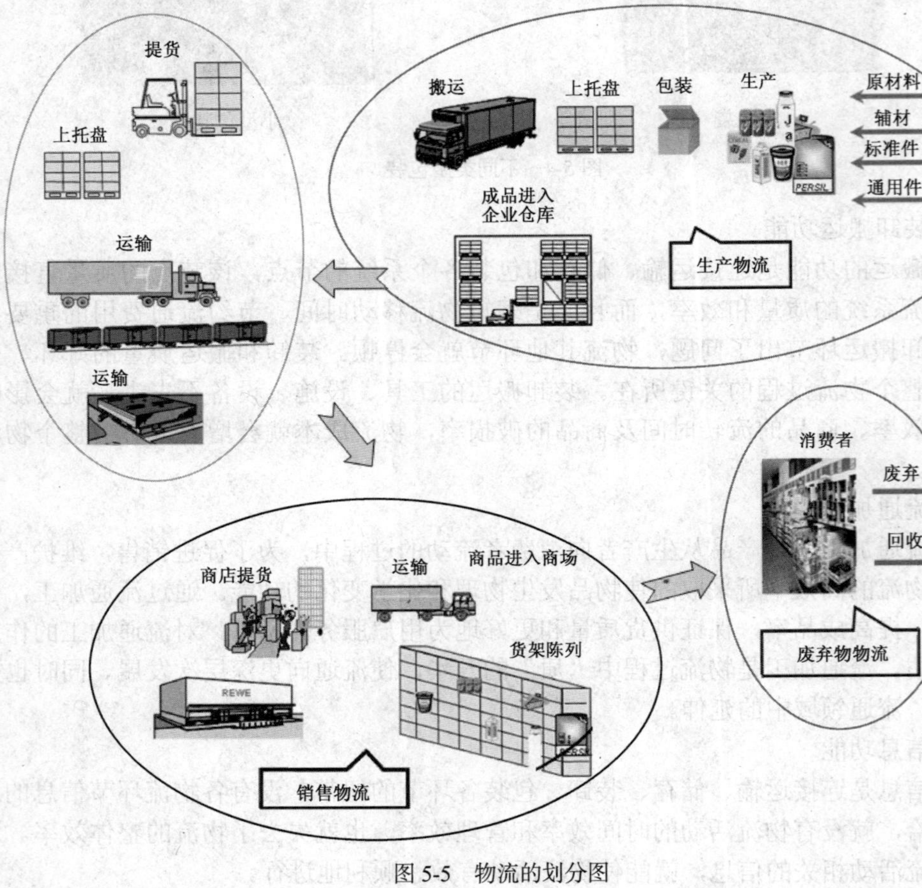

图5-5　物流的划分图

1．按照物流过程分类

按物流所起的作用可以将物流分为供应物流、销售物流、生产物流、回收物流、废弃物物流等不同的种类。

（1）供应物流（Supply Logistics）

生产企业、流通企业或消费者购入原材料、零部件及其他物品的物流过程称为供应物流，也就是物品在提供者与需求者之间的实体流动。对于一个企业而言，企业的流动资金十分重要，其大部分是被购入的物品和原材料及半成品等所占用的，因此，供应物流的合理化管理对于企业的成本有重要影响。

（2）销售物流（Distribution Logistics）

生产企业或流通企业出售商品时，物品在供方与需方之间的实体流动。企业通过销售物流，可以进行资金的回收并组织再生产的活动。销售物流的效果关系到企业的存在价值是否被社会承认。销售物流的成本在产品及商品的最终价格中占有一定的比例，因此，销售物流的合理化在市场经济中可以较大地增强企业的竞争力。

（3）生产物流（Production Logistics）

生产物流包括从工厂的原材料购进入库起，直到把工厂成品库的成品发送出去为止的物流活动的全过程。生产物流和工厂企业的生产流程同步，企业在生产过程中，原材料、半成品等按照工艺流程在各个加工点之间不停地移动、流转形成了生产物流，如果生产物流中断，生产过程也将随之停顿。概括起来，生产物流是指在生产过程中，原材料、在制品、半成品、产成品等在企业内部的实体活动。生产物流的重要性体现在如果生产物流均衡稳定，可以保证在制品的顺畅流转，缩短生产周期；如果生产物流的管理和控制合理，也可以使在制品的库存得到压缩，使设备负荷均衡化。因此，生产物流的合理化对工厂的生产秩序和生产成本有很大影响。

（4）回收物流（Returned Logistics）

回收物流是指不合格物品的返修、退货及周转使用的包装容器从需方返回到供方所形成的物品实体流动。商品在生产及流通活动中有许多要回收并加以利用的物资，如作为包装容器的纸箱和塑料筐等；建筑业的脚手架；旧报纸和书籍；金属废弃物等。

（5）废弃物物流（Waste Material Logistics）

商品的生产和流通系统中所产生的无用的废弃物，如开采矿山时产生的土石、炼钢生产中的钢渣、工业废水及其他各种无机垃圾等，这些已没有再利用的价值，如果不妥善加以处理，就会妨碍生产甚至造成环境污染。在对这类物资的处理过程中产生了废弃物物流。废弃物物流是指将经济活动中失去原有使用价值的物品，根据实际需要进行收集、分类、加工、包装、搬运、储存等，并分送到专门处理场所过程中形成的物品实体流动。为了更好地保障生产和生活的正常秩序，对废弃物资进行研究也显得十分重要。废弃物物流虽然没有经济效益，但是具有不可忽视的社会效益。

2．按照物流活动的空间范围分类

按照物流活动涉及的空间和范围不同，可以将物流分类为地区物流、国内物流和国际物流。

（1）地区物流（Regronal Logistics）

研究地区物流对于提高所在地区的企业物流活动的效率，以及保障当地居民的生活福利环境，具有不可缺少的作用。对地区物流的建设应根据所在地区的特点，从本地区的利益出发组织好相应的物流活动，并充分考虑到利弊两方面的问题，妥善安排并与地区和城市的建设规划相统一。例如，某地区计划建设一个大型物流中心，这显然将提高当地的物流效率，降低物流成本，为当地稳定物价发展经济起到促进作用；但也会给当地管理部门带来一系列麻烦的问题，如由于供应点集中、货车来往频繁、产生大量的废气和噪声、交通堵塞等问题。因此，物流中心的建设不单是物流问题，还要从城市建设规划、地区开发计划出发，统一考虑，妥善安排。

（2）国内物流（National logistics）

国内物流为国家的整体利益服务，在国家自己的领土范围内开展的物流活动称为国内物流。国内物流作为国民经济的一个重要方面，应该纳入国家总体规划的内容。我国的物流事业是社会主义现代化建设的重要组成部分，国内物流的建设、投资和发展必须从全局着眼，清除部门和地区分割所造成的物流障碍，尽早建成一些大型物流项目为国民经济服务。

（3）国际物流（International logistics）

不同国家之间和世界各大洲之间的物流称为国际物流。国际物流是伴随国际间投资、贸易活动和其他国际交流所发生的物流活动。由于第二次世界大战后国际投资和贸易壁垒减少，国际分工日益深化，国际贸易规模迅速扩大，经济全球化和区域经济一体化速度加快，国际物流成为现代物流系统中发展最快、规模最大的一个物流领域，随着 Internet 这种无国界的信息媒介的扩展和电子商务的推广应用，将使国际物流的效率和规模得到进一步的提高和推广。

3．按照物流系统性质分类

按照物流系统性质可将物流分为社会物流、行业物流和企业物流。物流的系统性质分类如图 5-6 所示。

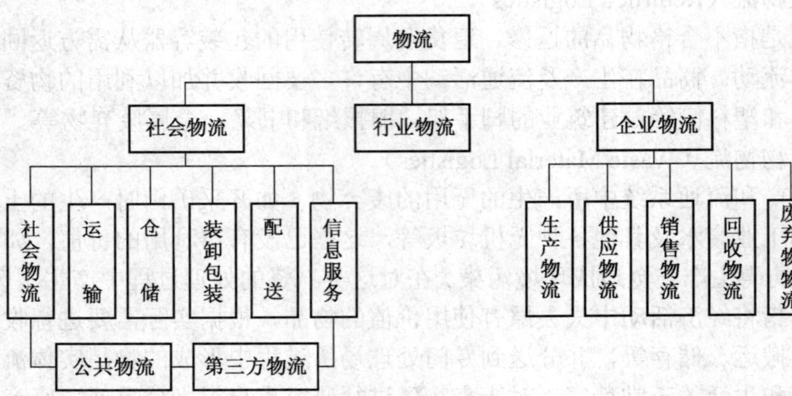

图 5-6　物流的系统性质分类

（1）社会物流

社会物流是物流的主要研究对象，是指以全社会为范畴、面向广大用户的、超越一家一户的物流，是企业外部物流活动的总称。社会物流涉及在商品的流通领域所发生的所有物流活动，因此社会物流带有宏观性和广泛性，所以也称之为大物流或宏观物流。这种社会性很强的物流往往是由专门的物流承担人承担的。伴随商业活动的发生，物流过程通过商品的转移，实现商品的所有权转移，这是社会物流的标志。

（2）行业物流

行业物流，顾名思义是指在一个行业内部发生的物流活动。同一个行业的各个企业往往在经营上是竞争对手，但为了共同的利益，在物流领域中却又常常互相协作，建立统一的行业标准和运作规范，以降低整个行业的物流成本，促进行业物流系统的合理化、科学化和标准化。

（3）企业物流

在企业经营范围内，由生产或服务活动所形成的物流系统叫企业物流，是企业内部的物品实体流动。企业作为一个经济实体，是为社会提供产品或某些服务的。从企业角度上研究与之有关的物流活动，是具体的、微观的物流活动的典型领域。

4．按照物流在社会再生产中的作用分类

（1）宏观物流

宏观物流是指社会再生产总体的物流活动，是从社会再生产总体角度认识和研究的物流活动。这种物流活动的参与者是构成社会总体的大产业、大集体。宏观物流也就是研究社会再生产总体物流，研究产业或集团的物流活动和物流行为。

宏观物流是从总体看物流，而不是从物流的某一个构成环节来看物流。宏观物流研究的主要特点是综合性和全局性。宏观物流主要研究的内容是，物流总体构成，物流与社会的关系，物流在社会中的地位，物流与经济发展的关系，社会物流系统和国际物流的建立和运作等。因此，在我们常提到的物流活动中，社会物流、国民经济物流、国际物流都属于宏观物流。

（2）微观物流

在一个小地域空间范围内发生的具体物流活动属于微观物流，在整个物流活动中，其中一个局部、一个环节的具体物流活动也属于微观物流。微观物流研究的特点是具体性和局部性。因此，消费者、生产企业所从事的实际的、具体的物流活动就属于微观物流。微观物流包括生产物流、供应物流、销售物流、回收物流、废弃物流等。

第二节　电子商务与物流

在电子商务中，一些电子出版物，如软件、CD 等可以通过网络以电子的方式传给购买者，但绝大多数商品仍要通过其他各种方式完成从供应商到购买者的物流过程。我国的许多网上商店由于难以解决物流问题，送货范围必须在限定地域，电子商务的跨地域优势荡然无存。

1999 年 9 月，国内部分单位组织了一次 72 小时的网上生存测验，测验中一个突出的问题就是物流问题，填好订单后漫长的等待使电子商务的跨时域优势丧失殆尽。此后的一次市场调查证实，人们最关注的热点问题仍是“物流”。这使人们再次认识到物流在电子商务活动中的重要地位，认识到现代化的物流是电子商务活动中不可缺少的部分。

一、电子商务与物流的关系

在当今的电子商务时代，人们越来越愿意花一部分钱（运费）来完成足不出户的网购活动，同时，随电子商务发展而产生的大小卖家也更愿意将实体店搬到网上，这样既可以打开市场，又不用考虑店铺的租金和税金问题。物流环节联系着买家与卖家，物流的水平，比如运费的高低、送货的时间、商品的安全等因素都是双方非常关心的。电子商务在改变传统商业模式的同时，对物流业产生了深刻的影响。电子商务的发展把物流业提升到了前所未有的高度，为物流企业提供了一个空前发展的机遇，而现代物流的发展又促进了电子商务的进一步发展。

1．物流是电子商务的重要组成部分

电子商务作为一种商务活动的新形式，通过采用现代信息技术手段，以数字化通信网络和计算机系统替代传统交易过程中纸介质信息载体的存储、传递、统计、发布等环节，从而实现商品和服务交易及交易管理等活动的全过程无纸化，并达到高效率、低成本、数字化、网络化、全球化等目的。

事实上，电子商务概念的提出首先是在美国。美国的物流管理技术自 1915 年发展至今已有 90 多年的历史，通过利用各种机械化、自动化工具及计算机和网络通信设备日臻完善。同时，美国作为一个发达国家，其技术创新的本源是需求，即所谓的需求拉动技术创新。作为电子商务前身的电子数据交换技术（EDI）的产生是为了简化烦琐、耗时的定单等的处理过程，以加快物流的速度，提高物资的利用率。电子商务的提出最终是为了解决信息流、商流和资金流烦琐的处理过程对现代化的物流过程的延缓，进一步提高现代化的物流速度。

由此可见，美国在定义电子商务概念之初，就有强大的现代化物流作为支持，而并非电子商务过程不需要现代化物流。我国作为一个发展中国家，物流业起步晚、水平低，在引进电子商务时，并不具备能够支持电子商务活动的现代化物流水平，所以，在引入时，一定要注意配备相应的支持技术——现代化的物流模式，否则电子商务活动难以推广。

因此，有些专家在定义电子商务时，就注意将国外的定义与中国的现状相结合，扩大了美国原始电子商务定义的范围，提出了包括物流电子化过程的电子商务概念：

电子商务是实施整个贸易活动的电子化；

电子商务是一组电子工具在商务活动中的应用；

电子商务是电子化的购物市场；

电子商务是从售前到售后支持的各个环节实现电子化、自动化。

在这类电子商务定义中，电子化的对象是整个的交易过程，不仅包括信息流、商流、资金流，而且还包括物流；电子化的工具也不仅仅指计算机和网络通信技术，还包括叉车、自动导向车、机械手臂等自动化工具。

可见，从根本上来说，物流电子化应是电子商务概念的组成部分，缺少了现代化的物流过程，电子商务过程就不完整。

2．物流是电子商务概念模型的基本要素

电子商务概念模型（如图 5-7 所示）是对现实世界中电子商务活动的一般抽象描述，它由电子商务实体、电子市场、交易事务和信息流、商流、资金流、物流等基本要素构成。

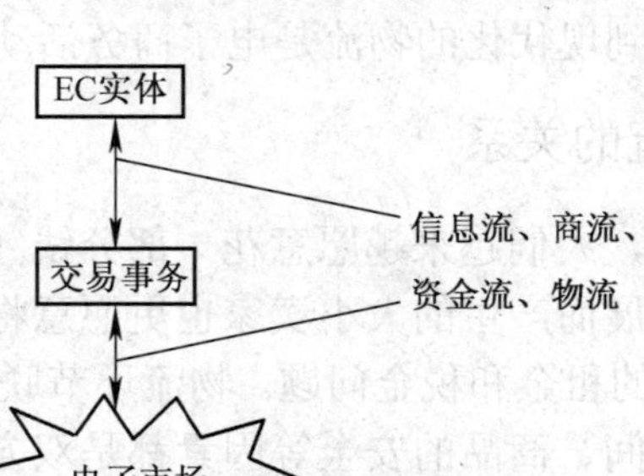

图 5-7　电子商务概念模型

在电子商务概念模型中，电子商务实体是指能够从事电子商务的客观对象，它可以是企业、银行、商店、政府机构或个人等。电子市场是指电子商务实体从事商品和服务交换的场所，它由各种各样的商务活动参与者，利用各种通信装置，通过网络联接成一个统一的整体。交易事务是指电子商务实体之间所从事的具体的商务活动的内容，如询价、报价、转账支付、广告宣传、商品运输等。

物流，作为“四流”中最为特殊的一种，是指物质实体（商品或服务）的流动过程，具体指运输、储存、配送、装卸、保管、物流信息管理等各种活动。对于少数商品和服务来说，可以直接通过网络传输的方式进行配送，如各种电子出版物、信息咨询服务、有价信息软件等。而对于大多数商品和服务来说，物流仍要经由物理方式传输，但由于一系列机械化、自动化工具的应用，准确、及时的物流信息对物流过程的监控，将使物流的流动速度加快、准确率提高，能有效地减少库存，缩短生产周期。

3．物流是实现电子商务的保证

（1）物流保障生产

无论在传统的贸易方式下，还是在电子商务下，生产都是商品流通之本，而生产的顺利进行需要各类物流活动支持。生产的全过程从原材料的采购开始，便要求有相应的供应物流活动，将所采购的材料运输到位，否则，生产就难以进行；在生产的各工艺流程之间，也需要原材料、半成品的物流过程，即所谓的生产物流，以实现生产的流动性；部分余料、可重复利用的物资的回收，就需要所谓的回收物流；废弃物的处理则需要废弃物物流。可见，整个生产过程实际上就是系列化的物流活动。

合理化、现代化的物流，通过降低费用从而降低成本、优化库存结构、减少资金占压、缩短生产周期，保障了现代化生产的高效进行。相反，缺少了现代化的物流，生产将难以顺利进行，那无论电子商务是多么便捷的贸易形式，生产仍将是无米之炊。

（2）物流服务于商流

在商流活动中，商品所有权在购销合同签订的那一刻起，便由供方转移到需方，而商品实体并没有因此而移动。在传统的交易过程中，除了非实物交割的期货交易，一般的商流都必须伴随相应的物流活动，即按照需方（购方）的需求将商品实体由供方（卖方）以适当的方式、途径向需方（购方）转移。而在电子商务下，消费者通过上网点击购物，完成了商品所有权的交割过程，即商流过程。但电子商务的活动并未结束，只有商品和服务真正转移到消费者手中，商务活动才完结。

在整个电子商务的交易过程中，物流实际上是以商流的后续者和服务者的姿态出现的。没有现代化的物流，再轻松的商流活动都仍会退化为一纸空文。

（3）物流是实现“以顾客为中心”理念的根本保证

电子商务的出现，在最大程度上最终方便了消费者。他们不必再跑到拥挤的商业街，一家又一家地挑选自己所需的商品，而只要坐在家里，在 Internet 上搜索、查看、挑选，就可以完成他们的购物过程。但试想，他们所购的商品迟迟不能送到，或商家所送并非自己所购，那消费者还会选择网上购物吗？

因此，物流是电子商务中实现以“以顾客为中心”理念的最终保证，缺少了现代化的物流技术，电子商务给消费者带来的购物便利等于零，消费者必然会转向他们认为更为安全的传统购物方式，那网上购物还有什么存在的必要？

4．电子商务会促进物流技术的大发展

早在十多年前，发达国家的学者们就将零库存的概念引入了现代物流的范畴。在 20 世纪 60 年代中期，日本的一些公司实现配送设备的自动化，在消费者比较集中的地区建立了若干配送中心，大量物资从工厂到物流中心，再从物流中心到消费者的良性循环，节省了大量流通费用。但同时，物资的仓储费用又有了较大幅度的增加。在这种情况下，物流中心又采用了计划配送模式，即以销定产的仓储计划技术。随着社会消费的急剧增长和消费品种的迅速多样化，市场需求瞬息万变，物流中心很难预测某种产品的销量。在日本食品市场，每年大约有15 000种新产品面市，同时又有1 4000种产品退出市场，即使目前销路最好的产品，在一年之内，也有60%被挤出消费市场。这时，商品库存的积压就意味着巨大的商业风险。因此，人们开始寻求一种没有库存的商业系统，零库存物流技术也就应运而生了。

零库存商业系统的实施必须依托3个条件，首先必须有一个能够准确、快速反映市场需求的信息系统，其次必须有一个能够根据所获得的市场信息进行生产调节或者采购的快速柔性生产系统，此外，还必须有一个货物快速配送系统。

原始的办法是用人工进行的，一件产品从下定单到交货，需要2～3天时间，现在看来，这仍然是一个难以忍受的漫长的等待期间。为达到零库存的目的，还必须建立大量的配送中心，同时建立一支庞大的信息、计划、采购、配送队伍。这些方法需要耗费大量的人力、物力，需要投入大量的资金，而收效却并不明显。

零库存概念的提出，似乎使物流技术的发展遇到了难以解决的矛盾。但电子商务的出现，将以上的问题一下子都圆满地解决了，使物流技术进入了一个崭新的时代。

随着电子商务的发展，企业不必再花费巨资进行产品信息采集了。企业可以在网上发布电子公告，对用户进行调查；也可以将产品调查标放在企业主页或者某个知名站点上（尤其是某类产品的专业站点），让用户在网上即时填表或者下载填表后返回；此外企业还可以根据所掌握的客户资料，发电子邮件。当信息系统通过网络采集到足够的产品信息后，企业决策层根据这些信息适时调整生产计划，适时撤出适销对路的产品。产品一旦定型，客户就可以通过电子商务系统订货，及时反馈到企业，企业立即组织生产，最后通过配送系统及时送到用户手中。这样，企业就以极少的投入实现了产品的零库存生产过程。

随着计算机技术的不断普及，网络技术的不断完善，电子商务势必取得长足的发展和应用，终将实现真正意义上的“货能畅其流”。

5. 电子商务使物流服务空间有了更大的拓展

电子商务需要的不只是一般的运输仓储服务，其内涵主要体现在以下几个方面。

（1）给客户带来便利性的服务

一切能够简化手续、简化操作的服务都是增值性的服务。对于消费者而言，以前需要消费者自己完成的事情，现在由商品或服务提供商以各种方式来完成，这增加了商品或服务的价值。在提供电子商务的物流服务时，推行门到门的服务，提供完备的操作或者作业提示、代办业务、24小时营业、自动订货、传递信息和转账，以及在物流全过程的追踪服务等，给客户带来便利。

（2）加快响应速度的服务

加快反应速度的服务，即使得流通过程变快的服务。快速反应已经成为物流发展的动力之一。现代物流观点认为，可以通过两种途径来使流通过程加快，一是提高运输基础设施和设备的效率，如修建高速公路、铁路提速、制定新的交通管理办法等，但是这种方法有其自身的约束，也有极限；二是在现代物流条件下，通过优化电子商务系统的配送中心、物流中心网络，重新设计适合电子商务的流通渠道，以此来减少物流环节、简化物流过程，提高物流系统的快速反应性能，这也是一种增值性物流服务。

（3）可以延伸服务并将供应链集成在一起

增值性的物流服务应该是向上可以延伸到市场调查与预测、采购及订单处理，向下可以延伸到配送、物流咨询、物流方案的选择与规划、库存决策建议、贷款回收与结算、教育与培训、物流系统设计与规划方案的制作等。这些延伸服务最具有增值性，但也是最难提供的。能否提供此类增值服务现在已成为衡量一个物流企业是否真正具有竞争力的标准。

6．电子商务促进了物流的信息化

电子商务是企业物流信息化的重要组成部分，表现为物流信息的商品化、物流信息收集的数据化和代码化、物流信息处理的电子化和计算机化、物流信息传递的标准化和实时化、物流信息储存的数字化等。在电子商务活动中，物流的运作是以信息为中心，信息不仅决定了物流运动的方向，也决定着物流的运作方式。在实际运作过程中，通过网络上的信息传递，可以有效地实现对物流的实施控制，实现物流的合理化。同时，一些生产厂商和下游的经销商、物流服务商可以共用数据库，共享库存信息等，尽可能减少实物库存水平，并不断降低供货服务水平。物流信息化能更好地协调生产与销售、运输、储存等环节的联系，对优化供货程序、缩短物流时间及降低库存都具有十分重要的意义。同时电子商务环境下，随着经济全球化，跨时空的交易需求和网络全球化、通信技术的支持，物流信息管理可在全球范围内实现实时控制。

二、电子商务环境下的物流业务流程

物流业务流程与商流、信息流及资金流的作业流程有关，也与商务形式（普通商务、电子商务）有关。传统商务环境下的物流业务流程如图 5-8 所示，电子商务环境下的物流业务流程如图 5-9 所示。

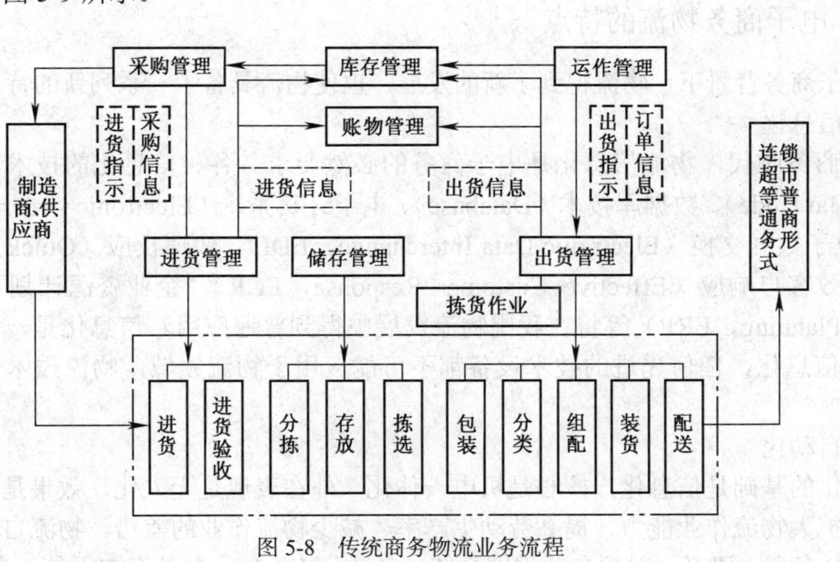

图 5-8　传统商务物流业务流程

比较图 5-8 和图 5-9 可以看出，电子商务环境下的物流作业流程与传统商务环境下的物流作业流程基本是一样的，目的都是要将用户所订货物送到用户手中，基本的业务包括：

进货、进货验收、分拣、存放、拣选、包装、分类、组配、装货及配送等，如图 5-8 和图 5-9 中点画线框内的部分。

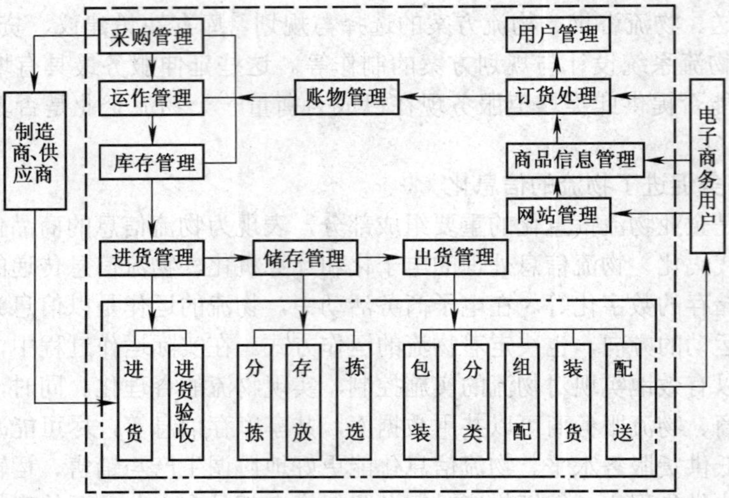

图 5-9　电子商务物流业务流程

两种模式不同的是，电子商务的每个订单都要送货上门，而传统店铺销售则不用，因此，电子商务的物流成本更高，配送路线的规划、配送日程的调度、配送车辆的合理利用难度更大。

由上述可知，物流是电子商务重要的组成部分。我们必须大力发展现代化物流，才能更进一步地推广电子商务。

三、电子商务物流的特点

在电子商务背景下，物流得到了新的发展，也使物流具备了一系列新的特点。

（1）信息化

电子商务时代，物流信息化是电子商务的必然要求。各种信息化的技术与观念如条码技术（Bar Code）、数据库技术（Database）、电子订货系统（Electronic Ordering System，EOS）、电子数据交换（Electronic Data Interchange，EDI）、快速反应（Quick Response，QR）、有效客户响应（Effective Customer Response，ECR）、企业资源计划（Enterprise Resource Planning，ERP）等将在我国物流发展中得到普遍应用。信息化是一切的基础，没有物流信息化，任何先进的技术设备都不可能应用于物流领域，物流技术也不会得到发展。

（2）自动化

自动化的基础是信息化，核心是机电一体化，外在表现是无人化，效果是省力化。自动化可以扩大物流作业能力、提高劳动生产率、减少物流作业的差错。物流自动化的设施非常多，如条码、语音、射频自动识别系统，自动分拣系统，自动存取系统，自动导向车，货物自动跟踪系统等。这些设施在发达国家已普遍应用于物流作业流程中，而在我国，虽然物流业起步晚，发展水平低，但自动化技术等也已经开始慢慢普及起来。

（3）网络化

物流领域网络化的基础也是信息化，这里指的网络化有两层含义。一是物流配送系统的网络化，物流配送中心与供应商或制造商的联系是通过计算机网络，与下游顾客之间的联系也要通过计算机网络。比如物流配送中心向供应商提出订单这个过程，就可以通过计算机通信方式，借助于增值网（Value Added Network，VAN）上的电子订货系统（EOS）和电子数据交换技术（EDI）来自动实现，物流配送中心通过计算机网络收集下游客户的订货过程也可以自动完成。二是组织的网络化，即所谓的企业内部网（Intranet）。比如，台湾的计算机业在20世纪90年代创造出了“全球运筹式产销模式”，这种模式的基本点是按照客户订单组织生产，生产采用分散形式，即将全世界的计算机资源都利用起来，采取外包的形式将一台计算机的所有零部件、元器件、芯片外包给世界各地的制造商去生产，然后通过全球的物流网络将这些零部件、元器件和芯片发往同一个物流配送中心进行组装，由该物流配送中心将组装的计算机迅速发给客户。这一过程需要有高效的物流网络支持，物流的网络化是物流信息化的必然，也成为电子商务下物流活动的主要特征之一。

（4）智能化

智能化是物流自动化、信息化的一种高层次应用。物流作业过程中大量的运筹和决策，如库存水平的确定、运输（搬运）路径的选择、自动导向车的运行轨迹和作业控制、自动分拣机的运行、物流配送中心经营管理的决策支持等问题都需要借助于大量的知识才能解决。在物流自动化的进程中，物流智能化是不可回避的技术难题。由于专家系统、机器人等相关技术在国际上已经有比较成熟的研究成果，因而物流的智能化已成为电子商务时代物流发展的一个新趋势。

（5）柔性化

柔性化本来是为实现“以顾客为中心”理念而在生产领域提出的，但是真正做到柔性化，即真正地能根据消费者需求的变化来灵活调节生产工艺，就需要有配套的柔性化的物流系统。20世纪90年代，国际生产领域纷纷推出弹性制造系统（Flexible Manufacturing System，FMS）、计算机集成制造系统（Computer Integrated Manufacturing System，CIMS）、企业资源计划（ERP）及供应链管理的概念和技术，这些概念和技术的实质是要将生产、流通进行集成，物流配送中心根据消费需求“多品种、小批量、多批次、短周期”的特色，灵活组织和实施物流作业。因此，柔性化的物流正是适应生产、流通与消费的需求而发展起来的一种新型物流模式。

另外，物流设施、商品包装的标准化，物流的社会化、共同化也都是电子商务下物流的新特点。

第三节 电子商务物流管理

一、物流组织模式

1. 物流系统的组成

物流是一个系统，是以管理物流通道内物资的合理流动和员工的恰当安排为目的，把相关的活动组合起来构成的一个网络。物流系统是指在一定的时间和空间里，由所需输送的物资及其相关设备（如包装设备、装卸搬运机械、运输工具、仓储设备等），人员及通信联系等若干相互制约的动态要素构成的具有特定功能的有机整体。

物流系统由物流作业系统和支持物流作业系统正常运行的物流信息系统两个部分组成。

（1）物流作业系统

物流作业系统的目标是指在运输、保管、搬运、包装、流通加工等作业中使用先进技能和技术，并使生产据点、物流据点、配送路线、运输手段等网络化，以提高物流活动的效率。物流作业系统大体分为包装、装卸、运输、保管、流通加工、配送等子系统（见图 5-5）。上述几种作业子系统中，运输子系统及保管子系统分别解决了供给者与需求者之间场所和时间的分离，分别是物流系统中创造“场所效用”（也称空间效用）及“时间效用”的主要子系统，因而在物流系统中处于主要的地位。

（2）物流信息系统

物流信息系统应在保证订货、进货、库存、出货、配送等信息通畅的基础上，使通信据点、通信线路、通信手段网络化，提高物流作业系统的效率。物流信息系统中流动的信息包括上述各作业子系统有关的计划、预测、动态（运量、收、发、存数）的信息及有关的费用、生产及市场信息，并对这些信息进行收集、汇总、统计，以保证其可靠性和及时性。物流信息系统如图 5-10 所示。一个物流系统的设计越有效，它对信息的准确性越敏感。信息流反映了一个物流系统的动态，不准确的信息和作业过程中的延迟都会降低物流系统的效率。因此，物流信息的质量和及时性是物流作业的关键因素。

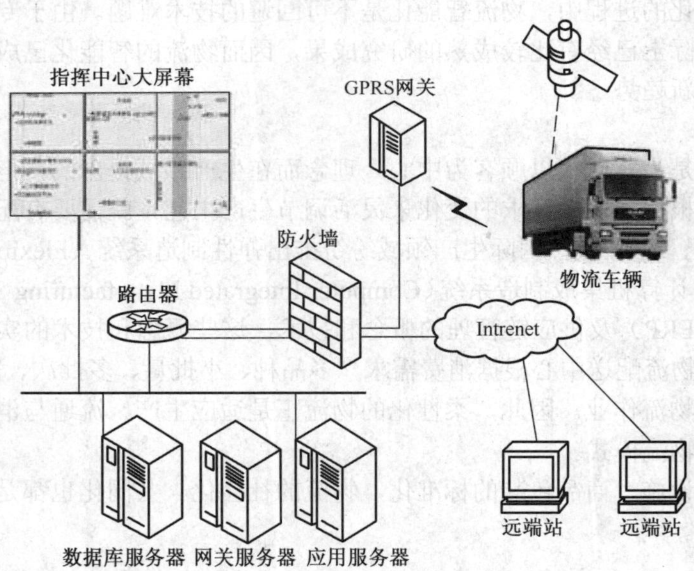

图 5-10　物流信息系统

2．物流管理的发展状况

物流管理的发展经历了 4 个发展阶段：储运时代、配送时代、综合物流时代和供应链时代。我国的物流管理起步较晚，但发展较快，各个阶段不是很明显。下面以美国物流管理的发展状况为例来加以说明。

（1）储运时代

这一时期，物流的各个活动按不同的功能、不同的场所互不联系地分别进行，商品主要按销售部门和采购部门的要求进行保管和运输。随着市场经济的发展，消费需求不断扩大，市场竞争越来越激烈，为了确保收益，许多公司开始节能降耗，并将降低成本的目光投向了物流费用。这一时期在降低成本方面较为努力的是保管和发货部门。

（2）配送时代

20世纪六七十年代，美国和世界上其他许多公司一样都把注意力放在了“实物配送”方面。这些公司系统地管理一系列的物流活动，如运输、仓储、配送、库存控制、包装、搬运等，以确保高效地递送商品。在这个充满挑战与变化的年代里，诸如顾客购买需求的变化、费率的增加、生产高价值的产品而导致配送成本升高等因素，促使公司不得不采取更加有效的方法来管理配送，以达到降低成本的目的。

（3）综合物流时代

20世纪七八十年代，公司发现通过综合规划采购运输与配送运输可以进一步节省成本，于是将采购与配送运输都交由运输经理管理。直到20世纪80年代后，由于管制放松，可以与承运人谈判运费率，达到一定的运输批量，可享受优惠的运费和更好的服务。因此许多公司将物流过程看作一个完整的系统，从而提高了物流运作效率，节省了更多的成本。

（4）供应链时代

20世纪80年代后期至90年代，受多种因素的影响，公司对物流的关注扩充到整个物流过程，包括所有涉及的公司，从原材料供应商到顾客，确保了顾客能在准确的时间、准确的地点，收到准确的商品。

3．物流管理的目标

（1）快速响应

这是企业物流作业目标中最基本的要求。快速响应关系到一家企业能否及时满足客户的服务需求。快速响应的能力使企业将物流作业传统上强调的根据预测和存货情况做出计划，转向了以小批量运输的方式对客户需求作出反应上来。快速响应要求企业具有流畅的信息沟通渠道和广泛的合作伙伴支持，只有这样才能在更短的时间内解决客户的问题，满足客户的需求。

（2）减少故障

故障是指破坏系统作业表现的任何未预期到的事件，它可以产生于物流作业的任何地方。比如空运作业因为天气原因受到影响，铁路运输作业因为地震等灾害受到影响，顾客收到订货的期望时间被延迟，制造中发生意想不到的损坏，货物到达顾客所在地时发现受损，或者把货物交付到不正确的地点等，所有这一切都将使物流作业时间遭到破坏，对此必须予以解决。减少故障的传统解决办法是建立安全存货，或是使用高成本的运输方式。不过，上述两种方式都将增加物流成本，为了有效地控制物流成本，目前多采用信息技术以实现主动的物流控制。

（3）最低库存

这是企业物流作业目标中最核心的要求。最低库存的目标同资产占用和相关的周转速度有关，最低库存越小，资产占用就越少；周转速度越快，资产占用也越少，因此，物流系统中存货的财务价值占用企业资产也就越低。在一定的时间内，存货周转率与存货使用率相关。存货周转率高，意味着投放到存货上的资产得到了有效利用。

企业物流作业的目标就是要以最低的存货满足客户需求，从而实现物流总成本最低。随着物流经理将注意力更多地放在最低库存的控制上，类似“零库存（JIT）”之类的概念已经从戴尔这样的国际大公司向众多公司中转移并得到实际应用。当存货在制造和采购中达到规模经济时，它能提高投资回报率。

为实现最低存货的目标，物流系统设计必须是对整个企业的资金占用和周转速度进行控制，而不是对每一个单独的业务领域进行控制。

（4）整合配送运输

这是企业物流作业中实施运输成本控制的重要手段之一。运输成本与运输产品的种类、运输规模和运输距离直接相关。许多具有一流服务特征的物流系统都采用的是高速度、小批量运输，这种运输通常成本较高。为降低成本，可以将运输整合。一般而言，运输量越大、距离越长，单位运输成本就越低。因此，将小批量运输集中起来以形成大规模的经济运输不失为一种降低成本的途径。不过，集中运输往往降低了企业物流的响应时间。因此，企业物流作业必须在集中运输与响应时间方面综合权衡。

（5）改善物流质量

物流作业本身就是在不断地寻求客户服务质量的改善与提高。目前，全面质量管理（TQM）已引起各类企业的高度关注，自然，物流领域也不例外。从某种角度说，TQM还是物流得以发展的主要推动力之一。因为事实上一旦货物质量出现问题，物流的运作环节就要全部重新再来。如运输出现差错或运输途中货物损坏，企业不得不对客户的订货重新操作，这样一来不仅会导致成本的大幅增加，而且还会影响到客户对企业服务质量的评价，因此企业物流作业对质量的控制不能有半点马虎。物流本身必须履行所需要的质量标准，从而实现“零缺陷”服务要求。

（6）生命周期支持

绝大多数产品在出售时都会标明其使用期限。若超过这个期限，厂商必须对渠道中的货物或正在流向顾客的货物进行回收。之所以将产品回收回来是出于严格的质量标准、产品有效期、产品可能出现的危险后果等方面的考虑。当货物潜藏有危害人身健康的因素时，这时不论成本大小与否，反向物流必然发生。如果不仔细地审视反向的物流需求，就无法制定良好的物流战略。

传统的物流作业要求，同时达到上述物流作业的目标比较困难，而市场的激烈竞争又对物流作业的全新目标几乎都要求同时满足，因此就要求企业必须对物流作业的各个环节进行高效整合。

4．电子商务下的物流模式

目前，我国发展电子商务很重要的一项任务就是选择适当的物流模式，并在此基础上发挥物流的作用，促进我国电子商务的发展。物流是由企业自己来完成还是借助外界力量来实现，这需要从战略层次上来考虑。目前常用的物流模式有以下几种。

（1）企业自营物流

企业自身经营物流，称为自营物流。一般来说，企业自身组织物流，自己掌握经营的重要环节，有利于控制交易时间，更好地在市场中竞争更全面地了解其所属市场的情况与特点，保证企业的运作质量。从企业竞争战术的角度来考虑，物流系统最重要的决策变量有两个：一是看是否能够提高企业运营效率；二是看是否能够降低企业运营成本。

自营物流掌握了控制权，反应灵活，减低了交易成本，提高企业品牌价值，但同时也有其不足的地方，如增加了企业的投资负担，削减了企业抵御市场风险的能力，而且专业化程度低，成本较高，无法进行准确的效益评估。

自营物流通常有两种方法：自行筹建或是依托原有局部区域单一业务的物流系统加以改造，其代表分别有亚马逊（www.amazon.com）和上海梅林正广和（www.85818.com.cn）。

（2）第三方物流

第三方物流是指独立于供需双方为客户提供专项或全面地物流系统设计或系统运营的物流服务模式。第三方物流是相对“第一方”物资供应方和“第二方”物资需求方而言的，它既不属于第一方，也不属于第二方，而是独立于第一方和第二方，并通过与第一方或第二方的合作来提供专业化的物流服务。因此，可以看出第三方物流企业本身不拥有货物，而是为其外部客户的物流作业提供管理、控制和专业化作业服务的公司和企业。

第三方物流服务业的经营方式通常是与客户签订较长时间的物流服务合同，所以有人称其为“契约物流或合同物流”，还有人为区别企业自身提供的物流服务与求助于外界提供的物流服务，而称第三方物流服务为“外协物流（Outsourcing Logistics）”。但第三方物流与传统的外协物流不同，传统的外协物流只限于一项或一系列分散的物流功能，如运输公司提供运输服务、仓储公司提供仓储服务，第三方物流服务则根据合同条款规定而不是根据临时需求的要求，提供多功能甚至全方位的物流服务，企业之间是联盟关系。

我国的第三方物流企业仍以运输、仓储等基本物流业务为主，加工、配送、订制服务等增值服务功能处在发展完善阶段。

尽管我国第三方物流发展相对较快，但总体来看，还存在一些问题。例如，第三方物流市场需求不足，企业观念落后；第三方物流供应商功能还比较单一，增值服务薄弱；缺乏系统性管理，资源浪费严重，第三方物流效率不高；第三方物流平台构筑滞后，信息化程度低等。

目前市场、经济等宏观环境因素给我国第三方物流的发展提出了挑战，但也为第三方物流市场提供了优胜劣汰的机会，有利于市场成长和规范。我国第三方物流的发展可以从这几个角度考虑：与电子商务紧密结合；积极培养物流服务企业，大力发展第三方物流企业；进行跨地区、跨所有制的资产重组；不断创新物流服务，建立信誉；加强物流专业人才的培养，促进物流业跨越式发展等。

（3）物流联盟

物流联盟是指企业在物流方面通过签署合同形成优势互补、要素双向或多向流动、相互信任、共担风险、共享收益的物流伙伴关系。一般来说，组成物流联盟的企业之间具有很强的依赖性，物流联盟的各个组成企业明确自身在整个物流联盟中的优势及担当的角色，内部的对抗和冲突减少，分工明晰，使物流商把注意力集中在提供客户指定的服务上，最终提高了企业的竞争能力和效率，满足企业跨地区、全方位物流服务的要求。

物流联盟的优势主要体现在：大企业通过物流联盟可以迅速开拓全球市场，如 Laura Ashley，正是与联邦快递联盟，完成其全球物流配送，从而使业务在全球范围内展开。而且，长期供应链关系发展成为联盟形式，有助于降低企业的风险。单个企业的力量是有限的，它对一个领域的探索失败了损失会很大，如果几家企业联合起来，在不同的领域分头行动，就会减少风险；联盟企业在行动上也有一定协同性，因此对于突如其来的风险，能够共同分担，这样便减少了各个企业的风险，提高了抵抗风险的能力。此外，物流联盟有助于物流合作伙伴之间在交易过程中减少相关交易成本。物流合作伙伴之间经常沟通与合作，互通信息，建立起来的相互信任和承诺，减少履约风险；即使在服务过程中产生冲突，也可通过协商加以解决，从而避免无休止讨价还价，甚至提出法律诉讼产生费等。

（4）第四方物流

第三方物流为客户提供所有的或一部分供应链物流服务，以获得一定的利润。第三方物流公司提供的服务范围广，它可以简单到只是帮助客户安排一批货物的运输，也可以复制到设计、实施和运作一个公司的整个分销和物流系统。第三方物流作为一种新兴的物流方式活跃在流通领域，它节约物流成本、提高物流效率的功能已为众多企业认可。然而，在实际的运作中，由于大多数第三方物流企业缺乏对整个供应链进行运作的战略性专长和真正整合供应链流程的相关技术，于是第四方（Forth Party Logistics，4PL）应运而生。

第四方物流的概念在1998年由美国埃森哲咨询公司率先提出，是专门为第一方、第二方和第三方提供物流规划、咨询、物流信息系统、供应链管理等活动。第四方并不实际承担具体的物流运作活动。埃森哲公司将第四方物流定义为"一个调配和管理组织自身的及具有互补性服务提供商的资源、能力与技术，来提供全面的供应链解决方案的供应链集成商"。

第四方物流是一个供应链的集成商，是供需双方及第三方物流的领导力量。它不是物流的利益方，而是依靠业内最优秀的第三方物流供应商、技术供应商、管理咨询顾问和其他增值服务商，通过拥有的信息技术、整合能力及其他资源提供一套完整的供应链解决方案，一次获得一定的利润。这是任何一家公司所不能单独提供的。

随着社会经济的不断发展，第四方物流将会得到广泛的运用，而成为第四方物流企业同时也需要具备一定的条件。

首先，第四方物流企业不是物流的利益方。其次，第四方物流企业要有良好的信息共享平台，在物流参与者之间实现信息共享。再次，第四方物流企业要有足够的供应链管理能力。最后，第四方物流企业要有区域化，甚至全球化的地域覆盖能力和支持能力。

由此可见，第四方物流作为供应链的集成商，是供需双方及第三方的领导力量，它专门为第一方、第二方和第三方提供物流规划、咨询、物流信息系统、供应链管理等服务。第四方物流不仅控制和管理特定的物流服务，而且对整个物流过程提出解决方案，并通过电子商务将这个过程集成起来。它实际上是一种虚拟物流，是依靠业内最优秀的第三方物流供应商、技术供应商、管理咨询顾问和其他增值服务商，整合社会资源，为用户提供独特的和广泛的供应链解决方案。

（5）绿色物流

绿色物流（Environment Logistics）是指物流过程中抑制物流对环境造成危害的同时，实现对物流环境的净化，使物流资源得到最充分利用。它包括物流作业环节和物流管理全过程的绿色化。从物流作业环节来看，包括绿色运输、绿色包装、绿色流通加工等。从物流管理过程来看，主要是从环境保护和节约资源的目标出发，改进物流体系，既要考虑正向物流环节的绿色化，又要考虑供应链上的逆向物流体系的绿色化。绿色物流的最终目标是可持续发展，实现该目标的准则是经济利益、社会利益和环境利益的统一。

绿色物流贯穿物流作业的全过程，是未来物流业的重要发展方向之一。在电子商务迅速发展的背景下，我国物流业起步较晚，绿色物流的兴起，人们对它的认识还非常有限。由于绿色物流的服务水平和研究方面还处于起步阶段，与国际上先进技术国家在物流的观念上、政策上，以及技术上均存在较大的差距。在改善策略方面，我们要树立绿色物流观念，推行绿色物流经营，开发绿色物流技术，制定绿色物流法规，加强对绿色物流人才的培养。

二、物流配送

随着 Internet 的普及，信息技术的发展及中国加入 WTO，电子商务在我国经济中的发展步伐明显加快，而物流配送作为一门新学科，在市场经济条件下，如何突破传统流通体制的框架，走上社会化流通之路，成为一个重要课题。电子商务是网络经济和现代物流共同创造出来的，是两者一体化的产物。物流虽包含在电子商务中，但人们对电子商务过程的认识却往往只局限于信息流、资金流、商流的电子化、网络化，而忽略了物流的电子化过程。在我国电子商务发展中，曾经将过多的目光投向信息流的现代化，而经济学家早就看到，没有现代化物流的巨大支持，电子商务将在最后的配送环节搁浅。一些务实的企业家在进行电子商务的总体规划时，也把物流作为电子商务系统的重要项目统筹设计。

物流配送定位在为电子商务客户提供服务，根据电子商务的特点，对整个物流配送体系实行统一的信息管理和调度，按照用户订货要求，在物流基地进行理货，并将配好的货物送交收货人的一种物流方式。这一先进、优化的流通方式对流通企业提高服务质量、降低物流成本、优化社会库存配置，从而提高企业的经济效益及社会效益具有重要意义，配送制作作为现代物流的一种有效的组织方式，代表了现代市场营销的主方向，因而得以迅速发展。

1. 电子商务对传统物流配送的冲击和影响

物流配送是指在经济合理的区域范围内，根据用户要求，对物品进行拣选、加工、包装、分割、组配等作业，并按时送达指定地点的物流活动。

配送几乎包括了所有的物流功能要素，是物流的一个缩影或在某个小范围中物流全部活动的体现。一般的配送集装卸、包装、保管、运输于一身，通过这一系列活动完成将货物送达目的地。特殊的配送则还要以配送加工活动为支撑（如生鲜食品），因此涉及的范围更广。但我们并不能将配送等同于物流。因为，配送强调的是一种小范围、短距离的物流活动。同时，配送的主体活动也和一般物流不同。一般物流活动的主要工作是运输及存储，而配送则是运输及分拣配货，分拣配货是配送的独特要求，也是配送中有特点的活动，以送货为目的的运输则是最后实现配送的主要手段。物流配送的一般流程如图 5-11 所示。

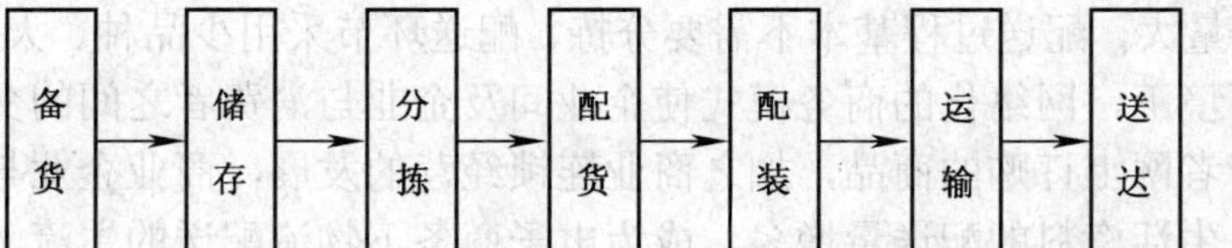

图 5-11 物流配送的一般流程图

图 5-11 展示的是物流配送的一般流程。根据产品性质和特点的不同，物流配送的环节又有其独特的特点，需区别对待才能更好地满足消费者的需求，提高物流配送企业的运行效率和效益。

配送制的发展可以说经历了三次革命。初期的送物上门，为了改善经营效率，国内许多商家广泛采用了把货送到买主手中的销售措施，这是商务的第一次革命。第二次革命是伴随着电子商务的出现而产生的，这是一次彻底的变革，不仅影响到物流配送本身，也影响到上下游各体系，包括供应商、消费者。第三次物流革命就是物流配送的信息化及网络技术的广泛应用所带来的种种影响，这些影响是有益的，将使物流配送更有效率。

（1）电子商务给传统物流配送观念带来深刻的革命

传统物流配送企业需要置备大面积的仓库，而电子商务网络化的虚拟企业将散置在各地的不同所有者的仓库通过网络系统连接起来，使之成为“虚拟仓库”，进行统一管理和调配使用，服务半径和货物集散空间放大了。这样企业在组织资源的速度、规模、效率和资源合理配置方面都是传统的物流配送所不可比拟的，相应的物流观念也必须是全新的。

（2）网络对物流配送的实时控制代替了传统的物流配送管理程序

一个先进的系统，会给企业带来全新的管理方法。传统的物流配送过程由多个业务流程组成的，受人为因素和时间影响很大。网络的应用可以实现整个过程的实时监控和实时决策。新型的物流配送业务流程都由网络系统连接。当系统的任何一个神经末端收到一个需求信息时，该系统可以在极短的时间内作出反应，并拟定详细的配送计划，通知各环节开始工作。这一切都由计算机根据人们事先设计好的程序自动完成的。

（3）物流配送持续的时间在网络环境下大大缩短

在传统物流配送管理中，由于信息交流的限制，完成一个配送过程的时间较长，但这个时间随着网络系统的介入变得越来越短，任何一个有关配送信息和资源都会通过网络管理在几秒钟内传到有关环节。

（4）网络系统的介入简化了物流配送过程

传统物流配送整个环节极为烦琐，在网络化的新型物流配送中心可大大缩短这一过程。在网络支持下的成组技术可以在网络环境下更加淋漓尽致地被使用，物流配送周期会缩短，组织方式也会发生变化；计算机系统管理可使整个物流配送管理过程变得简单和容易；网络上的营业推广可使用户购物和交易过程变得更有效率、费用更低；可以提高物流配送企业的竞争力；随着物流配送业的普及和发展，行业竞争范围和残酷性增加，信息的掌握、信息的有效传播和易得性，使得用传统的方法获得超额利润的时间和数量越来越少；网络的介入，使人们的潜能得到充分的发挥，自我实现的需求成为多数员工的工作动力。

（5）物流配送模式从少品种、大批量向多品种、小批量转变

传统配送主要是为企业间交易服务的，配送的对象主要是生产资料。生产资料品种规格单一，需要量大，配送过程基本不需要分拣、配送环节采用少品种、大批量的配送模式。在电子商务环境下，网络化的商务模式使企业间及企业与消费者之间的交易都更加活跃。一方面，消费者网上订购的商品，加之商业连锁经营的发展，商业企业与生产企业间电子商务的开展，生活资料的配送量增多，成为电子商务下物流配送的主流。而生活资料由于用户和所需商品的品种规格繁多，需求量小，故要求多品种、小批量、多批次的配送。另一方面，企业间通过电子商务进行交易，订货作业变得简单、快捷，成本降低，因此趋于小批量、多批次订货，以实现自身零库存，增强市场应变能力。同时，生产资料配送也向小批量、多批次配送方式转化。

综上所述，推行信息化配送制，发展信息化、自动化、现代化的新型物流配送业是我国发展和完善电子商务服务的一项重要内容，势在必行。

2. 电子商务下物流配送的基本特征

根据国内外物流配送业发展情况，在电子商务时代物流配送中心可归纳为以下几个特征。

① 反应速度快。物流配送服务提供者对上下游的物流配送需求的反应速度越来越快，前置时间越来越短，配送时间越来越短，物流配送速度越来越快，商品周转次数越来越多。

② 功能集成化。物流配送着重于将物流与供应链的其他环节进行集成，包括：物流渠道与商流渠道的集成、物流渠道之间的集成、物流功能的集成、物流环节与制造环节的集成等。

③ 服务系列化。物流配送除了强调物流配送服务功能的恰当定位与完善化、系列化，及传统的储存、运输、包装、流通加工等服务外，还在外延上扩展至市场调查与预测、采购及订单处理、向下延伸至物流配送咨询、物流配送方案的选择与规划、库存控制策略建议、货款回收与结算、教育培训等增值服务；在内涵上提高了以上服务对决策的支持作用。

④ 作业规范化。物流配送强调功能作业流程、作业、运作的标准化和程序化，使复杂的作业变成简单的易于推广与考核的运作。

⑤ 目标系统化。物流配送从系统角度统筹规划一个公司整体的物流配送活动，处理好物流配送活动与商流活动及公司目标之间、物流配送活动间的关系，以求整体活动的最优化。

⑥ 手段现代化。物流配送使用先进的技术、设备与管理为销售提供服务，生产、流通、销售规模越大、范围越广，物流配送技术、设备及管理越现代化。

⑦ 组织网络化。为了保证对产品促销提供快速、全方位的物流支持，物流配送要有完善、健全的物流配送网络体系，网络上点与点之间的物流配送活动保持系统性、一致性，这样可以保证整个物流配送网络有最优的库存水平和分布，运输与配送快捷、机动，既能铺开又能收拢。分散的物流配送单体只有形成网络才能满足现代生产与流通的需要。

⑧ 经营市场化。物流配送的具体经营采用市场机制，无论是企业自己组织，还是委托第三方企业承担物流配送任务，都以“服务—成本”的最佳配合为目标。

⑨ 流程自动化。物流配送流程自动化是指运送规格标准、仓储货、货箱排列装卸、搬运等按照自动化标准作业、商品按照最佳路线配送等。

⑩管理法制化。宏观上，要有健全的法规、制度和规则；微观上，物流配送企业要依法办事，按章行事。

⑪ 电子化和数字化。要实现物流配送的电子化、数字化，广泛加强物流硬技术的建设和改造，是奠定电子商务下物流配送的物质基础。

三、供应链管理

供应链管理是近年来在国内外逐渐受到重视的一种新的管理理念与模式。20 世纪 80 年代中期，它源于这样一种观点，即企业应该从总成本的角度考察企业的经营效果，而不是片面地追求诸如采购、生产和分销等功能的优化，供应链管理的目的是通过对供应链各个环节活动的协调，实现最佳业务绩效，从而增强整个公司业务的表现。也就是说，任何一个企业都不可能在所有业务上成为世界上最杰出的企业，只有优势互补，才能增强企业竞争能力。对供应链这一复杂系统，要想取得良好的绩效，必须找到有效的协调管理方法，供应链管理思想就是在这种环境下提出的。

1. 供应链管理的含义

“供应链”并非一个新概念，在许多人看来只是一种产品从厂商转入消费者的过程。但随着社会分工越来越细，消费者越来越追求个性，这个过程便从过去的“确定”转入现代的“不确定”，也就是因为消费者的需求是动态的，生产不得不变得复杂起来。同时，一种产品的形成，并非由某一家企业完成，而是多家企业协同作战的结果。因此，对于现代企业而言，对“供应链”的了解和理解，成为生存与发展即获取利润的一个可拓展的重要空间，从而成为管理科学研究的重要对象。

所谓供应链（Supply Chain）是围绕核心企业，通过对信息流、物流、资金流的控制，从采购原材料开始，制成中间产品及最终产品，最后由销售网络把产品送到消费者手中，将供应商、制造商、分销商、零售商直到最终用户连成一个整体的功能链状结构模式。供应链的结构模式如图 5-12 所示。

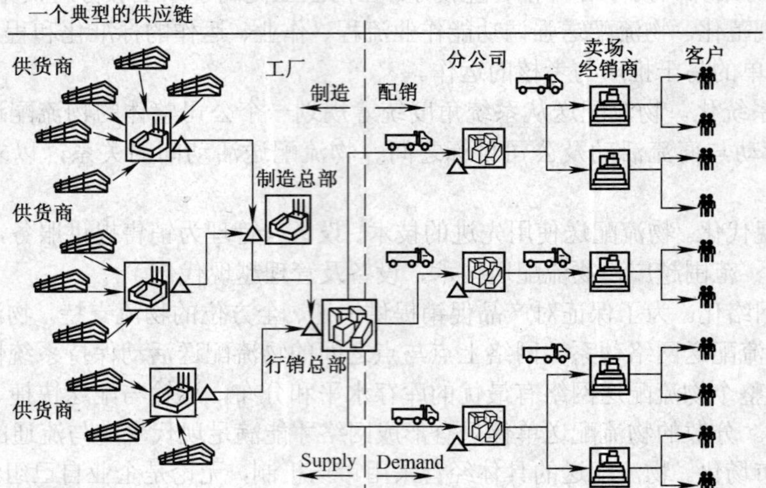

图 5-12　供应链的结构模式

供应链是一个范围更广的企业结构模式，它包含所有加盟的节点企业，从原材料的供应开始，经过链中不同企业的制造加工、组装、分销等过程直到最终用户。它不仅是一条连接供应商到用户的物料链、信息链、资金链，而且是一条增值链，物料在供应链上因加工、包装、运输等过程而增加其价值，给相关企业都带来收益。如服装制造企业上游是纤维和布料生产厂家，下游是批发商和零售商，最终到达消费者。显然，这个供应链体系中所有的企业都具有相互依存的密切关系，但是在传统方式中，它们并没有太多的协作。

供应链的特征如下。

① 复杂性。因为供应链节点企业组成的跨度不同，供应链往往由多个、多类型甚至多国家的企业组成，所以供应链结构模式比一般单个企业的结构模式复杂。

② 动态性。供应链管理因企业战略和适应市场需求变化的需要，其中节点企业需要动态的更新，这就使得供应链具有明显的动态性。

③ 面向用户需求。供应链的形成、存在和重构都是基于一定的市场需求而发生的，并且在供应链的运作过程中，用户的需求拉动是供应链中信息流、物流、资金流运作的驱动源。

④ 交叉性。节点企业可以是这个供应链的成员，同时又是另一个供应链的成员，众多的供应链形成交叉结构，增加了协调管理的难度。

供应链分为内部供应链和外部供应链。内部供应链指企业内部产品市场和流通过程所涉及的采购部门、生产部门、仓储部门、销售部门等组成的供需网络，而外部供应链则是指企业外部的与企业相关的产品生产和流通过程中涉及的原材料供应商、生产厂商、储运商、零售商及最终消费者组成的供需网络。内部供应链和外部供应链共同组成了企业产品从原材料、成品到消费者的供应链。可以说，内部供应链是外部供应链的缩小化。如对于制造厂商，其采购部门就可看作外部供应链中的供应商。它们的区别只在于外部供应链范围大，涉及企业众多，企业间协调更困难。在电子商务中，更加注重 B2B（企业到企业）下从产品供应商开始到订购产品企业的外部供应链的综合管理。

供应链管理（Supply Chain Management，SCM），就是为了满足顾客的需求，在从原材料到最终产品的过程中，为了获取有效的物资运输和储存，以及高质量的服务和有效的相关信息所做的计划、操作和控制。它是一种集成的管理思想和方法，它执行供应链中从供应商到最终用户的物流计划和控制等职能。供应链不仅是多家企业的联合体，而且是多个企业的融合体，因为整个供应链是一个整体，供应链管理就是对这个整体的各种资源进行管理。

供应链管理主要涉及 4 个领域：供应（Supply）、生产计划（Schedule）、物流（Logistics）、需求（Demand），如图 5-13 所示。它是以市场和客户需求为导向，在核心企业协调下，本着共赢原则，以提高竞争力、市场占有率、客户满意度、获取最大利润为目标，以协同商务、协同竞争为商业运作模式，通过运用现代企业管理技术、信息技术和集成技术，达到对整个供应链上的信息流、物流、资金流、业务流和价值流的有效规划和控制，从而将客户、供应商、制造商、销售商、服务商等合作伙伴连成一个完整的网络结构，形成一个极具竞争力的联盟。简单地说，供应链管理就是优化和改进供应链活动，其对象是供应链的组织和他们之间的“流”；应用的方法是集成和协同；目标是满足用户需求、最终提高供应链的整体竞争能力。成功实施供应链管理，可以给企业带来以下收益。

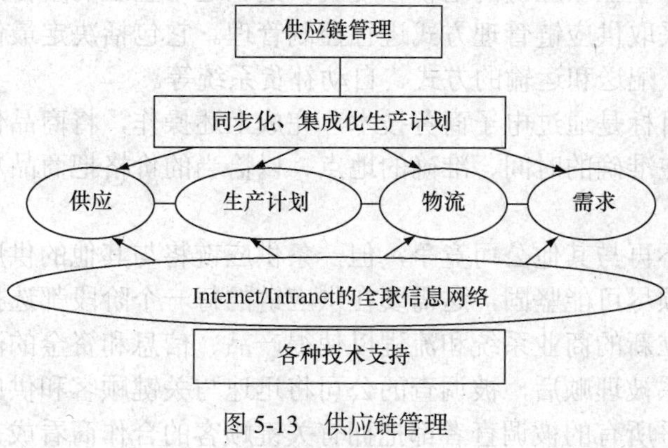

图 5-13　供应链管理

（1）库存减少

通过供应链管理可以使供应商尽快了解制造商原材料库存情况，根据实际需要进行备料，避免了库存积压。制造商可以了解客户需求情况，根据实际需要组织生产，与市场保持紧密的联系，在减少库存的同时降低了生产的风险。

（2）资源共享

供应链是各种物流资源的集合体，具备丰富的物流资源，供应链上的各企业成员可以利用供应链上的各种资源，从而避免了重复投资，减少了浪费。

（3）节省时间和人工

由于在上下游合作伙伴之间，可以建立一种长期稳定的关系，因此减少了业务交易中的谈判、签约等手续，缩短了业务流程，无形之中节约了交易时间，节省了人工成本。

（4）降低成本

供应链上的信息共享，使企业在保障安全库存的基础上，在采购、运输、库存等环节降低了成本。

（5）减少风险

由于信息共享，市场动向就能及时传递给供应链上的各节点，使企业提前做好准备，及时调整计划，实施风险管理，从而将因市场变化引起的风险降到最低。

供应链管理是在现代科技条件下，产品极其丰富的条件下发展起来的管理理念，它涉及各种企业及企业管理的方方面面，是一种跨行业的管理，并且多个企业成为贸易伙伴为追求共同经济利益的最大化而共同努力。开展电子商务必须加强对供应链的管理。

2．供应链管理的作用和要求

有效的供应链管理可以使管理者充分了解到整条供应链的信息，这条链从原材料的获得开始，到产品的生产，并一直延伸到把成品送到客户手中，管理者有了这些信息，则可以进行更加科学、全面的决策。供应链规划把整条供应链作为一个连续的、无缝进行的活动来加以规划和优化，把整条链中各环节的规划工作集成在一起，而不是各行其是。

供应链管理是产品从生产商到零售企业全过程的高效管理过程。传统意义下，这个过程中的主角既可以是生产企业，也可以是零售企业。对于大型生产企业来说，它会根据自己的出货渠道建立与零售企业的供应链，以保证其产品的正常销售和运输渠道，而对于大型零售企业来说，它又有与各个生产企业相对应的供应链。

一般来讲，一个企业供应链的通畅程度就决定了这个企业的经营效益。从订货到销售的中间过程，一般采取供应链管理方式进行控制管理。它包括决定最优库存数量、最佳存货地点、订货计划、配送和运输的方式、自动补货系统等。

供应链管理的目标是通过电子商务技术，完成上述操作，将商品供应和商品需求有机地联系起来，实现在准确的时间、准确的地点、以恰当的价格把商品从生产商手中转移到零售商手中。

一家公司可能不再与其他公司竞争，但一条供应链将与其他的供应链竞争。供应链中的每一个环节都必须尽可能坚固，这需要在供应链的每一个阶段都选择最优秀的公司并与之合伙，还需要建立新的商业系统和流程以使得产品、信息和资金的流动更为有效。在公司的内部供应链关系被理顺后，被调查的公司将迅速与关键顾客和供应商建立牢固的合作关系。实际上，几乎所有的被调查者都把拥有关键顾客的合作商看成是他们成功的关键。为了支持这一伙伴关系，并且建立新的合作过程，许多公司计划利用互联网来实现有效和及时的信息共享。尽管主要的互联网用处就在于将产品销售给顾客，但电子采购应用仍是一个发展很快的领域。互联网供应链优点的整合固然很重要，对扩展的供应链进行有效综合的利益也是非常巨大的。

供应链管理的要求如下。

① 在时间上重新规划企业的供应流程，以充分满足各客户的需要。

② 在地理上重新规划企业的供销厂家分布，以充分满足客户需要，并降低经营成本。

③ 在生产上对所有供应厂家的制造资源进行统一集成和协调，使它们能作为一个整体来运作。

3．我国供应链管理的现状及问题

（1）传统供应链管理和电子商务下的供应链管理的区别

传统的供应链管理以生产为中心，力图提高生产效率，降低单件成本来获得利润，在销售方面则采用促销方式试图将自己的产品推销给顾客，并通过库存来保证产品能不断地向顾客供应。而电子商务下的供应链管理的理念是以顾客为中心，通过顾客的实际需求和对顾客未来的需求的预测来拉动产品和服务。基于这种思想，产生了多种现代化的供应链管理系统，如快速反应系统（QR）、有效客户响应系统（ECR）、电子订货系统（EOS）及企业资源计划系统（ERP）等。

利用电子商务构建新型的企业管理模式——电子商务供应链管理，可以最大化地以网络方式将顾客、销售商、生产商、供应商和雇员联系在一起，极大提高企业管理水平，使供需双方在最适当的时机得到最适用的市场信息，大大减少商品流通的中间环节，极大地促进供需双方的经济活动，加速整个社会的商品流通，有效地降低企业的生产成本，提高企业的工作效率和经济效益，增强企业的竞争力。

（2）我国供应链管理发展现状

供应链管理模式的产生，为企业及国家带来极大的效益。当前，我国正在逐渐实施这种模式，虽然在这过程中遇到了许多障碍，但这种管理模式的发展是不可阻挡的。

供应链管理作为一种新兴的管理理念，在我国正处于起步阶段，但供应链管理的支持技术及其环节在我国已得到一定的发展。

① 电子商务及支持技术的发展。

为加快供应链中物流、信息流、资金流的流动，精确、可靠、快速采集和传递信息，供应链必须应用电子商务，采用先进的技术——支持技术优化业务流程、降低运行成本和费用等，对产品进行接收、跟踪、分拣、存储、提货及包装。

优化供应链管理的实现，不仅需要高效快速的物流、资金流，还需要快速、正确的信息流，而电子商务的发展将为信息快速、准确的流动提供保证。

供应链的支持技术包含 ID 代码、条形码、EDI、条码应用标识符、网络通信技术等。要实施有效的供应链管理，首先必须改善供应链的业务流程，然后再以较低的成本使这些流程自动化，以进一步降低供应链的成本和时间。具体地讲，需要将条码扫描技术 POS 系统、EDI 及 EFT 等技术集成起来，在供应链上建立一个高效的供应链集成系统，以确保产品能不间断地由供应商流向最终用户。与此同时，信息流能在开放的供应链中循环流动，这样才能真正地满足用户对产品和信息的要求，即给用户提供最优质的产品和适时准确的时间。

② 供应链相关环节的发展。

a．配送业的发展。我国配送中心较为成熟的配送模式：一是大型零售，连锁企业自有的配送中心——自营型配送模式，这是目前生产、流通或综合性企业（集团）所采用的一种配送模式；二是大中小型企业、零售企业服务的社会化物流配送中心——社会化的中介型配送模式。

b．连锁业的发展。连锁经营一般有自己的配送中心，但其配送中心却不规范，配送水平落后，这就需要实施供应链管理来改善其配送状况。所以，连锁业越发展，越需提高配送水平，也就为供应链的实施提供了契机。

c. 零售业的发展。POS系统已被零售业广泛地使用，电子付款方式也处于积极的探索之中。可扩展数据仓库系统的建立，将成为零售业竞争优势的来源。随着网络科技的发展，它已逐渐被应用到商业领域。

d. 仓储运输业的发展。仓储和运输业是供应链管理中不可少的基础条件。20 世纪 90 年代以来，我国的仓储运输业有了极大的发展。仓储业将随着各种仓储技术和计算机等高科技产业的发展而逐步完善。

（3）供应链管理的发展趋势

① 信息化。

基于互联网的物流网络的迅速发展，物流作业、运营与控制得以信息化，并通过电子化手段来实现供应链及物流的高效率运作。

② 全球化。

体现在市场经济条件下，全球采购、制造和销售等供应链的过程实现一体化，物流呈现出全球化发展趋势。

③ 绿色化。

生产、包装、运输、储存、再包装直至产品运输到最终目的地，这期间发生的包装物的丢弃、噪音、交通堵塞及其他形式的污染，给我们的生存环境造成了极大的威胁。当供应链管理变得越来越普及，企业及其供应链伙伴需要一起努力减少这些环境问题。

④ 集成化。

供应链中的物流、信息流、资金流等业务实行集成化处理，物流作业中的运输、仓储、增值服务与配送等采取集成运作管理。

⑤ 智能化。

在电子化供应链基础上，依托地理信息系统（GIS）、全球定位系统（GPS）、电子数据交换（EDI）、射频识别（PP）、条形码（Bar Code）、销售时点信息系统（POS）等技术手段，实现了具有一定智能的、自动化的、可视化的物流过程。如仓储作业自动化、货物跟踪、车辆跟踪定位等。

第四节 电子商务物流技术

所谓物流技术，是指完成物流任务所必须采用的最有效的方式方法。传统的概念主要是指物资运输技术或者物资流通技术，也就是说物流技术是各种流通物资从生产者转移给消费者时，实现各种流通形态的停顿与流动功能所需要的材料、机械、设施等硬件环境和计划、运用、评价等软件技术。

物流技术可以包括各种操作方法、管理技能等，如流通加工技术、物品包装技术、物品标识技术、物品实时跟踪技术等；物流技术还包括物流规划、物流评价、物流设计、物流策略等；随着计算机网络技术的普及，物流技术中综合了许多现代信息技术，如 GPS（全球定位系统）、GIS（地理信息系统）等。

物流信息技术是指现代信息技术在物流各个作业环节中的应用，是物流现代化的标志。随着物流信息技术的不断发展，产生了一系列新的物流理念和经营方式，推进了物流的改革。

一、无线射频技术

射频识别技术（Radio Frequency Identify，RFID）是利用无线电波或微波，对记录媒体进行读写，为非接触式自动识别技术的一种。射频识别系统至少应包括两个部分：一是读写器，二是电子标签（或称射频卡、应答器等）。另外还应包括天线，主机等。RFID 系统在具体的应用过程中，根据不同的应用目的和应用环境，系统的组成会有所不同，但从 RFID 系统的工作原理来看，系统一般都由信号发射机、信号接收机、发射接收天线几部分组成。

RFID 的工作原理：标签进入磁场后，如果接收到阅读器发出的特殊射频信号，就能凭借感应电流所获得的能量发送出存储在芯片中的产品信息（即 Passive Tag，无源标签或被动标签），或者主动发送某一频率的信号（即 Active Tag，有源标签或主动标签），阅读器读取信息并解码后，送至中央信息系统进行有关数据处理。RFID 识别原理如图 5-14 所示。

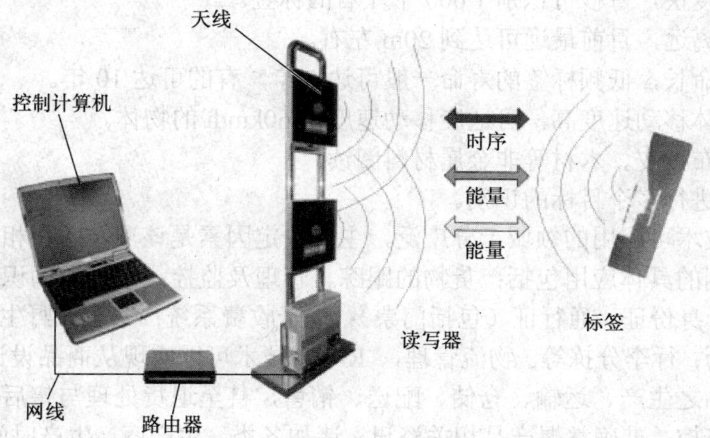

图 5-14 RFID 识读原理

RFID 技术有多种分类，从频率上可分为低频系统、高频系统和超高频系统；从读取方式上可分为主动式、被动式和半被动式 RFID;从信息存储方式上可分为集成电路固话式、现场有线改写式和现场无线改写式。

根据 RFID 系统完成的功能不同，可以粗略地把 RFID 系统分成 4 种类型：EAS 系统、便携式数据采集系统、网络系统和定位系统。EAS 系统适用于超市、图书馆、数据中心等地方，未经允许从这些地方带走物品时，EAS 系统就会发出警报。便携式数据采集系统适用于不易安装固定式 RFID 系统的环境。在网络系统中，固定布置的 RFID 阅读器分散布置在给定的区域，并且阅读器直接与数据管理系统相连。定位系统适用于自动化加工系统中的定位及对车辆、轮船等进行运行定位支持。

RFID 系统的主要性能指标是阅读距离，也称为作用距离，它表示在阅读器能够可靠的与电子标签交换信息的距离，即阅读器能够读取标签中的数据的最远距离。但在现实使用中，因受标签及阅读器系统的设计、成本、应用需求的影响，这一指标的相差很大。典型情况是，在低频 125kHz、13.56MHz 频点上一般均采用无源标签，作用距离为 10～30cm，个别系统的作用距离可达 1.5m。在高频 UHF 频段，无源标签的作用距离可达到 3～10m。更高频段的系统一般采用有源标签。采用有源标签的系统作用距离可达到 100m。

射频识别技术的优点主要体现在以下几点。

① RFID 可以识别单个的非常具体的物体，而不是像条形码那样只能识别一类物体。

② 其采取无线电射频，可以透过外部材料读取数据，而条形码必须靠激光来读取信息。

③ RFID 可以同时对多个物体进行识读，而条形码只能一个一个地读。

④ RFID 储存的信息量非常大，并且可以进行反复读写，进行资料更新。

⑤ 在高速移动的情况下，条码的读取受到限制，但是 RFID 可以进行高速移动读取等。

RFID 技术的特点如下。

① 可通过无线通信进行非接触读取数据。

② 保密性好，自身具有防伪功能。

③ 抗恶劣环境能力强，防水、防磁、耐高温和低温，可以零下几十摄氏度到零上上百摄氏度范围内使用。

④ 适度速度快，每秒可识别 1 600 个左右的标签。

⑤ 适度距离远，目前最远可达到 20m 左右。

⑥ 使用寿命长，低频标签的寿命一般可达 5 年，有的可达 10 年。

⑦ 适应物体移动速度高，可适应移动速度为 60km/h 的物体。

⑧ 可穿过布、皮、木材等非金属材料阅读。

⑨ 可同时进行多个目标的识别。

射频识别技术可应用的领域十分广泛，主要决定因素是该项技术在相应领域中的经济效益。经常提到的具体应用包括：货物的跟踪、管理及监控；车辆自动识别管理；钞票及产品防伪技术；身份证、通行证（包括门票）；电子收费系统；家畜或野生动物识别；病人识别及电子病历；行李分拣等。物流管理， RFID 技术可以实现从商品设计、原材料采购、半成品与制成品之生产、运输、仓储、配送、销售，甚至退货处理与售后服务等所有供应链环节之即时监控，准确掌握产品相关资讯，诸如各类、生产商、生产时间、地点、颜色、尺寸、数量、到达地、接收者等。如目前在我国，射频技术应用在高速公路的收费站口，使用射频技术可以实现不停车收费，如图 5-15 所示。

射频识别技术在公路收费处的应用

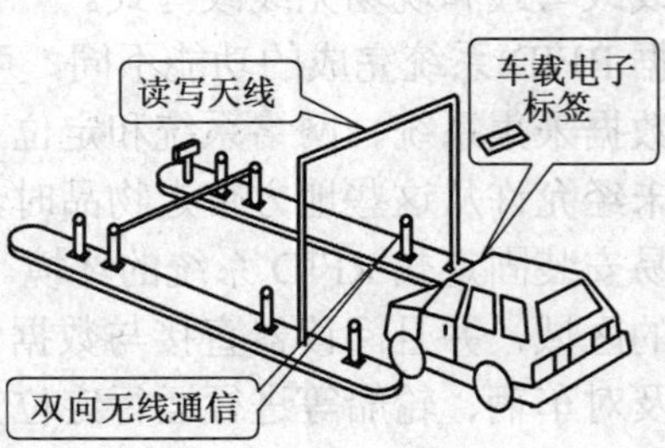

ETC在公路收费处的应用原理

图 5-15 射频识别技术的应用

二、全球定位系统（GPS）

GPS（Global Positioning System）是结合了卫星及无线技术的导航系统，具备全天候、全球覆盖、高精度的特征，能够实时、全天候为全球范围内的陆地、海上、空中的各类的目标提供持续实时的三维定位、三维速度及精确时间信息。

1．GPS 概述

GPS 是美国从 20 世纪 70 年代开始研制，历时 20 年，耗资 200 亿美元，于 1994 年全面建成，具有在海、陆、空进行全方位实时三维导航与定位能力的新一代卫星导航与定位系统。经近 10 年我国测绘等部门的使用表明，GPS 以全天候、高精度、自动化、高效益等显著特点，赢得广大测绘工作者的信赖，并成功地应用于大地测量、工程测量、航空摄影测量、运载工具导航和管制、地壳运动监测、工程变形监测、资源勘察、地球动力学等多种学科，从而给测绘领域带来一场深刻的技术革命。

随着 GPS 的不断改进，硬软件的不断完善，应用领域正在不断地开拓，目前已遍及国民经济各种部门，并开始逐步深入人们的日常生活。

2．GPS 的物流功能

以 GPS 车辆监控调度系统为例，如图 5-16 所示。

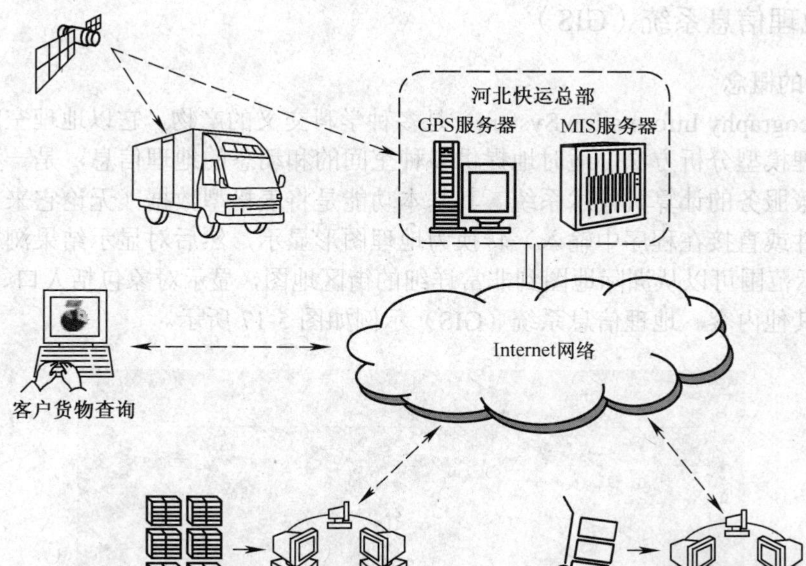

图 5-16　GPS 车辆监控调度系统

① 实时监控功能。在任意时刻通过发出指令查询运输工具所在的地理位置（经度、纬度、速度等信息）在电子地图上能直观地显示出来。

② 双向通信功能。GPS 的用户可使用 GSM 的话音功能，与司机进行通话或使用该系统安装在运输工具上的移动设备的汉字液晶显示终端进行汉字消息收发对话。

驾驶员通过按下相应的服务、动作键，将该信息反馈到网络 GPS，质量监督员可在网络 GPS 工作站的显示屏上确认其工作的正确性，了解并控制整个运输作业的准确性（发车时间、到货时间、卸货时间、返回时间等）。

③ 动态调度功能。调度人员能在任意时刻通过调度中心发出文字调度指令，并得到确

认信息。

可进行运输工具待命计划管理，操作人员通过在途信息的反馈，运输工具未返回车队前即做好待命计划，可提前下达运输任务，减少等待时间，加快运输工具周转速度。

可进行运能管理，将运输工具的运能信息、维修记录信息、车辆运行状况登记处、司机人员信息、运输工具的在途信息等到多种信息提供调度部门决策，以提高重车率，尽量减少空车时间和空车距离，充分利用运输工具的运能。

④ 数据存储、分析功能。实现路线规划及路线优化，事先规划车辆的运行路线、运行区域，何时应该到达什么地方等，并将该信息记录在数据库，以备以后查询、分析使用。

3．GPS 在物流领域的应用

GPS 在物流领域的应用有如下几个方面。

① 用于汽车自定位、跟踪调度。

② 用于铁路运输管理。

③ 用于军事物流。

三、地理信息系统（GIS）

1．GIS 的概念

GIS（Geography Information System）是多种学科交叉的产物，它以地理空间数据为基础，采用地理模型分析方法，适时地提供多种空间的和动态的地理信息，是一种为地理研究和地理决策服务的计算机技术系统。其基本功能是将表格型数据（无论它来自数据库、电子表格文件或直接在程序中输入）转换为地理图形显示，然后对显示结果浏览、操作和分析。其显示范围可以从洲际地图到非常详细的街区地图，显示对象包括人口、销售情况、运输线路及其他内容。地理信息系统（GIS）示例如图 5-17 所示。

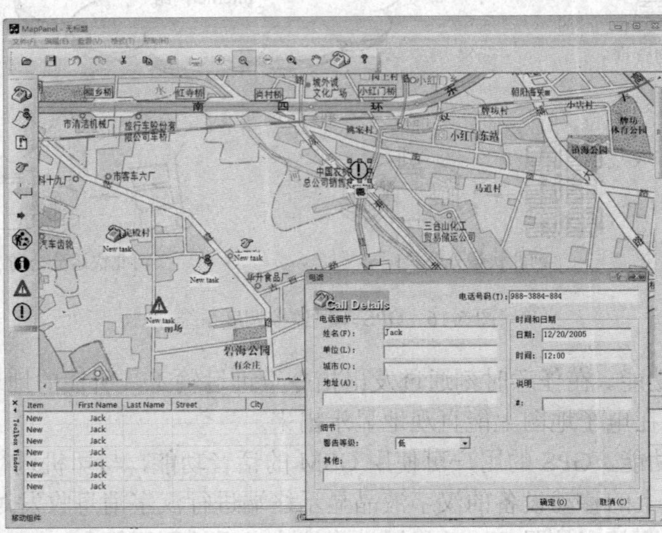

图 5-17　地理信息系统（GIS）示例

2．GIS 技术的应用

GIS 应用于物流分析，主要是指利用 GIS 强大的地理数据功能来完善物流分析技术。完整的 GIS 物流分析软件集成了车辆路线模型、最短路径模型、网络物流模型、分配集合模型和设施定位模型等。

① 车辆路线模型。它用于解决一个起始点、多个终点的货物运输中降低物流作业费用，并保证服务质量的问题，包括决定使用多少辆车，每辆车的路线等。

② 网络物流模型。它用于解决寻求最有效的分配货物路径问题，也就是物流网点布局问题。如将货物从 N 个仓库运往到 M 个商店，每个商店都有固定的需求量，因此需要确定由哪个仓库提货送给那个商店，所耗的运输代价最小。

③ 分配集合模型。它可以根据各个要素的相似点把同一层的所有或部分要素分为几个组，用以解决确定服务范围和销售市场范围等问题。如某一公司要设立多个分销点，要求这些分销点要覆盖某一地区，而且要使每个分销点的顾客数目大致相等。

④ 设施定位模型。它用于确定一个或多个设施的位置。在物流系统中，仓库和运输线共同组成了物流网络，仓库处于网络的节点上，节点决定着线路，如何根据供求的实际需要并结合经济效益等原则，在既定区域内设立多少个仓库，每个仓库的位置，每个仓库的规模，以及仓库之间的物流关系等问题，运用此模型均能很容易地得到解决。

GPS 和 GIS 在物流领域的应用比较如表 5-2 所示。

表 5-2　GIS 和 GPS 在物流领域的应用的比较

技术	实现方式	数据表示	数据操作	物流应用范围及作用
GIS	软件（地理专业程序）	空间数据（地形、地图、影像、属性）	查询和模拟	物流路线、流量和布局等查询；集成了车辆最短路径模型、物流网络模型、分配集合模型和设施定位模型等，起到物流运作优化作用
GPS	硬件（卫星、地面监控、接受设备）	空间数据（经纬度、高度、速度、时间）	定位计算	货物跟踪调度、车辆定位、全局调度管理，起到物流全程透明化作用

四、条码技术及应用

条码技术是在计算机的应用实践中产生和发展起来的一种自动识别技术。它是为实现对信息的自动扫描而设计的。它是实现快速、准确而可靠地采集数据的有效手段。条码技术的应用解决了数据录入和数据采集的“瓶颈”问题，为供应链管理提供了有力的技术支持。条码技术如图 5-18 所示。

（a）条码　　（b）条码激光扫描器

图 5-18　条码技术

条码技术为我们提供了一种对物流中的物品进行标识和描述的方法，借助自动识别技术、POS 系统、EDI 等现代技术手段，企业可以随时了解有关产品在供应链上的位置，并即时作出反应。当今在欧美等发达国家兴起的 ECR、QR、自动连续补货（ACEP）等供应链管理策略，都离不开条码技术的应用。条码是实现 POS 系统、EDI、电子商务、供应链管理的技术基础，是物流管理现代化、提高企业管理水平和竞争能力的重要技术手段。

条码可分为一维条码和二维条码。两者的区别如图 5-19 所示。

6 901234 568127

（b）二维条码　　（a）一维条码

图 5-19　一维条码与二维条码

一维条码是通常我们所说的传统条码。一维条码按照应用可分为商品条码和物流条码。商品条码包括 EAN 码和 UPC 码，我国企业使用的是 EAN-13 码。商品条码具有唯一性、持久性、灵活性、容量低的特点。物流条码包括 128 码、ITF 码、39 码、库德巴（Coda Bar）码等。物流条码和商品条码相比有许多不同之处，主要表现在以下几方面。

① 标识目标不同。通用商用条码是最终消费单元的唯一标识；物流条码是货运单元的唯一标识。

② 应用领域不同。通用商品条码用于零售业现代化管理；物流条码用于物流现代化的管理。

③ 采用的码制不同。通用商品条码采用的是 EAN/UPC 码制；物流条码采用的是 UCC/EAN-128 条码。

④ 标准维护不同。通用商品条码是一个国际化、通用化、标准化商品的唯一标识，是零售业的国际化语言，其标准无需增减更新，便于维护；物流条码是随着国际贸易的不断发展，贸易伙伴对各种信息需求的不断增加而产生的，其应用不断扩大，内容也不断丰富，条码的内容可适时增减，维护条码的标准难度较大。

一维条码可直接显示的内容为英文、数字、简单符号；但自身贮存数据不多，主要依靠计算机中的关联数据库；保密性能不高；损污后可读性差。

二维条码是用某种特定的几何图形按一定规律在平面（二维方向上）分布的黑白相间的图形记录数据符号信息的；在代码编制上巧妙地利用构成计算机内部逻辑基础的“0”、“1”比特流的概念，使用若干个与二进制相对应的几何形体来表示文字数值信息，通过图像输入设备或光电扫描设备自动识读以实现信息自动处理；二维码能够在横向和纵向两个方位同时表达信息，因此能在很小的面积内表达大量的信息。根据构成原理、结构形状的差异，可分为两大类型：一类是行排式二维条码（2D stacked bar code），如 PDF417 码、Code49 码和 Code16K 码；另一类是矩阵式二维条码（2D matrix bar code），如 QR Code、Date Matrix，现在的微信条码就是 QR Code 其中的一种。它具有信息容量大、可靠性高、可表示汉字及图像多种文字信息、保密防伪性强等优点外，还具有超高速识读、全方位（360°）识读的特点。

二维条码的特点有以下几个。

① 信息容量大。

② 编码范围广。

③ 保密、防伪性能好。

④ 可靠性高。

⑤ 修正错误能力强。

⑥ 易于制作、成本低。

⑦ 条码符号的形状可变。

二维条码主要应用在以下方面。

① 表单应用：公文表单、商业表单、进出口报单、舱单等资料的传送交换，减少人工重复输入表单资料，避免人为错误，降低人力成本。

② 保密应用：商业情报、经济情报、政治情报、军事情报、私人情报等机密资料的加密及传递。

③ 追踪应用：公文自动追踪、生产线零件自动追踪、客户服务自动追踪、邮购运送自动追踪、维修记录自动追踪、危险物品自动追踪、后勤补给自动追踪、医疗体检自动追踪、生态研究自动追踪等。

④ 证照应用：护照、身份证、挂号证、驾照、会员证、识别证、连锁店会员证等证照之资料登记及自动输入，发挥随到随读、立即取用的资讯管理效果。

⑤ 盘点应用：物流中心、仓储中心、联勤中心之货品及固定资产之自动盘点，发挥立即盘点、立即决策的效果。

⑥ 备援应用：文件表单的资料若不愿或不能以磁碟、光碟等电子媒体储存备援时，可利用二维条码来储存备援，携带方便，不怕折叠，保存时间长，又可影印传真，做更多备份。

⑦ 网络资源下载：如电子书，游戏，应用软件等。

射频识别技术和条形码技术的比较如表 5-3 所示。

表 5-3　射频识别技术和条形码技术的比较

性能	读取范围	数据容量	读取能力	读取方向	环境要求
条形码技术	光束范围	100～1 000B	只读	码定位读取	高
射频识别技术	1cm到数米	128KB	可读可写	范围读取	低

物流条码是条码中的一个重要组成部分，它不仅在国际范围内提供了一套可靠的代码标识体系，而且为贸易环节提供了通用语言，为 EDI 和电子商务奠定了基础。因此，物流条码标准化在推动各行业信息化、现代化建设进程和供应链管理的过程中将起到不可估量的作用。

物流条码的标准体系包括码制标准和应用标准。

1．码制标准

物流条码中常用的码制包括通用商品条码、交插二五条码和贸易单元 128 条码，它们的具体应用又有所不同。一般说来，通用商品条码用在单个大件商品的包装箱上；交插二五条码可用于定量储运单元的包装箱，ITF14 和 ITF6 附加代码共同使用也可以用于变量储运单元；贸易单元 128 条码的使用是物流条码实施的关键，它能够标识贸易单元的信息，如产品批号、数量、规格、生产日期、有效期、交货地等。

2．应用标准

物流条码的应用标准包括《EAN 位置码》、《储运单元条码》、《条码应用标识》。《EAN 位置码》提供了国际共同认可的标识团体和位置的标准，也正在逐渐用于标识交货地点和起运地点，成为 EDI 实施的关键。《储运单元条码》国家标准起到了对货物储运过程中物流条码的规范作用及实际应用中具有标识货运单元的功能，是物流条码标准体系中一个重要的应用标准。《条码应用标识》是商品统一条码有益和必要的补充，填补了其他 EAN/UCC 标准遗留的空白，它将物流和信息流有机地结合起来，成为连接条码与 EDI 的纽带。

在国内，条码在加工制造和仓储配送业中的应用也已有了良好的开端。红河烟厂就是一例。成箱的纸烟从生产线下来，汇总到一条运输线。在送往仓库之前，先要用扫描器识别其条码，登记完成生产的情况，纸箱随即进入仓库，运到自动分拣机；另一台扫描器识读纸箱上的条码，如果这种品牌的烟正要发运，则该纸箱被拨入相应的装车线。如果需要入库，则由第三台扫描器识别其品牌，然后拨入相应的自动码托盘机，码成整托盘后通过运输机系统入库储存。条码的优势在于极大地提高了成品流通的效率，而且提高了库存管理的及时性和准确性。

五、自动化仓库系统

自动化仓库是近十年来伴随着自动控制、系统控制设备及数据库等相关技术的飞速发展应运而生的。随着技术的发展，自动化仓库以高效、可靠、操作方便的优点为越来越多的使用者接受，应用也日益广泛。

自动化仓库系统（Automated Storage and Retrieval System，AS/RS）是在不直接进行人工处理的情况下能自动存储和取出物料的系统。自动化仓库是由电子计算机进行管理和控制，不需人工搬运作业而实现收发作业的仓库。有的自动化仓库可以直接与其他生产系统相连。图 5-20 所示为全自动立体仓库系统。

图 5-20　全自动立体仓库系统

自动化仓库系统由高层立体货架、堆垛机、输送系统、信息识别系统、计算机控制系统、通信系统、监控系统、管理系统等组成。其中，信息识别系统能完成对货物品名、类别、货号、数量、等级、生产厂家甚至货位地址的识别。在自动化仓库中，为了完成物流信息的采集，通常采用条形码、磁条、光学字符和射频等识别技术。货位的虚实识别（即自动判断某货位上货物的有无）是信息识别系统的重要部分，是实现货位自动管理的基础，对于堆垛机和货物的安全尤为重要。

自动化仓库系统集成了机械、计算机、土建和管理等多方面的技术，是现代物流技术的集中体现。近年来，自动化仓库在我国得到快速发展，立体仓库的需求也越来越大。

自动化仓库的关键技术有如下几个。

1. 自动化仓库的自动寻址

立体仓库的自动寻址就是自动寻找存放/提取货物的位置。计算机控制的自动化仓库都具有自动寻址的功能。在同一巷道内的货位地址由 3 个参数组成：第几排货架、第几层货格、左侧或右侧。当自动化仓库接收到上级管理机的存取指令和存取地址后，即向指定货位的方向运行。运行中，安装在堆垛机上的传感器不断检测位置信息，计算判断是否到位。

认址装置由认址片和认址器组成。认址器即是某种传感器，目前常用的是红外传感器。发射与接收红外光在同侧时，用反射式或投射式认址片。

认址检测方式通常分为绝对认址和相对认址两种。绝对认址是为每一个货位制定一个绝对代码，为此需要为每个货位制作一个专门的认址片。显然，绝对认址方法可靠性高，但认址片制作复杂，控制程序的设计也十分复杂。相对认址时，货位的认址片结构相同，每经过一个货位，只要进行累加就可以得到货位的相对地址。与绝对认址相比，相对认址可靠性较低，但认址片制作简单，编程也较简单。为了提高相对认址的可靠性，可以增加奇偶校验。

2. 自动识别系统

自动化仓库系统的货物管理基本技术是对货物进行自动识别和跟踪。自动识别是指在没有人工干预的情况下对物料流动过程中某一活动关键特性的确定。每一关键特性都与生产活动有关。这些关键特性包括产品的名称、数量、设计、质量、物料来源、目的地、体积、重量和运输路线等。这些数据被采集处理后，能用来确定产品的生产计划、运输路线、路程、库存、存储地址、销售生产、库存控制、运输文件、单据和记账等。货物信息可以通过声、光、磁、电子等多种介质获取。具体实现时，是在生产的关键部位配备自动识别装置，将每一处所获取的信息，经过计算机网络系统传输，并进行统一处理，从而实现在整个生产过程中对物料的信息的跟踪。

3. 堆垛机自动控制系统

控制系统是自动化仓库运行成功的关键。没有好的控制，系统运行的成本就会很高，而效率却很低。为了实现自动运转，自动化仓库内所用的各种存取设备和输送设备本身必须配备各种控制装置。如巷道式堆垛机的控制要求就包括位置控制、速度控制、货叉控制及方向控制等。所有这些控制都必须通过各种控制装置实现，根据各自的设定功能，完成一定的控制任务。

控制系统能对搬运设备（堆垛机等）、运输设备（输送机、小车、转轨车等）进行自动控制，它是自动化仓库的核心部分之一，直接关系到仓库作业的顺利进行。因此，控制系统中所采用的材料、设备、传感器和元件都应用可靠性高、寿命长、易于维护和更换，否则将存在安全隐患。在控制系统中，还应采取一系列自检和连锁保护措施，确保在工作人员操作错误时不发生事故。对机械及电气故障进行判断、报警并向主机系统传递故障信息，控制系统应能适应多种操作方式的需要。

4．监控调度系统

监控系统是自动化仓库的枢纽，是实现自动化仓库实时控制的重要组成部分。它在整个系统中起着举足轻重的作用，负责协调系统中各个部分的运行。自动化仓库系统使用了很多运行设备，各设备的运行任务、运行路径、运行方向等都需要由监控系统来统一调度，按照指挥系统的命令进行货物搬运活动。通过监控系统的监视画面可以直观地看到各设备的运行情况。

在自动化仓库的实际作业过程中，监控调度系统根据主机系统的作业命令，按运行时间最短、作业间的合理配合等原则对作业的先后顺序进行优化组合排队，并将优化后的作业命令发送给各控制系统，对作业进程、作业信息及运行设备（如堆垛机、输送机等）进行实时监控。

监控操作台可以对机械设备的位置、动作、状态、货物承载及运行故障等信息进行显示，以便操作人员对现场情况进行监视和控制，并可通过操作台上的控制开关或键盘对设备进行紧急操作。

5．计算机管理系统

计算机管理系统是自动化仓库的指挥中心，相当于人的大脑，它指挥者仓库中各设备的运行。它主要完成整个仓库的作业管理和账目管理，并担负着与上级系统的通信及处理企业信息、管理系统的部分任务。

自动化仓库的信息、管理是基于现代信息、管理理论和现代控制理论而创立的一个分支。对于一个自动化仓库来说，它可以是独立的，但对于一个企业，它又是其管理信息系统的一个子系统。它不仅对信息进行管理，也对物流进行管理与控制，集信息流和物流于一体，是现代化企业物流和信息流管理的重要组成部分。自动化仓库管理系统的主要功能是对仓库所有入出库活动进行最佳登录和控制，并对数据进行统计分析，以便决策者及早发现问题，采取相应的措施，最大限度地降低库存量，加快货物流通，创造经济和社会效益。

本章小结

本章从物流的产生过程出发，详细介绍了物流的概念、功能和分类，又从分析电子商务与物流的关系入手，引入了电子商务物流管理的主要内容，并重点了解了物流系统的组成和物流管理模式的发展；分析了电子商务对传统物流配送的冲击和影响，阐述了供应链管理的产生和发展的历史背景，对供应链管理的含义、作用和要求做了介绍。另外简单介绍了部分电子商务物流技术。

复习思考题

1．什么是物流？它包括哪些内容？物流是怎样分类的？

2．物流与电子商务有什么关系？
3．物流系统是怎样的组成？
4．什么是物流管理？
5．电子商务下有哪些物流模式？
6．什么是物流配送？
7．什么是供应链管理？
8．电子商务物流有哪些先进技术？

第六章　电子商务网络平台技术

本章要点

- 网络与通信技术
- 互联网技术
- Web 技术
- 数据库技术

电子商务的基础是电子商务系统，当代电子商务系统是在计算机技术、数据库技术和网络技术基础上构筑的。电子商务系统中的技术主要有网络通信技术、互联网技术、Web技术、数据库技术、代理技术，可以说电子商务是在Internet的发展和推动下而产生和发展的。本章主要介绍电子商务系统中应用到的各种信息技术。

第一节　网络与通信技术

一、计算机网络的发展

计算机网络从产生到发展，总体来说可以分成4个阶段。

第一阶段：20世纪60年代末到20世纪70年代初为计算机网络发展的萌芽阶段。其主要特征是：为了增加系统的计算能力和资源共享，把小型计算机连成实验性的网络。第一个远程分组交换网叫ARPANET，是由美国国防部于1969年建成的，第一次实现了由通信网络和资源网络复合构成计算机网络系统，标志计算机网络的真正产生，ARPANET是这一阶段的典型代表。

第二阶段：20世纪70年代中后期是局域网络（LAN）发展的重要阶段。其主要特征为：局域网络作为一种新型的计算机体系结构开始进入产业部门。局域网技术是从远程分组交换通信网络和I/O总线结构计算机系统派生出来的。1976年，美国Xerox公司的Palo Alto研究中心推出以太网（Ethernet），它成功地采用了夏威夷大学ALOHA无线电网络系统的基本原理，使之发展成为第一个总线竞争式局域网络。1974年，英国剑桥大学计算机研究所开发了著名的剑桥环局域网（Cambridge Ring）。这些网络的成功实现，一方面标志着局域网络的产生，另一方面，它们形成的以太网及环网对以后局域网络的发展起到导航的作用。

第三阶段：整个20世纪80年代是计算机局域网络的发展时期。其主要特征是：局域网络完全从硬件上实现了ISO的开放系统互联通信模式协议的能力。计算机局域网及其互连产品的集成，使得局域网与局域互连、局域网与各类主机互连，以及局域网与广域网互连的技术越来越成熟。综合业务数据通信网络（ISDN）和智能化网络（IN）的发展，标志着局域网络的飞速发展。1980年2月，IEEE（美国电气和电子工程师学会）下属的802局域网络标准委员会宣告成立，并相继提出 IEEE801.5～802.6 等局域网络标准草案，其中的绝大部分内容已被国际标准化组织（ISO）正式认可。作为局域网络的国际标准，它标志着局域网协议及其标准化的确定，为局域网的进一步发展奠定了基础。

第四阶段：20 世纪 90 年代初至现在是计算机网络飞速发展的阶段。其主要特征是：计算机网络化，协同计算能力发展及全球互联网络（Internet）的盛行。计算机的发展已经完全与网络融为一体，体现了“网络就是计算机”的口号。目前，计算机网络已经真正进入社会各行各业，为社会各行各业所采用。另外，虚拟网络 FDDI 及 ATM 技术的应用，使网络技术蓬勃发展并迅速走向市场，走进平民百姓的生活。

二、网络的类型

1．按地理覆盖范围分类

（1）局域网（Local Area Network，LAN）

一般限定在较小的区域内，小于 10km 的范围，通常采用有线的方式连接起来。

（2）城域网（Metropolis Area Network，MAN）

规模局限在一座城市的范围内，10～100km 的区域。

（3）广域网（Wide Area Network，WAN）

一般将不同城市间的 LAN 或 MAN 网络进行互连，地理范围可以从数百千米到数千千米。

（4）互联网（Internet）

从地理范围来说，它可以是全球计算机的互连。

2．按传输介质分类

（1）有线网

有线网是采用同轴电缆和双绞线来连接的计算机网络。同轴电缆网比较经济，安装较为便利，传输率和抗干扰能力一般，传输距离较短。双绞线网是目前最常见的联网方式。它价格便宜，安装方便，但易受干扰，传输率较低，传输距离比同轴电缆要短。

（2）光纤网

光纤网也是有线网的一种，但由于其特殊性而单独列出，光纤网采用光导纤维作传输介质。光纤传输距离长，传输率高，可达数千兆比特每秒，抗干扰性强，不会受到电子监听设备的监听，是高安全性网络的理想选择。不过由于其价格较高，且需要高水平的安装技术。

（3）无线网

无线网是采用空气作传输介质，用电磁波作为载体来传输数据，联网费用较高，但由于其联网方式灵活方便，是一种很有前途的联网方式。

3．按通信方式分类

① 点对点传输网络：数据以点到点的方式在计算机或通信设备中传输。星型网、环形网采用这种传输方式。

② 广播式传输网络：数据在共用介质中传输。无线网和总线型网络属于这种类型。

4．按网络使用的目的分类

① 共享资源网：使用者可共享网络中的各种资源，如文件、扫描仪、绘图仪、打印机及各种服务。Internet 是典型的共享资源网。

② 数据处理网：用于处理数据的网络，如科学计算网络、企业经营管理用网络。

③ 数据传输网：用来收集、交换、传输数据的网络，如情报检索网络等。

目前网络使用目的都不是唯一的。

5．按服务方式分类

（1）客户机/服务器网络

它是由客户机、服务器和链接支持部分组成。

服务器是指专门提供服务的高性能计算机或专用设备，客户机是用户计算机。这是客户机向服务器发出请求并获得服务的一种网络形式，多台客户机可以共享服务器提供的各种资源。这是最常用、最重要的一种网络类型，不仅适合于同类计算机联网，也适合于不同类型的计算机联网，如 PC 机、Mac 机的混合联网。这种网络安全性容易得到保证，计算机的权限、优先级易于控制，监控容易实现，网络管理能够规范化。网络性能在很大程度上取决于服务器的性能和客户机的数量。目前针对这类网络有很多优化性能的服务器称为专用服务器。银行、证券公司都采用这种类型的网络。

（2）对等网

对等网不要求文件服务器，每台客户机都可以与其他每台客户机对话，共享彼此的信息资源和硬件资源，组网的计算机一般类型相同。这种网络方式灵活方便，但是较难实现集中管理与监控，安全性也低，较适合于部门内部协同工作的小型网络。

6．其他分类方法

另外还有一些非正规的分类方法，如企业网、校园网。根据名称便可理解。

从不同的角度对网络有不同的分类方法，每种网络名称都有特殊的含义。几种名称的组合或名称加参数更可以看出网络的特征。千兆以太网表示传输率高达千兆的总线型网络。了解网络的分类方法和类型特征，是熟悉网络技术的重要基础之一。

三、计算机网络体系结构

我们将计算机网络的各层及其协议的结合称为网络的体系结构。换言之，计算机网络的体系结构即是这个计算机网络及其部件所应该完成的功能的精确定义。需要强调的是，这些功能究竟由何种硬件或软件完成，则是一个遵循这种体系结构的实现的问题。可见体系结构是抽象的，是存在于纸上的，而实现是具体的，是运行在计算机软件和硬件之上的。

1．ISO（OSI 参考模型）

国际标准化组织（International Organization for Standardization，ISO）是一个全球性的政府组织，是国际标准化领域中一个十分重要的组织。ISO 被 130 多个国家应用，其总部设在瑞士日内瓦，ISO 的任务是促进全球范围内的标准化及其有关活动的开展，以利于国际间产品与服务的交流及在知识、科学、技术和经济活动中发展国际间的第一线合作。ISO 在 1985 年推出了开放系统互联参考模型，即 OSI（Open System Interconnection），它将整个通信功能划分成 7 个层次，如图 6-1 所示。

（1）物理层

物理层是 OSI/ISO 的第一层，定义了为建立、维护和拆除物理链路所需的机械的、电气的、功能的和规程的特性，其作用是使原始的数据比特流能在物理媒体上传输。它虽然处于最底层，却是整个开放系统的基础。物理层为设备之间的数据通信提供传输媒体及互连设备，为数据传输提供可靠的环境。

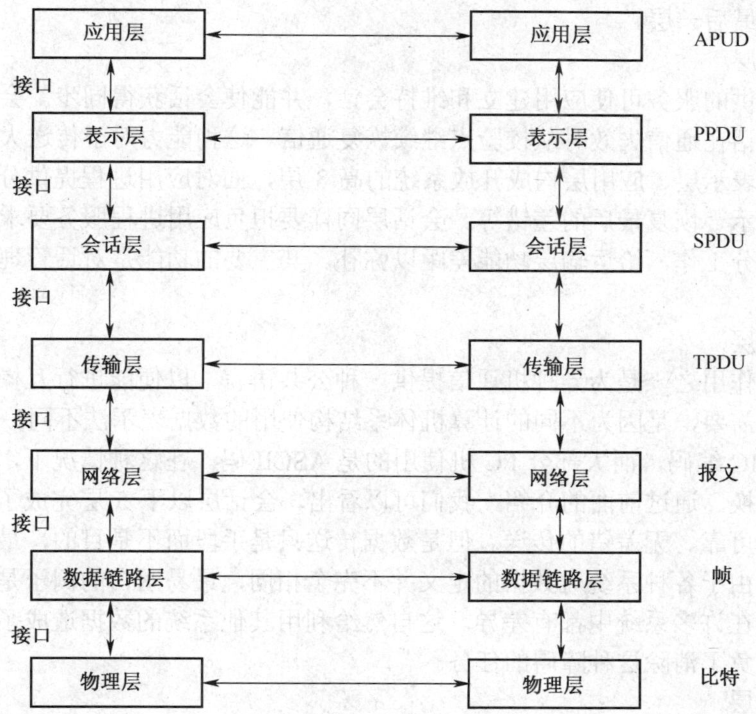

图 6-1　OSI 模型

（2）数据链路层

数据链路可以粗略地理解为数据通道。物理层要为终端设备间的数据通信提供传输媒体及其连接。媒体是长期的，连接是有生存期的。在连接生存期内，收发两端可以进行不等的一次或多次数据通信。每次通信都要经过建立通信联络和拆除通信联络两过程。这种建立起来的数据收发关系就叫作数据链路。而在物理媒体上传输的数据难免受到各种不可靠因素的影响而产生差错，为了弥补物理层上的不足，为上层提供无差错的数据传输，就要能对数据进行检错和纠错。数据链路的建立、拆除，对数据的检错、纠错是数据链路层的基本任务。

（3）网络层

数据以网络协议数据单元（分组）为单位进行传输。网络层关心的是通信子网的运行控制，主要解决如何使数据分组跨越通信子网从源传送到目的地的问题，这就需要在通信子网中进行路由选择。另外，为避免通信子网中出现过多的分组而造成网络阻塞，需要对流入的分组数量进行控制。当分组要跨越多个通信子网才能到达目的地时，还要解决网际互连的问题。

（4）传输层

传输层是两台计算机经过网络进行数据通信时，第一个端到端的层次，具有缓冲作用。当网络层服务质量不能满足要求时，它将服务加以提高，以满足高层的要求；当网络层服务质量较好时，它只用很少的工作。传输层还可进行复用，即在一个网络连接上创建多个逻辑连接。传输层也称为运输层。传输层只存在于端开放系统中，是介于低 3 层通信子网系统和高 3 层之间的一层，但是很重要的一层。因为它是源端到目的端对数据传送进行控制从低到高的最后一层。

（5）会话层

会话层提供的服务可使应用建立和维持会话，并能使会话获得同步。会话层使用校验点可使通信会话在通信失效时从校验点继续恢复通信。这种能力对于传送大的文件极为重要。会话层、表示层、应用层构成开放系统的高3层，面对应用进程提供分布处理、对话管理、信息表示、恢复最后的差错等。会话层同样要担负应用进程服务要求，而运输层不能完成的那部分工作，给运输层功能差距以弥补。其主要的功能是对话管理、数据流同步和重新同步。

（6）表示层

表示层的作用之一是为异种机通信提供一种公共语言，以便能进行互操作。这种类型的服务之所以需要，是因为不同的计算机体系结构使用的数据表示法不同。例如，IBM主机使用EBCDIC编码，而大部分PC机使用的是ASCII码。在这种情况下，便需要会话层来完成这种转换。通过前面的介绍，我们可以看出，会话层以下5层完成了端到端的数据传送，并且是可靠、无差错的传送。但是数据传送只是手段而不是目的，最终是要实现对数据的使用。由于各种系统对数据的定义并不完全相同，最易明白的例子是键盘，其上的某些键的含义在许多系统中都有差异。这自然给利用其他系统的数据造成了障碍。表示层和应用层就担负了消除这种障碍的任务。

（7）应用层

应用层向应用程序提供服务，这些服务按其向应用程序提供的特性分成组，并称为服务元素。有些可为多种应用程序共同使用，有些则为较少的一类应用程序使用。应用层是开放系统的最高层，是直接为应用进程提供服务的。其作用是在实现多个系统应用进程相互通信的同时，完成一系列业务处理所需的服务。其服务元素分为两类：公共应用服务元素（CASE）和特定应用服务元素（SASE）。CASE提供最基本的服务，它成为应用层中任何用户和任何服务元素的用户，主要为应用进程通信、分布系统实现提供基本的控制机制。SASE则要满足一些特定服务，如文卷传送、访问管理、作业传送、银行事务、订单输入等。

2. TCP/IP参考模型与协议

TCP/IP协议（Transfer Control Protocol/Internet Protocol）即传输控制/网际协议，又叫网络通信协议，它是Internet的基础。TCP/IP协议包括上百个各种功能的协议，如远程登录、文件传输和电子邮件等。

TCP/IP协议并不完全符合OSI的7层参考模型（如图6-2所示）。传统的开放式系统互连参考模型，是一种通信协议的7层抽象的参考模型，其中每一层执行某一特定任务。该模型的目的是使各种硬件在相同的层次上相互通信。而TCP/IP通信协议采用了4层的层级结构，每一层都呼叫它的下一层所提供的网络来完成自己的需求。这4层分别为：应用层、传输层、网际层和网络接口层。

应用层：应用程序间沟通的层，如简单电子邮件传输（SMTP）、文件传输协议（FTP）、网络远程访问协议（Telnet）等。

传输层：它提供了节点间的数据传送服务，如传输控制协议（TCP）、用户数据报协议（UDP）等，TCP和UDP给数据包加入传输数据并把它传输到下一层中。这一层负责传送数据，并且确定数据已被送达并接收。

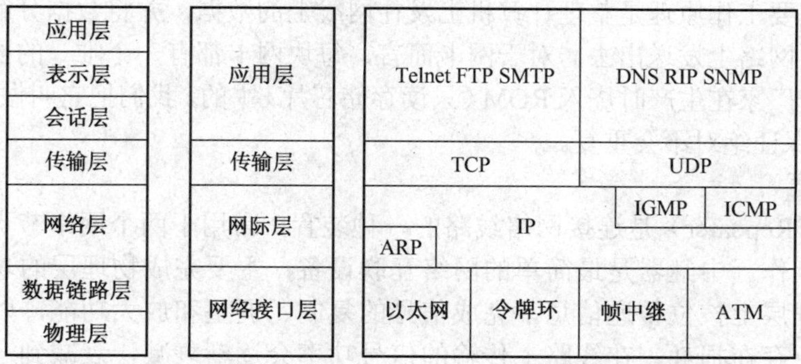

（a）OSI参考模型 （b）TCP/IP参考模型 （c）TCP/IP协议簇

图 6-2 OSI 模型、TCP/IP 模型结构和 TCP/IP 协议簇对比

网际层：负责提供基本的数据封包传送功能，让每一块数据包都能够到达目的主机（但不检查是否被正确接收），如网际协议（IP）。

网络接口层：对实际的网络媒体的管理，定义如何使用实际网络（如 Ethernet、Serial Line 等）来传送数据。

四、计算机网络组成

计算机网络由网络硬件系统和软件系统组成。

1．网络硬件系统

（1）网络服务器

服务器是计算机的一种，它是网络上一种为客户端计算机提供各种服务的高性能的计算机，它在网络操作系统的控制下，将与其相连的硬盘、磁带、打印机、Modem 及昂贵的专用通信设备提供给网络上的客户站点共享，也能为网络用户提供集中计算、信息发表及数据管理等服务。按照提供的服务不同，服务器可分为 WWW 服务器、域名解析服务器、邮件服务器、文件服务器、数据库服务器和视频服务器等。

网络服务器是可被网络用户访问的计算机系统，它包括可为网络用户提供服务的各种资源，并负责对这些资源进行管理，协调网络用户对这些资源的访问。服务器是局域网的核心，它既是网络服务的提供者，又是保存数据的基地。网络中可共享的资源大多集中在服务器中，如大容量磁盘或光盘存储器、网络数据库等。局域网上的用户可以通过服务器共享文件、数据库和外部设备等。

服务器可以是个人计算机，也可以是工作站或小型计算机。由于服务器是为网络上的所有用户服务的，在同一时刻可能有多个用户同时访问服务器，因此充当服务器的计算机应具有较高的性能，包括较快的速度、较大的内存、较大容量的硬盘等。许多计算机生产家干脆就把可作为网络服务器的计算机称网络服务器。

（2）网络连接设备

① 网卡。

网卡也叫“网络适配器”，英文全称为“Network Interface Card”，简称“NIC”，网卡是局域网中最基本的部件之一，它是连接计算机与网络的硬件设备。无论是双绞线连接、同轴电缆连接还是光纤连接，都必须借助于网卡才能实现数据的通信。

网卡的主要工作原理是整理计算机上发往网线上的数据，并将数据分解为适当大小的数据包之后向网络上发送出去。对于网卡而言，每块网卡都有一个唯一的网络节点地址，它是网卡生产厂家在生产时烧入ROM（只读存储芯片）中的，我们把它叫做MAC地址（物理地址），且保证绝对不会重复。

② 中继器。

中继器（Repeater）是连接网络线路的一种装置，常用于两个网络节点之间物理信号的双向转发工作。中继器是最简单的网络互联设备，主要完成物理层的功能，负责在两个节点的物理层上按位传递信息，完成信号的复制、调整和放大功能，以此来延长网络的长度。由于存在损耗，在线路上传输的信号功率会逐渐衰减，衰减到一定程度时将造成信号失真，因此会导致接收错误。中继器就是为解决这一问题而设计的。它完成物理线路的连接，对衰减的信号进行放大，保持与原数据相同。从理论上讲中继器的使用是无限的，网络也因此可以无限延长。事实上中继器只能在此规定范围内进行有效的工作，否则会引起网络故障。

③ 集线器。

集线器的英文称为“Hub”。“Hub”是“中心”的意思，集线器的主要功能是对接收到的信号进行再生整形放大，以扩大网络的传输距离，同时把所有节点集中在以它为中心的节点上。它工作于OSI（开放系统互联参考模型）参考模型第一层，即“物理层”。集线器与网卡、网线等传输介质一样，属于局域网中的基础设备，采用CSMA/CD（一种检测协议）访问方式。

④ 交换机。

交换机（Switching）是按照通信两端传输信息的需要，用人工或设备自动完成的方法，把要传输的信息送到符合要求的相应路由上的技术统称。广义的交换机就是一种在通信系统中完成信息交换功能的设备。

在计算机网络系统中，交换概念的提出是对于共享工作模式的改进。我们以前介绍过的Hub就是一种共享设备，Hub本身不能识别目的地址，当同一局域网内的A主机给B主机传输数据时，数据包在以Hub为架构的网络上是以广播方式传输的，由每一台终端通过验证数据包头的地址信息来确定是否接收。也就是说，在这种工作方式下，同一时刻网络上只能传输一组数据帧，如果发生碰撞还得重试，这种方式就是共享网络带宽。

⑤ 路由器。

路由器（Router）是用于连接多个逻辑上分开的网络。所谓逻辑网络是代表一个单独的网络或者一个子网。当数据从一个子网传输到另一个子网时，可通过路由器来完成。因此，路由器具有判断网络地址和选择路径的功能，它能在多网络互联环境中，建立灵活的连接，可用完全不同的数据分组和介质访问方法连接各种子网。路由器只接受源站或其他路由器的信息，属网络层的一种互联设备。它不关心各子网使用的硬件设备，但要求运行与网络层协议相一致的软件。路由器分本地路由器和远程路由器，本地路由器是用来连接网络传输介质的，如光纤、同轴电缆、双绞线；远程路由器是用来连接远程传输介质，并要求相应的设备，如电话线要配调制解调器，无线要通过无线接收机、发射机。

路由器的主要工作就是为经过路由器的每个数据帧寻找一条最佳传输路径，并将该数据有效地传送到目的站点。由此可见，选择最佳路径的策略即路由算法是路由器的关键所在。为了完成这项工作，在路由器中保存着各种传输路径的相关数据——路径表（Routing

Table），供路由选择时使用。

⑥ 网关。

网关不能完全归为一种网络硬件。用概括性的术语来讲，它们应该是能够连接不同网络的软件和硬件的结合产品。特别地，它们可以使用不同的格式、通信协议或结构连接起两个系统。网关实际上通过重新封装信息以使它们能被另一个系统读取。为了完成这项任务，网关必须能运行在 OSI 模型的几个层上。网关必须同应用通信，建立和管理会话，传输已经编码的数据，并解析逻辑和物理地址数据。

网关可以设在服务器、微机或大型机上。由于网关具有强大的功能并且大多数时候都和应用有关，它们比路由器的价格要贵一些。另外，由于网关的传输更复杂，它们传输数据的速度要比网桥或路由器低一些。正是由于网关较慢，它们有造成网络堵塞的可能。然而，在某些场合，只有网关能胜任工作。

⑦ 防火墙。

防火墙是指设置在不同网络（如可信任的企业内部网和不可信的公共网）或网络安全域之间的一系列部件的组合，它是在内部网和互联网之间构筑的一道屏障，是在内外有别及在需要区分处设置有条件的隔离设备，用以保护内部网中的信息、资源等不受来自互联网中非法用户的侵犯。它可通过监测、限制、更改跨越防火墙的数据流，尽可能地对外部屏蔽网络内部的信息、结构和运行状况。它是不同网络或网络安全域之间信息的唯一出入口，能根据企业的安全政策控制（允许、拒绝、监测）出入网络的信息流，且本身具有较强的抗攻击能力。它是提供信息安全服务，实现网络和信息安全的基础设施，以此来实现网络的安全保护。

在逻辑上，防火墙是一个分离器，一个限制器，也是一个分析器，有效地监控了内部网和 Internet 之间的任何活动，保证了内部网络的安全。防火墙系统可以是路由器，也可以是个人主机、主系统和一批主系统，专门把网络或子网同那些可能被子网外的主系统滥用的协议和服务隔绝。防火墙系统通常位于等级较高的网关如网点与 Internet 的连接处，但是防火墙系统可以位于等级较低的网关，以便为某些数量较少的主系统或子网提供保护。

防火墙主要包括安全操作系统、过滤器、网关、域名服务和电子邮件处理 5 部分。

2．网络软件系统

通常所说的网络软件系统是指网络操作系统。网络操作系统严格来说应称为软件平台，因为目前并非单一的网络操作系统一统天下，而是存在着多种网络操作系统并存的情况。

比较常用的主要有 UNIX 系统、Netware 系统和 Windows NT 系统。以推出的时间来说，UNIX 为最早，Netware 为第二，Windows NT 最晚。除去技术上的原因，依靠推出时间早的优势，UNIX 几乎独霸了最早具有联网需求的银行、铁路、军事等领域，而随着网络技术的发展，虽然出现了像 Windows NT 这样界面更友好的操作系统，但用户出于保护投资及使用习惯上的原因不情愿完全抛弃一种操作系统，从而导致了操作系统的共存与混用。

各种操作系统在网络应用方面都有各自的优势，而实际应用却千差万别，这种局面促使各种操作系统都极力提供跨平台的应用支持。由于 Internet 以 TCP/IP 为基础，而 TCP/IP 正是 UNIX 的标准协议，Internet 的高速发展自然就为 UNIX 提供了极大的机遇；Microsoft 早在 Windows 95 里就提供了内嵌的 TCP/IP，其 Windows NT 网络操作系统当然更是把对 TCP/IP 的支持作为其重要的开发策略；而随着 Windows 客户的日益增多，使得 UNIX、Netware 均提供对 Windows 的支持。

第二节　互联网技术

一、互联网概述

1．互联网（Internet）的含义

Internet（又名为国际互联网、互联网、因特网）通常是指全球最大的、开放的、基于TCP/IP的，由众多网络相互连接而成的计算机网络。因此Internet也可以说是网络之间的网，是全球计算机网络的互联系统。我们可以从网络互联、网络通信、网络资源、网络管理等不同的角度来认识它。

① 从网络互联的角度看，Internet 可以说是成千上万个具有特殊功能的专用计算机通过各种通信线路，把分散在各地的网络在物理上连接起来。

② 从网络通信的角度看，Internet是一个用TCP/IP把各个国家、各个部门、各种机构的内部网络连接起来而形成的数据通信网。

③ 从提供信息资源的角度看，Internet 是将各个国家、各个部门、各个领域的不同信息资源连为一个整体的超级信息资源网。凡是接入Internet的用户，都可以通过各种信息查询工具访问所有的信息资源，查询各种信息库、数据库，获取所需的各种信息资料。

④ 从Internet网络管理的角度看，它是一个不受任何政府或某一个管理机构管理和约束的，而是由用户互相协作的组织和集合体，从某种程度上讲，Internet是处于无政府状态之中，每一个接入Internet的用户都是自愿承担网络的管理和控制，自觉遵守网络道德标准，并且共同遵守TCP/IP的一切规定。

⑤ 从信息服务的提供上看，现代Internet是能够提供广泛、多层次的，从文本信息到声音图像信息的综合信息网络。它为现代社会的信息交流提供了全新的空间和途径。

2．Internet的基本服务功能

Internet不同于传统的网络之处在于它提供了丰富的信息资源和最先进的信息交流手段，也提供了各种各样的服务方式。最常用的服务有电子邮件（E-mail）、文件传输（FTP，File Transfer Protocol）、远程登录（Telnet）、电子公告板（BBS）和新闻组（NewsGroup）、在线交谈、信息检索（Information Retrieval）和万维网（World Wide Web，WWW）等。

（1）电子邮件

电子邮件采用电子化的方式收发消息，是网上最基本，也是使用最早、使用最多的一种服务。使用电子邮件，条件是必须有E-mail地址，它是由提供电子邮件的服务机构分配的，实质上是在该机构与Internet联网的计算机（电子邮件服务器）上为用户分配一个专门用于存放往来邮件的磁盘存储区域。通过电子邮件不仅可以发送文本文字，而且可以将图形、图像和声音等多媒体数据信息作为邮件传送。电子邮件为人们提供了一种快速便捷、高效而经济的现代化通信手段。

（2）文件传输

文件传输的功能是在Internet上的两台计算机之间进行文件的传输。它可以方便地将文件从一台计算机传送到另一台计算机上。我们通常所说的“从网上下载”或“Download”实际就是使用的文件传输服务。

（3）远程登录

远程登录是在网络通信协议 Telnet 的支持下使自己的计算机暂时成为远程计算机仿真终端的过程。要实现远程登录，首先应成为该远程计算机系统的合法用户并拥有相应的账号和口令，其次应给出远程计算机的域名或 IP 地址。一旦登录成功，用户就可以与远程计算机交互，实时使用远程计算机对外开放的功能和资源，如执行各种命令、编制程序等。

（4）电子公告板和新闻组

电子公告板和新闻组都是一种在网络上进行信息交流和讨论的一种方式。BBS 允许用户将自己的作品放入 BBS 站点，供别人使用，也允许用户在 BBS 上发表自己的观点，对预定的讨论话题进行讨论。目前，BBS 一般用作网络论坛、电子会议等。

新闻组是由有共同兴趣爱好的网络用户为了交换意见组成的一种无形的用户网络，它是按照不同的专题组织的。志趣相投的用户借助网络在一些被称为新闻服务器的计算机上展开各种类型的专题讨论。新闻组允许用户自由参加，用户的计算机只要具备一种称为“新闻阅读器的程序”，就可以通过新闻服务器阅读和发送信息。

（5）在线交谈

在线交谈是 Internet 为用户提供的一种以计算机网络为媒介的实时对话服务。用户通过终端和键盘在网上可与世界各地的朋友进行交谈、互通信息、讨论问题、交流思想。目前有一对一交谈（Talk）和多用户交谈（Internet Relay Chat，IRC）两种方式。

（6）信息检索

WWW（World Wide Web，也称为 Web）译为“万维网”，是一种基于超级文本的多媒体信息查询工具。WWW 是通过将位于全球 Internet 上不同地区的相关信息有机地编辑在一起，通过浏览器（Browser）提供一种友好的查询界面；用户只需使用鼠标，选择超文本或输入搜索关键字，WWW 就会按照信息链提供的线索，为用户寻找所需的信息。另外 WWW 仍可提供传统的 Internet 服务：Telnet、FTP、Gopher、News、E-mail 等。通过浏览器，一个不熟悉网络的用户可以很快成为使用 Internet 查询信息的行家。

二、IP 地址与域名系统

1. IP 地址

人们为了通信的方便给每一台计算机都事先分配一个类似我们日常生活中的电话号码一样的标识地址，该标识地址就是 IP 地址。Internet 上的每个主机都有唯一的 IP 地址。IP 地址的使用由专门的 Internet 管理机构来分配。

当前使用的 IP 地址由 4 个字节（32 位）组成，采用第 4 版本的编码方式——IPv4。每个 IP 地址包含两部分：网络号和主机号。网络号用于区分不同的网络，它的长度决定了 Internet 中可以容纳多少个网络。主机号用来标识网络中的主机，它的长度决定了一个网络中可以容纳多少个主机。4 字节的 IP 地址通常用小数点来分隔，每个字节用十进制数来表示，如 172.16.10.1，其中 172.16 是网络号，10.1 是主机号。

根据网络号部分的长度，IP 地址被分为 A、B、C、D、E 五类。

A 类地址第一位是 0，前 8 位是网络号，后 24 位是主机号。它用于少量的大型网络，最多可以有 2^7 个，每个 A 类网络可容纳 2^{24} 个主机。

B 类地址前两位是 10，前 16 位是网络号，后 16 位是主机号。它用于一些中型网络，最多可以有 2^{14} 个，每个 B 类网络可容纳 2^{16} 个主机。

C 类地址前三位是 110，前 24 位是网络号，后 8 位是主机号。它用于主机数少于 2^8 的小型网络，C 类网络最多可以有 2^{21} 个。

D 类地址为多目地址（Multicast Address），用于定义一组主机，进行一点到多点的数据传送。

E 类地址保留用于将来的扩展。

这样，实际由 Internet 管理机构分配使用的只有 A、B、C 三类地址。原则上，不同规模的网络，可以获得不同类型的 IP 地址。可是，一般来说，网络千差万别，某一类地址很难恰好得到充分利用，特别是 A 类和一些 B 类地址。于是，出现了子网（Subnet）的概念，进一步把现有分类中的主机号部分划分为子网和主机部分，这样分配的 IP 地址通过与前面为全 1、后面全 0 的 4 字节的掩码（Mask）进行与运算来区分不同的网络。如一个 B 类网络 172.16.0.0 可以用掩码 255.255.255.0，分为 254 个包含 2^8 个主机的子网络（172.16.1.0～172.16.254.0）。

随着 Internet 的发展，主机数急剧增多，即使采用了一些有效的办法充分利用每个地址，当前版本的 IP 地址已经越来越不够用。为了使 Internet 能容纳足够的计算机，有必要增加 IP 地址的长度，于是出现了 IPv6。

IPv6 是下一版本的互联网协议，它的提出最初是因为随着互联网的迅速发展，IPv4 定义的有限地址空间将被耗尽，地址空间的不足必将影响互联网的进一步发展。为了扩大地址空间，拟通过 IPv6 重新定义地址空间。IPv4 采用 32 位地址长度，只有大约 43 亿个地址，估计在 2005～2010 年间将被分配完毕，而 IPv6 采用 128 位地址长度，几乎可以不受限制地提供地址。按保守方法估算 IPv6 实际可分配的地址，整个地球每平方米面积上可分配 1 000 多个地址。IPv6 的主要优势体现在：扩大地址空间、提高网络的整体吞吐量、改善服务质量、安全性有更好的保证、支持即插即用和移动性、更好实现多播功能。

2．域名系统

IP 地址由 4 个从 0 到 255 之间的数字组成，如 202.116.0.54，但这些数字比较难记，所以有人发明了一种新方法来代替这种数字，即“域名”地址，域名由几个英文单词组成，如 www.ccnu.edu.cn 具有一定的意义，其中 cn 代表中国（China），edu 代表教育网（education），ccnu 代表华中师范大学，www 代表全球网（或称万维网，World Wide Wed），整个域名合起来就代表中国教育网上的华中师范大学站点。

域名地址和用数字表示的 IP 地址实际上是同一个东西，只是外表上不同而已，在访问一个站点的时候，可以输入这个站点用数字表示的 IP 地址，也可以输入它的域名地址，这里就存在一个域名地址和对应的 IP 地址相转换的问题，这些信息实际上是存放在 ISP 中称为域名服务器（DNS）的计算机上，当输入一个域名地址时，域名服务器就会搜索其对应的 IP 地址，然后访问到该地址所表示的站点。域名的格式为：

<主机名>.<*n* 级子域>.<…>.<2 级子域>.<一级域>，一般 $2<n<5$。如图 6-3 所示。

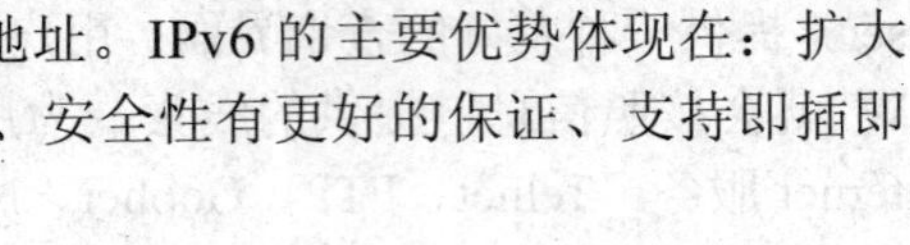

图 6-3　域名的组成

同 IP 地址一样，域名在 Internet 中具有唯一性：不同的部门机构不允许使用相同的域名。但是这个唯一性不是指一个域名只能对应一个计算机，它是指针对各部门机构的约束，在一个子域中，域名与主机 IP 地址的对应关系可以是一对一、多对一，甚至一对多，只不过最常用的是前两种。此外，域名在使用中不区分大小写。

可以看出，域名只是建立了与 IP 地址的对应关系，在网络中，它并不真正代表一台主机，真正区分每个主机的还是 IP 地址。域名只是一种便于人们使用 Internet 的附带系统。

（1）域名类型

由于 Internet 最初是在美国发源的，因此最早的域名并无国家标识，人们按用途把它们分为几个大类，分别以不同的后缀结尾，如表 6-1 所示。

表 6-1　域名类型表

域　名	类　别	域　名	类　别
.com	用于商业公司	.gov	用于政府部门
.org	用于组织、协会等	.mil	用于军事领域
.net	用于网络服务	.int	用于国际化组织
.edu	用于教育机构		

随着 Internet 向全世界的发展，除了 edu、gov、mil 一般只在美国专用外，另外 3 个大类 com、org、net 则成为全世界通用，因此这三大类域名通常称为国际域名。

由于国际域名资源有限，各个国家、地区在域名最后加上了国家标识段，由此形成了各个国家、地区自己的国内域名，如：

.com.cn　中国的商业

.org.hk　香港的组织

.net.jp　日本的网络

显然国际域名具有比国内域名更高的级别。国际标准化顶级域名如表 6-2 所示。

表 6-2　国际标准化的顶级域名表

域　名	类　别	域　名	类　别
.com	工、商、金融等企业	.biz	工商企业
.edu	教育机构	.int	国际组织
.gov	政府组织	.org	非营利性的组织
.mil	军事部门	.info	信息相关机构
.net	网络相关机构	.name	个人网站
.coop	合作组织	.aero	航空运输
.pro	医生、律师、会计专用	.museum	博物馆

（2）域名解析

人们习惯记忆域名，但机器间互相只认 IP 地址，域名与 IP 地址之间是一一对应的，它们之间的转换工作称为域名解析。在使用域名时还需要一种系统实时地把它翻译成 IP 地址，这就是域名系统（Domain Name System，DNS）。

在域名系统中，DNS 用于命名组织到域层次结构中的计算机和网络服务。通过用户友好的名称查找计算机和服务。当用户在应用程序中输入 DNS 名称时，DNS 服务可以将此名称解析为与之相关的其他信息，如IP地址。因为，在上网时输入的网址，是通过域名解析系解析找到相对应的IP地址，这样才能上网。其实，域名的最终指向是IP。把一个域名翻译成IP地址的过程，称为域名解析。反过来，则称为逆向域名解析。装有域名系统的主机称为域名服务器，负责管理域名—IP地址映射数据库，供客户机双向查询。

三、互联网接入方式

Internet由一系列互相联接的网络组成，一个企业或个人连入一个局域网、内部网或建立了拨号连接，就成为Internet的一部分。为其他企业提供Internet接入服务的企业叫做Internet接入服务商（IAP）或Internet服务商（ISP），他们可以为顾客提供多种接入服务。目前我国最大的ISP是中国电信，此外较大的ISP还有联通、吉通等。

1. 拨号上网（PSTN+MODEM）

“拨号上网”就是通过计算机拨入ISP提供的电话号码来上网，这是国内常用的上网方式，也是全世界所普遍采用的，通过电话线路和上网专用设备（如调制解调器、TA等）与计算机配合实现接通国际互联网络的一种最常用、最普遍的上网方式。

普通电话拨号上网速率受调制解调器限制，最快为56kbit/s。可见速度慢是PSTN最主要的缺点，不能够满足视频信号的传输要求。它独占电话线，Modem与电话不能同时使用，每次由Modem建立连接的时间也较长。另外，这种方式传输数据的可靠性也较低。这些缺点都表明它不是理想的Internet接入方式。但由于其具有价格低、安装简单、使用方便的特点，目前仍是最普及的方式之一。第13次CNNIC调查结果显示，在我国7 950万上网用户中，使用拨号方式上网的用户为4 916万人，占61.8%。

2. ISDN

ISDN是综合业务数字网的简称，它由电话综合数字网（IDN）发展而来。ISDN是数字交换和数字传输的结合，它以迅速、准确、经济、有效的方式提供目前各种通信网络中现有的业务，而且将通信和数据处理结合起来，开创了很多前所未有的新业务。利用一条ISDN用户线路，上网的同时可以打电话、发传真等。ISDN是一个全数字的网络，也就是说，不论原始信号是话音、文字、数据还是图像，只要可以转换成数字信号，都能在ISDN网络中进行传输。在传统的电话网络中，实现了网络内部的数字化，但在用户到电话局之间仍采用模拟传输，很容易由于沿途噪声的积累引起失真。而对于ISDN来说，实现了用户线的数字化，提供端到端的数字连接，传输质量大大提高。

由于ISDN实现了端到端的数字连接，它可以支持包括语音、数据、图像等各种业务。随着电子通信在全球不断扩大，许多人需要和不同地区的用户交换信息。而现在人们对通信的要求已经不仅是简单的声音交换，还需要共享各种格式的不同信息。

3. ADSL

DSL（Digital Subscriber Line，数字用户线路）是以铜质电话线为传输介质的传输技术组合，它包括HDSL、SDSL、VDSL、ADSL和RADSL等，一般称为xDSL。它们主要的区别就是体现在信号传输速度和距离的不同及上行速率和下行速率对称性的不同这两个方面。

HDSL与SDSL支持对称的T1/E1传输，其中HDSL的有效传输距离为3～4km，且需要2～4对铜质双绞电话线；SDSL最大有效传输距离为3km，只需一对铜线。比较而言，对称DSL更适用于企业点对点连接应用，如文件传输、视频会议等收发数据量大致相应的工作。同非对称DSL相比，对称DSL的市场要少得多。

VDSL、ADSL 和 RADSL 属于非对称式传输。其中 VDSL 技术是 xDSL 技术中最快的一种，在一对铜质双绞电话线上，上行数据的速率为 13～52Mbit/s，下行数据的速率为 1.5～2.3Mbit/s，但是 VDSL 的传输距离只在几百米以内，VDSL 可以成为光纤到家庭的具有高性价比的替代方案；ADSL 在一对铜线上支持上行速率 640Kbit/s 到 1Mbit/s，下行速率 1Mbit/s～8Mbit/s，有效传输距离在 3～5km 范围；RADSL 能够提供的速度范围与 ADSL 基本相同，但它可以根据双绞铜线质量的优劣和传输距离的远近动态地调整用户的访问速度。正是 RADSL 的这些特点使 RADSL 成为用于网上高速冲浪、视频点播（IAV）、远程局域网络（LAN）访问的理想技术，因为在这些应用中用户下载的信息往往比上载的信息（发送指令）要多得多。

4．专线接入（DDN）

DDN 是由数字传输电路和相应的数字交叉连接复用设备组成，其中，数字传输电路主要以光缆传输为主，数字交叉连接复用设备对数字电路进行半固定交叉连接和子速率的复用。一般情况下，为了网络的下沉运行和上演维护管理，需要配置网络管理系统。

数字数据网（DDN）是由数字电路和 DDN 复用交叉连接节点组成的网络，利用数字信道传输数据信号，而不是模拟信道。具体来说，DDN 主要有 6 个部分组成：光纤或数字微波通信系统；智能节点或集线器设备；网络管理系统；数据电路终端设备；用户环路；用户端计算机或终端设备。

我国公用 DDN 由国家骨干网和省内网组成。省内网可以进一步划分为省内干线网和本地网。骨干网以全国 31 个省市自治区中心城市（含重庆）的交叉连接中心组成。全网有 3 个国际出入口局：北京、上海、广州，负责与国际 DDN 的连接。按行政大区设 8 个枢纽局：北京、上海、沈阳、广州、武汉、成都、南京、西安。

它的主要作用是向用户提供永久性和半永久性连接的数字数据传输信道，既可用于计算机之间的通信，也可用于传送数字化传真、数字话音、数字图像信号或其他数字化信号。

5．局域网接入

① 使用代理方式上网。这种方式比较灵活、方便，局域网中只要有一台计算机能够上网访问即可，该计算机作为局域网上其他计算机访问。Internet 的代理服务器，其上网方式可以是拨号上网、ISDN、DDN 或是 ADSI 等。只要在该计算机上安装相应的代理软件，并配置好 IP 地址后，所有局域网上的计算机均可以通过这台代理服务器上网。

具体方法：在 IE 浏览器中选择菜单“工具—Internet 选项”，点击“连接”标签项中的“局域网设置”按钮，选中代理服务器，输入代理服务器的地址及端口号（通常是 80），再单击“确定”即可。

② 独立 IP 地址连接访问 Internet。在专线连接上网的方式下，若申请到较多的合法 IP 地址，则只需将局域网上的计算机配置好相应的 IP 地址、网关及 DNS 后，局域网上的计算机就可以直接通过路由器上网了。

具体方法：在 IE 浏览器中选择菜单“工具—Internet 选项”，点击“连接”标签项中的“局域网设置”按钮，不要选中代理服务器即可。

6．有线电视电缆接入

有线电视网是一个城市非常宝贵的资源，通过双向化和数字化的发展，有线电视系统除了能够提供更多、更丰富、质量更好的电视节目外，还有着足够的频带资源来提供其他各种非广播业务。数字通信将是其重要业务之一。有线电视网络的数字通信系统是通过

Cable Modem 系统实现的，可以实现 Internet 的高速接入，由窄带向宽带过渡。

Cable Modem（线缆调制解调器）是近两年开始使用的一种超高速调制解调器，它是利用现有的有线电视网进行数据传输的。使用 Cable Modem 传输数据时，利用的是现有的有线电缆线中的某个频道。目前使用较多的是同轴电缆，可将整个电缆划分为 3 个宽带，分别用于数字信号上传、数字信号下传及电视节目模拟信号下传。一般同轴电缆的带宽为 5～750MHz，其中数字信号上传带宽为 5～42MHz；模拟信号下传带宽为 50～550MHz；数字信号下传带宽是 550～750MHz。这样一来，数字数据和模拟数据就不会互相冲突，也就可以同时传送了。

目前全世界已有 9 亿以上的有线电视用户，其中我国就有 8 000 万户，因此业界普遍看好利用有线电视网开展网络数据业务。

7. 光纤接入

光纤由于其大容量、保密性好、不怕干扰或雷击、重量轻等诸多优点，正在得到迅速发展和应用。主干网线路迅速光纤化，光纤在接入网中的广泛应用也是一种必然趋势。光纤接入技术实际就是在接入网中全部或部分采用光纤传输介质，构成光纤用户环路（FITL），或称光纤接入网（OAN），实现用户高性能宽带接入的一种方案。根据 ONU 所设置的位置，光纤接入网分为光纤到户（FTTH）、光纤到路边（FTTC）、光纤到大楼（FTTB）、光纤到办公室（FTTO）、光纤到楼层（FTTF）、光纤到小区（FTTZ）等几种类型，其中 FTTH 将是未来宽带接入网发展的最终形式。

光接入网由于采用光纤作为传输介质，具有传输距离远、带宽大、维护费用低等特点，是有线宽带接入技术的理想方案，代表了宽带接入网的发展方向。但由于其初期投资大，很难在短期内得到广泛应用。

8. 无线接入

伴随着互联网的蓬勃发展和人们对宽带需求的不断增多，原来的电缆和网线接入已经无法满足人们对接入方式的需求。这时，无线接入技术悄然走入了人们的视线。借助无线接入技术，无论何时、何地，人们都可以轻松地接入互联网。

无线接入技术分为两种：一种为固定接入方式，包括微波、卫星和 UHF（超高频）等；另一种为移动接入方式，包括 GSM 接入技术、CDMA 接入技术、GPRS 接入技术、CDPD 接入技术、固定无线宽带（LMDS）接入技术、DBS 卫星接入技术、蓝牙技术、HorrleRF 技术、WCDMA 接入技术、3G 通信技术等。最常用的固定接入方式是微波接入，它的优点是不受地域的限制，缺点是极易受到天气的影响。CDPD 是目前最佳的移动接入方式，因为 CDPD 系统是基于 TCP/IP 的开放系统，因此我们可以很方便地接入 Internet，所有基于 TCP/IP 的应用软件都可以无需修改直接使用。

第三节　Web 技术

Web 技术通指在网络上利用各种技术实现和完成的各种服务功能和客户浏览的开发技术。目前 Web 技术在实现电子商务方面发展迅速，尤其是国内某几大网站利好消息公布后。Web 技术在国外和国内大公司都推出了自己的基于 Web 的电子商务平台，力图在中国市场上占有一席之地。Web 技术的应用主要有两大方面：基于 Internet 上的各种应用，如信息发布和搜集、从事网上交易（商品、货币等）、各种其他应用；基于局域网上的各种应用，如资源共享、企事业内部的资料文传和处理、财务、会议等办公类应用。

一、Web 概述

1. 网站的基本概念

网站就是在互联网上一块固定的面向全世界发布消息的地方。它由域名（也就是网站地址）和网站空间构成。网站也称 Web 站点，通常是将许多网页有机地组织在一起，以达到某种目的。例如，电子商务网站主要用于宣传某个公司的软硬件情况、发布产品信息、提供在线服务、进行网上销售和售后服务等；电子政务网站主要是用于宣传政府，提升政府形象、提供公众服务等。衡量一个网站的性能通常从网站空间大小、网站位置、网站连接速度、网站软件配置、网站提供服务等几方面考虑。

从技术层面看，Web 站点的特点有 3 个：一是用超文本技术（HTML）实现信息与信息的连接；二是用统一资源定位技术（URL）实现全球信息的精确定位，每个 Web 站点对应一个单独的统一资源定位符 URL，它是 Web 站点的地址；三是用新的应用层协议（HTTP）实现分布式的信息共享。这 3 个特点无一不与信息的分发、获取和利用有关。其实作为 Internet 上的一种应用架构，Web 的首要任务就是向人们提供信息和信息服务。

2. Web 应用的拓扑模型

Web 应用拓扑结构中的主体是客户机和服务器（如图 6-4 所示）。

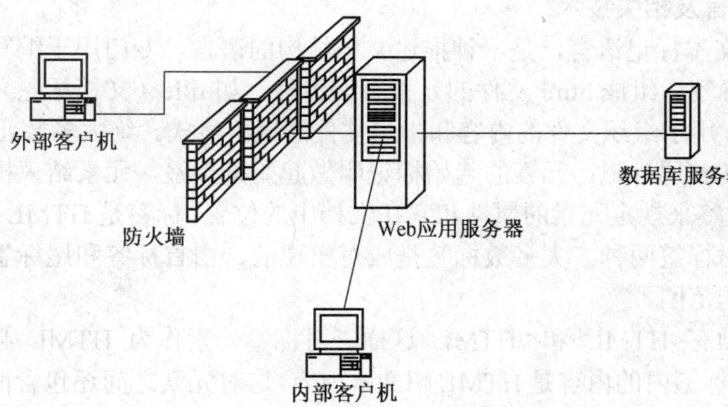

图 6-4 Web 应用拓扑模型

① 客户机。客户机使用 Internet 技术标准（如 TCP/IP、HTTP、HTML 和 XML）与 Web 应用服务器通信来存取信息。客户端的基本功能是接受并验证用户输入，显示从 Web 应用服务器到用户的返回结果。客户端可以是 Internet、Intranet（内部网）和 Extranet（外部网）中的客户机。

② 服务器。客户机首先是与 Web 服务器进行通信的。一些小型系统中，Web 服务器还集成了其他的功能（如文件服务、邮件服务、数据库服务等），而对于中大型系统，服务器通常根据不同的功能需求进行专门分工，形成各个专用服务器，如数据库服务器、邮件服务器、文件服务器等。

Web 应用服务器是 Web 应用拓扑结构的核心，它为 Web 应用提供了广泛的程序设计、数据存取和应用集成等服务。一个 Web 应用可看成是一个客户与 Web 站点之间一系列的交互作用。整个交互过程从显示在 Web 浏览器中一个页面开始，当用户单击该页面上的一个链接时便产生了一个请求，该请求被送到 Web 应用服务器。Web 应用服务器对这个请求进行处理，产生新的页面，并送回到客户端。在 Web 浏览器中显示的新页面就是这一次请求的结果，可能也是下一次请求的开始。

3．Web 的工作模式

在网络环境下有多种工作模式，常见的有终端/主机（Terminal/Mainframe）工作模式、客户机/服务器（Client/Server，C/S）工作模式和浏览器/服务器（Browser/Server，B/S）工作模式。Web 主要是采用浏览器/服务器（B/S）工作模式。

在浏览器/服务器工作模式下，基于 HTML 的浏览器主要作为用户与计算机的交互界面，服务器用来完成数据转换和应用服务。对于静态网页，当用户浏览器通过 URL 或包含 URL 的超链接元素向 Web 服务器请求网页内容时，Web 服务器将原设计好的静态 HTML 文档传送给用户浏览器。而对于动态网页，当用户浏览器通过 URL 或包含 URL 的超链接元素向 Web 服务器请求网页内容时，在 Web 服务器上要运行嵌入在网页中的脚本程序，脚本程序通过 SQL 查询调用数据库服务器中存储的数据，数据库服务器执行查询这些操作，将结果返回到 Web 服务器，产生特定格式的 HTML 文件，由 Web 服务器将这个特定格式的 HTML 文件传送给用户浏览器。

二、Web 编程语言

1．HTML 语言及相关技术

HTML 是超文本标记语言，是一种描述文档结构的语言，专门用于编写网页。它的主要语法是元素和标签。组成 html 文件的元素有许多种，如 title（文档标题）、img（图像）、table（表格）等，用于组织文件的内容和指导文件的输出格式。绝大多数元素是“容器”，即它有起始标记和结尾标记。元素的起始标记叫做起始链接签，元素结束标记叫做结尾链接签。HTML 用标签来规定元素的属性和它在文档中的位置。标签是 HTML 中的主要语法，分单独标签和成对标签两种。大多数标签是成对出现的，由首标签和尾标签组成。成对标签用于界定元素的范围。

一个网页必须有<HTML>和</HTML>这样一对标签元素作为 HTML 超文本文档的开头和结尾，这表示标签内的内容是 HTML 超文本内容。这对元素之间还包含两个元素 HEAD（文件头）和 BODY（文件体），HEAD 包含有关文档的信息但不会在网页中显示出来，HEAD 中的主要元素是<TITLE>即主题。任何 HTML 文档都必须包含 HTML、HEAD、BODY 这 3 种元素。

2．XML 语言及相关技术

XML 即为可扩展的标记语言（Extensible Markup Language），XML 是一套定义语义标记的规则，这些标记将文档分成许多部件并对这些部件加以标识。XML 的第一个词是“扩展性”，这正是 XML 强大的功能和弹性的原因。在 HTML 里，有许多固定的标记，我们必须记住然后使用它们，不能使用 HTML 规范里没有的标记。而在 XML 中，我们能建立任何需要的标记，可以充分发挥想象力，给文档起一些好记的标记名称。比如，文档里包含一些游戏的攻略，可以建立一个名为<game>的标记，然后在<game>下再根据游戏类别建立<RPG>、<SLG>等标记。只要清晰，易于理解，可以建立任何数量的标记。

XML 是 Internet 联合组织创建的一组规范，以便于软件人员和内容创作者在网页上组织信息，其目的不仅要满足不断增长的网络应用需求，而且还希望借此能够确保通过网络进行交互贸易时，具有良好的可靠性和互操作性。

XML 定义了结构化表达数据的标准格式，克服了超文本标识语言（Hyper Text Markup Language，HTML）对信息内在含义表达的匮乏与局限性。HTML 是一套定义数据外部表现格式的标记集，尽管人们可以通过上下文理解 HTML 文档的含义，但计算机却无法自动通过 HTML 标记知道其数据所要表达的内容并加以处理。

利用标准通用标识语言（Standard Generalized Markup Language， SGML），可以将来源不同的原始资料，组装在同一个文件中，利用文件格式定义（Document Type Definition，DTD）自由定义文件结构、添加标记或验证电子文件是否遵循 DTD 所定义的结构。

EDI 是通过一系列通过预定义的标准结构化了的能被机器自动处理的电子文档。用 XML 技术也可以实现电子文档在 Internet 上传送。而 XML 还是专门为 Internet 通信而设计的，通过一套统一的数据格式可以使数据管理和交换成本更低，也更易于管理。通过用来定义 XML 文件的语法、句法和数据结构标准的 DTD 规范和 XML-schema，使用户可以很容易将文件的属性映射到数据结构或分级结构中，使客户端的浏览器和数据库之间来回传输文件变得很可靠。利用结构化的 XML 文件作为中介体，异构数据库之间数据可灵活转移。因而，XML 是对 EDI 的有益补充，使得 EDI 得以迅速普及。

3．ASP

ASP 即 Active Server Page 的缩写。它是一种包含了使用 VB Script 或 Jscript 脚本程序代码的网页。当浏览器浏览 ASP 网页时，Web 服务器就会根据请求生成相应的 HTML 代码然后再返回给浏览器，这样浏览器端看到的就是动态生成的网页。ASP 是微软公司开发的代替 CGI 脚本程序的一种应用，它可以与数据库和其他程序进行交互，是一种简单、方便的编程工具。在了解了 VB Script 的基本语法后，只需要清楚各个组件的用途、属性、方法，就可以轻松编写出自己的 ASP 系统。ASP 的网页文件的格式是.ASP。

ASP 是一种服务器端的脚本运行环境，通过它可以建立并运行动态、交互、高性能的 WWW 服务器应用程序。ASP 页面是一种嵌入了用某种脚本语言（如 VBScript 和 JavaScript）书写的程序代码的 HTML 页面。和一般的带有脚本程序的 HTML 页面不同，ASP 页面中的脚本程序代码不发送至客户浏览器解释执行，而是由 IIS 解释，在 WWW 服务器中运行，并将结果生成 HTML 语句，与 ASP 页面中非脚本代码的 HTML 部分合并成一个完整的网页，返回至浏览器。

ASP 脚本可以利用本地服务器或远程服务器上运行的组件对象来存取数据库，运行应用程序与处理信息，可以利用 ASP 来直观、简易地实现强大的 WWW 应用程序。用于书写程序代码的 VBScript 和 JavaScript 脚本语言具有书写的灵活性，同时也易学易用。

与一般的程序不同，ASP 程序无需编译，ASP 程序的控制部分，是使用 VBScript、JScript 等脚本语言来设计的，当执行 ASP 程序时，脚本程序将一整套命令发送给脚本解释器（即脚本引擎），由脚本解释器进行翻译并将其转换成服务器所能执行的命令。当然，同其他编程语言一样，ASP 程序的编写也遵循一定的规则，如果我们想使用喜爱的脚本语言编写 ASP 程序，那么我们的服务器上必须要有能解释这种脚本语言的脚本解释器。在安装 ASP 时，系统提供了两种脚本语言：VBScript 和 JScript，而 VBScript 则被作为系统默认的脚本语言。

4．JSP

JSP（Java Server Pages）是由 Sun Microsystems 公司倡导、许多公司参与一起建立的一种动态网页技术标准，在传统的网页 HTML 文件（.html）中加入 Java 程序片段（Scriptlet）

和JSP标记（tag），就构成了JSP网页（*.jsp）。Web服务器在遇到访问JSP网页的请求时，首先执行其中的程序片段，然后将执行结果以HTML格式返回给客户。程序片段可以操作数据库、重新定向网页及发送E-mail等，这就是建立动态网站所需要的功能。所有程序操作都在服务器端执行，网络上传送给客户端的仅是得到的结果，对客户浏览器的要求最低，可以实现无Plugin（插件），无ActiveX，无Java Applet（Java应用小程序）。

JSP与Microsoft的ASP技术非常相似。两者都提供在HTML代码中混合某种程序代码、由语言引擎解释执行程序代码的能力。在ASP或JSP环境下，HTML代码主要负责描述信息的显示样式，而程序代码则用来描述处理逻辑。普通的HTML页面只依赖于Web服务器，而ASP和JSP页面需要附加的语言引擎分析和执行程序代码。程序代码的执行结果被重新嵌入HTML代码中，然后一起发送给浏览器。ASP和JSP都是面向Web服务器的技术，客户端浏览器不需要任何附加的软件支持。

ASP的编程语言是VB Script之类的脚本语言，JSP使用的是Java，这是两者最明显的区别。此外，ASP与JSP还有一个更为本质的区别：两种语言引擎用完全不同的方式处理页面中嵌入的程序代码。在ASP下，VB Script代码被ASP引擎解释执行；在JSP下，代码被编译成Servlet（用Java编写的Server端程序）并由Java虚拟机执行，这种编译操作仅在对JSP页面的第一次请求时发生。

5. JAVA

（1）Java的定义

Java是一种简单的、面象对象的、分布式的、解释的、安全的、结构的中立的、可移植的、性能很优异的、多线程的、动态的语言。

Java的开发环境有不同的版本，如SUN公司的Java Developers Kit，简称JDK。后来微软公司推出了支持Java规范的Microsoft Visual J++开发环境，简称VJ++。

（2）Java的特点

Java是一个广泛使用的网络编程语言，它是一种新的计算概念。首先，作为一种程序设计语言，它简单、面向对象、不依赖于机器的结构，具有高性能、可移植性、可靠性、安全性，并且提供了并发的机制。其次，它最大限度地利用了网络，Java的小应用程序（Applet）可在网络上传输而不受CPU和环境的限制。另外，Java还提供了丰富的类库，使程序设计者可以很方便地建立自己的系统。下面我们分别从这3个方面来讨论Java的特点。

① 简单性。

Java语言是一种面向对象的语言，它通过提供最基本的方法来完成指定的任务，只需理解一些基本的概念，就可以用它编写出适合于各种情况的应用程序。Java略去了运算符重载、多重继承等模糊的概念，并且通过实现自动垃圾收集大大简化了程序设计者的内存管理工作。另外，Java也适合于在小型机上运行，它的基本解释器及类的支持只有40KB左右，加上标准类库和线程的支持也只有215KB左右。

② 面向对象。

Java语言的设计集中于对象及其接口，它提供了简单的类机制及动态的接口模型。对象中封装了它的状态变量及相应的方法，实现了模块化和信息隐藏；而类则提供了一类对象的原型，并且通过继承机制，子类可以使用父类所提供的方法，实现了代码的复用。

③ 分布性。

Java是面向网络的语言。通过它提供的类库可以处理TCP/IP，用户可以通过URL地址在网络上很方便地访问其他对象。

④ 可靠性。

Java 在编译和运行程序时，都要对可能出现的问题进行检查，以消除错误的产生。它提供自动垃圾收集来进行内存管理，防止程序员在管理内存时容易产生的错误。通过集成的面向对象的例外处理机制，在编译时，Java 提示出可能出现但未被处理的例外，帮助程序员正确地进行选择以防止系统的崩溃。另外，Java 在编译时还可捕获类型声明中的许多常见错误，防止动态运行时不匹配问题的出现。

⑤ 安全性。

用于网络、分布环境下的 Java 必须要防止病毒的入侵。Java 不支持指针，一切对内存的访问都必须通过对象的实例变量来实现，这样就防止程序员使用"特洛伊"木马等欺骗手段访问对象的私有成员，同时也避免了指针操作中容易产生的错误。

第四节　数据库技术

一、数据库的产生与发展

围绕着数据结构和模型的演变，传统数据库技术相继经历了网状数据库、层次数据库和现今的关系数据库 3 个阶段。

1．数据库系统的产生和构成

（1）数据库系统的产生

数据库是以一定的组织方式存储在一起的相关数据的集合，它能以最佳的方式，最少的数据冗余为多种应用服务，程序与数据具有较高的独立性。数据库技术的萌芽可以追溯到 20 世纪 60 年代中期，20 世纪 60 年代末到 70 年代初数据库技术日益成熟，具有了坚实的理论基础，其主要标志为以下 3 个事件。

① 1969 年 IBM 公司研制开发了基于层次结构的数据库管理系统 IMS（Information Management System）。

② 美国数据系统语言协商会的数据库任务组于 20 世纪 60 年代末到 70 年代初提出了 DBTG 报告。DBTG 报告确定并建立了数据库系统的许多概念、方法和技术。DBTG 基于网状结构，是数据库网状模型的基础和代表。

③ 1970 年，IBM 公司 SanJose 研究实验室研究员 E.F.Codd 发表了题为"大型共享数据库数据的关系模型"论文，提出了数据库的关系模型，开创了关系方法和关系数据研究，为关系数据库的发展奠定了理论基础。

20 世纪 70 年代，数据库技术有了很大发展，出现了许多基于层次或网状模型的商品化数据库系统，并广泛运行在企业管理、交通运输、情报检索、军事指挥、政府管理和辅助决策等各个方面。

这一时期，关系模型的理论研究和软件系统研制也取得了很大进展。1981 年 IBM 公司 SanJose 实验室宣布具有 SystemR 全部特性的数据库产品 SQL/DS 问世。与此同时，加州大学伯克利分校研制成功关系数据库实验系统 INGRES，接着又实现了 INGRES 商务系统，使关系方法从实验室走向社会。

20 世纪 80 年代以来，几乎所有新开发的数据库系统都是关系型的。微型机平台的关系数据库管理系统也越来越多，功能越来越强，其应用已经遍及各个领域。

（2）数据库系统的构成

数据库系统是由计算机系统、数据、数据库管理系统和有关人员组成的具有高度组织的总体。数据库系统的主要组成部分有以下几个。

① 计算机系统。

计算机系统指用于数据库管理的计算机硬软件系统。数据库需要大容量的主存以存放和运行操作系统、数据库管理系统程序、应用程序及数据库、目录、系统缓冲区等，辅存方面，则需要大容量的直接存取设备。此外，系统应具有较高的网络功能。

② 数据库。

数据库既有存放实际数据的物理数据库，也有存放数据逻辑结构的描述数据库。

③ 数据库管理系统（DBMS）。

数据库管理系统是一组对数据库进行管理的软件，通常包括数据定义语言及其编译程序、数据操纵语言及其编译程序，以及数据管理例行程序。

④ 人员。

a．数据库管理员：为了保证数据库的完整性、明确性和安全性，必须有人来对数据库进行有效的控制。行使这种控制权的人叫数据库管理员。他负责建立和维护模式，提供数据的保护措施和编写数据库文件。所谓模式，指的是对数据库总的逻辑描述。

b．系统程序员：是设计数据库管理系统的人员。他们必须关心硬件特性及存储设备的物理细节，实现数据组织与存取的各种功能，实现逻辑结构到物理结构的映射等。

c．应用程序员:负责编制和维护应用程序，如库存控制系统、工资核算系统等。

⑤ 用户。

用户分专门用户和参数用户。

① 专门用户：指通过交互方式进行信息检索和补充信息的用户。

② 参数用户：指那些与数据库的交互作用是固定的、有规则的人，如售货员、订票员等就是典型的参数用户。

2．数据库设计的主要内容

信息是人们对客观世界各种事物特征的反映，而数据则是表示信息的一种符号。从客观事物到信息，再到数据，是人们对现实世界的认识和描述过程，这里经过了3个世界（或称领域）。

（1）现实世界

现实世界是指人们头脑之外的客观世界，包含客观事物及其相互联系。

（2）观念世界

现实世界在人们头脑中的反映，又称信息世界。客观事物在观念世界中称为实体，为了反映实体和实体的联系，可以采用实体联系模型（E-R模型）。

（3）数据世界

信息世界中信息的数据化。现实世界中的事物及其联系，在数据世界中用数据模型描述。

从现实世界、观念世界到数据世界是一个认识的过程，也是抽象和映射的过程，与此相对应，设计数据库也要经历类似的过程，即数据库设计的步骤包括用户要求分析、概念结构设计、逻辑结构设计和物理结构设计4个阶段，其中，概念结构设计是根据用户需求设计的数据库模型，所以称它为概念模型。概念模型可用实体联系模型（E-R模型）表示，也可以用 3NF 关系模式表示。逻辑结构设计是将概念模型转换成某种数据库管理系统（DBMS）支持的数据模型。物理结构设计是为数据模型在设备上选定合适的存储结构和存取方法。

3．实体联系模型（E-R 模型）

实体联系模型反映的是现实世界中的事物及其相互联系。

（1）实体（Entity）

“实体”是观念世界中描述客观事物的概念。实体可以是人，也可以是物或抽象的概念；可以指事物本身，也可以指事物之间的联系。

（2）属性

“属性”指实体具有的某种特性，用来描述一个实体。

（3）联系

现实世界的事物总是存在着这样或那样的联系，这种联系必然要在信息世界中得到反映。在信息世界中，事物之间的联系可分为两类:一是实体内部的联系，如组成实体的各属性之间的关系；一是实体之间的联系，这里我们主要讨论实体之间的联系。

实体有个体和总体之分。个体如“张三”、“李四”等。总体泛指个体组成的集合。总体又有同质总体（如职工）和异质总体之分。异质总体是由不同性质的个体组成的集合，如一个企业的所有事物的集合。一个异质总体可以分解出多个同质总体，数据文件描述的是同质总体，而数据库描述的是异质总体。

设 A、B 为两个包含若干个体的总体，其间建立了某种联系，其联系方式可分为 3 类。

① 一对一联系。

如果对于 A 中的一个实体，B 中至多有一个实体与其发生联系，反之，B 中的每一实体至多对应 A 中一个实体，则称 A 与 B 是一对一联系。

② 一对多联系。

如果对于 A 中的每一实体，B 中有一个以上实体与之发生联系，反之，B 中的每一实体至多只能对应于 A 中的一个实体，则称 A 与 B 是一对多联系。

③ 多对多联系。

如果 A 中至少有一实体对应于 B 中一个以上实体，反之，B 中也至少有一个实体对应于 A 中一个以上实体，则称 A 与 B 为多对多联系。

概念模型的最常用的表示方法是实体—联系方法（Entity-Relation Ap-proach，E-R 方法）。E-R 方法是由 P.P.S·Chen 于 1976 年提出的，其方法是用 E-R 图来描述某一组织的信息模型。举例如图 6-5 所示。

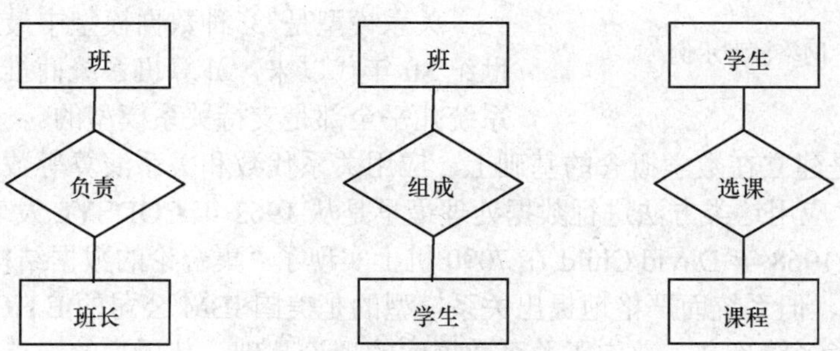

图 6-5　E-R 模型举例

a．实体：用矩形表示，矩形框内填写实体名。

b．属性：用椭圆表示，其平直边联系对应的实体。

c．联系：用菱形表示，其框内填写联系名，并在旁标写联系类型如 1∶1、1∶N 或 M∶N。

4．数据模型

数据模型是对客观事物及其联系的数据化描述。在数据库系统中，对现实世界中数据的抽象、描述及处理等都是通过数据模型来实现的。数据模型是数据库系统设计中用于提供信息表示和操作手段的形式构架，是数据库系统实现的基础。目前，在实际数据库系统中支持的数据模型主要有 3 种。

（1）层次模型

层次模型是数据库系统中最早出现的数据模型。它是用树型结构表示各类实体及实体间的联系。只有一个根节点，根以外的其他结点有且只有一个双亲节点如图 6-6 所示。它适合表示一对多的实体联系，且使用简单，完整性好。但对于多对多的实体联系模型则要采用效率不高的办法（引入冗余数据，易产生不一致，或引入虚拟结点）来解决，典型代表是 IBM 公司的 IMS（Information Management Systems）数据库管理系统。

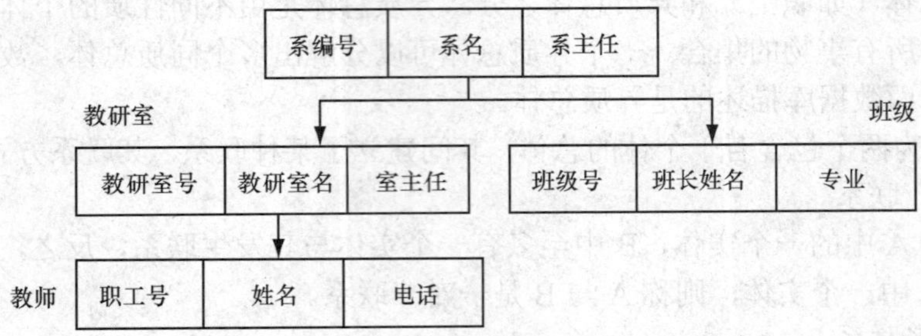

图 6-6　层次模型示例

（2）网络模型

网络模型是比层次模型更具普遍性的数据模型，如图 6-7 所示。它允许一个以上的结点无双亲，一个节点可以有多于一个的双亲，能直接地描叙客观世界，性能好、效率高，但结构复杂，不利使用。其典型代表是 DBTG（Database Task Group）系统。

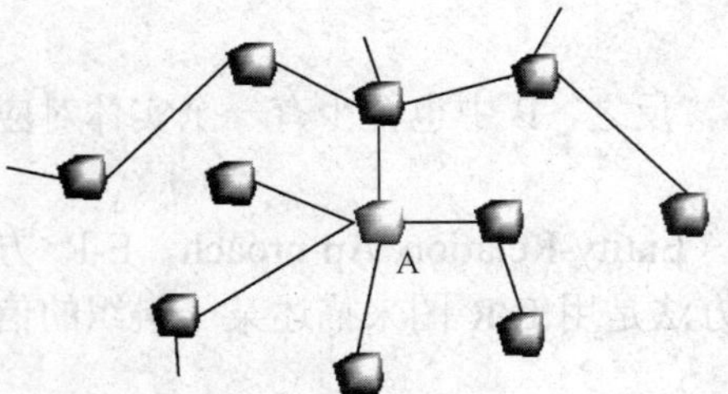

图 6-7　网络模型示例

（3）关系模型

关系模型是 3 种数据模型中最重要的模型。20 世纪 80 年代以来，计算机系统商推出的数据库管理系统几乎全部是支持关系模型的。

关系模型是建立在数学概念的基础上，应用关系代数和关系演算等数学理论处理数据库系统的方法。应用这类方法进行数据处理最早是从 1962 年 CODSYL 发表的“信息代数”开始的，其后，1968 年 David Child 在 7090 机上实现了“集合论的数据结构”（Set-theoretic Data Structure），但系统而严格地提出关系模型的是美国 IBM 公司的 E.F.Codd。他从 1970 年起连续发表了多篇论文，奠定了关系数据库的理论基础。从用户的观点来看，在关系模型下，数据的逻辑结构是一张二维表。每一个关系为一张二维表，相当于一个文件。实体间的联系均通过关系进行描述。例如表 6-3 用 m 行 n 列的二维表表示了具有 n 元组(n-Tuple)的“职工”关系。每一行即一个 n 元组，相当于一个记录，用来描述一个实体。

表 6-3　　职工表

编号	姓名	性别	职称	出生日期	工资	部门
1001	刘海英	男	教授	48.10.06	3000.00	管理学院
3002	吴 艳	女	实验员	75.05.12	1200.00	物理实验室
...	...	...	...	...	...	...

关系模型中的主要术语有以下几个。

（1）关系

一个关系对应于一张二维表。

（2）元组

表中一行称为一个元组。

（3）属性

表中一列称为一个属性。给每列起一个名即为属性名。

（4）主码（PrimaryKey，也称主关键字）

表中的某个属性组，其值唯一地标识一个元组。

（5）域

属性的取值范围。

（6）分量

元组中的一个属性值。

（7）关系模式

对关系的描述，用关系名（属性 1，属性 2，…，属性 n）来表示。

关系模型具有以下特点。

① 关系模型的概念单一。对于实体和实体之间的联系均以关系来表示。

② 关系是规范化的关系。

规范化是指在关系模型中，关系必须满足一定的给定条件，最基本的要求是关系中的每一个分量都是不可分的数据项，即表不能多于二维。

③ 关系模型中，用户对数据的检索和操作实际上是从原二维表中得到一个子集，该子集仍是一个二维表，因而易于理解，操作直接、方便，而且由于关系模型把存取路径向用户隐藏起来，用户只需指出“做什么”，而不必关心“怎么做”，从而大大提高了数据的独立性。

由于关系模型概念简单、清晰、易懂、易用，并有严密的数学基础及在此基础上发展起来的关系数据理论，简化了程序开发及数据库建立的工作量，因而迅速获得了广泛的应用，并在数据库系统中占据了统治地位。

5．关系数据规范化

规范化理论研究关系模式中各属性之间的依赖关系及其对关系模式性能的影响，探讨关系模式应该具备的性质和设计方法。规范化理论给我们提供了判别关系模式优劣的标准，为数据库设计工作提供了严格的理论依据。规范化理论是 E.F.Codd 在 1971 年提出的。他及后来的研究者为数据结构定义了 5 种规范化模式（Normal Form，范式）。范式表示的是关系模式的规范化程度，也即满足某种约束条件的关系模式，根据满足的约束条件的不同来确定范式。如满足最低要求，则为第一范式（Frist Normal Form，lNF）。符合 lNF 而又进一步满足一些约束条件的成为第二范式（2NF），等等。在 5 种范式中，通常只使用前三种，下面仅介绍这 3 种范式。

（1）第一范式（lNF）

属于第一范式的关系应满足的基本条件是元组中的每一个分量都必须是不可分割的数据项。

（2）第二范式（2NF）

所谓第二范式，指的是这种关系不仅满足第一范式，而且所有非主属性完全依赖于其主码。例如，表 6-4 所示关系虽满足 lNF，但不满足 2NF，因为其非主属性不完全依赖于由教师代码和课题代码组成的主关键字。这种关系会引起数据冗余和更新异常，当要插入新的研究课题数据时，往往缺少相应的教师代码，以致无法插入；当删除某位教师的信息时，常会引起丢失有关研究课题信息。解决的方法是将一个非 2NF 的关系模式分解为多个 2NF 的关系模式。如将表 6-4 分解为表 6-5 和表 6-6。

表 6-4　　教师课题经费表

教师代码	教师姓名	课题代码	课题名称	课题经费	所属部门	部门地址
1001	刘海英	0504100	疲劳计数法研究	50000.00	机械学院	机电楼
3002	吴 艳	0507200	二维条码研究	40000.00	理学院	科技楼

表 6-5　　教师部门地址表

教师代码	教师姓名	所属部门	部门地址
1001	刘海英	机械学院	机电楼
3002	吴 艳	理学院	科技楼

表 6-6　　课题经费

课题代码	课题名称	课题经费	教师代码
0504100	疲劳计数法研究	50000.00	1001
0507200	二维条码研究	40000.00	3002

（3）第三范式（3NF）

所谓第三范式，指的是这种关系不仅满足第二范式，而且其任何一个非主属性都不传递依赖于任何主关键字。例如表 6-5 所示教师部门地址关系属第二范式，但不是第三范式。这里，由于所属部门名依赖于教师代码（教师代码唯一确定该教师的所属部门），部门地址又依赖于部门名，因而，部门地址传递依赖于教师代码。这样的关系同样存在着高度冗余和更新异常问题。解决的办法是将其分解为如表 6-7 和表 6-8 所示。

表 6-7　　教师部门表

教师代码	教师姓名	部门代码
1001	刘海英	01
3002	吴 艳	04

表 6-8　　　　　　　　　　　　　　部门地址表

部门代码	所属部门	部门地址
01	机械学院	机电楼
04	理学院	科技楼

6. 数据库技术的发展

所谓 Internet 数据库，其实质是在传统关系数据库技术上，融合最新网络技术、存储技术和检索技术而发展的新型数据库技术。它在数据库模型、存储机制和检索技术等方面做出革新，以全面面向 Internet 的功能结构来适用于新的以 Internet 为基础的应用，从而开辟了一个 Internet 数据库的新时代。

Industrial SQL Server 特性：在线修改配置，无需重新初始化；可将旧数据、增补数据、手工数据插入数据库中；Insql 控制台提供统一的管理界面；分布式的数据采集引擎 IDAS；高可靠性；高客户端性能。

面向 Internet 的数据挖掘比面向单个数据仓库的数据挖掘要复杂得多。在传统数据库中的数据是结构化的，而 Internet 上的数据其最大特点是半结构化，这就决定了面向 Internet 的数据挖掘将是一个颇具挑战性的课题。所谓半结构化是相对于结构化和非结构化而言。如传统数据库中的数据结构性很强，我们称为完全结构化的数据，而同时还存在一些诸如一本书、一张图片等完全无结构的数据。但是 Internet 上存在的数据既不是完全结构化的也不是完全非结构化的，因为其页面也具有一定的描述层次的，存在一定的结构，所以我们将它称为半结构化的数据。

从数据库研究的角度出发，Web 上网站的信息也可以看作是一个数据库，一个更大的、复杂性更高的数据库。Web 上的每一个站点就是一个数据源，每一个数据源都是异构的，因为每一站点跟每一站点的信息和组织形式都不一样，这就构成了一个巨大的、异构的数据库环境。如果想要利用这些数据进行数据挖掘，首先必须要研究站点之间异构数据的集成问题。因为只有将这些站点上的数据都集成起来，提供给用户一个统一的视图或视角，才有可能从巨大的数据资源中获取所需的东西。其次，还要解决 Internet 上的数据查询问题。因为如果所需的数据都不能很有效地得到，对这些数据进行分析、处理就更是无从谈起。这些基础性的问题都亟待解决。

传统的数据库都有一定的数据模型，可以根据这个模型来具体地描述特定的数据，同时可以很好地定义和解释相关的查询语言。而 Internet 上的数据特点很复杂，没有这样特定的模型来描述。每一个站点上的数据都是由站点开发人员自行设计放置的，而且数据本身具有自描述性和动态可变性等一系列复杂特性，其结构也不可琢磨。在这种情况下如何来解决异构数据的集成和数据查询问题呢？这就迫切需要有一个模型来清晰地描述 Internet 上的数据。针对 Internet 上的数据半结构化的特点，寻找一个半结构化的数据模型则成为了解决上述问题的关键所在。此外，除了要定义这样一个半结构化数据模型外，还需要一项技术能够自动地从现有数据中将这个模型抽取出来，这就是所谓的模型抽取技术。因为半结构化数据模型和半结构化数据模型抽取技术是面向 Internet 的数据挖掘技术实施的前提，因此堪称是当今数据库研究领域的最大热点。

近年来新涌现了一个标记语言叫 XML（Extensive Markup Language，可扩展标记语言），它最大的特点在于其 Tag 是具有语义的，是由用户定义的，能够反映一定的数据的含义。XML

的出现给做数据库研究的人带来了很大的惊喜。从某种意义上说，XML 就是一种半结构化的数据模型。XML 的文档描述的语义非常清楚，而且很容易就可以将之和关系数据库中的属性一一对应起来，能够支持实施十分精确的查询。XML 将为在 Web 上的数据查询和模式抽取提供了一个重要的契机，以此为基础，基于 Web 的数据挖掘的实现距离我们也不会太遥远。目前已经有很多关于 XML 数据存储、XML 数据的查询和 XML 的系统实现与应用模式等方面的研究工作纷纷开展起来，以 XML 家族为基础的新一代的 WWW 环境是直接面对 Web 数据的，不仅可以很好地兼容原有的 Web 应用，而且可以更优地实现 WWW 这一分布计算环境下的信息共享与交换。因此，它已成为 Web 信息发展的可喜的趋势。

数据仓库也是近年来逐渐兴起的一个概念。随着企业信息化建设的不断深入，企业的数据积累越来越大，企业信息系统本身的构成也越来越复杂，原有的系统中可能会采用面向对象数据库，也可能会采用关系数据库，也可能采用的是不同厂家的产品，由此就出现了一个庞大而异构的数据资源。数据仓库就是要将这些数据资源集成起来，以满足决策支持的需求。

数据仓库其实质也是一个数据库，但是它存储的数据与普通数据库中的数据不太一样，它存储的是从数据库里面经过加工整理后的数据。例如对于商场应用来说，原有数据库中存储的是每一笔交易的数据，而数据仓库则要根据过往的历史记录进行提炼整理，存放的可能是某种产品某月在某地区的特定销量等记录。

数据仓库将异构的数据集成起来，经过加工整理变成一个可用的数据资源，而数据挖掘和 OLAP（On line Analysis Process，联机分析处理）则是在数据仓库上进行操作，它们都是基于数据仓库的分析工具。数据挖掘和 OLAP 最本质的区别在于，数据挖掘是一种挖掘性的分析工具，它主要是利用各种分析方法主动地去挖掘大量数据中蕴含的规律，而 OLAP 则是一种求证性的分析工具，即已有一个假设，通过 OLAP 来得到验证。OLAP 所采用的验证方法多是基于数据立方体法，即通过对数据立方体的切片、切块、旋转、钻取等操作来实现对数据立方体快速的多维存取。所谓多维存取，是从不同的角度根据数据仓库中的不同主题来得出不同的结论。数据挖掘和 OLAP 这两种分析工具本身是相辅相成的，因为 OLAP 可以帮助人们提出假设，也可以验证数据挖掘预测出的结果；数据挖掘能够挖掘出一个结论，但这个结论正确不正确，可以用 OLAP 去验证。

传统的数据环境基本上是数据操作型的，传统的信息系统只负责数据的增、删及修改操作，而在数据库的基础上可实现的工作就是 OLTP（Online Transaction Process，联机事务处理）。现在由于数据积累的不断增多，人们需要分析型的数据环境，于是就出现了白数据库导出的数据仓库，以此为基础则可以实现 OLAP 和数据挖掘。

和文件系统相比，数据库系统有一系列的特点，具体表现在以下几个方面。

（1）数据库系统向用户提供高级的接口

在文件系统中，用户要访问数据，必须了解文件的存储格式、记录的结构等。而在数据库系统中，这一切都不需要了。数据库系统为用户处理了这些具体的细节，向用户提供非过程化的数据库语言（即通常所说的 SQL 语言），用户只要提出需要什么数据，而不必关心如何获得这些数据。对数据的管理完全由数据库管理系统（Database Management System，DBMS）来实现。

（2）查询的处理和优化

查询通常指用户向数据库系统提交的一些对数据操作的请求。由于数据库系统向用户提供了非过程化的数据操纵语言，因此对于用户的查询请求就由 DBMS 来完成，查询的优化处理就成了 DBMS 的重要任务。

（3）并发控制

前面曾经提到，文件系统一般不支持并发操作，这样大大地限制了系统资源的有效利用。在数据库系统中，情况就不一样了。现代的数据库系统都有很强的并发操作机制，多个用户可以同时访问数据库，甚至可以同时访问同一个表中的不同记录，这样极大地提高了计算机系统资源的使用效率。

（4）数据的完整性约束

凡是数据都要遵守一定的约束，最简单的一个例子就是数据类型，如定义成整型的数据就不能是浮点数。由于数据库中的数据是持久的和共享的，因此对于使用这些数据的单位来说，数据的正确性显得非常重要。在关系数据库系统中，比较重要的完整性约束有实体完整性、域完整性、参照完整性和用户自定义的完整性等。

进入 20 世纪 80 年代之后，计算机硬件技术有了飞速的提高，促使计算机应用不断深入，产生了许多新的应用领域，如计算机辅助设计、计算机辅助制造、计算机辅助教学、办公自动化、智能信息处理、决策支持等。这些新的领域对数据库系统提出了新的要求。但是由于应用的多元化，不能设计出一个统一的数据模型来表示这些新型的数据及其相互关系，因而出现了百家争鸣的局面，产生了演绎数据库、面向对象数据库、分布式数据库、工程数据库、时态数据库、模糊数据库等新型数据库的研究和应用。

到目前为止，在世界范围内得到主流应用的还是经典的关系数据库系统，比较知名的如 Sybase、Oracle、Informix、SQL Server、DB2 等。

二、主要的 Web 数据库访问技术

WWW 建立以来，Web 就与数据库有着极其紧密的关系。可以说，整个 Internet 就是一个大的数据库。随着计算机网络技术的发展，WWW 已成为 Internet 上最受欢迎、最为流行的，采用超文本、超媒体范式进行信息存储与传递的工具。

1．通用网关技术（CGI）

CGI 是一种 Web 站点上可以用来访问 Web 站点的用户交互的各种程序的标准，使用 CGI 脚本允许用户在浏览器中等服务器上的数据库交互，完成对数据库的各种操作。几乎使用的服务器软件都支持 CGI，开发者可以使用任何一种 Web 服务器内置语言编写 CGI，包括 Perl、C、C++、VB 和 Delphi 语言等。

CGI 缺点是执行速度较慢，Web 服务器每启动一个数据查询服务，就必须启动一个新的 CGI 进程，相对服务器资源代价比较高。

2．ASP（Active Server Pages）

ASP 是一种开放的，可以将 HTML 脚本及可重用的 Active Server 组件结合在一起以建立高效的动态的基于 Web 的应用程序环境，利用 ASP 可以增加运行在服务器端的脚本的新特性，如访问数据库。

3．应用编程接口（API）

鉴于 CGI 的一些缺陷，Microsoft 和 Netscape 开发了专用的 Web 服务器中的程序代码（如动态链接库 DLL），且一般与 Web 服务器软件处在内存的同一地址空间中，因此每次调用时是在内存中运行相应的程序段，而不是像 CGI 那样需要启动新的进程，因而效率要比

CGI高得多。

API技术主要缺点是开发难度大，且可移植性差，开发出的应用程序只能在相应的Web服务器上运行，缺乏通用性。

为了减轻开发应用程序的困难，Netscape和Microsoft在其各自的服务器中提供了基于API的编程接口。Netscape提供了基于NSAPI的Livewire，它是专门设计的全面开发方案，开发人员可以开发和管理WWW界面、WWW网点，并且可以利用SQL语句或ODBC直接访问数据库。Microsoft则提供了基于ISAPI的IDC模块，它是IIS的一个动态连接库（httpodbc.dll），并通过ODBC访问各类数据库。

4．JDBC技术

Java是一种简单、面向对象、易传送、稳固安全、多线程执行控制及3D空间设计的语言，它为Internet注入了交互性。Java支持数据库的访问，是因为SUN公司提供了一种标准的SQL访问数据库的Java语言应用程序编程接口（JDBC）。构成Java语言的基础是一系列类库，而JDBC正是定义了Java与数据库之间的接口类库（Java.sql包），它是Java语言中执行SQL语句的API（应用程序接口），它由一系列类和接口所组成，这些类和接口均是由Java语言写成的，通过它一个程序开发者可以在Java语言中建立与数据库的链接、执行SQL语句和处理SQL语句返回的结果。

采用JDBC很容易用SQL语句访问异构数据库，如通过JDBC API，就可以把SQL查询语句送往Sybase、Oracle或Informix数据库，同时采用Java语言编写应用程序，具有平台无关性，不需为不同的平台编写不同的应用程序。

三、数据仓库与数据挖掘技术

1．数据仓库技术

数据仓库是面向主题的、集成的、随时间变化的，但信息本身相对稳定的数据集合，用以支持决策过程。数据仓库作为一个集成的数据库，把数据从各个数据源中提取出来，按照数据仓库所用的公共数据模型进行相应变换，并与仓库中现有数据集成在一起。在数据仓库中，由于数据模型和语法等方面的差异已被消除，数据库可直接被访问，因此查询和分析处理都很快。

电子商务网站在与客户的每一次交互中，都将通过页面访问与点击产生大量的数据。分散在不同系统中的这些数据需要通过清洗、整理、过滤、排序、合并等各种技术手段进行综合的处理，才能转变成有意义的业务信息与知识，从而帮助企业更好的洞察与了解客户行为。实现这种处理的最有效方法就是引入数据仓库技术。

2．数据挖掘技术

数据挖掘（Data Mining）就是从大量的、不完全的、有噪声的、模糊的、随机的数据中，提取隐含在其中的、人们事先不知道的，但又是潜在有用的信息和知识的过程。特别要指出的是，数据挖掘技术从一开始就是面向应用的。它不仅是面向特定数据库的简单检索查询调用，而且要对这些数据进行微观乃至宏观的统计、分析、综合和推理，以指导实际问题的求解，企图发现事件间的相互关联，甚至利用已有的数据对未来的活动进行预测。

数据挖掘技术源于商业的直接需求，因此它在各种商业领域都存在广泛的使用价值。业务应用中常见的具体例子有：客户细分、客户获得、客户保持、客户拓展、目标营销、交叉销售、增量销售、购物分析、个性服务、信用评估、欺诈检测、客户赢利能力分析、投资组合管理、利润分析、销售预测、收入预测、需求预测、安全管理、资源优化、活动分析、业绩分析、商店选址、库存控制、质量控制、故障分析等。当电子商务在企业中得到应用时，企业信息系统将产生大量数据，这些海量数据使数据挖掘有了丰富的数据基础，同时高性能计算机和高传输速率网络的使用也给数据挖掘技术提供了坚实的保障。因此以上业务应用在电子商务活动中有了更大的用武之地。

本章小结

本章主要介绍了与电子商务相关的基本技术。首先介绍了网络与通信技术，对计算机网络的发展历史、类型、组成、体系结构做了一一介绍。其次，对互联网技术比如域名、入网接入方式做了深入分析。然后对 Web 技术中的编程语言、网站概况做了介绍，特别重点介绍了编程语言，如 ASP 技术、JSP 技术、HTML、XML 等。最后对数据库技术相关知识做了介绍。

复习思考题

1. 常用计算机网络的拓扑结构有几种？
2. OSI 参考模型指的是什么？请简单扼要说明各层的特点。
3. 简述路由器的功能。
4. 简述主要的 Web 数据库访问技术。

第七章 电子商务安全技术

本章要点

- 电子商务的安全威胁
- 电子商务的安全需求
- 电子商务安全保障体系
- 加密技术
- 认证技术
- 数字签名原理
- 电子商务安全交易协议

由于电子商务交易平台具有虚拟性和匿名性，其安全问题也较突出，成为制约其进一步发展的重要瓶颈。电子商务的一个重要技术特征是利用计算机网络来传输和处理商务信息。因此，电子商务安全从整体上可分为两大部分：计算机网络安全和商务交易安全。

计算机网络安全的内容包括：计算机网络设备安全、计算机网络系统安全、数据库安全等。其特征是针对计算机网络本身可能存在的安全问题，实施网络安全增强方案，以保证计算机网络自身的安全性。

商务交易安全则紧紧围绕传统商务在Internet上应用时产生的各种安全问题，在计算机网络安全的基础上，如何保障电子商务过程的顺利进行，即实现电子商务的保密性、完整性、可鉴别性、不可伪造性和不可抵赖性。

第一节 电子商务安全概述

随着电子商务在全球范围内的迅猛发展，电子商务中的网络安全问题日渐突出。根据中国互联网络信息中心（CNNIC）发布的“中国互联网络发展状况统计报告（2008/1）”，在电子商务方面，54.26%的用户最关心的是交易的安全可靠性。由此可见，电子商务中的网络安全和交易安全问题是发展电子商务的关键之所在。

1983 年 10 月 24 日美国著名的计算机安全专家、AT&T 贝尔实验室的计算机科学家 Rober Morris 在美国众议院科学技术会议运输、航空、材料专业委员会上做了关于计算机安全重要性的报告，从此计算机安全成了国际上研究的热点。现在随着互联网技术的发展，网络安全成了新的安全研究热点。网络安全就是如何保证网络上存储和传输的信息的安全性。但是由于在互联网设计之初，只考虑方便性、开放性，使得互联网非常脆弱，极易受到黑客的攻击或有组织的群体的入侵，也会由于系统内部人员的不规范使用和恶意破坏，使得网络信息系统易遭到破坏。

一、电子商务中的风险

从整个电子商务系统着手分析，可以将电子商务的安全风险归类为下面 4 类，即信息传输风险、信用风险、管理风险以及法律方面风险。

1. 信息传输风险

信息传输风险是指进行网上交易时，因传输的信息失真或者信息被非法的窃取、篡改和丢失而导致网上交易的不必要损失。从技术上看，网上交易的信息传输风险主要来自 5 个方面。

① 冒名偷窃。如“黑客”为了获取重要的商业秘密、资源和信息，常采用源 IP 地址欺骗攻击。

② 篡改数据。攻击者未经授权进入网络交易系统，使用非法手段，删除、修改、重发某些重要信息，破坏数据的完整性，损害他人的经济利益，或干扰对方的正确决策，造成网上交易的信息传输风险。

③ 信息丢失。交易信息的丢失，可能有 3 种情况：一是因为线路问题造成信息丢失；二是因为安全措施不当而丢失信息；三是在不同的操作平台上转换操作不当而丢失信息。

④ 信息传递过程中的破坏。信息在网络上传递时，要经过多个环节和渠道。由于计算机技术发展迅速，原有的病毒防范技术、加密技术、防火墙技术等始终存在着被新技术攻击的可能性。计算机病毒的侵袭、“黑客”非法侵入、线路窃听等很容易使重要数据在传递过程中泄露，威胁电子商务交易的安全。此外，各种外界的物理性干扰，如通信线路质量较差、地理位置复杂、自然灾害等，都可能影响到数据的真实性和完整性。

⑤ 虚假信息。从买卖双方自身的角度观察，网上交易中的信息传输风险还可能来源于用户以合法身份进入系统后，买卖双方在网上发布虚假的供求信息，或以过期的信息冒充现在的信息，以骗取对方的钱款或货物。现在还没有很好的解决这个问题的办法。

与传统交易不同的是，网上交易的信息传输风险更为严重。传统交易中的信息传递和保存主要通过有形的单证进行，信息接触面比较窄，容易保护和控制，即使在信息传递过程出现丢失、篡改等情况时，也可以通过留下的痕迹查找出现偏差原因。而在网上传递的信息，是在开放的网络上进行的，信息的接触面比较多，而且信息被篡改时可以不留下痕迹，因此网上交易时面临的信息传输风险比传统交易更为严重。

2. 信用风险

信用风险主要来自 3 个方面。第一，来自买方的信用风险。个人消费者可能在网络上使用信用卡进行支付时产生恶意透支，或使用伪造的信用卡骗取卖方的货物；集团购买者存在拖延货款的可能，卖方需要为此承担风险。第二，来自卖方的信用风险。卖方不能按质、按量、按时寄送消费者购买的货物，或者不能完全履行与集团购买者签订的合同，造成买方的风险。第三，买卖双方都存在抵赖的情况。

传统交易时，交易双方可以直接面对面进行，信用风险比较容易控制。由于网上交易时，物流与资金流在空间上和时间上是分离的，因此如果没有信用保证，网上交易是很难进行的。再加上网上交易一般是跨越时空的，交易双方很难面对面交流，信用的风险就很难控制。这就要求网上交易双方必须有良好的信用，而且有一套有效的信用机制降低信用风险。

3. 管理方面的风险

网上交易管理风险是指由于交易流程管理、人员管理、交易技术管理的不完善所带来的风险。首先，交易流程管理风险。在网络商品中介交易的过程中，客户进入交易中心，买卖双方签订合同，交易中心不仅要监督买方按时付款，还要监督卖方按时提供符合合同要求的货物。在这些环节上，都存在着大量的管理问题，如果管理不善势必造成巨大的潜在风险。为防止此类问题的风险需要有完善的制度设计，形成一套相互关联、相互制约的制度群。

其次，人员管理风险。人员管理常常是网上交易安全管理上的最薄弱的环节，近年来我国计算机犯罪大都呈现内部犯罪的趋势，其原因主要是因工作人员职业道德修养不高，安全教育和管理松懈所致。一些竞争对手还利用企业招募新人的方式潜入该企业，或利用不正当的方式收买企业网络交易管理人员，窃取企业的用户识别码、密码、传递方式及相关的机密文件资料。

最后，网络交易技术管理的漏洞也带来较大的交易风险。有些操作系统中的某些用户是无口令的，如匿名 FTP，利用远程登录（Telnet）命令登录这些无口令用户，允许被信任用户不需要口令就可以进入系统，然后把自己升级为超级用户。

传统交易经过多年发展，在交易时有比较完善的控制机制，而且管理比较规范。而网上交易只经历了很短时间，还存在许多漏洞，这就要求加强对其进行管理和规范交易。

4．法律方面的风险

网上交易信息系统的技术设计是先进的、超前的，具有强大的生命力。但必须清楚地认识到，在目前的法律上还是找不到现成的条文保护网络交易中的交易方式，因此还存在法律方面的风险。一方面，在网上交易可能会承担由于法律滞后而无法保证合法交易的权益所造成的风险，如通过网络达成交易合同，可能因为法律条文还没有承认数字化合同的法律效力而面临失去法律保护的危险。另一方面，在网上交易可能承担由于法律的事后完善所带来的风险，即在原来法律条文没有明确规定下进行的网上交易，在后来颁布新的法律条文下属于违法经营所造成的损失，如一些电子商务公司在开通网上证券交易服务一段时间后，国家颁布新的法律条文规定只有证券公司才可以从事证券交易服务，从而剥夺了电子商务服务公司提供网上证券交易服务的资格，给这些电子中间商经营造成巨大损失。

二、电子商务安全需求

电子商务面临的威胁的出现导致了对电子商务安全的需求，也是真正实现一个安全电子商务系统所要求做到的各个方面，主要包括机密性、完整性、认证性和不可抵赖性。

1．机密性

电子商务作为贸易的一种手段，其信息直接代表着个人、企业或国家的商业机密。传统的纸面贸易都是通过邮寄封装的信件或通过可靠的通信渠道发送商业报文来达到保守机密的目的。电子商务是建立在一个较为开放的网络环境上的（尤其 Internet 是更为开放的网络），维护商业机密是电子商务全面推广和应用的重要保障。因此，要预防非法的信息存取和信息在传输过程中被非法窃取。机密性一般通过密码技术来对传输的信息进行加密处理来实现。

2．完整性

电子商务简化了贸易过程，减少了人为的干预，同时也带来维护贸易各方商业信息的完整、统一的问题。由于数据输入时的意外差错或欺诈行为，可能导致贸易各方信息的差异。此外，数据传输过程中信息的丢失、信息重复或信息传送的次序差异也会导致贸易各方信息的不同。贸易各方信息的完整性将影响到贸易各方的交易和经营策略，保持贸易各方信息的完整性是电子商务应用的基础。因此，要预防信息的随意生成、修改和删除，同时要防止数据传送过程中信息的丢失和重复并保证信息传送次序的统一。完整性一般可通过提取信息消息摘要的方式来获得。

3．认证性

由于网络电子商务交易系统的特殊性，企业或个人的交易通常都是在虚拟的网络环境中进行，所以对个人或企业实体进行身份性确认成了电子商务中很重要的一环。对人或实体的身份进行鉴别，为身份的真实性提供保证，即交易双方能够在相互不见面的情况下确认对方的身份。这意味着当某人或实体声称具有某个特定的身份时，鉴别服务将提供一种方法来验证其声明的正确性，一般都通过证书机构 CA 和证书来实现。

4．不可抵赖性

电子商务可能直接关系到贸易双方的商业交易，如何确定要进行交易的贸易方正是进行交易所期望的贸易方这一问题则是保证电子商务顺利进行的关键。在传统的纸面贸易中，贸易双方通过在交易合同、契约或贸易单据等书面文件上手写签名或印章来鉴别贸易伙伴，确定合同、契约、单据的可靠性并预防抵赖行为的发生。这也就是人们常说的“白纸黑字”。在无纸化的电子商务方式下，通过手写签名和印章进行贸易方的鉴别已是不可能的。因此，要在交易信息的传输过程中为参与交易的个人、企业或国家提供可靠的标识。不可抵赖性可通过对发送的消息进行数字签名来获取。

5．有效性

电子商务以电子形式取代了纸张，那么保证这种电子形式的贸易信息的有效性则是开展电子商务的前提。电子商务作为贸易的一种形式，其信息的有效性将直接关系到个人、企业或国家的经济利益和声誉。因此，要对网络故障、操作错误、应用程序错误、硬件故障、系统软件错误及计算机病毒所产生的潜在威胁加以控制和预防，以保证贸易数据在确定的时刻、确定的地点是有效的。

三、电子商务安全的保障体系

1．电子商务安全保障的特殊性

除了具有一般信息安全的含义外，电子商务安全还具有金融业安全和商业信息安全的特征。电子商务系统的复杂性及风险、威胁来源多样性带来安全保障的复杂性，而且电子商务中涉及的信息资产的价值和敏感性较高，涉及对象众多带来的管理难度十分的大，因此，逐步完善电子商务安全的保障体系是一个不断变化的过程。

2．电子商务安全保障的正确理念

首先，电子商务安全是系统性问题，要综合考虑人、技术、管理、法规、制度等多项要素。其次，电子商务安全是整体性问题，指望几项离散的安全产品或技术手段解决所有安全问题是不现实的。再次，安全保障是动态发展的过程，安全保障建设不会是一劳永逸的。最后，安全是相对性的，安全保障建设投资是可度量的。

3．管理上的安全措施

首先，在高层管理要引起对电子商务安全的足够重视，促成管理人员同相关的技术人员一起制定企业内部、外部网络安全规划和标准。在规划中应该指出企业信息安全在近期和未来一段时间内要达到的级别和标准，预备投入的资源等。

其次，在规划和标准的指导下要制定详细的安全行为规范，包括各种硬软件设备使用和维护权限的管理办法、网络系统登录和使用的安全保障管理办法、数据维护和备份的管理规定等。

最后，要特别注意安全条例的执行保障，即有了规定就一定要按照规定去执行。只有在管理上具备明确的目标和标准，技术人员才能更好地为其提供安全上的技术支持。

4．法律上的安全保障

在法律上，电子商务不同于传统商务在纸面上完成交易、有据可查的特点，电子交易如何认证、电子欺诈如何避免和惩治不仅是技术问题，同时也涉及法律领域。电子商务就像在现实世界之外又建立了一个虚拟世界，在这个虚拟世界里，更需要完善的法律体系来维持秩序：目前多个国家和地区已经开始制定电子商务法律法规。

安全的电子商务仅靠单一的技术手段来保证是不会奏效的，必须依靠法律手段、行政手段和技术手段的完美结合来最终保护参与电子商务各方的利益。这就需要在企业和企业之间、政府和企业之间、企业和消费者之间、政府和政府之间明确各自需要遵守的法律义务和责任。其主要涉及的法律要素有以下几类。

① 有关电子商务交易各方合法身份认证的法律。电子身份认证中心是电子商务中的核心角色，它担负着保证电子商务公正、安全进行的任务。因而必须由国家法律来规定认证中心的设立程序和资格及必须承担的法律义务和责任，同时要由法律规定对认证中心进行监管的部门、监管方法及违规后的处罚措施。

② 有关保护交易者个人及交易数据的法律。本着最小限度收集个人数据、最大限度保护个人隐私的原则来制定法律，以消除人们对泄露个人隐私及重要个人信息的担忧，从而吸引更多的人上网参与电子商务。

③ 有关电子商务中电子合同合法性及如何进行认证的法律。需要制定有关法律对电子合同的法律效力、数字签名、电子商务凭证的合法性予以确认；需要对电子商务凭证、电子支付数据的伪造、变更、涂销做出相应的法律规定。

④ 有关网络知识产权保护的法律。网络对知识产权的保护提出了新的挑战，因此在研究技术保护措施时，还必须建立适当的法律框架，以便侦测仿冒或欺诈行为，并在上述行为发生时提供有效的法律援助。

5．技术上的安全保障

在技术上，电子商务中涉及的安全技术很多，其中有一些已经获得了广泛的应用和认可。对于维护企业内部网安全的技术包括用户密码和权限管理技术、防火墙技术、虚拟私人网（VPN）技术和网络杀毒技术等；维护交易数据在互联网上安全传输的技术包括数据加密和数字签名等，其中为了识别用户在现实世界中的真实身份还要涉及认证中心；另外，为了维护电子交易中最为关键的资金流动，特别是信用卡支付的安全，还要涉及两个应用广泛的协议：SSL 协议和 SET 协议。

总之，网上交易安全管理，应当跳出单纯从技术角度寻求解决办法的圈子，采用综合防范的思路，从技术、管理、法律等方面去思考。建立一个完整的网络交易安全体系，至少从 3 个方面考虑，并且三者缺一不可。一是技术方面的考虑，如防火墙技术、网络防毒、信息加密存储通信、身份认证、授权等。但只有技术措施并不能完全保证网上交易的安全。二是必须加强监管，建立各种有关的合理制度，并加强严格监督，如建立交易的安全制度、交易安全的实时监控、提供实时改变安全策略的能力、对现有的安全系统漏洞的检查及安全教育等。在这方面，主要是要充分发挥政府有关部门、企业的主要领导、信息服务商的作用。三是社会的法律政策与法律保障，通过健全法律制度和完善法律体系来保证合法网上交易的权益，同时对破坏合法网上交易权益的行为进行立法严惩，如尽快出台电子证据法、电子商务法、网上消费者权益法等，这方面主要是要发挥立法部门和执法部门的作用。

第二节　加密技术

一、加密的相关概念

1. 明文

明文是指没有经过加密的原文件。

2. 算法

计算机解决问题的方法和步骤，就是计算机的算法。每一个算法都是由一系列的操作指令组成的。这些操作包括加、减、乘、除、判断、置数等，按顺序、分支、重复等结构组成。

3. 密钥

密钥是一个数值，它和加密算法一起生成特别的密文。密钥本质上是非常非常大的数。密钥的尺寸用位（bit）来衡量，1024 位密钥代表的数是非常巨大的。在公开密钥加密方法中，密钥的尺寸越大，密文就越安全。

4. HASH 算法

哈希函数是一个数学方程式，它可用文本（如电子邮件信息）来生成称为信息摘要的代码。

数据加密的基本过程就是对原来为明文的文件或数据按某种算法进行处理，使其成为不可读的一段代码，通常称为“密文”，使其只能在输入相应的密钥之后才能显示出本来内容，通过这样的途径来达到保护数据不被非法人窃取、阅读的目的。该过程的逆过程为解密，即将该编码信息转化为其原来数据的过程。

二、加密技术方法

数据加密技术就是通过信息的变换编码，将机密的敏感信息变换成黑客难以读懂的乱码型文字，以此达到两个目的：一是使不知道如何解密的黑客不可能从其截获的乱码中得到任何有意义的信息，二是使黑客不可能伪造任何乱码型的信息。一般情况下，把信息的原始形式称为明文，明文经过变换加密后的形式称为密文，那么由明文变成密文的过程称为加密，由密文变成明文的过程称为解密。而密钥是数据加密技术的关键，是为了有效的控制加密和解密算法的实现，要求通信双方都掌握的专门信息。根据密钥的不同，将数据加密技术分为对称加密技术、非对称加密技术、混合加密技术。

1. 对称式加密技术

对称加密技术就是加密密钥能够从解密密钥中推算出来，同时解密密钥也可以从加密密钥中推算出来，而在大多数的对称算法中，加密密钥和解密密钥是相同的。

这种技术要求发送方用户和接收方用户在安全通信之前，商定一个密钥，这样发送方用户和接收方用户使用相同的密钥对信息进行加密和解密，如图 7-1 所示。

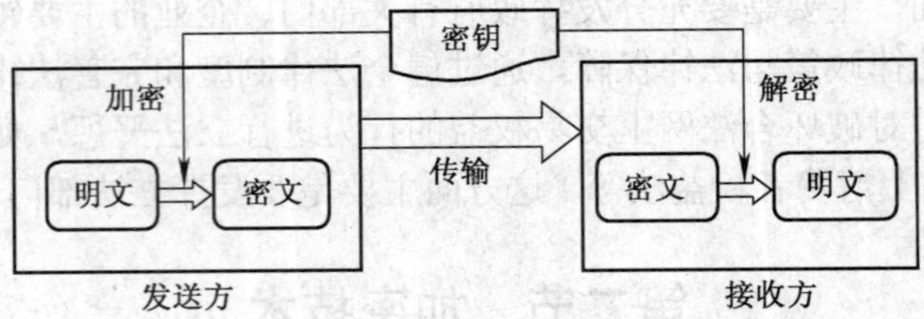

图 7-1　对称加密流程

对称加密技术由于双方拥有相同的密钥，具有易于实现和速度快的优点，所以广泛应用于通信和存储数据的加密和解密。但是如果多个用户之间进行通信加密时，每一对用户必须使用一个密钥，这就意味着如果有 *N* 个用户相互通信需要使用对称加密技术时，就存在 *N*×（*N*−1）个不同的密钥才能保证双方收发密文，第三者无法了解他们所使用的密钥和密文内容，当 *N* 很大时，记住如此多的密钥是不可能的，而保留起来又会引起密钥泄漏可能性的增加。另外，如何安全的将加密解密所使用的密钥传送给对方，也是一个必须要考虑的问题。因此对称加密技术的安全性依赖于密钥，泄漏密钥就意味着任何人都可以对他们发送或接收的消息解密，所以密钥的保密性对通信安全性至关重要。

现阶段在电子商务中常用的对称加密算法有美国数据加密标准（Data Encryption Standard，DES）。DES 是对称的，既可用于加密又可用于解密，它是一种典型的按分组方式工作的密码，是两种基本的加密组块替代和换位的细致而复杂的结构。它将明文按 64 位二进制数据进行分组，然后使用 64 位的密钥组进行加密，通过反复依次应用组块替代和换位技术来提高加密技术的强度。明文要经过总共 16 次的替代和交换后，才能获得密文。解密时的过程和加密时相似，但密钥的顺序正好相反，对于这种加密技术，除了使用穷举法尝试所有可能的密钥外，还没有已知技术可以求得所使用的密钥。DES 的安全性只依赖于密钥的安全性，不依赖于算法的安全性。

对称密钥加密技术具有加密速度快、保密度高等优点，但也具有一些缺点。

① 密钥是保密通信安全的关键，发信者必须安全妥善地把钥匙护送到收信方，不能泄露其内容，如何才能把密钥安全地送到收信方，是对称密钥加密技术的突出问题。可见，此方法的密钥分发过程十分复杂，所花代价高。

② 多人通信时密钥和组合的数量会出现爆炸性的膨胀，使密钥分发更加复杂化，*N* 个人进行两两通信，总需要的密钥数为 *N*×（*N*−1）／2。

③ 通信双方必须统一密钥，才能发送保密的信息。如果发信者与收信人是素不相识的，这就无法向对方发送秘密信息了。

2．非对称式加密技术

非对称加密技术顾名思义，非对称加密技术中加密密钥和解密密钥是不同的，也不可以相互推算（至少在合理假定的长时间内）。这种技术也可以称为公开密钥加密技术，之所以又叫做公开密钥加密技术是由于加密密钥可以公开，即陌生人可以得到它并用来加密信息，但只有用相应的解密密钥才能解密信息。在这种加密技术中，加密密钥被叫做公开密钥，而解密密钥被叫做私有密钥。公开密钥和私有密钥成对出现，而且两个密钥之间存在数学关系；用一个密钥加密过的密文只能用对应的另一个密钥来解密，并且不能由一个密钥推算出另一个密钥。

这种技术要求发送方用户和接收方用户在安全通信之前，发送方通过网络查询或其他方式得到接收方的公开密钥；发送方使用公开密钥对明文进行加密得到密文；接收方收到密文后，用自己的私有密钥进行解密，恢复出明文，如图 7-2 所示。

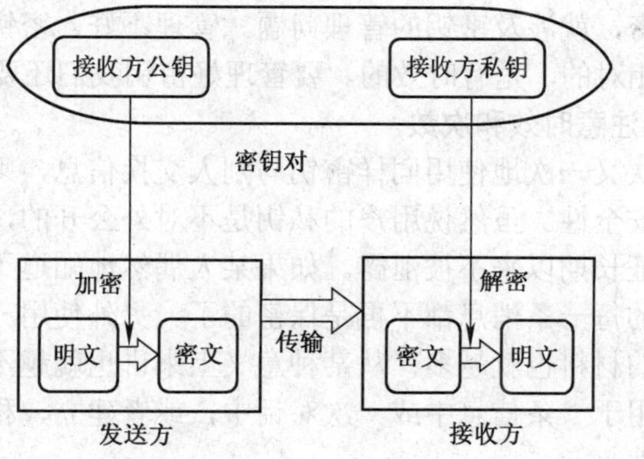

图 7-2　非对称加密流程

非对称加密技术可以使用户不必记忆大量的提前商定好的密钥，因为发送方和接收方事先根本不必商定密钥，发放方只要可以得到可靠的接收方的公开密钥就可以给他发送信息了，而且即使双方根本互不相识。这样使得密钥的管理更加简单，只需保管一对密钥就可以了。如果有 N 个用户相互通信需要使用非对称加密技术时，只需 N 对密钥就可以保证双方收发密文时，第三者无法了解密文内容。公开密钥的发放和保管十分方便，但为了保证可靠性，非对称加密技术需要一种与之相配合使用的公开密钥管理机制。例如加大公开密钥的位数来增加可靠性等。所以使用非对称加密技术对用户来讲，算法更为复杂，花费的时间长，速度比较慢，不太适合对文件进行加密。

现阶段在电子商务中常用的非对称加密算法有 RSA 编码法，因为这种算法发明者的姓名 Rivest、Shamir、Adelman 而得名。它是一个可以支持长密钥的公开密钥加密算法，利用两个很大的质数相乘所产生的乘积来加密。这两个质数无论哪一个先与原文件编码相乘对文件加密，均可由另一个质数再相乘来解密，但要用一个质数来求出另一个质数，则是十分困难的，因此将这一对质数称为密钥对。RSA 的安全性取决于从公开密钥计算出私有密钥的难度。公开密钥加密技术的优点如下。

① 密钥少，便于管理。网络中的每一用户只需保存自己和解密密钥，则 n 个用户仅需产生 n 对密钥。

② 密钥分配简单。加密密钥分发给用户，而解密密钥则由用户自己保管。

③ 不需要秘密的通道和复杂的协议来传送密钥。

④ 可以实现数字签名和数字鉴别。

公开密钥加密技术的缺点是加解密速度慢。

3．混合加密技术

混合加密技术不是一种单一的加密技术，而是一个结合体，是上述两种数据加密技术相互结合的产物。通信双方的通信过程分为两个部分，双方先利用非对称加密技术传送本次通信所用的对称密钥，然后再用对称加密技术加密传送文件。

混合加密技术是用户在实际应用中总结出来的，它可以弥补对称加密技术和非对称加密技术的弱点，使二者优势互补，同时达到方便用户的目的。

三、密钥的管理

密钥既然要求保密，就涉及密钥的管理问题。管理不好，密钥同样可能被无意识地泄露。任何保密也只是相对的，是有时效的。要管理好密钥我们还要注意以下几个方面。

1．密钥的使用要注意时效和次数

如果用户可以一次又一次地使用同样密钥与别人交换信息，那么密钥也同其他任何密码一样存在着一定的安全性。虽然说用户的私钥是不对外公开的，但是也很难保证私钥长期的保密性，很难保证长期以来不被泄露。如果某人偶然地知道了用户的密钥，那么用户曾经和另一个人交换的每一条消息都不再是保密的了。另外使用一个特定密钥加密的信息越多，提供给窃听者的材料也就越多，从某种意义上来讲也就越不安全了。因此。一般强调仅将一个对话密钥用于一条信息中或一次对话中，或者建立一种按时更换密钥的机制以减小密钥暴露的可能性。

2．多密钥的管理

假设在某机构中有100个人，如果他们任意两人之间可以进行秘密对话，那么总共需要多少密钥呢?每个人需要知道多少密钥呢？也许很容易得出答案，如果任何两个人之间要不同的密钥，则总共需要4 950个密钥，而且每个人应记住99个密钥。如果机构的人数是1 000、10 000人或更多，这种办法就显然难以记忆，过于复杂。管理密钥将是一件十分庞大的工程。Kerberos 提供了一种较好的解决方案：Kerberos 建立了一个安全的、可信任的密钥分发中心（Key Distribution Center，KDC），每个用户只要知道一个和KDC进行会话的密钥就可以了，而不需要知道成百上千个不同的密钥。

四、加密技术在电子商务中的应用

1．加密技术在商务信息保密中的应用

加密技术是人们防止信息失密而常采取的安全技术手段，在电子商务中实现数据加密既可以采用DES算法，也可以采用RSA算法。DES加密速度快，适合加密较长的报文；而RSA可解决密钥的分发传送问题，但是直接用公钥加密明文的代价很大，加密后密文会变长，因此在实际应用中常利用非对称密钥和对称密钥的各自优点，将二者结合起来。即用公开密钥加密技术在通信双方之间传送DES算法中的密钥，而采用对称密钥加密技术来对实际需传输的大量数据加密、解密。

具体实施过程是发送方用对称密钥加密明文，用接收方的公钥加密对称密钥，并将被加密的对称密钥连同被加密的明文一起发送出去；接收方用户首先用自己的私钥解密被加密的对称密钥，然后用得到的对称密钥解密被加密的明文。这种方法结合了对称加密算法与非对称加密算法的优点，较好地解决了信息加密及密钥的传送。

2．加密技术在身份认证中的应用

在网络环境下开展商务活动的前提是交易双方身份的识别，如果不进行身份识别，第三方就有可能假冒交易一方的身份，以破坏交易或盗取交易成果；身份识别还能防止出现抵赖，使交易双方对自己所发送的信息不能予以否认。数字签名技术是确定交易信息内容的真实性（即信息确实来源于期望的发送方）的主要鉴别手段，其基础是数据加密中的公开密钥加密技术。数字签名技术是在电子文件上签名，是确认文件内容的一种手段，是加密技术和信息摘要技术的综合应用。

数字签名与书面文件签名具有相同的效力，采用数字签名，能确认以下两点：

① 信息是由签名者发送的；

② 信息自签发后到收到为止未曾做过任何修改。

这样数字签名就可用来防止电子信息被修改，或冒用别人名义发送信息，或发出（或收到）信件后又加以否认等情况发生。

第三节　认证技术

一、数字证书

1．数字证书的定义与工作原理

传统的个人身份证明一般通过检验“物理物品”的有效性来确认持有者的身份。这类“物理物品”可以是身份证、护照、工作证、信用卡、驾驶执照、徽章等，其上往往含有与个人真实身份相关的易于识别的照片、指纹、视网膜影像等，并且具有权威机构（如公安机关）等发证机构的盖章。对于企业的身份，如在我国，则有工商局颁发的营业证书及印章等，只有通过工商局认定的企业才是合法经营者。

在电子商务中，网络业务是面向全球的，要求验证的对象数量及区域范围也非常之大，因而增加了商务参与者身份验证的复杂性和实现的困难性。比如，在网络通信双方使用公开密钥加密之前，须先确认得到的公开密钥确实是对方的，也就是有一个身份确认的问题。最好的办法是双方面对面交换公开密钥，但这在实际中是不可行的，就像在前面的例子中，一个商家不可能和几百万个消费者都面对面地交换公开密钥。

为能确认双方的身份，必须由网络上双方都信任的第三方机构（这个机构就是后面所述的数字证书认证中心 CA）发行的一个特殊证书来认证。在电子商务中，通常是把传统的身份证书改成数字信息形式，由双方都信任的第三方机构发行和管理，以方便在网络社会上的传递与使用，进行身份认证，这就是数字证书。

所谓数字证书，英文为 Digital Certification，是指利用电子信息技术手段，确认、鉴定、认证 Internet 上信息交流参与者的身份或服务器的身份，是一个担保个人、计算机系统或者组织（企业或政府部门）的身份，并且发布加密算法类别、公开密钥及其所有权的电子文档。

可以说，数字证书是模拟传统证书（如个人身份证、企业营业证书等）的特殊数字信息文档。客户的数字证书可以证实该客户拥有一个特别的公钥，服务器证书则证实某个特定的公钥属于这个服务器。

数字证书的工作原理，就是信息接收方在网上收到发送方发来的业务信息的同时，还收到发送方的数字证书，这时通过对其数字证书的验证，可以确认发送方的真实身份。在发送方与接收方交换数字证书的同时，双方得到对方的公开密钥。由于公开密钥是包含在数字证书中的，且借助证书上数字摘要（缩略图）的验证，确信收到的公开密钥肯定是对方的。通过这个公开密钥，双方就可完成数据传送中的加 / 解密工作。

数字证书由发证机构——数字证书认证中心（CA）发行。该机构负责在发行数字证书之前，证实个人或组织的身份和密钥所有权。一般情况下，证书要由社会上公认的公正的第三方的可靠组织发行。如果它签发的证书造成不恰当的信任关系，该组织就要承担责任。在网上支付结算中，必须认证结算各方的真实身份及行为，否则会直接带来经济上的损失，因此数字证书在其中起着关键的作用。

2．数字证书的内容

数字证书的具体内容与格式遵循国际流行的 ITU Trec.X.509 标准，其内容主要由基本数据信息和发行数据证书的 CA 签名与签名算法两部分组成。

（1）数字证书的基本数据信息

① 版本信息（Version）：用来区分 X.509 证书格式的版本。

② 证书序列号（Serial Number）：每个由 CA 发行的数字证书必须有一个唯一的序列号，用于识别该证书。

③ CA 使用的签名算法（Algorithm Identifier）：CA 的数字摘要与公开密钥加密体制算法。

④ 证书颁发者信息（Issuer Unique Identifier）：发此证书者的 CA 信息。

⑤ 有效使用期限（Period of Validity）：本证书的有效期，包括起始、结束日期。

⑥ 证书主题或使用者（Subject）：证书与公钥的使用者的相关信息。

⑦ 公钥信息（Public Key Information）：公开密钥加密体制的算法名称、公钥的字符串表示（只适用于 RSA 加密体制）。

⑧ 其他额外的特别扩展信息：如增强型密钥用法信息、CRL 分发点信息等。

（2）发行数字证书的 CA 签名与签名算法

数字证书的内容还包括发行证书的 CA 机构的数字签名和用来生成数字签名的签名算法，即缩略图算法部分、缩略图。应用这个缩略图算法与缩略图数据，任何人收到这份数字证书后都能使用签名算法，验证数字证书是否是由该 CA 的签名密钥签署的，以保证证书的真实性与内容的真实性。

3．数字证书的使用与有效性

严格来讲，只有下列 3 个条件都为真实时，数字证书才是有效的。

① 证书没有过期。所有的证书都有期限，可用检查证书的期限来决定证书是否有效。

② 密钥没有被修改。如果密钥被修改，就不应该继续使用，密钥对应的证书应被视为无效。这可通过证书上的缩略图及其算法检验。

③ 有可信任的相应的颁发机构CA及时管理与回收无效证书，并且发行无效证书清单。

有效的数字证书在使用前都要有认证的过程，即当颁发的数字证书传送给某人或某站点时，数字证书颁发机构将上面的相关内容信息用自己的私人密钥加密，以使接收者能用证书里的公钥证实颁发机构的真实身份，判断证书的有效性。

数字证书通常需要写入一定的存储介质内，确保用户信息不被非法读取及篡改，如安全性较强的 IC 卡等。现在商业银行的网络银行服务，如招商银行的企业网络银行及个人网络银行专业版的数字证书就采用了 IC 卡方式，它需要配置专门的读卡设备，并且另设密码控制，因而是相当安全的。

目前，由于数字证书采用高精尖的加密技术，因此非常安全。截至 2003 年，国内外银行、网络银行（包括电子商务），还没有一例由于数字证书被攻破而让不法分子得逞的案例发生。

4. 数字证书的种类

在电子商务环境中，一个商家与一家银行打交道，至少应有一对数字证书，当然也可以有多对证书，表示它与多个银行有合作关系，可以接受多种付款方法。数字证书除了持卡人证书和商家证书以外，还有支付网关证书银行证书和发卡机构证书等。

（1）持卡者证书

持卡者证书表明持卡者拥有的支付卡是合法的，它是由权威的金融机构数字签署的。持卡者证书不包括账号和过期日期。代替账户信息的仅仅是由持卡者软件知道和使用单向Hash算法产生的一个秘密值。在SET协议中，持卡者向支付网关提供用于验证的账户信息和该Hash值，只有当持卡者的发卡金融机构验证用户后，才向持卡者发布一个证书，最低限度验证该持卡者的证书是可靠有效的。

（2）商家证书

一个商家至少拥有一个商家证书，也可以有多个商家证书。商家证书也是由商家的权威的金融机构数字签署的，商家证书不能由其他第三方非法发行，它表示商家能够接收该支付卡的消费。这些证书由收单行金融机构认证，说明商家与收单行达成协议。在SET协议中，对应于每个支付卡品牌，一个商家都拥有一个证书。

（3）支付网关证书

支付网关的证书是由支付网关CA发行的，由收单行或收单行的处理系统拥有。持卡者使用支付网关的公钥来加密对称密钥，持卡者系统需要能够验证支付网关。商家向持卡者提供支付网关的加密证书，持卡者系统需要验证这个证书，确认该支付网关是合法的，以保证持卡者的支付指示的机密性。

（4）收单行证书

一个收单行必须拥有证书，才能使一个CA接收和处理商家从公共和专用网络发出的证书请求。那些选择支付卡品牌来代理处理证书请求的收单行可以不需要证书，因为它不处理SET消息。

（5）发卡行证书

一个发卡行必须拥有证书，CA才能接收和处理来自持卡者的证书请求（通过公共或专用网络）。那些选择支付卡品牌来代理处理证书请求的发卡行可以不需要证书，因为它不处理SET消息。

二、数字签名

1. 数字签名简介

数字签名中很常用的就是散列（Hash）函数，也称消息摘要（Message Digest）、哈希函数或杂凑函数等，其输入为一可变长输入，返回一固定长度串，该串被称为输入的散列值（消息摘要）。

日常生活中，通常通过对某一文档进行签名来保证文档的真实有效性，可以对签字方进行约束，防止其抵赖行为，并把文档与签名同时发送以作为日后查证的依据。在网络环境中，可以用电子数字签名作为模拟，从而为电子商务提供不可否认服务。

把Hash函数和公钥算法结合起来，可以在提供数据完整性的同时，也可以保证数据的真实性。完整性保证传输的数据没有被修改，而真实性则保证是由确定的合法者产生的Hash，而不是由其他人假冒。而把这两种机制结合起来就可以产生所谓的数字签名（Digital

Signature）。

将报文按双方约定的 Hash 算法计算得到一个固定位数的报文摘要（Message Digest）值。在数学上保证只要改动报文的任何一位，重新计算出的报文摘要就会与原先值不符，这样就保证了报文的不可更改。把该报文的摘要值用发送者的私人密钥加密，然后将该密文同原报文一起发送给接收者，所产生的报文即称数字签名。

接收方收到数字签名后，用同样的 Hash 算法对报文计算摘要值，然后与用发送者的公开密钥进行解密解开的报文摘要值相比较。如相等则说明报文确实来自发送者。因为只有用发送者的签名私钥加密的信息才能用发送者的公钥解开，从而保证了数据的真实性。

数字签名相对于手写签名在安全性方面具有这样的好处：数字签名不仅与签名者的私有密钥有关，而且与报文的内容有关，因此不能将签名者对一份报文的签名复制到另一份报文上，同时也能防止篡改报文的内容。

2．数字签名步骤

数字签名是由数字签字软件在计算机上自动完成的，数字签字软件在产生数字签名时是分为两个步骤来完成的。第一步是数字签字软件根据特定的算法（哈希函数）将被签文件转换成一个比原来文件短得多的杂散码，这个杂散码对该文件是唯一的，当被签文件的任何地方被更改时，相应的杂散码也随之改变。第二步是由发送者用个人所独有的私人密钥将得到的杂散码进行加密，形成数字签名，发送方将原文和数字签名同时传给接收方。收件人在收到附有数字签名的电子文件后，分 3 个步骤进行检验：第一步与数字签字软件一样，对接收到的电子文件用同样的算法产生一个杂散码；第二步是用签字者的公共密钥将接收到的数字签名解密，还原成杂散码；第三步是将产生的杂散码和解密得到的杂散码进行比较，如果两者符合，说明文件是完整的，否则，文件在传送过程中就曾被修改或发生错误。根据公开密钥加密体系中密钥的加密与解密的相依特性，收件人只要能用签字者的公共密钥对其数字签字进行解密，就可证实该文件来自真实的签字者。

3．数字签名功能

数字签名可以解决否认、伪造、篡改及冒充等问题。数字签名的应用范围十分广泛。在保障电子数据交换（EDI）的安全性上是一个突破性的进展，凡是需要对用户的身份进行判断的情况都可以使用数字签名，如加密信件、商务信函、订货购买系统远程金融交易自动模式处理等。

4．数字签名的实施

实现数字签名有很多方法，目前采用较多的是非对称加密技术和对称加密技术。虽然这两种技术实施步骤不尽相同，但大体的工作程序是一样的。用户首先可以下载或者购买数字签名软件，然后安装在个人计算机上。在产生密钥对后，软件自动向外界传送公开密钥。由于公共密钥的存储需要，所以需要建立一个鉴定中心（CA）完成个人信息及其密钥的确定工作。鉴定中心是一个政府参与管理的第三方成员，以便保证信息的安全和集中管理。用户在获取公开密钥时，首先向鉴定中心请求数字确认，鉴定中心确认用户身份后，发出数字确认，同时鉴定中心向数据库发送确认信息；然后用户使用私有密钥对所传信息签名，保证信息的完整性、真实性，也使发送方无法否认信息的发送，之后发向接收方；接收方接收到信息后，使用公开密钥确认数字签名，进入数据库检查用户确认信息的状况和可信度；最后数据库向接收方返回用户确认状态信息。不过，在使用这种技术时，签名者必须注意保护好私有密钥，因为它是公开密钥体系安全的重要基础。如果密钥丢失，应该立即报告鉴定中心取消认证，将其列入确认取消列表之中。此外，鉴定中心必须能够迅速确认用户的身份及其密钥的关系。一旦接收到用户请求，鉴定中心要立即认证信息的安全性并返回信息。

三、认证技术

1．CA 的定义

在传统商务中，用来认证商家或客户身份的认证证书大多是被认为公正的第三方机构（如政府部门）颁发的。为了保证传统商务中每个商务实体的合法性，做到有证可循，中国国家工商行政管理总局作为一个政府组织部门，是商务的第三方并且是公正的，它发行并且管理着营业证书。而作为电子商务平台的 Internet 上是没有“政府”的，那该由谁来管理并认证、规范 Internet 上的电子商务参与者的行为呢？这就需要在网上建立一个类似中国国家工商行政管理总局职能的第三方公正的认证中心机构，负责颁发数字证书和检验网上商家身份真实的工作。这个就是网上认证中心。

所谓认证中心，也称数字证书认证中心，英文为 Certification Authority，简称 CA，是基于 Internet 平台建立的一个公正的、有权威性的、独立的（第三方的）和广受信赖的组织机构，主要负责数字证书的发行、管理及认证服务，以保证网上业务安全可靠地进行。一个完整安全的电子商务活动，如在网上支付结算中，必须要有 CA 的参与，这在网上支付体系构成中有所阐述。为了促进网上支付结算的发展，在社会上必须建立具有绝对权威性的认证中心 CA，由电子商务的参与各方（客户、商家、银行、政府机构等）实体上网注册，加入已有的认证中心，如此，认证中心就能确保所有网上支付与结算过程及各方的安全性，从而开展安全的网上支付。

2．CA 的技术基础

CA 的角色是重要的，但并不是任何一个组织想建立就能建立起来的。除了上述的第三方要求并且保持公正、具备良好信誉之外，关键是 CA 的建立与运作需要强大的技术支撑，因为它涉及许多先进的密码技术。比如，CA 提供的公开密钥与数字摘要机制等必须是先进的，密钥的位数必须达到一定长度，以保证 CA 及其发行的证书的安全可靠，并且在服务质量与认证速度、管理机制上均需达到很高的水平。几年来，我国还没有建立起这样高水平的跨区域的认证中心，这也是阻碍中国电子商务及网上支付大规模普及发展的一个重要原因。虽然近些年各个地方建立了一些 CA，但规模均较小，且不说技术与服务水平如何，甚至连开展的区域都是局域性的或行业性的，没有得到社会的普遍信赖。

CA 的技术基础是 PKI 体系。PKI 就是利用公钥理论和技术建立的提供网络安全服务的基础设施。PKI 技术是信息安全技术的核心，也是电子商务交易与网上支付的关键和基础技术。PKI 的基础技术包括加密、数字签名、数字摘要、数字信封、双重数字签名等。一个完整的 PKI 系统的基本构成包括权威的认证中心 CA、数字证书库、密钥备份及恢复系统、证书作废系统、应用接口（API）等。其中，CA 作为数字证书的签发与管理机构，公开密钥的承载者，是 PKI 的核心部分。构建密码服务系统的核心内容是如何实现密钥管理。公钥体制涉及一对密钥，私人密钥只由用户独立掌握，无需在网上传输；而公开密钥则是公开的，需要在网上传送。故公钥体制的密钥管理主要是针对公钥的管理问题，目前较好的解决方案是数字证书这种密钥管理媒介。

CA 认证数字证书采用一种树形验证结构。在双方通信时，通过出示由某个 CA 签发的证书证明自己的身份。如果对签发证书的 CA 本身不信任，则可验证 CA 的真实身份，依此类推，一直到公认的权威 CA 处，才可确信证书的有效性。SET 安全交易协议中商务各方的数字证书正是通过这种信任层次逐级验证的。每个证书均与数字化签发证书的实体签名证书相关联。沿着信任树直到一个公认的信任组织，就可确认该证书是有效的。例如，C 的证书是由名称为 B 的 CA 签发的，而 B 的证书又由名称为 A 的 CA 签发的，A 是权威的机构，通常称为 Root CA。验证到了 Root CA 处，就可确信 C 的证书是合法的。

3．CA 的功能

CA 在整个公钥加密体制及安全的网上支付过程中的地位是至关重要的。其主要功能可以表述为如下 8 个方面。

（1）生成密钥对及 CA 证书

CA 要向交易各方颁发证书，必须生成公钥体系中自己的密钥对，并对私钥进行有效的保护，以利于签名的使用。作为自成体系的、封闭的 CA 系统，CA 必须生成自己的根密钥对，且在此基础上生成根证书，就可以为各级 CA 及客户生成证书，保证证书持有者有不同的密钥对。已经建立的或正在建立的 CA 系统，很多都是自成体系的，这样的 CA 系统不仅做根 CA，还做品牌 CA、持卡人 CA、商家 CA 和网关 CA。网上交易的各方都由这一家 CA 机构颁发证书，如目前中国工商银行的情况就是如此。

（2）验证申请人身份

网上支付的交易各方，如持卡人、商家、支付网关等，在向 CA 申请数字证书时，CA 必须对其真实的身份进行认证，防止数字证书被冒领。因此 CA 必须建立一套严密的身份认证流程。

（3）颁发数字证书

CA 系统的主要任务就是向网上交易各方颁发数字证书。CA 系统必须能在 Internet 上接收交易各方的证书申请，在签名验证申请者的真实身份并且通过资格检查后，有 CA 签名的申请者的数字证书将在线发送给申请者。

证书的发放也有通过离线方式的，比如 CA 将申请者的数字证书加密后放入软盘或 IC 卡等载体，由证书申请者亲自到 CA 机构领取，再用特定的方法，将数字证书装入自己的计算机应用系统中。如招商银行的企业网络银行目前采用的 IC 卡证书方式就非常不错。

（4）证书及持有者身份认证查询

借助 CA 服务器，可在线查询证书的生成情况，也可在线认证证书持有者，CA 必须保证 24（小时）×365（天）的跨区域服务，且需拥有足够的带宽，以保证较快的查询逗度。

（5）证书管理及更新

及时记录所有颁发的证书及所有被吊销的证书，使得能在交易各方的证书失效以后，及时更新数字证书。

（6）吊销证书

CA 根据证书持有者的应用情况，可在数字证书有效期内使其无效，并且公布于众。CA 系统必须具有证书黑名单的生成与管理功能，证书黑名单中只包括废除的分支 CA 和网关的数字证书。这些证书黑名单和黑名单管理文件通过各级 CA 及网关，在与商家及客户交换消息时分发出去。

（7）制定相关政策

CA 的政策越公开越好，信息发布越及时越好。普通用户信任一个 CA，除了拥有先进的技术和雄厚的实力这些因素之外，另一个极为重要的因素就是 CA 的政策。CA 的政策是指 CA 必须对信任它的事务各方负责，它的责任大部分体现在政策的制定和实施上。

（8）有能力保护数字证书服务器的安全

数字证书服务器必须是十分安全的，CA 应当采取相应措施保证其安全性，如加强对系统管理员的管理，加强对防火墙的保护等。否则，连 CA 都不安全了，由其提供的数字证书服务的安全就无从说起。

4．CA 的组成框架与数字证书的申请流程

证书的发放过程实际上由两大部分组成：一部分是证书的申请、制作、发放；另一部分是用户的身份认证。这两部分工作实际上是由 CA 中两个不同的部门来完成的。这样，就将 CA 分成 CA（证书服务中心）和 RA（审核受理处）两部分，由 CA 完成接收证书请求及发证的工作，而由 RA 完成身份认定工作，CA 与 RA 之间一般通过专线连接。

RA 一般由能够认定用户身份的单位来担任（如持卡人 RA 由发卡银行担任，商家的 RA 由收单银行担任）。CA 收到用户的证书请求后，向 RA 要求证明用户的合法与真实性；得到证明后，CA 向用户颁发证书。也可以让用户先到 RA 当面申请填表，RA 批准后，将信息传送到 CA；CA 在收到用户的证书请求后，就能立即给予答复。

CA 还能进一步分成 RS（证书业务受理中心）与 CP（证书制作中心）两部分。由 RS 负责接收用户的证书申请、发放等与用户打交道的工作，CP 则进行证书的制作、记录等内部工作。用户为获得数字证书，必须上网，进入 CA 网站，实际就是进入了 RS 网站，向 RS 申请证书；RS 与用户对话后，可以获得用户的申请信息，然后传送给 CP；CP 与 RA 进行联系，并从 RA 处获得用户的身份认证信息后，由 CP 为用户制作证书，交给 RS；当用户上网要求获取证书时，RS 将制作好的证书传送给用户。

在 SET 安全网上支付中，参与的每家银行都要建立自己的 RA。面对众多的用户，光有一个 RA 是无法完成任务的。RA 下必须设立许多业务受理点，接待用户，进行申请登记工作。RA 作为身份认证与审核部门，通过专线与各业务受理点连接。各业务受理点接收用户的申请，审查用户的身份证件，通过专线与 RA 交换信息，完成用户的身份认证工作。

（1）CA 的组成框架

基于以上的业务过程，一个功能较为完整的 CA 组成框架如图 7-3 所示。借助各地的业务受理点及 Internet，CA 公司可以跨区域为用户提供数字证书服务。例如，CA 收到外地区用户的证书请求后，通过网络专线到当地的 RA 获得身份认定，就可以向申请用户颁发数字证书。当然，CA 本身还可作为世界上更加权威的 CA 中心如 VeriSign 的分支 CA，CA 本身需要一个由上级 CA 颁发的数字证书。例如，北京天威诚信电子商务服务有限公司，作为成立于 2000 年 9 月且经信息产业部批准的第一家开展商业性 PKI / CA 服务的试点企业，其证书就是由 VeriSign 颁发的数字证书，因而成为 VeriSign 在中国的业务合作伙伴。

（2）数字证书的申请流程

基于上述的 CA 组成框架，一般数字证书的申请操作流程如下。

① 用户带相关证明到证书业务受理中心 RS 申请证书。

② 用户在线填写证书申请表格和证书申请协议书。

③ RS 业务人员取得用户申请数据后，与 RA 中心联系，要求用户身份认证。

④ RA 下属的业务受理点审核员通过离线方式（面对面）审核申请者的身份、能力和信誉等。

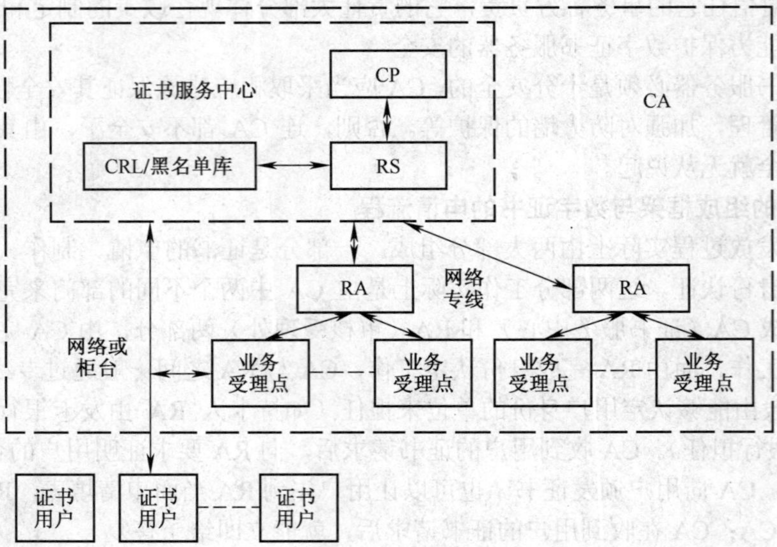

图 7-3　功能较为完整的 CA 组成框架

⑤ 审核通过后，RA 中心向 CA 中心转发证书的申请请求。

⑥ CA 中心响应 RA 中心的证书请求，为该用户制作、签发证书，并且交给 RS。

⑦ 当用户再次上网要求获取证书时，RS 将制作好的证书传送给用户；如果证书介质是 IC 卡方式，则 RS 业务人员打印好相关密码信封传递给用户，通知用户到相关业务受理点领取。

⑧ 用户根据收到的用户应用指南，使用相关的证书业务。

第四节　电子商务安全交易协议

如何通过电子支付安全地完成整个交易过程，是人们在选择网上交易时所必须面对的而且是首先要考虑的问题。就目前而言，虽然电子支付的安全问题还没有形成一个公认成熟的解决办法，但人们还是不断通过各种途径进行大量的探索，SSL 安全协议和 SET 安全协议就是这种探索的两项重要结果，它们已经广泛在国际间的电子支付中使用。

一、SSL 协议

由美国 Netscape 公司于 1995 年开发和倡导的安全套接层（SSL）协议，是目前安全电子商务交易中使用最多的协议之一。SSL 协议主要用于提高应用程序之间的数据的安全系数。SSL 协议的实现属于 Socket 层，在 Internet 网络层次中的位置处于应用层和传输层之间。SSL 协议是国际上最早应用于电子商务的一种网络安全协议，至今仍然有很多网上商店使用。它被许多世界知名厂商的 Intranet 和 Internet 网络产品所支持，其中包括 Netscape、Microsoft、IBM、Open Market 等公司提供的支持 SSL 协议的客户机和服务器产品，如 IE 和 Netscape 浏览器，IIS、Domino Go Web Server、Netscape Enterprise Server 和 Apache 等 Web 服务器。

1．SSL 协议提供的安全服务

SSL 协议对计算机之间的各种通信 HTTP、FTP、Telnet 等都提供安全保护。SSL 协议主要提供如下三方面的服务。

① 用户和服务器的合法性认证。

认证用户和服务器的合法性，使得它们能够确信数据将被发送到正确的客户机和服务器上。客户机和服务器都有各自的识别号，这些识别号由公开密钥进行编号，为了验证用户是否合法，SSL 协议要求在握手交换数据时进行数字认证，以此来确保用户的合法性。

② 加密数据以隐藏被传送的数据。

SSL 协议所采用的加密技术既有对称密钥技术，也有公开密钥技术。在客户机与服务器进行数据交换之前，交换 SSL 初始握手信息，在 SSL 握手协议中采用了各种加密技术对其加密，以保证其机密性和数据的完整性，并且用数字证书进行鉴别，这样就可以防止非法用户进行破译。

③ 保护数据的完整性。

SSL 协议采用 Hash 函数和机密共享的方法来提供信息的完整性服务，建立客户机与服务器之间的安全通道，使所有经过安全套接层协议处理的业务在传输过程中能全部完整准确无误地到达目的地。

SSL 协议是在 Internet 基础上提供的一种保证私密性的安全协议。它能使客户 / 服务器应用之间的通信不被攻击者窃听，并且始终对服务器进行认证，还可选择对客户进行认证。SSL 协议要求建立在可靠的传输层协议（如 TCP）之上。SSL 协议的优势在于它是与应用层协议独立无关的。高层的应用层协议（如 HTTP、FTP、Telnet 等）能透明地建立于 SSL 协议之上。SSL 协议在应用层协议通信之前就已经完成加密算法、通信密钥的协商及服务器认证工作。在此之后应用层协议所传送的数据都会被加密，从而保证通信的安全性。

2．SSL 协议的运行步骤

SSL 协议的运行步骤包括如下几个。

① 接通阶段。客户通过网络向服务商打招呼，服务商回应。

② 密钥交换阶段。客户与服务器之间交换双方认可的密钥，一般选用 RSA 密码算法，也有的选用 Diffie Hellman 和 Fortezza KEA 密码算法。

③ 协商密钥阶段。客户与服务商间产生彼此交谈的会话密钥。

④ 检验阶段。检验服务商取得的密钥。

⑤ 客户认证阶段。验证客户的可信度。

⑥ 结束阶段。客户与服务商之间相互交换结束的信息。

当上述动作完成之后，两者间的资料传送就会加密，另外一方收到资料后，再将密文资料还原。即使盗窃者在网络上取得密文资料，如果没有原先编制的密码算法，也不能获得可读的有用资料。

发送时信息用对称密钥加密，对称密钥用非对称算法加密，再把两个包绑在一起传送过去。接收的过程与发送正好相反，先打开有对称密钥的加密包，再用对称密钥解密。

在电子商务交易过程中，由于有银行参与，按照 SSL 协议，客户的购买信息首先发往商家，商家再将信息转发给银行，银行验证客户信息的合法性后，通知商家付款成功，商家再通知客户购买成功，并将商品寄送给客户。

SSL 协议运行的基点是商家对客户信息保密的承诺。但在上述流程中我们也可以注意到，SSL 协议有利于商家而不利于客户。客户的信息首先传到商家，商家阅读后再传至银行，这样，客户资料的安全性便受到威胁。商家认证客户是必要的，但在整个过程中，缺少了客户对商家的认证。在电子商务的开始阶段，由于参与电子商务的公司大都是一些大公司，信誉度较高，所以这个问题没有引起人们的足够重视。随着电子商务参与的厂商迅速增加，对厂商的认证问题越来越突出，SSL 协议的缺点便完全暴露出来。SSL 协议势必将逐渐被新的电子商务协议（如 SET）所取代。

3．SSL 协议的体系结构

SSL 协议不是单个协议，而是两层协议，包含套接层 SSL 记录协议和应用层 SSL 握手协议、SSL 更改密文规范协议和 SSL 告警协议。

（1）SSL 记录协议

在 SSL 协议中，所有的传输数据都被封装在记录中。记录是由记录头和长度不为 0 的记录数据组成的。所有的 SSL 通信包括握手消息、安全空白记录和应用数据都使用 SSL 记录层。SSL 记录协议包括了记录头和记录数据格式的规定。

（2）更改密文规范协议

更改密文规范协议（Change Cipher Spec Protocol）是使用 SSL 记录协议的最简单的 SSL 相关协议之一。这个协议由单个报文组成，该报文由值为 1 的单个字节组成。这个报文的唯一目的就是使得挂起状态被复制到当前状态，改变了这个连接将要使用的密文族。

（3）告警协议

告警协议是用来将 SSL 协议有关的告警传送给对方实体。和其他使用 SSL 协议的应用一样，告警报文按照当前状态说明被压缩和加密。

告警协议的报文由两个字节组成。第一个字节的值是警告（warning，值1）或致命的（fatal，值 2），用来传送报文的严重级别。如果级别是致命的，SSL 协议就立刻终止该连接。同一个会话的其他连接可以继续，但是这个会话不可以再建立新的连接了。第二个字节包含了特定告警的代码。

（4）SSL 握手协议

SSL 握手协议包含 2 个阶段 4 个步骤。第一个阶段的两个步骤用于建立秘密通信信道，第二个阶段的两个步骤用于客户认证。第一阶段是通信的初始化阶段，通信双方都发出 HELLO 消息。当双方都接收到 HELLO 消息时，就有足够的信息确定是否需要一个新的密钥。若不需要新的密钥，双方立即进入握手协议的第二阶段。否则，此时服务器方的 SERVER HELLO 消息将包含足够的信息，使客户方产生一个新的密钥。这些信息包括服务器所持有的证书、加密规约和连接标识。若密钥产生成功，客户方发出 CLIENT MASTER KEY 消息；否则发出错误消息。最终当密钥确定以后，服务器方向客户方发出 SERVER VERIFY 消息。因为只有拥有合适的公钥的服务器才能解开密钥。需要注意的是每一通信方向上都需要一对密钥，所以一个连接需要 4 个密钥，分别为客户方的公开密钥、客户方的私有密钥、服务器方的公开密钥、服务器方的私有密钥。第二阶段的主要任务是对客户进行认证，此时服务器已经被认证了。服务器方向客户发出认证请求消息：REQUEST CERTIFICATE。当客户收到服务器方的认证请求消息时，发出自己的证书，并且监听对方回送的认证结果。而当服务器收到客户的认证，认证成功返回 SERVER FINISH 消息，否则返回错误消息，至此，握手协议全部结束。

4. SSL 协议的安全措施

SSL 协议采用对称密码技术和公开密码技术相结合，采用密码和证书实现通信数据完整性、认证性等安全服务。其安全措施如下。

（1）加密算法和会话密钥

加密算法和会话密钥是在握手协议中协商并由 CIPHER CHOICE 指定的。现有的 SSL 版本中所用到的加密算法包括 RC4、RC2、IDEA 和 DES，而加密算法所用的密钥由消息散列函数 MD5 产生。RC4、RC2 是由 RSA 定义的，其中 RC2 适用于块加密，RCA 适用于流加密。

（2）认证算法

认证算法采用 X.509 电子证书标准，通过使用 RSA 算法进行数字签名来实现。SSL 认证包括服务器的认证和客户的认证两种。

① 服务器的认证。在上述两对密钥中，对服务器进行认证时，只有用正确的服务器方私有密钥加密 CLIENT HELLO 消息形成的数字签名才能被客户正确地解密，从而验证服务器的身份。若通信双方不需要新的密钥，则它们各自所拥有的密钥已经符合上述条件。若通信双方需要新的密钥，首先服务器方在 SERVER HELLO 消息中的服务器证书中提供了服务器的公有密钥，服务器用其私有密钥才能正确地解密由客户方使用服务器的公有密钥加密的 MASTER KEY，从而获得服务器方的读密钥和写密钥。

② 客户的认证。同上，只有用正确的客户方私有密钥加密的内容才能被服务器方用其读密钥正确地解开。当客户收到服务器方发出的 REQUEST CERTIFICATE 消息时，客户首先使用 MD5 消息散列函数获得服务器方信息的摘要，服务器方的信息包括 KEY MATERIAL 0、KEY MATERIAL 1、KEY MATERIAL 2、CERTIFICATE CHALLENGE DATA（来自 REQUEST CERTIFICATE 消息）和服务器所赋予的证书（来自 SERVER HELLO 消息）。其中 KEY MATERIAL 1、KEY MATERIAL 2 是可选的，与具体的加密算法有关。然后客户使用自己的私有密钥加密摘要形成数字签名，从而被服务器认证。

另外，SSL 协议在“重传攻击”上有它独到的解决办法。SSL 协议为每一次安全连接产生了一个 128bit 长的随机数——“连接序号”。理论上，攻击者事先无法预测此连接序号，因此不能对服务器的请求做出正确的应答。但是计算机产生的随机数是伪随机数，它的实际周期要远比 128bit 小，更为危险的是有规律性，所以说 SSL 协议并没有从根本上解决“信息重传”这种攻击方法，有效的解决方法是采用“时间戳”。但是这需要解决网络上所有节点的时间同步问题。

总之，SSL 协议的安全性能是好的，而且随着 SSL 协议的不断改进，更多的安全性能好的加密算法被采用，逻辑上的缺陷被弥补，SSL 协议的安全性能势必会不断加强。

目前，几乎所有操作平台上的 Web 浏览器（IE、Netscape）及流行的 Web 服务器（IIS、Netscape Enterprise Server 等）都支持 SSL 协议，因此使得使用该协议既便宜且开发成本较低。

二、SET 协议

安全电子交易规范（Secure Electronic Transaction，SET）是 Visa 和 MasterCard 于 1997 年 5 月联合开发的一个加密的安全规范，它具有很强的安全性。该规范由以前发表的若干协议形成，它们是 STT（Visa / Microsoft）、SEPP（MasterCard）和 iKP 协议族（IBM）。

SET 及其适合的诸协议是基于安全信用卡协议的一个例子。由于它得到了 IBM、HP、Microsoft、Netscape、VeriFone、GTE、Terisa 和 VeriSign 等很多大公司的支持，已成为事实上的工业标准，目前已获得 IETF 标准的认可。SET1.0 版已经公布并可应用于任何银行支付服务，1998 年，第一个兼容 SET 的产品已经开始应用。有时人们往往不加区别，总说 SET 协议。事实上，SET 本身是一组安全协议和格式的集合，使得用户可以用一种安全的方式，将已经存在的信用卡支付基础设施配置在开放网络上，如 Internet。

1. SET 协议提供的安全服务

（1）SET 协议的主要安全目标

① 信息在 Internet 上安全传输，保证网上传输的数据不被黑客窃取。

② 订单信息和个人账号信息的隔离，当包含持卡人账号信息的订单送到商家时，商家只能看到订货信息，而看不到持卡人的账户信息。

③ 持卡人和商家相互认证，以确定通信双方的身份，一般由第三方机构负责为在线通信双方提供信用担保。

④ 要求软件遵循相同协议和报文格式，使不同厂家开发的软件具有兼容和互操作功能，并且可以运行在不同的硬件和操作系统平台上。

（2）SET 协议提供的安全服务

① 确保在支付系统中支付信息和订购信息的安全性。

② 确保数据在传输过程中的完整性，即确保数据在传输过程中不被破坏。

③ 对持卡者身份的合法性进行检查。

④ 对支付接收方的身份（即商家的身份）的合法性进行检查。

⑤ 提供最优的安全系统，以保护在电子贸易中的合法用户。

⑥ 确保该标准不依赖于传输安全技术，也不限定任何安全技术的使用。

⑦ 使通过网络和相应的软件所进行的交互作业简便易行。

2. SET 协议的运行步骤

电子商务的工作流程与实际的购物流程非常接近，使得电子商务与传统商务可以很容易融合，用户使用也没有什么障碍。从顾客通过浏览器进入在线商店开始，一直到所订货物送货上门或所订服务完成，以及账户上的资金转移，所有这些都是通过 Internet 完成的。如何保证网上传输数据的安全和交易对方的身份确认是电子商务能得到推广的关键。这也正是 SET 所要解决的最主要的问题。一个包括完整的购物处理流程的 SET 的工作过程如图 7-4 所示。

图 7-4 中，消息①、消息②是交易初始设置，客户与商家相互交换身份证书，建立一个交易 ID 号；在消息③的客户购买消息中，包含商品或服务名、客户签名、加密的客户信用卡信息；消息④是商家对用户购买订单的确认；消息⑤、消息⑥是商家对客户支付信息合法性的验证，在商家与银行（或其代理）间进行；消息⑦、消息⑧使用户对交易内容、状态有查询的能力；消息⑨是商家与银行间的兑现和平账过程。

前三步与 SET 无关，从第四步开始 SET 起作用，一直到第九步，在处理过程中，对通信协议、请求信息的格式、数据类型的定义等，SET 都有明确的规定。在操作的每一步，持卡人、商家和支付网关都通过认证机构（CA）来验证通信主体的身份，以确保通信的对方不是冒名顶替的。

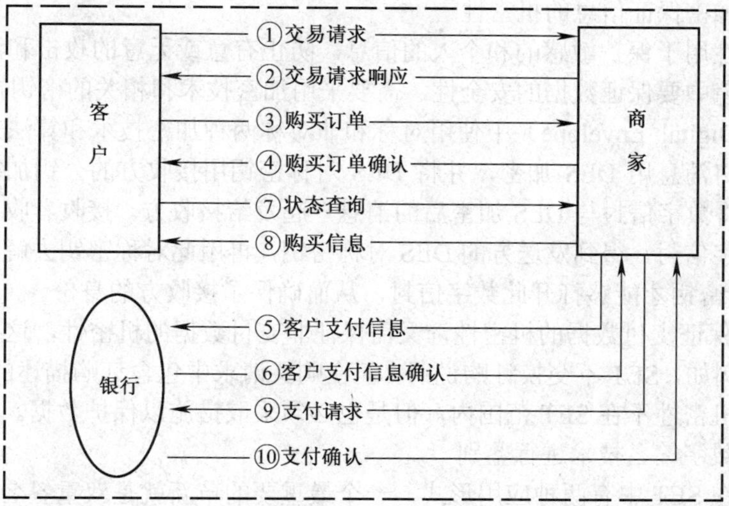

图 7-4　SET 协议流程

3．SET 协议的体系结构

SET 向基于信用卡进行电子化交易的应用提供了实现安全措施的规则。SET 主要由三个文件组成，分别是 SET 业务描述、SET 程序员指南和 SET 协议描述。SET 规范涉及的范围包括：加密算法的应用（如 RSA 和 DES）；证书信息和对象格式；购买信息和对象格式；确认信息和对象格式；划账信息和对象格式；对话实体之间消息的传输协议。

SET 支付系统的主要参与方有如下几个。

① 持卡人。即消费者，他们通过 Web 浏览器或客户端软件购物。

② 商家。提供在线商店或商品光盘给消费者。

③ 发卡人。它是一家金融机构，为持卡人开账户，并且发放支付卡。

④ 收款银行。它为商家建立账户，并且处理支付卡的认证和支付事宜。

⑤ 支付网关。它是由收款银行或指定的第三方操纵的设备，它处理商家的支付信息，同时也包括来自消费者的支付指令。

SET 支付系统还涉及认证机构（CA），但是它不参与 SET 的支付流程。它给各参与方颁发证书，各参与方可以通过查看对方的证书来确定对方是准确的而不是冒充的。要建立安全的电子商务系统，首先必须有一个健全可信的 CA。CA 的主要功能包括：接收注册请求，处理、批准 / 拒绝请求，颁发证书。

在实际运作中，CA 也可由大家都信任的一方担当。例如，在客户、商家、银行三角关系中，客户使用的是由某个银行发的卡，而商家又与此银行有业务关系（有账号）。在此情况下，客户和商家都信任该银行，可由该银行担当 CA 角色，接收、处理客户证书和商家证书的验证请求。又如，对商家自己发行的购物卡，则可由商家自己担当 CA 角色。

4．SET 协议的安全措施

SET 协议采用的安全措施，几乎全部以数据加密技术为基础。可以说没有加密技术就没有安全电子交易。SET 协议把对称密钥体制和公开密钥体制完美地结合起来，充分利用了 DES 效率高、速度快和 RSA 安全性高、密钥管理简便的优点。下面从数据的机密性、认证性和完整性等方面讨论 SET 所采用的安全措施。

（1）通过加密保证信息的机密性

数据机密性用于保护敏感的和个人的信息，防止有意或无意的攻击和泄露。在一个非安全的网络环境中要保证数据的安全性，需要采用加密技术和相关的密钥管理。SET 在一个数字信封（Digital Envelope）中使用对称和非对称两种加密技术和算法来提供数据的机密性。发送方将消息用 DES 加密，并将 DES 对称密钥用接收方的公钥加密，形成消息的“数字信封”，将数字信封与 DES 加密后的消息一起发给接收方。接收者收到消息后，先用其密钥打开数字信封，得到发送方的 DES 对称密钥，再用此对称密钥去解开数据。只有用接收方的 RSA 密钥才能够打开此数字信封，从而确保了接收方的身份。

SET 既要保证支付数据的机密性，又需保证非支付数据的机密性，这些数据包含实际数据的提示。例如，SET 不交换订购说明，但在购买请求中包含订购描述的 Hash 值。虽然非支付数据的机密性不在 SET 范围内，但是也必须采取措施以保护数据。

（2）应用数字签名技术进行鉴别

签名技术在 SET 中有两种应用形式，一个最重要的革新就是双重签名。

① 数字签名。

SET 中，数字签名采用 RSA 算法，数据发送方采用自己的私钥加密数据，接受方用发送方的公钥解密。由于私钥和公钥之间的严格对应性，使用其中一个只能用另一个来解密，保证了发送方不能抵赖发送过的数据，完全模拟了现实生活中的签名。

② 双重签名。

数字签名在 SET 协议中一个重要的应用就是双重签名。在交易中持卡人发往银行的支付指令是通过商家转发的，为了避免在交易的过程中商家窃取持卡人的信用卡信息，以及避免银行跟踪持卡人的行为，侵犯消费者隐私，但同时又不能影响商家和银行对持卡人所发信息的合理的验证，只有当商家同意持卡人的购买请求后，才会让银行给商家付费。SET 协议采用双重签名来解决这一问题。

（3）使用 X.509v3 数字证书来提供信任

SET 协议使用 X.509v3 数字证书来提供信任。SET 协议中主要的证书是持卡人证书和商家证书。持卡人证书是支付卡的一种电子化的表示。持卡人证书不包括账号和终止日期信息，而是用单向哈希算法根据账号和截止日期生成的一个码。如果知道账号、截止日期、密码值，即可导出这个码值；反之则不行。商家证书就像是贴在商家收款台小窗上的付款卡贴画，以表示它可以用什么卡来结算。在 SET 环境中，一个商家至少应有一对证书，与一个银行打交道；一个商家也可以有多对证书，表示它与多个银行有合作关系，可以接受多种付款方法。除了持卡人证书和商家证书外，还有支付网关证书、银行证书、发卡机构证书。在双方通信时，通过出示由某个 CA 签发的证书来证明自己的身份。如果对签发证书的 CA 本身不信任，则可验证 CA 的身份。依此类推，一直到公认的权威 CA 处，就可确信证书的有效性。每一个证书与签发证书的实体的签名证书相关联。SET 证书正是通过信任层次来逐级验证的。例如，C 的证书是由 B 的 CA 签发的，而 B 的证书又是由 A 的 CA 签发的，A 是权威的机构，通常称为根 CA。验证到了根 CA 处，就可确信 C 的证书是合法的。

在网上购物实现中，持卡人的证书与发卡机构的证书相关联，而发卡机构证书通过不同品牌卡的证书连接到根 CA，而根 CA 的公开密钥对所有的 SET 软件都是已知的，可以校验每一个证书。

持卡人可从公开媒体上获得商家的公开密钥，但持卡人无法确定商家不是冒充的（有信誉），于是持卡人请求 CA 对商家认证。CA 对商家进行调查、验证和鉴别后，将包含商家公开密钥的证书经过数字签名传给持卡人。同样，商家也可对持卡人进行验证。

（4）应用散列函数保证数据完整性

数据完整性保证接收到的是实际发出的所有数据。SET 协议中采用从传输数据产生的完整性数值（即 Hash 值）来实现。数据的完整性数值从发送方传输到接收方，接收方通过比较完整性数值来验证数据是否经过篡改。

SET 中将散列函数和数字签名一起结合使用，允许数据单元的接收方验证数据的来源和完整性，防止伪造和篡改。在 SET 结构中，一个数字签字是采用发送方私用密钥加密的 Hash 值，该 Hash 值提供消息内数据的完整性。如果支付数据被修改，则其 Hash 值不同，当接收方接到消息后，重新计算 Hash 值，可发现数据被修改。该 Hash 值被加密后保证一个第三方无法改变 Hash 值。因为没有发送方的私人密钥，无法将新 Hash 值加入到消息中。

总的来讲，SSL 协议比较简单，因而其应用也相对较广泛；SET 协议比较复杂，因而在某种程度上也阻碍了其推广的进程。从安全性角度看，SSL 协议不如 SET 协议安全，对于使用信用卡支付的系统来说，SET 协议则是最好的选择，SET 协议是专门针对信用卡支付而设计的协议。

本章小结

电子商务安全是电子商务健康发展的保证。本章主要从电子商务安全问题的 4 个方面即信息传输风险、信用风险、管理风险及法律风险进行了阐述并提出了保障体系；另外对电子商务的加密技术分别从对称加密和非对称加密两个方面进行了介绍；最后从认证技术和电子商务安全电子交易协议上进行了分析。

复习思考题

1．电子商务的安全性威胁有哪些？

2．简述电子商务的安全保障体系的特殊性。

3．什么是数字证书？

4．简述数字签名的含义及其生成原理。

第八章　电子支付技术

本章要点

- ➢ 电子支付的定义与特点
- ➢ 电子现金支付的流程
- ➢ 电子信用卡支付的类型
- ➢ 电子支票的特点与支付过程
- ➢ 智能卡与电子钱包的功能
- ➢ 电子支付网络与密码系统

在电子商务活动中，在线电子支付是一个极为重要的关键环节。它作为一种消费方式已经为越来越多的人接受。它是计算机技术应用于金融领域的一项重要成果，使得人们能够跨越地理疆界开展业务，快速完成资金结算，极大地提高了国际交易的便利性，因而比传统的支付方式更加快捷，成本更加低廉。

第一节　电子支付概述

一、电子支付的定义与特点

所谓电子支付，指的是电子交易的当事人，包括消费者、商家和金融机构，以计算机和通信技术为手段，通过计算机网络系统以电子信息传递形式实现的货币支付或资金结算。与传统的支付方式比较而言，它具有以下特点。

第一，电子支付是采用先进的技术完成信息传输的，其各种支付方式都是采数字化的方式进行款项支付的；而传统的支付方式则是通过现金的流转、票据的转让及银行的汇兑等物理实体来完成款项支付的。

第二，电子支付的工作环境是基于一个开放的网络平台，而传统支付则是在较为封闭的系统中运作的。

第三，电子支付使用的是最先进的通信手段，对软硬件设施的要求很高，一般要求有联网的计算机、相关的软件及其他一些配套设施；而传统支付使用的则是传统的通信媒介，对软硬件的要求相对较低。

第四，电子支付具有方便、快捷、高效、经济的优势。用户只要拥有一台上网的计算机，便可足不出户，在很短的时间内完成整个支付过程，所需费用仅相当于传统支付的几十分之一，甚至几百分之一。

详细对照如表 8-1 所示。

表 8-1　电子支付与传统支付对照简表

比较项目 \ 支付方式	传统支付	电子支付
款项支付方式	现金的流转、票据的转让及银行的汇兑等物理实体完成	采用先进的信息技术完成信息传输和款项汇兑
工作环境	在较为封闭的系统中运作	在基于开放的网络平台中运作
设备要求	使用传统的通信媒介，对软硬件要求相对较低	使用最先进的通信手段，对软硬件要求很高
支付效率	支付时间相对较长，效率低，费用高	在很短的时间内完成支付，费用仅相当于传统支付的几十分之一，甚至几百分之一

二、电子支付的发展阶段

目前，采用计算机等技术进行电子支付的形式有 5 种，分别代表着电子支付发展的不同阶段。

第一阶段是银行利用计算机处理银行之间的业务，办理结算。

第二阶段是银行计算机与其他机构计算机之间资金的结算，如代发工资等业务。

第三阶段是利用网络终端向客户提供各项银行服务，如自助银行。

第四阶段是利用银行销售点终端向客户提供自动的扣款服务。这就是最初的电子支付系统。在这一阶段，以各发卡行的行内授权系统为基础。全国银行卡信息交换中心和城市银行卡中心的建立为银行卡的跨行交易创造了条件。

第五阶段是最新阶段，也就是基于 Internet 的电子支付，它将第四阶段的电子支付系统与 Internet 的整合，实现随时随地地通过 Internet 进行直接转账结算，形成电子商务交易支付平台。

三、电子支付中存在的问题

电子支付是在公共网络上进行的支付活动，所以目前还存在很多问题，具体可以归纳为 4 个方面。

1．安全性和支付信息私密性问题

信用不足、相关知识缺乏致使客户普遍对电子支付的安全性、方便性、支付信息私密性持怀疑态度，对采用电子支付方式持谨慎心态，甚至是消极状态。这是困扰电子支付发展的关键问题。目前主要采用行政管理和计算机安全技术双管齐下的方法进行防范，如防止内部作案、建立安全的认证体系、设立防火墙、第三方支付等。

2．对软硬件等基础设施要求很高

电子支付一般要求有联网的计算机，服务器，相关的软件与配套设施、专业人员的配备。对于原来没有实现电子化办公、没有建设内部网的企业而言，一步实现电子支付的费用太高。

3．电子支付中间需要应用很多高科技技术

目前很多银行的技术与管理控制能力还不足以支撑电子支付的可靠运行，从而又制约了电子支付的实际应用。

4．电子支付工具需要相应的系统支持

消费者选择的电子支付工具必须满足多个条件，首先要由消费者账户所在的银行发行，要有相应的支付系统和商家所在银行的支持，被商家认可。而对消费者来说，要求同时持有各种流行的支付工具，也是不现实的。所以，电子支付的推广要求商家认可支持多种支付工具，各种电子支付系统能够相互兼容，实现系统的互通。

第二节　电子支付方式

受到电子商务发展的有力拉动，网络支付市场在全球发展迅速。在我国网上支付也蓬勃发展，互联网第三方调查机构艾瑞咨询最新数据显示，2009 年我国网上支付交易额达 5 766 亿元人民币，与 2008 年的 2 743 亿元相比，增长 110.2%；网上支付用户规模增长同样迅猛，达到 9 000 万元，比去年增长 73.1%。2005～2009 年，国内网上支付交易额连续五年增幅超 100%，交易规模增长近 30 倍。不同的支付目的决定了网民开始选择不同的支付工具，安全、方便、快捷成为他们共同的需求。对于电子商务而言，基于 Internet 的电子支付是以电子货币的形式进行。大多数电子货币是以既有的实体货币（现金或存款）为基础存在的具备“价值尺度”和“价值保存”职能，且电子货币与实体货币之间能以 1∶1 比率交换这一前提条件而成立的。而作为支付手段，大多数电子货币又不能脱离现金或存款，是用电子化方法传递、转移，以清偿债权债务实现结算。因此，现阶段电子货币的职能及其影响，实质是电子货币与现金和存款之间的关系。目前主要有电子现金、电子信用卡、电子支票、电子钱包等支付方式和工具。

一、电子现金

电子现金（Electronic Cash）是一种以数据形式流通的货币，它把现金数值转换成为一系列的加密序列数，通过这些序列数来表示现实中各种金额的币值，即以数字化形式存在的现金货币。

用户在开展电子现金业务的银行开设账户，并在账户内存钱后就可以在接受电子现金的网上商店购物了。当用户拨号进入互联网网上银行，使用一个口令（Password）和个人识别码（PIN）来验明身份，直接从其账户中下载成包的低额电子“硬币”时，这时候电子现金才起作用。然后，这些电子现金被存放在用户的硬盘当中，直到用户从网上商家进行购买为止。为了保证交易安全，计算机还为每个“硬币”建立随时选择的序号，并把这个号码隐藏在一个加密的信封中，这样就没有人可以搞清是谁提取或使用了这些电子现金。按这种方式购买实际上可以让买主无迹可寻，提倡个人隐私权的人对此很欢迎。

1．电子现金的基本属性

（1）有货币价值

电子现金必须具备货币价值，它必须有一定的现金、银行认可的信用或银行证明的现金支票进行支持。当一家银行创造的电子现金被其他银行接受时，不能存在不兼容的问题。如果失去了银行的支持，电子现金就会有风险，可能存在支持资金不足的问题。

（2）可交换性

电子现金作为一种支付方式，必须能够交换成其他的电子现金、纸币现金、商品或服务、银行账户的存款等。电子现金一般倾向于在发放电子现金的银行使用，但实际上，不是所有的买方会使用同一家银行的电子现金，买方和卖方甚至可能不在同一个国家。因此，电子现金面临着多家银行的广泛使用问题。

（3）可存储和检索

电子现金必须允许用户在家庭、办公室或旅途中，对存储在远程计算机、智能卡或专用设备上的电子现金进行存储和检索。因为在计算机中创建和存储伪造的电子现金很容易。因此最好把电子现金存储在一个不可变更的专用设备中，这种设备应该具有适当的界面，可以通过口令或其他的方式来鉴别使用者身份，以及对于电子现金信息内容的浏览显示。

（4）一次使用

电子现金必须防止复制和保证只能一次使用。因为电子现金不是一个买方支付给卖方后买方就不再拥有的实物。买方可能用同一个电子现金在不同国家、地区的网上商店同时购物，这就会造成电子现金的重复使用，所以必须保证电子现金具有不可重复使用的性质。一般的电子现金系统会建立检测和惩罚机制。

2．电子现金的特点

（1）独立性

电子现金的独立性是指它和任何网络或存储设备无关，能够自由穿越国界。

（2）匿名性

电子现金的匿名性是指买方在使用它进行支付时可以匿名支付，与纸币类似。

（3）方便性

电子现金的方便性是指它不需要卖方一定有一个银行账户，而且支付单位可以由交易双方约定，不受现金体制的限制。电子现金无需直接与银行连接便可使用，检验和支付成本都较低，适用于小额支付。

（4）成本低

纸币的交易费用与交易额成正比，随着交易量的不断增加，纸币的发行成本、运输成本、交易成本越来越高，而电子现金的发行成本、交易成本都比较低，而且不需要运输成本。

（5）安全性

随着高性能彩色复印技术和伪造技术的发展，纸币的伪造变得更容易了，而电子现金是高科技发展的产物，它融合了现代密码技术，提供了加密、认证、授权等机制，只限于合法人使用，能够避免重复使用，防伪能力强；纸币有遗失、被偷窃的风险，而电子现金没有介质，没有遗失、被偷窃的风险。

3．电子现金的支付过程

使用电子现金交易的流程如图 8-1 所示。

① 购买电子现金。要拿到电子现金，消费者必须在电子现金发行银行事先开立一个账户。这样，在需要时，消费者用现金或存款申请兑换一定数额的电子现金，银行同时收取一小笔手续费，与消费者兑换的电子现金数额成正比。

② 存储电子现金。消费者使用计算机上的电子现金终端软件将电子现金取出，并存储在计算机硬盘上（如电子钱包里或智能卡上），通常少于 100 美元，如 KDD 公司的发行的 NetCoin 电子现金就限制在 24.5 美元之内。

③ 使用电子现金。当消费者到支持该种电子现金支付的商业网站消费时，就可以将电子现金发给商家来支付所选的商品或服务的费用。在这一过程中，商家要验证电子现金是否伪造，是否属于该消费者，是否是重复消费。经验证无误后，双方达成交易。

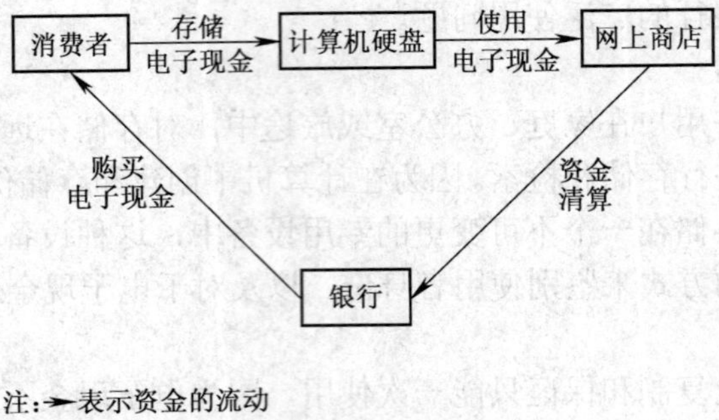

图 8-1 电子现金支付流程

④ 资金清算。当商品或服务送达消费者时，商家才将电子现金交给银行，银行收回电子现金，并保留其序列号备查，再将等值的货币存入商家的银行账户，同时收取少量的手续费。

二、电子信用卡

信用卡是银行或其他金融公司签发给资信状况良好人士的一种特制卡片，是一种特殊的信用凭证。持卡人凭卡在发卡机构指定的商户购物和消费，也可以在指定的银行机构存取现金，并且记录有各种消费记录及用户身份识别等信息，是一种集金融业务与计算机技术于一体的高科技产物。随着信用卡业务的发展，信用卡的种类不断增多，概括起来，一般有广义和狭义之分。

从广义上讲，凡是能够为持卡人提供信用证明、持卡人可以凭卡购物消费或享受特定服务的特制卡片均可称为信用卡。广义上的信用卡包括贷记卡、准贷记卡、借记卡、提款卡、支票卡及赊账卡等。从狭义上说，国外的信用卡主要是指由银行或其他金融机构发行的贷记卡，即无需预先存款就可以贷款消费的信用卡，是先消费后还款的信用卡。狭义信用卡是真正的凭借持卡人信用而获取银行资金支持进行消费的银行卡，因此称为 Credit Card。国内的信用卡主要是贷记卡或准贷记卡（先存款后消费，允许小额、善意透支的信用卡）。

我们这里介绍的电子信用卡则是广义上的信用卡（普通的银行卡）功能在 Internet 上的延伸，即通过各种支持银行卡网上结算的协议而实现客户所要求的支付结算。目前，在 B2C 电子商务中，电子信用卡是最流行的支付方式。

1．电子信用卡支付的条件

① 商家要向用户提供产品价格、订单确认和订单履行状态、运输通知，以及能接受的支付的方法。

② 用户向商家以安全的方式提供几种支付选择和相关信息。

只有具备了适当的安全标准，才能实现安全的信用卡支付。安全标准可确保支付方法和协议，也确保了支付指令的安全传送。Microsoft 与 Visa，Netscape 与 Mastercard 都开发了供银行和商家简化支付流程的软件。银行端的软件使银行可以用现有的计算机系统来认证和处理在线传来的信用卡。商家端软件可使卖方只买一个同 WWW 服务器集成在一起的软件包，用作网上商店的支付系统。用户则可使用浏览器与网上商店系统交互。

2．电子信用卡支付的类型

（1）无安全措施的电子信用卡支付

买方在网上向卖方订货，电子信用卡信息在互联网上传送，但无任何安全措施。卖方和银行之间使用各自现有的银行商家专用网络授权来检查信用卡的真伪。这种方法存在很多问题，如由于卖方没有得到买方的签名，如果买方否认购买行为，卖方将承担一定的风险；信用卡信息可以在线传送，但无安全措施，买方将承担信用卡信息在传输过程中被盗取的风险。其模型如图 8-2 所示。

图 8-2　无安全措施的信用卡支付模型

（2）简单加密电子信用卡支付

当信用卡信息被买方输入浏览器窗口或其他电子商务设备时，信用卡信息就被简单加密，安全地作为加密信息通过网络从买方向卖方传递。采用的加密协议有 SHTTP、SSL 等。简单加密电子信用卡支付模型如图 8-3 所示。

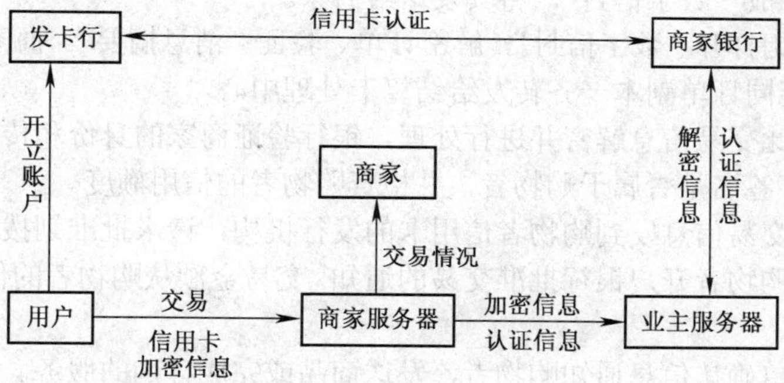

图 8-3　简单加密信用卡支付模型

（3）第三方证明的安全电子交易信用卡支付

在买方和卖方之间启用第三方代理，目的是使卖方看不到买方的信用卡信息，避免信息卡在网上多次公开传输而导致信用卡信息被窃取。具体支付过程为：买方在线或离线在代理人处开账号，代理人持有买方信用卡号和账号；买方用账号从卖方在线订货，即将账号传送给卖方；卖方将买方账号提供给代理人，代理人验证账号信息，将验证信息返回给卖方；卖方确定接收订货。其模型如图 8-4 所示。

（4）安全电子交易信用卡支付

SET（secure electronic transaction）是安全电子交易的简称，它是 Visa 与 Mastercard 两大国际卡组织和多家科技机构共同制定的进行在线交易的安全标准。SET 协议的出现就是为了保障互联网上信用卡交易的安全性。利用 SET 给出的整套安全电子交易的过程规范，可以实现电子商务交易中的机密性、认证性、数据完整性等安全功能。

使用 SET 进行银行卡支付交易的工作流程如下。

① 购物者在支持 SET 的网站上购物，选择好商品并填写订单后，商家会用一份自己

数字证书的副本作为给顾客的答复。

② 购物者选用 SET 方式进行付款。购物者发送给商家一个完整的订单及要求付款的指令，用 HASH 加密法对订单和付款指令生成“消息摘要”，由购物者进行数字签名，如图 8-5 所示。

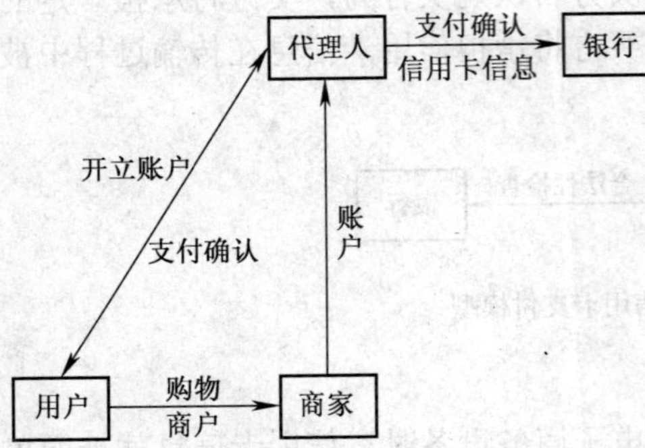

图 8-4 通过第三方证明的支付模型

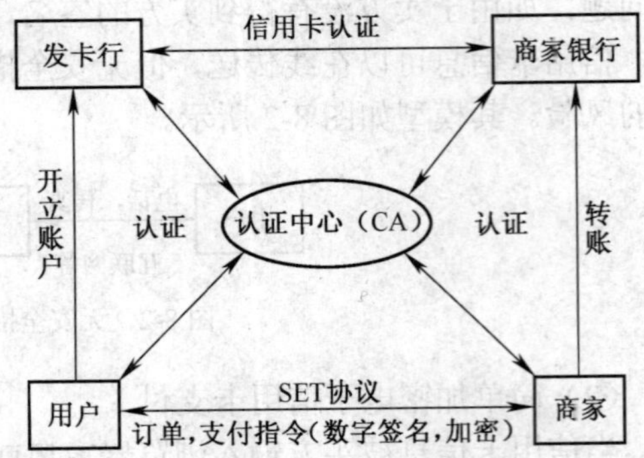

图 8-5 SET 支付过程示意图

③ 购物者把信用卡号码用银行的公钥加密（商家永远不会见到信用卡号码），再用商家的公钥加密，生成“数字信封”，将其发送给商家。

④ 商家用私钥打开“数字信封”，解密订单、验证“消息摘要”。商家的服务器将 SET 加密的交易信息连同订单副本一齐转发给结算卡处理中心。

⑤ 由银行将此交易信息解密并进行处理，银行验证商家的身份和传输消息的完整性。认证中心验证数字签名是否属于购物者，并检查购物者的信用额度。

⑥ 银行将此交易信息发到购物者信用卡的发行机构，请求批准划拨款项。

⑦ 商家收到购物者开户银行批准交易的通知。交易金额从购物者的信用卡账户里划给商家账户。

⑧ 商家将订单确认信息通知购物者，发送商品或完成订购的服务。

⑨ 购物者的终端软件记录交易日志，以备将来查询。

3. 电子信用卡支付的特点

（1）保密性好

买方通过计算机与卖方交流，持卡人通过由发卡机构颁发的信用卡结算。在持卡人和卖方的会话中 SET 可以保证持卡人的个人账号信息不被泄露。

（2）信誉好

发卡机构一般是金融机构，为每个建立账户的顾客颁发信用卡，发卡机构根据不同品牌卡的规定和政策，保证对每一笔认证的交易付款。

（3）携带方便，不易损坏

电子信用卡一般都是小巧轻薄的塑料卡片，便于携带，而且不容易损坏。

（4）安全程度高

电子信用卡支付使用的安全技术有对称密钥系统、非对称密钥系统、数字签名、数字信封、认证等技术。这些技术的安全程度比较高。

（5）具有信息和数据存储功能

电子信用卡可以将信用卡使用记录、货币数据的收付等信息和数据存储起来。

三、电子支票

支票一直是银行大量采用的支付工具，是由出票人签发，委托办理支票存款业务的银行或者其他金融机构在见票时无条件支付确定的金额给收款人或持票人的票据。将支票改变为带有数字签名的报文或者利用数字电文代替支票的全部信息，就是电子支票。很多企业之间的电子商务交易的资金非常大，他们希望能够以现金和信用卡之外的方式来结算。为了满足这种需要，电子支票就应运而生了。它是网络银行常用的一种电子支付工具。

比起前两种电子支付方式，电子支票的出现和开发是较晚的。电子支票以纸质的支票为模型，用电子方式生成。它使用数字签名进行签名和背书，而且要求用数字证书来确认付款人、付款人银行和账户。电子支票的安全认证要用数字签名支持，可以通过专用网络EDI直接传输，也可以通过公共网络来传送。

电子支票款项可以通过银行收取，也可以通过现有的银行渠道进行结算。银行的基础设施与公共网络的集成是电子支票的基础。

1．电子支票的特点

① 电子支票与传统支票工作方式相同，保留了纸制支票的基本特征和灵活性，易于顾客理解和接受。

② 加密的电子支票使它比基于公共密钥加密的电子现金更易于流通，买卖双方的银行只要用公用密钥认证即可，数字签名也可以被自动验证。

③ 电子支票适用于企业市场。企业运用电子支票在网上进行结算，不仅可以降低成本，还可以很容易地与EDI应用结合，推动EDI基础上的电子订货和支付。

④ 第三方金融服务者不仅可以从交易双方处抽取固定交易费用或按一定比例抽取费用，它还可以以银行身份提供存款账目，从中带来收益。

⑤ 电子支票要求把公共网络同金融结算网络连接起来，这就充分发挥了现有的金融结算基础设施和公共网络的作用。

2．电子支票的支付过程

电子支票几乎和纸质支票有着同样的运作方式。用户先注册第三方账户服务器，然后开具电子支票，其中包含支付人姓名、支付人金融机构名称、支付人账户名、被支付人姓名、支票金额、支付人的数字签名。用户再用电子邮件或其他方式向卖方寄去一定金额的电子支票。卖方兑付前，要对电子支票进行背书。银行将签名认证和背书过的支票作为进行账户转账的依据，将支票金额从买方账户转到卖方账户。具体流程如图8-6所示。

① 首先，客户到银行开设支票存款账户，存款，并申请电子支票的使用权。

② 客户和商家达成购销协议并选择使用电子支票付款。

③ 客户签发电子支票，主要写入以下5种信息：① 有关支付的详细数据；② 有关支票内容的数据；③ 对有关支票内容的数据用客户的签名私钥加密后得到的客户的数字签名；④ 对客户的姓名和公钥用客户开户行的私钥加密后的“证明书1”；⑤ 对客户开户行的行名和公钥用中央机构（可信任的第三方机构）的私钥加密后的“证明书2”，然后将签写好的电子支票通过安全的E-mail方式或交互式Web方式将电子支票传送给商家。

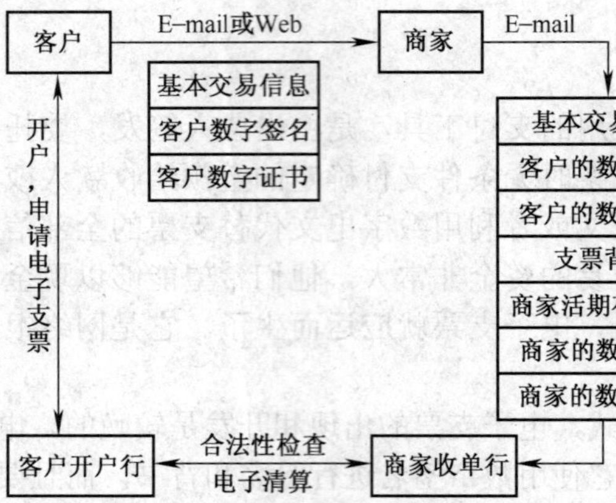

图 8-6　电子支票支付基本流程

④ 商家收到电子支票后，首先用预先保存的中央机构的公钥对"证明书 2"解密，这样商家就得到了客户开户行的公钥，该公钥的正确性是由中央机构保证的。然后，用顾客开户行的公钥对"证明书 1"解密，这样商家就得到了客户的公共密钥，该公钥的正确性是由客户的开户行保证的。进而，使用客户的公共密钥对客户的数字签名解密，并把解密的结果和支票的内容比较，如果一致，则可确认支票内容有效，在传输途中并未被篡改。商家在确认无误的基础上，对电子支票背书并附加数字签名，然后，将从客户处收到的电子支票信息、商家对支票的背书及商家的证明书一起，通过支付网关发往收单行请求验证。

⑤ 商家的收单行收到支票后，和客户的开户行对有关支票内容数据的合法性进行确认。如确认无误，则进行电子支票的兑现处理。即客户的开户行从客户的活期存款账户支出相应的金额，而商家的开户行则向商家的活期存款账户存入相应金额。

图 8-6 描述了电子支票支付的基本流程，其中，客户发送给商家的电子支票包括基本交易数据（ECheck）、客户的数字签名（Signature）和数字证书（Certificates）；而商家发送给收单行的电子支票除了包括上述信息外，还包括商家对支票的背书（Endorsement）、商家的活期存款账户（Deposit）、商家的数字签名和数字证书。目前，电子支票的支付一般是通过专用网络、设备、软件及一套完整的用户识别、标准报文、数据验证等规范化协议完成数据传输，从而控制安全性。

四、电子钱包

电子钱包是顾客在电子商务购物活动中常用的一种小额结算的支付工具。在电子钱包内可以装电子货币，如电子现金、电子零钱、安全零钱、电子信用卡、在线货币、数字货币等。另外，还可以存放所有者的身份证书、所有者地址及在电子商务网站的收款台上所需的其他信息。顾客选好商品后，只要点击自己的电子钱包就能完成付款，大大加速了购物的过程。例如，当在网上购物时，大多数时候都会被要求填写一张表格，内容包括姓名、送货地账单寄送地址、信用卡信息等。刚开始填写几份还可以，但如果每次上网购物都要填写的话就太麻烦了。电子钱包可以解决上述重复填写购物信息的问题。电子钱包是一种软件组件，用户可以将它下载到计算机中，并将信用卡号和其他个人信息存储在里面。当用户接受电子钱包的商家处购物的时候，电子钱包会自动填写必要的信息。

1．电子钱包的使用

使用电子钱包购物通常需要在电子钱包服务系统中进行。电子商务活动中的电子钱包的软件通常都是免费提供的，可以直接使用与自己银行账号相连接的电子商务系统服务器上的电子钱包软件，也可以从 Internet 上调用，采用各种保密方式利用 Internet 上的电子钱包软件。目前世界上有 VISA cash 和 Mondex 两大电子钱包服务系统，其他电子钱包服务系统还有 Master Cardcash、EuroPay 的 Clip 和比利时的 Proton 等。

在使用电子钱包时，通常是将电子钱包通过有关的电子钱包的应用软件安装到电子商务服务器上，利用电子钱包服务系统和各种电子钱包软件就可以把自己的各种电子货币或电子金融卡上的信息和数据输入到电子钱包中。例如，可以将多张电子信用卡输入到电子钱包内，在发生收付款时，消费者只要单击一下相应项目（或相应图标）即可完成。这种电子支付方式称为单击式支付方式或点击式支付方式，它是一种在线支付方式，十分简单、灵活、方便。图 8-7 展示了利用电子钱包支付某项旅游费用的支付界面。

图 8-7　电子钱包的支付界面

2．电子钱包的主要功能

在电子商务服务系统中设有电子钱包的功能管理模块，也就是所谓的电子钱包管理器（Wallet Administration）。它可以帮助客户完成以下主要功能。

（1）个人资料管理

顾客成功申请钱包后，系统将在电子钱包服务器为其开立一个属于个人的电子钱包档案。顾客可以在此档案中增加、修改、删除个人资料。

（2）网上付款

顾客在网上选择商品后，登录到电子钱包，选择入网银行，向金融中心支付网关发出付款指令来进行支付。

（3）查询交易账目、清单和数据

电子商务服务系统中还有电子交易记录器，消费者可以通过查询记录器查询全部交易记录，可以了解自己买了什么物品，购买了多少，也可以把查询结果全部打印出来，也可以有选择地进行打印。

（4）银行卡余额查询

顾客可以通过电子钱包查询个人银行卡余额。

（5）商务站点链接

电子钱包内设众多商户站点链接，用户可以通过链接直接登录商户站点进行购物。

另外，有些商家也提供单击式服务，让消费者一次性填写一张表格，然后将信息存储在其服务器上以备后用。例如，亚马逊的“一次点击”购物服务。消费者首次在亚马逊购物时填写的送货信息和支付信息被存储起来，当消费者再次登陆购物时，就自动从系统中调出消费者信息，简化了消费者购物的过程。这种一次点击系统与电子钱包的区别在于：前者只适用于某家网上商店，后者从理论上讲适用于多家在线商店。

3．几种常用的电子钱包

（1）VWALLET

VWALLET（电子钱包管理软件）是支持网上消费者进行网上购物的电子支付过程软件，它是HP / VERIFONE公司针对Internet交易处理系统为消费者、金融机构、商家和企业开发的一整套综合性解决方案中的一部分。在VWALLET软件的支持下，基于Internet的电子支付问题就变得十分简单。

在VWALLET软件的电子钱包中存储着诸如信用卡、电子现金、数字现金和网络货币等电子货币数据，在对每笔交易进行支付时，这些信息无需重复进行输入。另外VWALLET还可以对消费者的数字证件（证件和密钥）实行透明管理。同时，VWALLET允许银行和金融机构灵活地加入自己的品牌，还能够为商家和企业提供各种特殊服务。VWAILLET软件具有以下几个特点。

① 易于使用。

在购物和支付方面采用简单的图形接口，用户在支付时，只需使用鼠标进行简单的单击操作和按键操作即可，而且在一台个人计算机上可以同时支持多个电子钱包（如另一位家庭成员），每个用户都有一个自己的口令。

② 数字式收据管理。

可以捕获数字式收据，并可将其输入到个人程序中，在发生退货或发生争议时可以提供收据记录，并且可以节省个人财务程序数据的输入时间。

③ 安全的交易处理。

与商家和企业之间的数据传输采用SET或其他安全机制，为顾客（消费者）和商家或企业交易双方降低欺诈风险，同时可以通过发票管理程序对消费状况进行跟踪，并且可以将这些数据输出到常用的个人财务管理程序中去。

④ 配置灵活。

允许收单行、处理商对顾客（消费者）的视图和链接进行修改，为收单行和进行支付处理商家提供特定的商标或其他特殊服务。

⑤ 支持各种电子货币。

同时支持电子信用卡、电子支票、电子现金等电子货币。

（2）Commerce POINT Wallet

IBM公司提供的Commerce POINT Wallet软件，是为发行信用卡和电子信用卡的银行开发的电子钱包管理软件。Commerce POINT Wallet是可以用Internet浏览器启动的应用程序，它支持多种版本的浏览器。信用卡持卡人可以从发卡行的站点上下载这个电子钱包管理软件，发卡行也可以将存储有电子钱包管理软件的软盘或光盘预先发给自己的各个信用卡用户或持卡人。在 Commerce POINT Wallet 管理下，一个电子钱包内可以装入多个信用卡。装入电子钱包的信用卡也叫做电子信用卡，在选定某一个电子信用卡时，持卡人可以随时对电子信用卡进行增加、编辑、删除和更改。一个电子钱包可以在多种计算机或多台计算机上使用，一台计算机上也可以使用多个电子钱包，拥有口令的多个电子信用卡持卡人也可以共用一个电子钱包。使用电子钱包在网上购物十分方便，顾客在购物时，通过Internet 浏览器启动 Commerce P0INET Wallet 软件，输入口令，立即进入电子钱包界面，即可利用电子钱包进行安全的网上交易和电子支付。Commerce POINT Wallet 软件具有电子签名功能和对交易数据进行加密的功能，它和电子商务服务器相互进行信息传输和数据交换，在网络银行、信用卡公司、商家和顾客之间进行信息传递、电子支付和清算，完成全部交易过程。

顾客可以通过一个密码保护的签字窗口，进入 IBM 电子商务支付系统。IBM 电子商务中的“电子钱包”允许客户以 3 种方式查看账目：

① 图形卡式展示方式；

② 详细文字资料方式；

③ 图标形式。

对选中的信用卡可以进行添加、编辑或删除，被编辑的信用卡名称在数据库中也将相应改变，其证书也附在上面，其交易不能够被再命名。信用卡可以删除，但不能取消与其相关的交易。各种情况的卡如有效卡、过期卡、黑名单上的卡和被撤销的卡都在系统上有所显示。

第三节　电子支付网络系统

计算机和通信技术的发展给人类生活带来了翻天覆地的变化，特别是计算机网络的应用，彻底改变了人们传统的通信方式。它利用公用通信网或卫星通信网把信息中心和各营业点的终端连在一起，建立起电子支付系统。通过这些系统，银行间的资金调拨可以通过网络瞬间完成。

一、电子支付系统概述

1. 电子支付系统的产生

支付系统是指由提供支付服务的中介结构、管理货币转移的法规及实现支付的技术手段共同组成的，用来清偿经济活动参加者在获取实物资产或金融资产时所承担债务的一种特定方式与安排。因此支付系统是重要的社会基础设施之一，是社会经济良好运行的基础和催化剂，受到市场参与者、货币当局特别是中央银行的高度重视。

各种不同的支付系统通常是与各种不同的经济联系在一起的。经济社会曾经使用过各种形态的货币在商品交换中转移价值。从最初的实物交换发展到商品货币（如贵金属）标志着社会生产力的进步。而法定货币的出现则是支付工具发展史上的第一次飞跃，银行存款作为支付手段是货币制度的一大进步。用电子形式的支付工具完全取代纸凭证形式的现金和非现金支付工具在技术上是完全可以实现的。人们把电子支付工具看成是支付工具发展史上第二次飞跃或革命。

网上支付是电子支付系统的发展和创新。传统的银行结算有“三票一卡”、托收承付、汇兑、信用证等结算方式，而支付指令的传递完全依靠面对面的手工处理和经过邮政、电信部门的委托传递，因而存在着结算成本高、凭证传递时间长、在途资金占压大、资金周转慢等问题。

目前国际上网上支付系统主要有如下几种形式。

① BTArray：英国电信（British Telecom）的微支付系统。

② Cybank 支付系统，即使用 Cybank 账号的资金进行支付的系统。

③ Digital Silk Road：用于邮递等低成本业务的支付系统。

④ E-gold：允许通过账号系统使用黄金进行支付的系统。

⑤ Inter Coin：一种先试用后购买的在线票据服务系统。

⑥ Market Net：安全客户、商家认证服务系统。

⑦ Net Market：在网上实行自动加密的商业交易系统。

2．电子支付系统的分类

电子支付系统可以分为 3 类：大额支付系统、脱机小额支付系统、联机小额支付系统。各类系统的主要特点概述如下。

① 大额支付系统：主要处理银行间大额资金转账，通常支付的发起方和接收方都是商业银行或在中央银行开设账户的金融机构。大额系统是一个国家支付体系的核心应用系统。现在的趋势是，大额系统通常由中央银行运行，处理贷记转账，当然也有由私营部门运行的大额支付系统，这类系统对支付交易虽然可做实时处理，但要在日终进行净额资金清算。大额系统处理的支付业务量很少（1%～10%），但资金额超过 90%，因此大额支付系统中的风险管理特别重要。

② 脱机小额支付系统（也称批量电子支付系统）：主要指 ACH（自动清算中心）、主要处理预先授权的定期贷记（如发放工资）或定期贷记（如公共设施缴费）。支付数据以磁介质或数据通信方式提交清算所。

③ 联机小额支付系统：指 POSEFT 和 ATM 系统，其支付工具为银行卡（信用卡、借记卡或 ATM 卡、电子现金等）。

小额支付系统的主要特点是金额小、业务量大，交易资金采用净额结算（但 POSEFT 和 ATM 中需要对支付实时授信）。

3．电子支付系统的参与者

电子支付系统的主要参与者主要由金融机构或银行、收款人或付款人、支付网关和金融专用网等组成。

① 金融机构或银行，就支付而言，即为收款人或付款人的开户银行。

② 收款人或付款人，资金划出或接收的个人或团体。

③ 支付网关是商家授权并以此获取支付消息进行支付交易的平台。它提供支付服务，但不是收付款人开户银行。它作为连接互联网与金融专用网的中介，将支付信息经协议转换后，传入或传出金融专用网，实现金融专用网内收、付款人双方，以及双方的开户行之间的资金划转和交割。支付网关由金融机构或第三方非金融机构设立。

④ 金融专用网。它包括连接各专业银行及支付网关的各种金融专用网。

4．电子支付系统的功能

不同的支付系统有不同的安全要求和费用要求。微支付系统十分类似于普通现金，而消费者级付款最可能通过信用卡或借记卡来完成。在大多数情况下，商业级付款是由直接借记或发票来完成的。通常电子支付系统具备以下的功能。

（1）实现对各方的认证

使用 X.509 和数字签名实现对各方的认证。为了实现协议的安全性，必须对参与贸易的各方身份的有效性进行认证。例如，客户必须向商家和银行证明自己的身份，商家必须向客户及银行证明自己的身份。

网上支付系统由客户、客户开户银行、商家、商家开户银行、认证机构等组成。商家的开户银行表示商家在其中有账号的某财政机构，称为接收行。支付网关是由接收行操作的用于处理商家支付信息的设备。认证机构的功能是向各方发送 X.509 证书。某些接收行也可能有自己的注册机构，由注册机构向商家发放证书，商家通过向客户出示证书向客户说明商家是合法的。认证机构和注册机构的工作应该是协调的。

（2）对业务进行加密，保密确保数据的完整性

为了实现数据的保密，系统一般都支持某种加密方案。例如，在使用 Web 浏览器和服务器时，系统可利用安全套接层 SSL 和安全的超文本传输协议 S-HTTP 完成数据交换。根据需要，加密算法可使用对称加密或非对称加密两种。商家一般可以利用加密和消息摘要算法进行数据的加密以确保数据的完整性。

（3）保证业务的完整性和不可否认性

使用消息摘要算法以保证业务的完整性和不可否认性。业务的不可否认性是通过使用公钥体制和 X.509 证书体制来实现的。业务的一方发出他的 X.509 证书，接收方可从中获得发出方的公钥。此外，每个消息可使用单向的 Hash 算法加以保护。发送方可使用其加密密钥加密消息的摘要，并把加密结果一同送给接收方。接收方用发送方的公钥证实发送方的确已发出一个特定的消息，然后发送方可计算一新的密钥用于下次加密消息摘要。

（4）多支付协议支持多方贸易

多支付协议需满足以下两个要求。

① 商家只能读取订单信息，如物品的类型和销售价格。当接收行对支付认证后，商家就不必读取客户信用卡的消息了。

② 接收行只需知道支付信息，无需知道客户所购何物，在客户购买大额物品（如汽车、房子等）时可能例外。

二、国际电子支付与结算系统（SWIFT 与 CHIPS）

为了解国际电子支付机制，首先必须了解提供国际金融通讯服务的 SWIFT 系统和提供国际电子资金转账服务的 CHIPS 系统，它们是 B2B 网络支付模式支持平台的一个重要组成部分。中国已经加入 WTO，包括电子商务在内的国际贸易活动日渐增多，因此这里专门介绍一下国际电子支付系统。

SWIFT 和 CHIPS 两系统中，前者完成国际间支付结算指令信息的传递，而真正进行资金调拨的是后者，二者相互协作完成跨区域的国际资金支付与结算。

1. SWIFT 简介

SWIFT 是“环球同业银行金融电讯协会”（Society for Worldwide Interbank Financial Telecommunication）的英文缩写，它是一个国际银行间非赢利的国际合作组织，总部设在比利时的布鲁塞尔。该组织成立于 1973 年 5 月，1977 年 SWIFT 在全世界拥有会员国 150

多个，会员银行 5 000 多家，其全球计算机数据通信网在荷兰和美国设有运行中心，在各会员国设有地区处理站。SWIFT 系统日处理 SWIFT 电讯 300 万笔，高峰达 330 万笔。

中国是 SWIFT 会员国。中国银行作为中国的外汇外贸专业银行于 1983 年 2 月加入 SWIFT，成为中国第一家会员银行，1985 年 5 月 13 日，中国银行正式开通 SWIFT。中国金融体制改革后，中国工商银行、中国农业银行、中国建设银行、中国交通银行也可以开展外汇外贸业务，这几家商业银行也加入了 SWIFT 组织，开通了 SWIFT。这个时期是中国 SWIFT 发展的初级阶段，各行是采用 ST200 单机、单点形式与 SWIFT 联接，只限在各专业银行总行使用，SWIFT 报文需手工处理，SWIFT 收发报量少，缺少应用接口，手工处理多，使用业务范围小。

20 世纪 90 年代开始，中国所有可以办理国际金融业务的国有商业银行、外汇和侨资银行及地方银行纷纷加入 SWIFT，SWIFT 发报量增长很快，传统的电传方式收发电报正在逐年下降。1996 年中国 SWIFT 发报量增长率为 42.2%，在 SWIFT 全球增长率排名第一，中国银行在 SWIFT 前 40 家大用户中排名 34 位。目前，中国银行每日 SWIFT 发报量达 3 万多笔，采用 SWIFT 方式进行收发电报已占到全行电讯总收付量的 90%。很多银行建立了 SWIFT 网络，使其分行也可以使用 SWIFT，同时各应用系统与 SWIFT 有应用接口。SWIFT 网络是国际结算、收付清算、外汇资金买卖、国际汇兑等各种业务系统的通讯主渠道，部分业务实现了自动化处理。

2. CHIPS 简介

CHIPS 是 Clearing House Interbank Payment System 的缩写，是“纽约清算所银行同业支付系统”的简称。纽约是世界上最大的金融中心，国际贸易的支付活动多在此地完成。因此，CHIPS 也就成为世界性的资金调拨系统。现在，世界上 90%以上的外汇交易，是通过 CHIPS 完成的。可以说，CHIPS 是国际贸易资金清算的桥梁，也是欧洲美元供应者进行交易的通道。

CHIPS 的参加银行，除了利用该系统本身调拨资金外，还可接受银行同业往来的付款指示，透过 CHIPS 将资金拨付给指定银行。这种层层代理的清算体制，构成了庞大复杂的国际资金调拨清算网。因此，它的交易量非常巨大。每个营业日终了，中央计算机系统对各参加银行当日（Value Date）的每笔交易进行统计，统计出各参加银行应借或应贷的净金额。中央计算机系统除了要给各参加银行传送当日交易的摘要报告外，并需于当日下午 4：30 后，通过 FedWire 网，将各参加银行应借或应贷的净金额通知纽约区联邦储备银行。纽约区联邦储备银行利用其会员银行的存款准备金账户完成清算。清算完成后，通知 CHIPS，CHIPS 则于下午 5：30～6：30，用 1 小时的时间扎平账务。

从上述处理过程可看出，利用 CHIPS 进行国际间的资金转账是很方便的。因此，各国银行在纽约设有分行者，都想加入 CHIPS 系统。面对日益增多的参加银行，为了清算能快速完成，纽约清算所决定，由该所会员银行利用其在纽约区联邦储备银行的存款准备金账户，代理各参加银行清算。目前，参加清算的银行，除了纽约清算所 12 家会员银行外，另有 Bank Of America 及 Continental Bank International 加入，总共 14 家。因此，在 CHIPS 清算体制下，非参加银行可由参加银行代理清算，参加银行又由会员银行代理清算，层层代理，构成了庞大复杂的国际清算网。

CHIPS 具有以下几个特点。

① 允许事先存入付款指示。参加银行除了可在当日调拨资金外，CHIPS 还允许参加银

行事先将付款指示存入中央计算机系统，然后等到 Value Date（解付日）当日才将此付款通知传送到收款银行。如前述，任何资金调拨需经拨款银行下达“解付”命令后，CHIPS 的中央计算机系统才会于解付日将此付款通知传送给收款银行。未下达解付命令前，拨款银行有权取消该笔付款指示。

② 完善的查询服务功能。由于中央计算机系统能即时将每笔资金调拨情况存入文件，因此各参加行的账务管理员，可随时查询自己银行的每笔提出或存入的金额，并及时调整自己的头寸。

③ 自动化程度高。CHIPS 设计了一个灵活的记录格式，以方便发报行和收报行能进行高效的计算机自动处理。这样，参与行的支付信息可在不同系统之间流动，而无需人工干预。例如，CHIPS 接受 SWIFT 的标识码，并可自动地与 CHIPS 的通用标识码相互参照。

④ 安全性好。CHIPS 将 4 台 Unisys Al5 大型计算机组成两套系统，两套系统互为备份，每套系统又是双机互为备份。两套系统分别安装在不同的地方，并用高速线路连接。为保证不间断的电源供应，由蓄电池储备，并以双内燃发电机系统保证。

3. CHIPS 与 SWIFT 合作的国际电子支付运作框架

应用 CHIPS 系统的资金清算处理过程并不复杂，可把整个流程分为两部分：第一部分是 CHIPS 电文的发送，第二部分是在实体银行间完成最终的资金清算。

例如，美国境外的某国银行甲（汇款银行）汇一笔美元到美国境外的另一家银行乙（收款银行），则 CHIPS 的资金调拨流程如图 8-8 所示，此图显示的是国际资金调拨过程，描述了 CHIPS 与 SWIFT 的合作，基于网络共同完成一项国际的电子支付业务。

图 8-8　利用 CHIPS 的国际资金调拨流程

三、电子支付网络与密码系统

电子支付是一种通信频次大、数据量小、实时性要求高、分布面很广的通信行为，因此电子支付的网络平台应是交互型的、安全保密的、可靠的通信平台，必须面向全社会，对所有公众开放。电子支付的网络平台有 PSTN、公用/专用数据网、Internet、EDI（电子数据交换）等。最早的网络平台是 PSTN（公共交换电话网，Public Switched Telephone Network）、X.25 和 X.400 网络，后来是 X.435、X.500 等，这些网络的普及面明显跟不上业务发展的需要。现代化大容量的电子支付需要数字化、安全、可靠、快捷的网络平台来支撑。当前电子支付的网络平台主要是 Internet。

1. 数据交换的网络模式

（1）电话交换数据网

在我国各地，诸如 POS、电话银行等大部分电子支付业务都是基于电话交换网络（PSTN），用户入网比较方便灵活，相关技术比较成熟。但随着电子支付用户的大量增多和交易量的大幅度增加，基于模拟电话网的电子支付业务也暴露出了一些问题，如交易时间长、“重拨”现象明显、接通率低、可靠性较低、保密性较差、误码率高等。

（2）分组交换数据网

我国已形成了覆盖全国的公用分组交换等数据网络设施，这为建设上乘的电子支付网络打下了物理基础。分组网本身非常适合于业务量小的实时数据传输，其虚拟电路的灵活设置适用于多台终端同时与银行主机通信，并使扩容变得非常容易；带宽的统计复用消除了原来因中继线争用带来的通信不畅；协议的纠错功能保障了误码率比电话网低很多，使交易数据准确无误地被传递；组网模式可以与原有的电话网模式兼容，以便分别发挥各自的优势。电话网对散点终端入网较为适用，分组网对较为集中的大商场更能显示出其优势。

数据网在电子支付领域具有固有的安全性能，这不仅仅体现在数据网本身良好的网络拓扑结构和网络管理能力上，VPN（虚拟专用网）、CUG（闭合用户群）、防火墙等技术的广泛应用也为数据网上电子支付的应用提供有力的保障，可有效防止非法用户的侵入。借助于VPN，银行可利用公用数据网的条件组成专用的虚拟支付网络，可由自己来管理VPN资源。VPN具有专网安全可靠等特点。分组等网上的CUG业务是指若干个用户组成的通信群体，群体内的用户之间可互相通信，本群外的用户无法与内部用户相通信，该业务也可为电子支付的安全通信提供方便。

分组交换数据网流程图如图8-9所示。

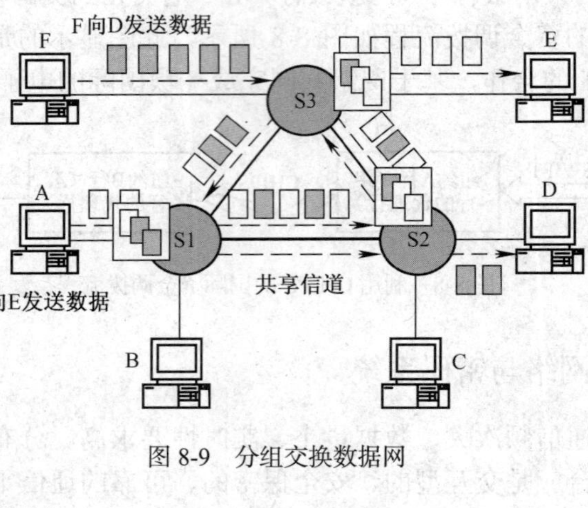

图8-9　分组交换数据网

2. 电子支付的网络平台

（1）电子支付的优秀平台——EDI系统

EDI实现了商业用户间标准格式文件（如订单、发票等）的通信和交换。在EDI中，交易信息根据国际标准协议格式化，并通过网络对这些数据进行交换和自动处理，从而有机地将商业贸易过程的各个环节（包括海关、运输、银行、商检、税务等部门）连接起来，实现了包括电子支付在内的全部业务自动化，在EDI平台上进行电子支付具有很大的优越性。

EDI系统具有一整套的成熟的安全技术体系，基于X.400和X.500系列协议，能够很有效地防止信息的丢失、泄密、篡改、假冒、接收的抵赖、拒绝服务等。EDI消息处理机制在MHS（88版）的基础上进一步丰富了消息安全服务，突出强调了报文的安全要素。

根据我国的国情，目前可以在EDI平台上开展电子征收业务（电子缴费、电子征税等），这种方式有着传统申报方式不可替代的优势。在 EDI 平台上开展电子征收的难点是开发银行和政府主管部门的 MIS（管理信息系统）数据库接口和应用接口。EDI 流程图如图 8-10 所示。

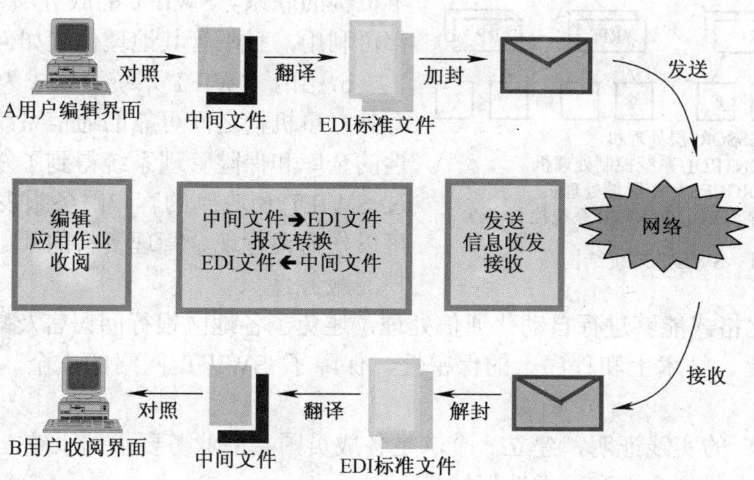

图 8-10　EDI 流程示意图

（2）电子支付的大众化网络平台——互联网

在传统通信网和专用网络上开展电子支付业务，由于终端和网络本身的技术难以适应业务量的急剧上涨等一些因素，使用户面很难扩大，并使用户、商家和银行承受了昂贵的通信费用，寻求一种物美价廉的大众化平台成为了当务之急，飞速发展的 Internet 就顺其自然地成为了焦点。与此同时，与电子支付相关的技术、标准和实际应用系统不断涌现，在 Internet 上开展电子支付已成为现代化支付系统的发展趋势。

3．电子支付的专业网络

（1）SWIFT 环球金融电信协会网络

① SWIFT 系统基本情况。SWIFT 环球金融通信系统是环球金融通信协会（Society for Worldwide Interbank Financial Telecomunication），为实现国际银行间金融业务处理自动化而开发的。它是一个国际银行同业非营利性的国际组织，根据协作关系为其成员国共同利益组织起来，按比利时的法律制度登记注册，总部设在比利时首都布鲁塞尔。

SWIFT 是环球金融通信协会组织建设和管理的全球金融通信网络系统。该系统共连接了 139 个国家的 2 945 家银行（注：1996 年 6 月数据），分别在比利时、美国和荷兰建立了 3 个系统控制中心（System Control Center，SCC）。

② SWIFT 系统用户的优越性。SWIFT 用户接口的主要特点表现为通信速度快、可靠性强、用户利用银行的服务水平高、重新同步等。它采用分层规程体系结构。SWIFT 规程被基于开放系统互联 ISO 体系结构的分层规程体系结构替换。每个通过系统的事务作业的逻辑确认，由应用层的逻辑终端提供。其系统结构图如图 8-11 所示。

③ SWIFT 系统的功能：系统能为各成员银行提供如下高效率金融业务和日常事务处理服务：客户汇兑、银行汇兑、借 / 贷通知、借 / 贷报告、外汇兑换和金融市场认可、收款、货款汇单、银行债券交易、结算报单和支付等。

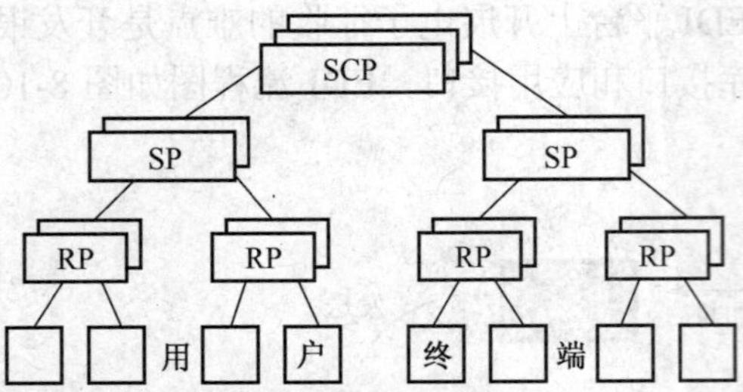

SP—SLICE PROCESSOR 层处理机
SCP—SYSTEM CONTROL 系统控制处理机
RP—REGIONAL PROCESSOR 区域处理机
SCC—SYSTEM CONTROL CENTER 系统控制中心

图 8-11　SWIFT 系统结构图

④ SWIFT 系统的特点。

a．SWIFT 可连接全世界五大洲几乎 4 000 家银行，可以方便地直接沟通客户与世界各地办事机构的联系。SWIFT 的服务项目全天 24 小时都可利用，且不管其地理位置如何。

b．由于 SWIFT 系统可以成为银行董事会和海外办事机构之间可靠的通信系统，从而使全球性的金库和保险管理系统得到了发展。此外，经过 SWIFT 所收到的客户财务报表和支付报表，可以作为银行现金管理资料的基础，以增强对客户的服务。

c．标准化格式能够进行自动化通信处理，避免了各地区银行间语言及翻译问题。

d．理论上、技术上和程序上的保密性，保障了 SWIFT 网络的安全，避免了外来的干扰。

e．SWIFT 的实践证明，建立一个满足各成员国共同业务要求的系统，可以使成本降低到最低水平，且安全性和可靠性保持最高。

f．SWIFT 具有较强的检测、检索能力。

⑤ SWIFT 提供的服务：SWIFT 可以为其会员单位提供各种快捷、安全的金融服务，主要包括金融数据传输服务、增值处理服务和接口软件支持服务三大类。

⑥ SWIFT 的组织机构：SWIFT 是一个私营股份公司，股本属各会员银行，董事会为最高权力机构。SWIFT 完全由参加银行按会员资格选举董事会。该董事会负责制定一般政策，占系统总交易量 1.5%以上的国家或国家集团才有资格被任命为董事会成员。因此，该机构的成员在安排其海外业务活动中起着非常活跃的作用。

SWIFT 的组织成员分为 3 类。

a．会员银行（Member Bank）：每个环球金融通信协会会员国中，获有外汇业务经营许可权银行的总行，都可以申请成为环球金融通信协会组织中的会员行，会员行有董事选举权，当股份达到一定份额后，有董事的被选举权，中国有环球金融通信协会组织中的持股数为 201 股，占总股份的 0.23%（1993 年数据）。

b．附属会员银行（Sub-member Bank）：会员银行在境外的全资附属银行或持股份额达 90%以上的银行可以申请成为环球金融通信协会组织的附属会员银行。

c．参与者（Participant）：世界主要的证券公司、旅游支票公司、计算机公司和国际中心等一些非金融机构，可以根据需要申请成为环球金融通信协会组织的参与者。目前，中国已有中国银行、中国农业银行、中国工商银行、中国建设银行、交通银行、中信实业银行和中国投资银行 7 家中资银行成为环球金融通信协会会员银行，有 9 家外资银行为附属会员银行。

⑦ 加入 SWIFT 组织：如同世界上各个大型的、经营国际业务的银行一样，我国的所有发生国际结算业务的银行机构都必须加入 SWIFT 组织，以便在这个全球性的自动化网络中取得一个席位，也就在国际银行间的交往中占有了一个位置，在互利中保护自身的利益，从而促进国际结算业务的发展。这已成为形势发展的需要，同时也将是所有产生国际结算业务的银行机构、非金融机构的必由之路。

（2）FedWire——美国国家支付网络

美国联邦储备通信系统 FedWire（Federal Reserve Communication System）是美国的第一个支付网络。这个通信系统属于美国联邦储备体系（Federal Reserve System）所有，并由其管理。它作为美国国家级的支付系统，用于遍及全美 12 个储备区的 1 万多家成员银行之间的资金转账。它实时处理美国国内大额资金的划拨业务，并逐笔清算资金，每天平均处理的资金及传送证券的金额超过 1 万亿美元，每笔金额平均 30 万美元。Fedwire 示意图如图 8-12 所示。

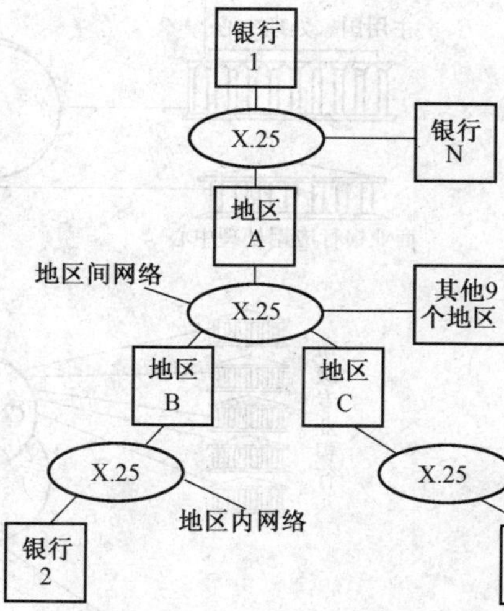

图 8-12　Fedwire 示意图

FedWire 的功能齐全，它不仅提供资金调拨处理，还具有清算功能。

① 资金转账（Funds Transfer）信息：即将储备账户余额从一个金融机构划拨到另一个金融机构的户头上。这些资金几乎全是大额资金。

② 传输美国政府和联邦机构的各种证券交易信息。

③ 传输联邦储备体系的管理信息和调查研究信息。

④ 自动清算（ACH）业务：在美国，大量采用支票作支付工具，通过 ACH 系统，就可使支票支付处理实现电子化。

⑤ 批量数据传送（Bulk Data）：通过 FedWire 进行的资金转账过程，是通过联邦储备成员的联邦储备账户实现的。

（3）中国国家金融网

中国国家金融网（CNFN）于 1995 年开始建立，是在中国人民银行的卫星通信网和全国电子联行系统基础上的连接中央银行及各商业银行、非金融机构的全国性计算机网络系统。利用此系统可为各银行提供方便、快捷、安全的金融服务，为加强中央银行的宏观调控及金融监管提供了信息支持。

① 中国国家金融网的结构。

中国国家金融网络由国家处理中心、省市处理中心、县级处理中心 3 个层次节点构成，分为国家级主干网络和以城市为中心的区域网络两级。以卫星通信网络和邮电部门的公用数据网互相补充，互相备份。中国国家金融网络图如图 8-13 所示。

国家级网是一级处理节点（国家处理中心）与二级处理节点（省市处理中心）之间的广域网络，由中国人民银行卫星通信网和邮电部门 X.25 公用数据网共同构成，实行“天”、“地”互为备份。

区域级网（中国国家金融网区域级网）是二级处理节点（省市处理中心）与三级处理节点（县级处理中心）之间的广域网络，在邮电部门提供的 X.25 公用数据传输网的基础上组建金融虚拟专用网。它使整个金融网对内能覆盖所有的分行并应用于所有的业务，对外能联通 SWIFT，使中国国家金融网融入 SWIFT，实现与世界金融的接轨。

中国国家金融网络拓扑图如图 8-14 所示。

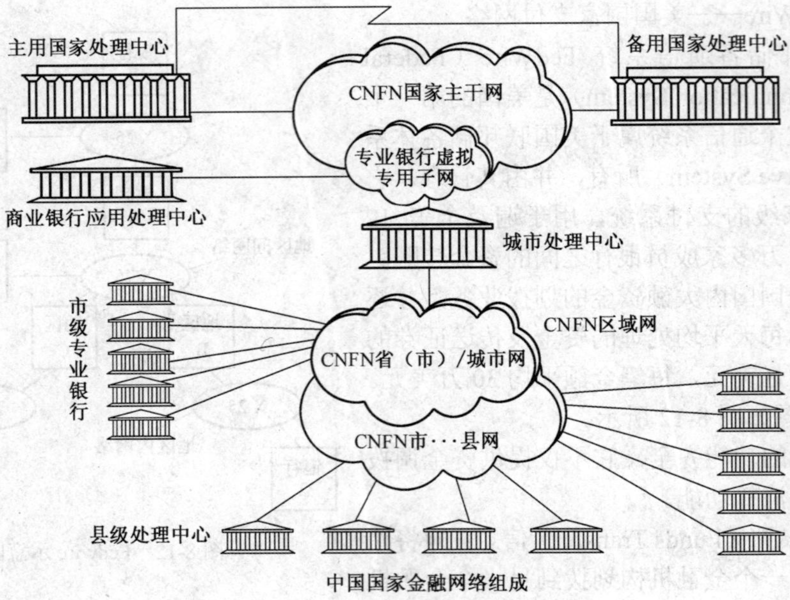

图 8-13　中国国家金融网络图

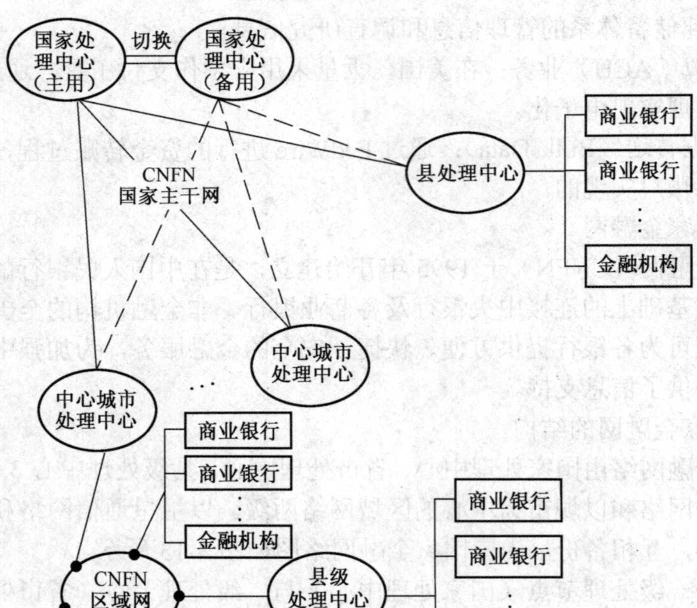

图 8-14　中国国家金融网络拓扑图

② 中国国家金融网的功能。

中国国家金融网所支持的金融应用系统大致包括同城清算系统、大额支付系统、银行卡授权系统、批量电子支付系统和金融管理系统，包括“快通工程”、向金融系统各部门提供端——端文件、报文件传输服务等。“快通工程”系统结构示意图如图 8-15 所示。

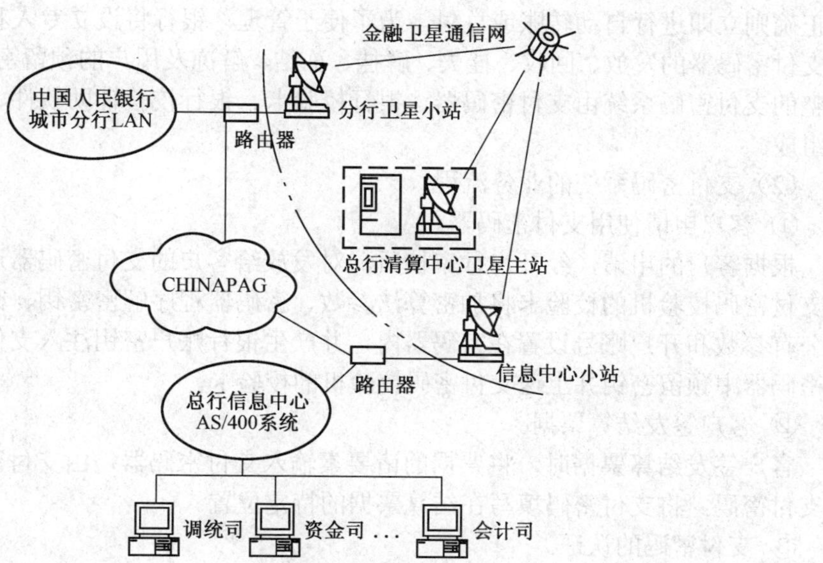

图 8-15 “快通工程”系统结构示意图

4．电子支付密码原理及业务流程

电子支付密码又称电子印鉴，是一种先进的防伪及身份识别技术，目前已被广泛应用于银行支票防伪、同城实时清算等系统中。

电子支付密码器外型如电子计算器，如图 8-16 所示，是一种小巧、便于携带的小型设备。当用户要开具票据时，只要在电子支付密码器上输入票据的号码、日期、金额等要素，电子支付密码器就会计算出一串数字并且显示出来，用户将这串数字抄写在票据上交给银行，银行将票据上的同样的要素输入计算机，根据用户账号找到相对应的用户预留密钥，然后执行与电子支付密码器相同的加密计算，将计算出的结果与票据上的数字串进行比较就可知票据的真伪。

图 8-16　电子支付密码器

这里通过支付密码在人民银行同城票据清算中的应用来说明电子支付密码系统的基本原理。人民银行同城票据实时清算系统要实现的目标是：收款行在收到一张客户签发的结算票据时，不管该票据的付款行是否与收款行在同一系统、同一行处，系统都能通过计算机网络系统使该票据的合法性和真伪得到付款行认证，使得票据实现实时抵用。显然，为实现上述目标，建立一个可靠的计算机网络系统是必不可少的；另一个重要问题是解决付款行在没有票据实物的情况下如何验证其真伪。

（1）支付密码系统实现的基本原理

支付密码系统实现的基本原理是：用户在银行开设账户的同时，配备一个支付密码器，银行在支付密码器中设置了与银行校验机数据库中一致的加密算法和密钥。用户在日常开具兑付票据时，将票据上的票据种类、票据号码、账号、签发日期、金额诸要素输入到支付密码器中计算出一组数字密码即支付密码，并抄录或打印在票据上表明签发人的身份。票据受理银行收到票据时，把票据的诸要素和支付密码输入计算机中，并迅速传送到该用户的开户银行的校验计算机中进行正确性和合法性校验，将校验结果送回受理银行，若结果正确则立即进行自动转账或兑付。为了便于管理，银行将设立专人和使用专用管理软件对支付密码器的发放、回收、挂失、解挂、冻结、解冻及用户的预留密码，进行有序管理。完整的支付密码系统由支付密码器、银行校验卡、银行校验辅助软件、银行管理软件等部分组成。

（2）支付密码系统的业务流程

① 客户申请使用支付密码器。

根据客户的申请，经开户行审核后，对发放给客户的支付密码器进行初始化，由开户行支付密码校验机的校验卡将加密算法参数、密码器程序解密密钥、密码器浮动调用参数等公有参数和开户账号设置在密码器内，并产生银行账户密钥注入支付密码器，客户在支付密码器中预留密钥并上送支付密码校验机的校验卡。

② 客户签发结算票据。

客户签发结算票据时，将票据的诸要素输入支付密码器，由支付密码器计算出该票据的支付密码，将支付密码填写在结算票据的特定位置。

③ 支付密码的认证。

受理行受理该结算票据后，将票据的诸要素及支付密码输入计算机，计算机将所有输入要素送交该结算票据的开户行票据校验机，进行票据的真伪核验，并返回票据的核验结果。

5．电子支付密码系统的模式

在使用电子支付密码系统方面，各银行针对自身的实际情况，建立了不同的应用模式，主要有下列几种。

（1）密码签模式

由银行按照支票号码、用户账号等参数进行一次加密计算得到一组支付密码，并将其打印出来交给用户。在使用时，用户将这些支付密码抄写到支票上即可。其优点是简单、成本低，缺点是防伪能力差。

（2）单一的支付密码器

这种模式已经具备了典型的电子支付密码器应用的各种要素。用户使用电子支付密码器，输入支票号码、金额、日期等要素，将电子支付密码器计算出的结果抄写到支票上，然后由银行执行同样的运算以验证真伪。

在这种模式中，用户的预留密钥及加密算法均存放于电子支付密码器中。由于成本和工艺技术的限制，电子支付密码器本身的安全防卫能力有限，这些核心机密能够被掌握一定技术的人获得。如果用户密钥甚至银行的加密算法失密，其后果不堪设想。

这种使用单一的支付密码器模式应用比较广泛，但随着技术的不断发展，并且由于其自身潜在的不安全性，必然会被一种更安全、更方便的应用模式替代。

（3）使用IC卡的支付密码器

IC卡也称智能卡，是20世纪70年代末开始兴起的一种先进的存储技术。在一张名片大小的卡片内安装了一小片集成电路，这片电路能够存储数据，进行复杂的数学计算，其功能相当于一台超小型的计算机。具备运算能力的IC卡也称为CPU卡。

IC卡的电子支付密码器中采用了双重加密手段。IC卡具有强大的加密计算能力和堡垒式的防止非授权访问能力，对由支付密码器计算出的结果进行第二次加密计算。即使支付密码器的用户密钥及银行加密算法被攻破，犯罪分子仍然无法获得所有的核心机密数据，也无法达到伪造支票数据的目的。而想要攻破 IC 卡的安全防卫体系，从现有的技术能力来看，需要付出的代价是非常高的。

随着现代电子技术的不断进步，IC 卡的成本也迅速下降，高成本已经不再是 IC 卡支付密码器推广使用的主要障碍。IC 卡电子支付密码器代表了电子支付密码系统的发展方向。

第四节　我国在线支付现状与问题

从发达国家成熟的电子商务案例来看，建立一个高效率的在线支付环境对于中国电子商务的发展是非常有必要的。而当前国内的在线支付体系在很多方面都存在着欠缺，也是阻碍互联网交易向前发展的重要原因之一，因此必须认清中国当前在线支付体系存在的不足，并制定相应的解决方案，尽快创造一个良好的支付环境。

就目前的情况来看，各支付机构还处于抢夺市场的阶段，所以银行、银联、第三方服务商各自为阵，采用不同的技术和流程，支付的兼容程度不高。比如各自使用的银行卡使用的范围不同，一些异地交易常常因为这个原因而被迫中止。各家银行的业务规则也不统一，往往在使用不同的卡时，手续也不同。支付的业务规则和安全标准的不统一也让消费者在选择在线支付时心存忧虑。多头网关的现状也迫使商家必须与多家机构连接，大大增加了接入和维护的成本。因此，应该制定一个主导型的支付模式解决方案，使得目前的资源能够更为高效率地运用到互联网在线支付中去。同时，过于烦琐的手续、不完善的规则和标准及过高的成本，妨碍了消费者选择在线支付方式付款的愿望，也打击了商家采用在线支付结算方法的热情。在线支付是一个具有巨大网络效应的产业，在线支付系统也有很多种，谁的使用者最多，顾客就最能够接受谁。正如 PayPal（在线支付系统的一种）的使用者所说，“我用 PayPal，是因为别人也在用它”，而目前国内混乱的支付局面使得消费者和商家都感到不便，他们必须在不同的交易中使用不同的支付方式，这严重限制了在线支付的应用范围。

中国目前的支付模式还很单一，由于政策环境、支付文化等背景的限制，所有的支付业务必须依托传统的金融机构运行，而金融机构的运作也受到了很多方面的限制，这在很大程度上也削弱了 IT 企业自行创立支付模式的可能性。从电子商务商家的角度来看，不论是国内 B2C 中的卓越、当当，还是 C2C 中的易趣、淘宝，都还没有显示出发展创新业务的迹象，而占据传统个人对个人支付领域统治地位的邮政汇款，更看不到一点发展在线电子业务的规划。

说到创新支付模式，就不得不提到 PayPal（www.paypal.com）。PayPal 公司于 1999 年成立，它推出一种基于互联网的 P2P（peer to peeer）支付模式，并迅速得到广泛认可。这家没有金融背景的 IT 企业，短短几年内就创造出令传统金融机构眼红的神话般业绩，这说明了看准互联网在线支付的需求，发展适应需求的创新模式，是建立完善的支付体系的重要基础。

对于在线支付信息的安全性，现有 SSL 协议已经能满足安全需求，但消费者由于知识的缺乏，对此仍然很担心。目前国内网关还没有一个防止伪冒网站的手段。不怀好意者有可能采用相似的名称和外观仿冒合法站点误导使用者，并进而骗取投资者的数据资料。这种犯罪虽然低级，但是实现手段最为简单有效，是我国在线支付需要解决的主要问题。

本章小结

电子支付是电子商务得以顺利发展的基础条件，本章首先描述了常见的支付手段和电子支付，然后主要介绍了电子支付发展的最新阶段——网上支付及其三种支付方式，即电子现金支付、电子银行卡支付和电子支票支付，并且结合实例介绍了电子钱包这一支付系统。

为解决国际间资金的结算和调拨，采用了国际电子支付 SWIFT 和 CHIPS 系统，在这两系统中，前者完成国际间支付结算指令信息的传递，而真正进行资金调拨的是后者，二者相互协作完成跨区域的国际资金支付与结算。本章也对此做了简单的介绍。

复习思考题

1．简述电子支付的发展阶段。
2．简述电子现金的工作原理。
3．电子信用卡支付有哪几种模型？
4．电子支票的支付过程是怎样的？
5．什么是电子钱包？它有哪些功能？

第九章　网络金融

本章要点

- 网上银行的特点及技术要求
- 网上证券交易系统的基本构成
- 网上保险交易的基本流程与基本功能

随着互联网技术的发展，在全球范围内出现了大量以网络技术为支撑的金融活动，这就是网络金融（E-finance）。与传统的以物理形态存在的金融活动不同，网络金融是存在于电子空间中的金融活动，具有形态虚拟化、运行方式网络化的特征，是信息技术特别是互联网技术飞速发展与现代金融相结合的产物。从狭义上讲，网络金融是在互联网上开展的金融业务，包括网上银行、网上证券、网上保险等金融服务及相关内容。

第一节　网上银行

一、网上银行概述

1．网上银行的含义

网上银行又称网络银行、在线银行，是指一种依托信息技术和 Internet 的发展，主要基于 Internet 平台开展和提供各种金融服务的新型银行机构与服务形式。也可以说，网上银行是指银行利用公用信息网（主要是指 Internet）将客户的计算机终端连接到银行网站，实现将银行的金融服务直接送达客户办公室、家中和手中的金融服务系统。因此有人说，网上银行是在 Internet 上的虚拟银行柜台。

1995 年 10 月 18 日，全球首家以网上银行冠名的金融组织——安全第一网上银行（secuity first network bank，SFNB）打开了它的“虚拟之门”，从此一种新的银行模式诞生了，并对 300 年来的传统金融业产生了前所未有的冲击。网上银行凭借着自己存款利息高和实时、方便、快捷、成本低、功能多的 24 小时服务获得越来越多客户的喜爱，其自身数目也迅速增长，成为未来银行业非常重要，甚至是最重要的一个组成部分。

市场研究公司 comScore 的一项调研指出，2003 年美国前 10 家银行的网上银行顾客达到了 2 200 万，网上银行业务比上年增长 30%，自 1996 年以来增长了 10 倍以上。2004 年第 1 季度，有 460 万美国人至少进行过一次在线账单支付，2002 年同期这一数字为 190 万。在国内，招商银行于 1996 年率先推出网上金融服业务“一网通”，初步构造了中国网上银行的经营模式。1998 年 4 月，招商银行推出了网上支付业务，当时主要提供 B2B 的资金结算。1998 年 5 月，又与首都电子商城、深圳天虹商城等商家合作，开通 B2C 的网上支付业务。1997 年 10 月，工商银行在 Internet 上建立银行主页，向外界宣传工商银行的金融服务业务，为网络用户提供业务指南。1998 年 3 月 6 日，中国银行成功地进行了第一笔电子交易。如今，除招商银行、工商银行和中国银行以外，建设银行、农业银行、交通银行、中信银行、光大银行、兴业银行、民生银行、浦发银行、华夏银行等均开通了网上银行服务。据易观国际发布报告显示（如图 9-1 所示），在网银注册用户数增长率逐渐降低的背景下，我国网上银行市场在 2013 年第 4 季度市场交易规模仍保持稳定高速稳定增长，可见网银发展已经进入成熟期，大多数银行的网银替代率已经超过或接近 80%，活跃用户占比显著提升，用户交易额持续增高。网银用户普及率高，熟练使用网银已经从年轻用户逐渐扩展到中老年用户群。

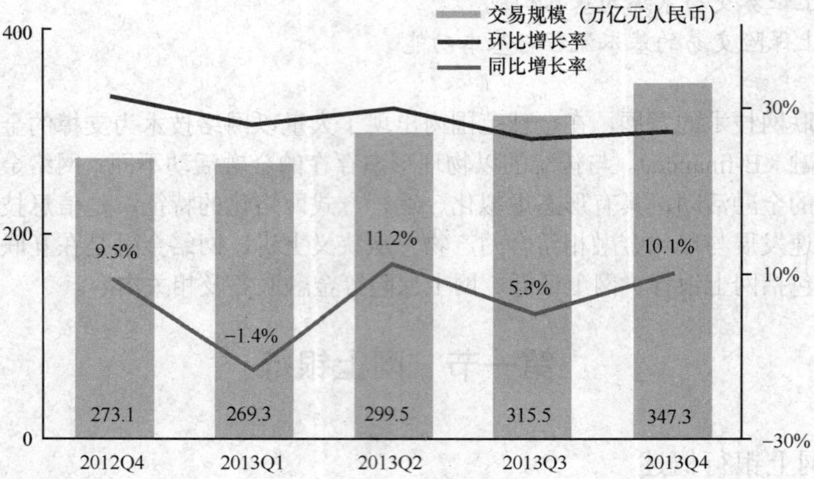

图 9-1　2012 年第 4 季度～2013 年第 4 季度我国网上银行市场交易额

2. 网上银行的分类

（1）网上银行服务分类

网上银行发展的模式有两种，一是完全依赖于互联网的无形的电子银行，也叫“虚拟银行”；另一种是在现有的传统银行的基础上，利用 Internet 开展传统的银行业务交易服务。国内现在的网络银行基本都属于第二种模式。

（2）网上银行业务分类

网上银行业务一般分为 3 类，即信息服务、客户交流服务和银行交易服务。信息服务，是银行通过 Internet 向客户提供产品和服务。客户交流服务，包括电子邮件、账户查询、贷款申请等。银行交易服务，包括个人业务和公司业务，前者包括转账、汇款、代缴费用、按揭贷款、证券买卖、外汇买卖等；后者包括结算、信贷、投资等。其中银行交易服务是网上银行的主体业务。

3. 网上银行的特点

网上银行的特点是客户只要拥有账号和密码，便能在世界各地通过 Internet，进入网络银行处理交易。与传统银行业务相比，网上银行的优势体现在以下几点。

（1）低成本和价格优势，大大降低银行经营成本

一是组建成本低，一般而言，网上银行的创建费用只相当于传统银行开办一个小分支机构的费用；二是业务成本低，就银行一笔业务的成本来看，手工交易约为 1 美元，ATM 和电话交易约为 25 美分，而互联网交易仅需 1 美分，只有手工交易单位成本的 1%；三是

运营成本低，由于网络银行采用了虚拟现实信息处理技术，网络银行可以在保证原有的业务量不降低的前提下，减少营业点的数量；四是价格优势，由于网上银行运营成本比较低，可将节省的成本与客户共享，通过提供较传统银行高的存款利率、低收费、部分服务免费等方法争夺客户和业务市场。

（2）业务全球化，有利于扩大客户群

网上银行是一个开放的体系，是全球化的银行。网上银行利用 Internet 能够提供全球化的金融服务，打破了传统银行业务的地域、时间限制，能在任何时候（Anytime）、任何地方（Anywhere），以任何方式（Anyhow）为客户提供金融服务，为银行吸引和保留优质客户、同时开拓国际市场创造了条件。传统银行是通过设立分支机构开拓国际市场的，而网上银行只需借助 Internet，便可以将其金融业务和市场延伸到全球的每个角落，把世界上每个公民都当作自己的潜在客户去争取。网上银行无疑是金融运营方式的革命，它使得银行竞争突破国界。

（3）互动性与持续性服务，有利于交叉销售服务产品

一般而言，银行的营业网点难以为客户提供详细的、低成本的信息咨询服务，而基于互联网技术和银行支付系统的网上银行则容易满足客户咨询、购买和交易多种金融产品的需求，为客户提供更加合适的个性化金融服务。客户除办理基本的转账、汇款、信用卡还款业务外，还可以很方便地进行股票、债券等衍生产品交易。随着网上银行功能的发展，还可以快捷地缴纳水、电、气等各项公用事业费用，实现各类网上支付。同时，网上银行不受网点营业时间和地理位置的限制，可向客户提供 7×24 小时的不间断服务。网上银行系统与客户之间，可以通过电子邮件、账户查询、贷款申请或档案的更新等途径，实现网络在线实时沟通。图 9-2 和图 9-3 分别展示了招商银行和工商银行的网上银行为个人用户提供的金融服务。

图 9-2　招商银行个人网上银行金融服务功能

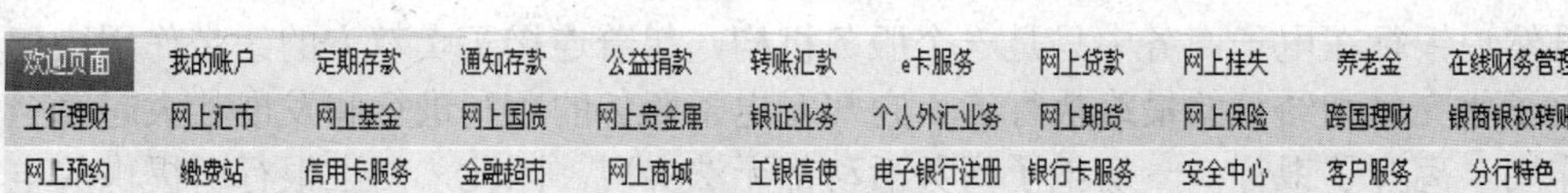

图 9-3　工商银行个人网上银行金融服务功能

（4）私密性与标准化服务，吸引和保留优质客户

网上银行通过私钥与公钥两套加密系统对客户进行隐私保护。网上银行提供的服务比营业网点更标准、更规范，避免了因工作人员的业务素质不同及情绪变化所带来的服务满意度的差异。

总之，由于客户采用的是公共浏览器软件和公共网络资源，节省了银行对客户端的软硬件开发和维护费用。网上银行的无时空限制的特点，打破了传统业务受地域和时间的限制，能在任何时候、任何地方为客户提供金融服务，并且在整合各类交叉销售产品信息的

基础上，实现金融创新，为客户提供更具个性化的服务。银行向用户提供优质服务的同时也获得最大化的利益。

4．网上银行产生的原因

（1）网上银行产生的源动力

在网上首先运行的是信息流。由于现代经济社会中处处存在着非对称性和物资的短缺，大规模的网上信息流动必然带来新的物流的产生，而物资的交换又必然以支付活动为基础，由此而产生网上资金流。信息流、物流和资金流相互融通构成了新型的“网上经济”。网上有了资金流的需求，也就产生了“网上银行”发展的源动力。

（2）网上银行是电子商务发展的要求

商业银行是电子商务活动的参与者，它与买卖双方一样通过电子技术手段被连接在相应的电子网络之中。但是，商业银行与电子商务中买卖双方的地位并不相同，即买卖双方在电子商务中拥有绝对的贸易主动权，而商业银行仅仅是买卖双方借以完成商务活动的服务机构，它对于电子商务活动的参与主要体现在货币资金支付与清算两大功能上。具体而言，电子商务对商业银行的影响和要求体现在以下几个方面。

① 电子商务要求商业银行能提供便捷迅速的支付服务。电子商务的发生时间不存在固定工作日的限制，这就要求商业银行必须建立完善的全日服务制度，以免在商业银行休息时间内电子商务活动受到影响。同时，电子商务本身是对时间的节省，因此它特别要求参与电子商务的贸易伙伴也要相应提高信息处理的速度。而资金的传递更是重中之重，作为资金支付代理人的商业银行要加快资金支付，减少资金在途时间，提高时间价值。

② 电子商务要求商业银行能提供安全可靠的支付服务。由于电子商务是通过各种外部网络而发生的，买卖双方处于一种虚拟空间之中，他们分别位于网络的两个节点之上。尽管各种软硬件措施能在一定程度上防止无关组织进入电子商务之中，但是虚拟空间看不见、摸不着的特性，及传统意义商业往来中的“信赖”关系的消失，使得客观上存在着巨额财富转瞬即逝的潜在危机，因此要求作为商业组织支付代理的商业银行提供近乎绝对安全的支付服务。

③ 电子商务要求商业银行能提供符合要求的格式化信息。由于电子商务的传递必须以特定格式进行传输交流，各种电子商务标准的产生标志着信息格式化传递的发展趋势。这种特点要求商业银行在为商业组织提高信息服务时，要逐步采取国际通用的电子商务标准。

虽然说银行在电子商务中只是一个服务机构，起着连接买卖双方的纽带作用，但是，作为电子化支付和结算的最终执行者，它却对电子商务的顺利进行和发展壮大起着至关重要的作用。离开了银行，一切电子商务活动都无法实现。因此，网上银行所提供的电子支付服务是电子商务中最关键的要素和最高层次，直接关系到电子商务的发展前景。从这个意义上讲，随着电子商务的发展，网上银行的发展亦是必然趋势。

（3）网上银行是银行自身发展的要求

目前，传统的银行面临着许多压力，如银行员工工资成本越来越高，支出较大，而银行之间的竞争在不断加剧，造成银行收益相对减少。面对严峻的现实，银行只有扩大服务范围，提高服务质量，才能在激烈的竞争中立于不败之地。目前迅速崛起的电子商务不仅给银行业带来了压力，更给银行业带来了机遇。可以这样说，在未来的若干年内，银行如不能提供有效的电子支付服务，则将面临被淘汰的危险。因此，从银行业自身的生存和发展来说，也需要尽可能快地拓展网上银行服务。谁抢占了先机，谁就能赢得主动，也就能赢得客户和利润。先进的计算机和通信技术，再加上商业电子化所能带来的诱人利润，为银行业开展网上服务提供了便利的条件和前进的动力。

二、网上银行的技术要求

从技术的角度看，网上交易至少需要 4 个方面的功能，即商户系统、电子钱包系统、支付网关和安全认证。其中后三者是网上支付的必要条件，也是网上银行运行的技术要求。

1. 电子钱包系统

电子钱包是电子商务购物（尤其是小额购物）活动中常用的一种支付工具。在电子钱包内存放的是电子货币，如电子现金、电子零钱、电子信用卡等。使用电子钱包购物，通常需要在电子钱包服务系统中进行。电子商务活动中电子钱包的软件通常都是免费提供的。目前世界上主要有 Visa Cash 和 Mondex 两大电子钱包服务系统。

电子钱包用户通常在银行里都有账户。在使用电子钱包时，先安装相应的应用软件，然后利用电子钱包服务系统把自己账户里的电子货币输进去。在发生收付款时，用户只需在计算机上单击相应项目即可。系统中设有电子货币和电子钱包的功能管理模块，称为电子货币钱包管理器。用户可以用它来改变口令或保密方式等，以及用它来查看自己银行账户上电子货币收付往来的账目、清单及其他数据。系统中还提供了一个电子交易记录器，用户通过查询记录器，可以了解自己购物的记录。

2. 支付网关

支付网关是银行金融系统和 Internet 之间的接口，是连接银行内部网络与 Internet 的一组服务器。其主要作用是完成两者之间的通信、协议转换和进行数据加密、解密，以保护银行内部网络的安全。离开了支付网关，网上银行的电子支付功能也就无法实现。银行使用支付网关可以实现以下功能。

① 配置和安装网络支付系统。

② 避免对现有主机系统的修改。

③ 采用直观的用户图形接口进行系统管理。

④ 适应诸如信用卡、电子支票、电子现金及微电子支付等电子支付手段。

⑤ 通过采用 RSA 公共密钥加密和 SET 协议，可以确保网上交易的安全性。

⑥ 提供完整的商户支付处理功能，包括授权、数据获取和结算、对账等。

⑦ 通过对网上交易的报告和跟踪，对网上活动进行监视。

⑧ 网上的支付处理过程与当前支付处理的实际业务模式相符，以确保商户信息管理上的一致性。

随着网络市场的不断增长，网络交易的处理将成为每一个支付系统的必备功能。今天的商户在数据传输方面常常是低效率的，有了支付网关，这个问题便可得到有效的解决，它使银行或交易商在网络市场高速发展和网络交易量不断增长的情况下，仍可保持其应有的效率。

3. 安全认证

电子商务认证机构（Certification Authority，CA）是为了解决电子商务活动中交易参与各方身份、资信的认定，维护交易活动的安全，从根本上保障电子商务交易活动顺利进行而设立的。它对于增强网上交易各方的信任、提高网上购物和网上交易的安全、控制交易风险、推动电子商务的发展都是必不可少的。

电子商务交易顺利进行的关键问题是安全问题。解决安全问题的基本条件就是需要具有相应的电子商务认证机构，为买卖双方提供值得信任的认证服务。从技术角度讲，电子商务认证机构所提供的服务包括认证证书的管理、使用者公钥的产生与保管及CA密钥管理三大类。通过采用国际上最先进的安全保密技术对网络上的数据发送方、接收方进行身份确认，以保证交易各方信息的安全性、保密性和可靠性。从商业角度讲，每一个电子合同的签订，买卖双方都需要对对方的身份情况、资信情况和经营情况进行认证，否则，很难做出正确的决策。所以，通过认证机构来进行买卖双方的全面认证，是保证网络交易安全的重要措施。

三、网上银行的管理

1．网上银行的经营风险

网上银行由于下列原因在运行过程中更容易带来风险。

① 信息在Internet上扩散得很快，信息的迅速传播扩散会直接影响到网上银行的运行。如果某个网上银行资金安全出现危机，那么这条信息就会迅速通过Internet广为传播，该网上银行就会立即面临全球客户的挤兑。

② Internet让客户可以更快地访问他们的账户。只要敲一下键盘，客户就可以将资金从一个账号转移到另一个账号，或者从一家银行转到另一家银行。因此，这也增加了网上银行在信用危机中做出适当反应来防止银行破产的困难。

③ 由于网上银行能够方便快捷地访问和信息通过Internet可以快速扩散，也使得网上银行的运行更容易受到外界因素的影响。例如，有关一则某某银行破产的消息，就有可能会迅速影响到其他相关的网上银行。

④ 安全是基于Internet网上银行最大的问题。在目前网上银行尚不成熟的时期，安全将是网上银行最大的不稳定因素。银行客户对有影响他们收益的任何传言或新闻都会极其敏感地做出反应。

⑤ 如果传统的商业银行出现危机，国家一般要对其进行一定的干预，一般不可能轻易转移它的营业场所，因此它也不可能不受到政府机构的严格管理和控制。而网上银行既不像传统的商业银行那样设立许多商业机构，而且可轻易将营业地点转移到其他的地方来逃避当地政府部门的干预。因此，对网上银行的监督和管理都要困难得多。

⑥ 在Internet上，人们不一定需要使用真名和真实的通信地址，网上消费者和网上银行之间的高度匿名性增加了银行和储户之间相互监督的困难。而且，由于网上银行的客户来自全球各地，不像传统商业银行的客户那样受地域限制，以当地人为主，这就进一步削弱了客户对银行的监督能力。

总而言之，网上银行由于自身的一些特点使得它更容易带来各种风险，因此比传统银行更加需要严格的监督和管理。

2．网上银行管理的问题

传统的银行在各地设立分支营业机构，客户一般也是营业机构所在地的公民，而在网上银行中，客户身份与网上银行的地理位置无关。因此，如果在没有特别法律限制的情况下，网上银行能吸引大量的外国客户，这就给网上银行的监督和管理带来了以下问题。

① 对于许多跨国界金融服务，现在还不清楚该适用哪个国家的管理规定。由于每个国家对于金融机构的管理规定差别很大，现在与银行有关的法律常常难以解决出现的纠纷。

② 不同国家对网上银行的管理规定松紧程度差别很大，而放松对网上银行的监督和管

理对于银行客户来讲是十分不利的。

3．阻碍网上银行发展的因素

据 2012～2013 年中国网上银行年度监测报告显示，我国 2012 年网上银行交易规模为 820 万亿元，增长率为 17%，其中企业网银交易规模占 80%，个人网银交易规模占 20%，未来个人网银交易规模仍将缓慢增长；我国个人网上银行用户飞速增长，截至 2012 年年底已达 2.1 亿万户，增长率为 18.7%，企业网银账户规模为 1 012.5 万户，同比增长 26%。从目前我国网上银行的市场推广看，仍有很多因素阻碍着网上银行的快速发展。

针对银行业而言，阻碍网上银行发展的因素主要来自于信用体系、安全问题、技术标准和法律法规 4 个方面。

第一，国内信用体系不成熟，网上消费信心不足。网上银行缺乏应有的信用环境，让客户对网上交易的方式心存疑虑，宁愿到网点柜台进行交易，这种消费习惯和网上交易的观念是制约因素之一。

第二，信息及交易安全问题时有发生，防范措施仍需完善。安全问题的担忧是阻碍网上银行发展的主要因素，这也是被国内外大量事实证实的。随着网上银行业务的发展，必然出现很多金融业务创新，必将涉及现行金融管理体制和政策的空白点或禁区，网上银行的安全防范还需要更多的努力。

第三，安全技术标准不统一，缺乏整体规划。尽管各银行都建立了自己的网上银行系统，但在网站的构架和服务内容上，仍然离电子商务和网络经济的要求有很大距离。同时，各家银行采用的网上银行安全手段不同，安全技术标准不统一，有的采用 SSL 协议，有的则采用 SET 协议，并且大多是多种安全手段结合使用，这增加了客户使用网上银行的操作环节，同样也影响了网上银行的服务效率。

第四，相关法律法规不健全，监管意识和手段落后。现有的法律规范对于我国传统银行业务发展起到了较好的规范作用，尽管近两年相关部门已颁布了《电子签名法》、《电子银行业务管理办法》和《电子银行安全评估指引》等法律法规，但面对网上银行新兴业务的快速发展仍显滞后。在赔偿与罚款事项上，未能完全与国际接轨，并缺少对个人失信行为的有效惩罚机制。

而对于网上银行潜在用户而言，信息及交易安全是最大的障碍。中国金融认证中心（CFCA）和艾瑞市场咨询曾关于网上银行用户调研数据均发现，个人网上银行潜在用户首要考虑的是安全问题，其次才是服务和操作便捷性。因此，解决信息及交易安全问题将会有效促进网上银行业务的广泛应用。

网上银行业务的高速发展，并没能掩盖网上银行普遍存在的“硬伤”——技术与服务同质化，尽管银行都在提“以客户为中心”，但网上银行“以产品为导向”的战略特征依然明显。另外，互动性不足导致客户的细分需求无法满足，未能与银行其他渠道进行有效融合，导致银行无法向客户提供一体的界面、服务及营销。网上银行所暴露出的问题，本质上是由资源未能有效整合所致，整合营销可以在一定程度上弥补这些问题，可以说，它是网上银行发展的必然趋势。

四、移动银行

随着时代的发展、科技的进步，网上银行的业务已逐渐从有线网络拓展到无线领域，移动银行是继网上银行出现以后，因移动通信技术迅猛发展而新出现的一种银行服务渠道，是网上银行服务的延伸。在具有网络银行全网互联和高效数据交换等优势的基础上，移动银行更加突出了移动通信随时随地的独特性，使它成为一种更加便利、更具竞争性的银行业服务方式。

1．移动银行的概念

移动银行，是指银行通过移动电话，利用中国移动、中国联通或中国电信的通信网络的中文短信息平台为客户提供账户查询、账户转账等银行服务的一种业务。它代表着银行业务从网点柜台延伸到了社会的各个角落，使得手机不再仅仅是通信工具，还能充当移动的POS机。移动银行的发展使得银行进一步拓展了中间业务，高效率地实现支付水、电、气、通信、物流配送、机票送达等各种代收代付业务的无线支付，避免了各物流单位收款的风险，加快资金周转，突出了使用方便、保密、快捷的优越性，安全可靠地实现了移动支付、移动查询和移动商务等功能。

移动银行的工作原理是在移动通信提供的全球通SIM卡中，注入银行提供的功能服务菜单、银行的密钥，即成为能提供银行服务的专用卡STK卡。利用STK卡提供的智能菜单进行操作，将移动银行服务的信息，通过移动电话网的短消息系统送到银行。银行接到信息，对信息进行处理后，将其结果返送回SIM卡，完成移动银行服务的项目。

2．移动银行提供的服务

移动银行是货币电子化与移动通信业务相结合的产物。利用移动银行，可以获得如下服务。

（1）账务查询

可查询在中国工商银行、招商银行、中国银行等开立的信用卡和存折的余额，同时还可以查询交易明细账目、账户状态等内容。

（2）转账服务

可进行同一银行间同名账户间的资金转账和证券保证金转账。

（3）注册业务

可以方便地在各个支持移动银行服务的银行登记交易账户、挂失账户、更换交易密码等服务。

（4）提示服务

银行可以通知用户及时知道各种信息，如账户余额不足、信用卡余额不足、汇款通知、利率变更、汇率变更、银行其他通知信息。

（5）证券服务

可进行深、沪两地证券的行情查询、实时股票买入、实时股票卖出、撤单、成交查询、股票预订价格通知、股票预订价格买卖。

（6）外汇交易

可以进行包括汇率查询、外汇买入、外汇卖出、撤单、成交查询等各种外汇业务服务。

（7）自助缴费

可直接在手机上查询和缴纳手机话费等费用。

3．移动银行的优点

（1）安全可靠

移动银行采用了高技术的加密措施，手机信息在传输的过程中全程加密。由于其解密的密钥不是在通信网络中，而是保留在银行的主机里，解密的过程全部在银行主机中进行，从而能非常有效地保证了客户资金的安全和信息的保密。因此，它比起网上银行来说，安全了许多。

（2）可随时随地进行资金交易

移动银行服务商（银行）能为客户提供一年365天、一天24小时的不间断服务，客户可根据自身需要随时随地使用移动银行业务。这与电话银行和网上银行相比又多了个可移动性的优势。这对于一些经常出门在外而且资金交易频繁的人来说无疑能起到十分重要的作用。

（3）操作简便、方便灵活

我们知道，电话银行的操作要不断地输入许多一连串单调的数字，很容易发生误操作。移动银行则主要由菜单和人机对话框组成，其业务提示均通过移动电话网络的中文短消息系统来实现，就像操作计算机中的软件一样直观、方便。

4．移动银行的缺点

由于受各方面因素的影响，移动银行同时也不可避免地存在以下缺点。

（1）资费比较昂贵

现在大多数的手机用户使用的都是SIM卡，由于它容量太小，要开通移动银行，就必须换成STK卡，才能获得本地信息处理的能力（如加密和信息的打包）。STK卡的价格各地都不一样，而电话银行和网上银行除了交电话费和上网费外无需交纳其他任何费用。此外，对于绝大多数已入网的手机用户来说，许多人还是不愿意白白浪费掉没有任何故障的SIM卡。

（2）技术还不够成熟

由于移动银行是一种新兴的技术，其功能还处于初级阶段，在此期间难免会出现一些问题，再加上风险投资商也普遍看好硬件提供商，而对内容提供商表现出一定的冷漠，造成恶性循环。因此，中国移动银行功能的发展尚需一段时期的努力和大量的资金投入，不能急于求成。另外加上手机本身技术的不够完善和成熟，在抗干扰方面还比较差，硬件质量也制约了移动银行功能的发展。

（3）信息处理返回的时间长

移动银行从发送交易请求到获得交易结果是一个分阶段的过程，通常需要十几秒钟的时间，这对于实时性要求较高的外汇和证券买卖在一定程度上会有影响，而且由于操作的时间较长，会因此而影响手机接收其他的诸如电话等重要的信息。

虽然受上述因素的影响，移动银行目前在我国的状况还远没达到以前预测的“火爆”程度，但对于一些经常出门在外而且资金交易频繁或对资金交易的安全性和快捷性要求较高的人士来说，移动银行还是个不错的选择。

第二节　网上证券

作为电子商务在金融证券领域的具体应用，网上证券最早出现在20世纪90年代中期的美国。美国Discover Brokerage Direct公司从1995年起就开始从事互联网上证券交易，成为全美最早提供网上证券交易的券商。Charles Schwab公司1996年才推出网上证券交易，到1997年年底，其网上交易客户已达120万，到1998年年底，则猛增到550万，占全部客户总数的60%，网上交易客户总资产达1 450亿美元，网上年交易额超过2 000亿美元，年收入超过20亿美元。摩根·史丹利从1999年10月起为旗下400万客户开通网上证券交易，美林证券从1999年12月起全面推出网上证券交易。其他如高盛、第一波斯顿、所罗门兄弟及雷曼兄弟也纷纷策划开通网上证券交易。继美国之后，其他西方工业化国家如英国、法国等近年来也相继推出网上证券交易。亚洲各国如日本、韩国、新加坡和中国香港网上证券发展势头也非常迅猛。1997年3月，中国华融信托投资公司湛江营业部推出了视聆通多媒体公众信息网网上交易系统，标志着中国网上证券交易的开始。2000年3月中国证监会颁布实施了《网上证券委托暂行管理办法》和《证券公司网上委托业务核准程序》，中国网上证券交易进入了规范化轨道。现在全国几乎所有的券商或证券营业部都设立了自己的网站，推出了自己的网上证券委托交易服务，包括国泰君安、闽发、华泰、海通、国信等。

一、网上证券概述

1．网上证券的含义

网上证券，是应用信息技术和网络技术对证券公司传统业务体系中的各类资源及业务运作流程进行重组，使用户和工作人员通过Intranet和Internet就可查询上市公司的历史资料及相关券商的分析资料及交易所公告，进行资金划拨、网上实时委托下单、电子邮件委托下单、网上核账等业务。

对投资者而言，网上证券是其利用互联网网络资源，获取证券的即时报价，分析市场行情，并通过互联网委托下单，实现实时交易的全过程；对证券公司而言，网上交易是其为股民服务的手段和方式，即通过互联网来开展证券经纪业务。网上证券交易的品种包括股票、债券、共同基金及股票指数的期权和期货。网上证券交易除信息流、资金流之外无需庞大的物流配送体系支撑，且参与者也不必担心暴露个人隐私，更容易为人接受，因而具有成本低、不受地域限制、高效便捷等特点。

网上证券建立于证券市场网络化的基础之上，作为一种交易方式，它使原来集中、固定的信息获取方式被开放灵活的信息获取方式所取代，使证券交易从营业部走向家庭。网上证券对证券业的发展具有重要意义。

① 网上证券大大提高了证券市场的运作效率。人们可以利用Internet传输较大容量的信息，信息流速快，且流动不受时空限制，缩短了投资者获取信息的时间，提高了决策的有效性；对证券公司而言，网络财务和网络办公系统的应用，加快了信息传播的速度，有助于便捷地管理企业。

② 网上证券改变了券商的经营模式。统计资料显示，目前有形网点一次性投资约在500～2 000万元，日常月营业费为25～80万元；在支持同等客户条件下，网上交易投资是传统营业部的1/3～1/2，日常营运费是传统营业部的1/5～1/4。网上证券的出现使证券营业部失去了传统的意义，投资者可以利用Internet进行信息交流、价格谈判、证券买卖和交易结算，实现与融资者的直接对话，大大削减了券商的经营成本。

③ 网上证券促使证券市场走向一体化。证券市场的资源本身具有寻求自身价值的最大化的特性，网上证券将进一步突破国界的限制，在全球范围内寻求最佳配置，使全球证券市场更紧密地连为一体。可以预期，未来许多有市场前景的上市公司股票都可在全球各个交易市场挂牌，可以在网上实现24小时连续交易。

2．网上证券的特点

网上证券交易这种最为全新的交易方式能够在极短的时间内迅速发展，并大有代替传统证券交易方式的势头，一方面是由于近年来互联网的飞速发展及与证券经纪业务的有机结合，另一方面是和相较于传统的交易方式具有众多的优势密切相关。

（1）突破了地域的限制

网上证券交易借助无所不在的Internet，通过高速、有效的信息流动，从根本上突破了地域的限制，能极大地缓解券商地域分布不均的矛盾，将身处各地的投资者有机地汇集在无形的交易市场中，使得投资者能在全国甚至全球任何能上网的地方进行交易，并使那些有投资欲望却无暇或不便前往证券营业部进行交易的人士进行投资的可能。

（2）全面和快捷地获取投资信息

网上证券交易通过Internet克服了传统市场上信息不充分的缺点，有助于提高证券市场的资源配置效率，使投资者可以在网上主动、及时、有效地获取和筛选相关投资咨询信息，使投资者对信息的获取从单向被动获取向主动交互式信息获取转化。这是其他证券交易方式不可比拟的。

（3）降低了交易成本

网上证券交易的引入，大幅度降低了营业部的设备投入和日常的运营费用。有关统计表明，一般营业部一次性投资在500～2 000万元，日常月营业费用为25～80万元。由于网上交易是通过虚拟营业部来完成的，因此可以大大降低成本。在支持同等客户的条件下，网上交易的投资是传统营业部的30%～50%，日常营运费用是传统营业部的1/4。

（4）个性化服务

提供网上证券交易的证券公司及各类咨询公司利用虚拟社区等网络站点或专业软件，为投资者提供极具个性化的服务栏目，如开通网上咨询，通过文字、图像等形式与投资者进行一对一的沟通，让投资者与经纪人、投资顾问实时交流互动。投资者还能根据自己的偏好，为自己所关注的个股设置指数显示、行情数据类型和窗口风格，自由选择交易和服务模式。投资者的特定投资咨询需求也可通过各种方式反馈给证券公司的研究机构或客户服务中心，要求提供更贴切的订制服务。

（5）更为方便快捷

网上交易可以为投资者提供便捷、功能全面的高质量服务。通常在网上进行委托下单，委托可即时到达营业部，而且一般不存在像占线、断线的问题。与现有的其他证券委托方式相比，网上证券具有许多优势，如能为投资者提供直观的图形走势，方便的下单委托，快捷的个人的股票、资金、成交等资料查询等。

3．网上证券的模式

（1）美林模式

该模式是利用公司专业化的经纪队伍与庞大的市场研究力量为客户提供各种理财服务。美林公司为世界上著名的证券业跨国集团，公司有一个庞大的客户群。该公司认为投资领域是一项专家从事的行业，因而对20世纪90年代兴起的网上证券交易反应迟钝，在大量的客户流失后，该公司才匆匆推出网上证券交易，而此时该行业在美国已经成熟。而摩根虽然是网上交易的始作俑者，但该公司也并未全力开展该项业务。美国的老牌证券公司虽然规模庞大，但都不愿自食已有的业务来发展网上交易，故而目前陷入了相当被动的境地。

（2）E-Trade模式

该模式交易完全在网上进行，公司并无有形的营业网点，故其可以以尽可能低的折扣吸引对价格在意而对服务要求不高的自动投资者，因此这些公司的营业成本低、价格低就是优势。采用这种模式有 E-Trade、Ameritrade 等公司。E-trade 公司是全球最先开展网上交易业务的站点。1992 年，公司的创始人 Bill Porter 的“E-Trade”公司正式成立，刚开始他通过美国在线向投资者提供一些网上证券的服务，后来 Bill Porter 在 1996 年建立了 www.etrade.com 的网上交易站点，至此，E-Trade 开始了证券交易的电子化革命。几年来，E-Trade 始终保持每季度 50%的业务增长速度，据 ZDNET 的报道，到 1998 年年底公司已拥有 50 万用户。E-Trade 现有 300 万客户，生意主要来自美国。

（3）嘉信理财（Charles Schwab）模式

该模式以店面、电话、Web 方式向投资者提供服务，客户可自己选择需要的服务模式。这种模式注重通过技术手段创新服务，提高服务质量，有效降低成本，进而降低服务价格，不会以牺牲服务为代价。嘉信理财正是凭借良好的服务，低廉的服务价格吸引了大批客户，公司获得了极大的成功。嘉信理财主要从事证券经纪业务和提供财经资讯，包括零售经纪、共同基金和独立投资经理支持服务。

嘉信理财是目前最大的互联网证券经纪商，该公司利用先进的信息技术，不断创新，在 1998 年全美最大的网络服务企业收入排名中，嘉信仅次于 AOL（美国在线）位居第二，并且它和 AOL 的赢利能力远远高出 Yahoo、Amazon、E-trade 等其他网络企业。

创立于 1971 年的嘉信理财，成立之初的宗旨就是向投资者提供最便宜的直接交易手段。嘉信理财采用了电话委托及终端租用等一系列新技术手段帮助用户直接交易。到了 1984 年，嘉信理财又首先提出共同基金超市的销售方法，让客户可按配售方式购置共同基金，这一创新的基金销售方式极大方便了需要购买基金的中小客户。1987 年该公司在纳斯达克上市。进入 20 世纪 90 年代后，嘉信理财看到了 Internet 带来了巨大的商业机会。1996 年，又推出了互联网网上经纪服务系统，结合技术的发展不断对业务进行重组，以客户服务为中心，降低经营成本，同时通过广播电视等手段进行大规模营销以扩大市场占有率及增加品牌影响。当时的市场目标是一年 2.5 万个客户，但到了 1997 年年底，其网上投资者已奇迹般地达到了 120 万；到 1998 年年底，网上客户总量高达 550 万，占全部客户的 60%，总资产达 2 000 亿元，年总收入达 23 亿美元，其股票市值超过著名的老牌券商美林证券，跻身全美十大券商之列。在美国评选 1998 年对证券市场最有影响力的十大人物时，嘉信理财的总裁仅次于美联储主席格林斯潘而名列第二位，由此可见嘉信理财及其网上交易在美国证券市场的影响力有多大。

从以上几种模式看，美林模式是老牌券商采取的模式，这种模式只是工业时代的产物，在互联网经济的大潮中势必被市场无情地淘汰；而 E-Trade 模式在我国也不适用；由于证券行业有严格的行业壁垒，故只有证券公司能从事网上证券交易，而证券公司或多或少都有有形的营业网点，故嘉信理财模式是适合我国网上交易的最佳模式。

二、网上证券的技术要求与系统构成

由于我国证券市场大、散户多，券商机构必须要借助先进的计算机通信技术，构建安全、可靠的计算机联网系统，控制风险，以支持各种数据的交换，尽可能地方便市场参与者。

1. 网上证券的技术要求

证券商总公司与证券商各营业部之间通常选用 DDN 或 PSDN 作为主要通信链路，为了保证通信的可靠性和应用开发的简单，通常以 TCP/IP 协议作为基本网络协议。网上证券交易所涉及的大量信息和数据都是以电子的形式在 Internet 上传输的，在应用中不可避免地存在着因 Internet 的自由、开放所带来的信息安全隐患。因此，网上证券交易安全性的实现应该以交易信息在网络上传输时受到机密性、完整性和真实性的保护，避免其他人或对手利用窃听、冒充、篡改、抵赖等手段侵犯用户的利益，同时也避免其他用户的非授权访问和破坏为最终目的。具体来说，其主要的技术要求包括以下几点。

① 身份认证及访问控制。在网上证券交易过程中，证券系统与用户进行互相认证，以保证交易双方身份的正确。网上交易服务提供商根据用户的身份，对其访问的信息进行控制。

② 机密性和完整性。保证网上证券交易中涉及的大量个人保密信息在公开网络的传输过程中不被窃取，并保证所传输的交易信息不被中途篡改或通过重复发送进行虚假交易。

③ 交易不可抵赖性。参与网上证券交易的任何一方都无法否认或抵赖发生的交易。证券系统无法否认在某个时间某个客户提出了某个交易委托申请，而客户也不能抵赖他曾经提交过的委托。

④ 信息安全存储和审计。由于证券交易数据对安全的敏感性，对交易数据需要安全的存储和审计设计，保证在交易之后可以进行检查。

⑤ 用户可漫游性。要充分发挥网上证券交易的优势，在完成以上的安全设计后，还应该保证用户是可以漫游的。即用户在 Internet 上的任何地方参与网上证券交易活动，都能享受以上的安全保护。

2. 网上证券信息安全方案

网上证券信息安全方案一般基于 SSL 协议，并在 SSL 协议之上实现了一重自定义的加密算法，以完成对关键数据的保护。在 Web 服务器端和认证服务器端分别开发了加强的安全措施，保证实现高级别的安全策略，将 IC 卡用于证书的颁发、使用和管理，进一步提高可靠性。

SSL（Secure Socket Layer）是由 Netscape 开发的一种协议，它提供包括对服务器和客户机的认证服务，并为在 Internet 上安全地传送数据提供一个加密通道，即建立一个安全的连接。SSL 有 2 个子层：记录协议子层和握手协议子层。记录协议子层为高层提供封装，握手协议子层允许服务器端和客户端相互认证并协商加密算法和密钥。SSL 建立在可靠的传输层（如 TCP）之上，对应用透明、相对于建立在应用层的 SET 协议显得轻巧和灵活，便于在 SSL 之上根据不同系统要求进行再开发。

一次基本的 SSL 的会话过程如下。

① 前提。客户浏览器与 Web 服务器都有共同信任的第三方认证服务器的公开密钥副本。

② 客户端使用“https://”发起连接，通过与 Web 服务器的协商确定加密和认证的算法和强度。

③ Web 服务器事先通过认证服务器得到一对公/私钥，并将由认证服务器签名了的公钥发给客户浏览器。

④ 客户浏览器验证后，确定 Web 服务器的真伪及其公钥的完整性。客户浏览器接着随机产生一会话密钥，并用 Web 服务器的公钥加密传回给 Web 服务器。

⑤ Web 服务器用自己的私钥解开会话密钥，自此，建立起一条用此会话密钥加密的安全通道。

SSL协议提供基于CA（认证服务器）的Web服务器和客户相互认证。传统的口令机制早已不适应像Internet这样的环境，证书机制已被广泛接收。本质上，为进行身份鉴别的证书由公共密钥“加”密钥拥有者的用户标识组成，整个字块由可信赖的第三方签名。认证服务器提供Web服务器证书和客户证书的产生、发放、管理、回收等功能，从而实现客户和服务器的相互认证，一方面使交易服务器确认合法用户的身份，另一方面杜绝第三方恶意冒充服务器，截取用户关键信息，进一步冒充用户，造成严重后果。认证服务器具体完成：生成自己的公私钥对，生成并公布自己的根证书；接收客户和服务器的请求，根据内部的证书颁发策略签发证书；管理包括回收证书、作废证书、公布证书作废表；对关键数据的审计和查询。

3. 网上证券的系统构成

网上证券交易系统是一套较复杂的软件，它是依据证券交易业务的特点，利用计算机网络及其他通信设施，对证券交易系统的业务信息进行及时有效管理的应用软件。网上证券交易系统是围绕整个交易流程而设计，能全面、正确、完整、及时地收集、加工、整理和清算在整个交易过程中发生的各类资金、证券等有关信息。它包括下列组成部分。

（1）客户委托子系统

该子系统是由客户自己操作或由操作员代操作的委托单处理系统。它接受客户委托信息，如证券名称、买卖类别、委托数量及委托价格等。同时在输入价格时，系统向客户显示制定证券的最新成交价、最新叫卖价和最高价供客户参考，并对购买股票数额、报盘的现价要求进行判别。在对客户委托检查合法性后形成一条委托记录传给报盘台。若买入股票，则冻结该客户相应的金额；若卖出股票，则冻结该客户相应的股票数量。在资金或股票不够的情况下，系统判为买空或卖空。

（2）报盘管理子系统

该子系统主要处理客户委托单的申报。它把客户的一张张委托单在报盘机屏幕及打印机上按照“三公”原则逐一处理打印，并生成相应的记录，同时将交易所传回的成交记录录入系统的成交库，进行实时回报并显示。

（3）即时处理子系统

该子系统实现对客户委托进行实时处理，以便客户能得到最及时的交易服务。当客户证券卖出成交返回后，实时处理系统即时将资金增加到用户的账户上。当客户证券买入成交返回后，则即时将所需要的资金从客户的账户中划过去。若客户提出撤单要求，即试图撤销客户指定的委托单，撤单成功，则对其资金或股票进行解冻，使用户资金或股票即时回笼，以便客户即时使用。

（4）证券管理子系统

该子系统包括证券（股票）账户管理及客户各类证券的管理。证券账户管理包括股东账户开户、销户及挂失、更新等处理。证券管理包括证券的转入、转出、清理及分红、派息、权证管理。

（5）资金管理子系统

该子系统可实现对客户资金账户的管理及客户资金的管理。资金账号管理包括资金账户的开户、销户及冻结、挂失、清密等各种处理。资金管理包括保证金存取、冲账、利息结算等处理。

该子系统分为两部分。一部分是前台实时报表管理部分，包括资金、证券两部分，只处理当日实时报表。另一部分是后台报表管理部分，包括日终处理后的各类报表，并增加各报表的历史查询打印、管理分析等。

（6）系统管理子系统

该子系统主要提供给客户进行资金和证券的查询，包括客户资金、证券、委托历史及成交历史查询，并及时打印买卖成交报告书。

（7）日终处理子系统

当日交易结束后，该子系统进行结算处理，包括收市处理、备份及数据库清零等。收市处理是将交易所传回的成交回报库与当天的资金库、委托库、证券库进行成交配对，正确的成交记录存入成交库，错误的成交记录进行错误检查并做相应的处理，最后计算各种费用。收市处理结束后就进行日库、历史库和其他库的备份，并对当日数据库清理。

（8）系统维护

该系统是这套管理软件的核心模块，它控制着整个系统的各个参数设置及上岗操作员的密码设置和权限分配，还包括系统各个数据库的维护，如重建索引、证券派息、权证管理等。

（9）监管子系统

该子系统实现对客户的资金和证券账目、客户交易情况及员工情况进行实时检索、查询和监管。

三、网上证券的发展趋势

1．集中式网上交易

我国证券行业正在向集中交易、集中清算、集中管理及规模化和集团化的经营方式转换。网上交易采用这一经营模式，更有利于整合券商的资源，实现资源共享，节约交易成本与管理费用，增强监管和风险控制能力。可见，集中式网上交易模式符合未来券商经营模式的发展方向。

2．网上经纪与全方位服务融合

在固定佣金政策的大背景下，国内券商提前从价格竞争进入了服务竞争阶段。通常情况下，这一竞争阶段应该是在充分的价格竞争之后到来。价格竞争的直接结果是导致网上交易佣金费率降低，当竞争达到一定程度后，仅靠减佣金模式已不能维持下去时，全方位服务模式就会出现。这时候，券商的收入将由单一的经纪佣金转向综合性的资产管理费用。

3．网络带宽突破性发展

基于有线电视的Cable Modem技术、光线入户的DSL技术及基于卫星通信的DirecPC技术等典型宽带技术的发展，将使电信能提供逼近于零时延、零接入、零故障的服务，而基于IP协议的交换技术的发展，又将使传统电信业务和网络数据业务的综合统一成为可能。

4．移动证券交易

WAP（无线应用协议）为Internet和无线设备之间建立了全球统一的开放标准，是未来无线信息技术发展的主流。WAP技术可以使股票交易更方便，通过WAP可实现多种终端的服务共享和信息交流，包容目前广泛使用的和新兴的终端类型，如手机、呼机、PDA等设备。用户通过手机对券商收发各种格式的数据报告来完成委托、撤单、转账等全部交易手续。因此，未来几年基于Internet的移动证券交易市场将有巨大的发展空间。

第三节　网上保险

代表着保险业未来发展趋势的网上保险，正在全球蓬勃兴起。在欧美等发达国家的保险业中，网上保险已较为普遍。现在美国几乎所有的保险公司都已上网经营，一些险种网上交易额已占到30%～40%的市场份额。据美国著名的咨询公司安德森和美国寿险管理协会对全球213家寿险公司、资产管理师和互联网用户的最新调查，在未来5年的全球寿险新保单中，将有16%～19%通过Internet销售。美国独立保险人协会发布的《21世纪保险动向与预测报告》显示：今后10年内，在世界保险业务中，将有31%的商业险种交易和37%的个人险种交易通过Internet进行。

一、网上保险概述

1. 网上保险的含义

网上保险指保险公司或保险中介机构以Internet和电子商务技术为工具来支持保险经营管理活动的经济行为。从狭义上讲，网上保险是指保险公司或新型网上保险中介机构通过Internet为客户提供有关保险产品和服务的信息，并实现网上投保、承保等保险业务，直接完成保险产品的销售和服务，并由银行将保费划入保险公司的经营过程。从广义上讲，网上保险还包括保险公司内部基于互联网技术的经营管理活动，对公司员工和代理人的培训，以及保险公司之间、保险公司与公司股东、保险监管、税务、工商管理等机构之间的信息交流活动。

网上保险的最终目标是实现电子交易，即通过网络实现投保、核保、理赔、给付。

保险是无形产品，保险合同是格式合同，因此十分适合利用网络平台开展业务。与传统的保险企业经营方式相比，网上保险具有很强的优势。

（1）网上保险对于保险机构的意义

① 网上保险有助于保险公司降低成本，特别是非寿险公司。网上保险提高了保单销售、管理和理赔的效率，而网上销售可以直接减少销售费用，非寿险公司的销售成本平均占保费收入的12%～26%。

② 网上保险降低了原有保险市场的进入壁垒。Internet能够让新成立的公司支出一定成本就立即进入保险市场，加上网上产品的价格信息具有相当的透明度，因此以“关系”来维系保险营销网络的时代即将过去，原有保险机构的市场地位将接受新的考验。

③ 通过网上保险业务的开展，节省了双方当事人之间进行联系及商谈的大量时间，提高效率。

④ 网上保险有利于促进保险产品的创新。

（2）网上保险对于被保险人的意义

① 网上保险方便快捷，不受时空限制，客户或准客户可以在一天24小时内随时方便地上网、比较保险产品，并向保险公司直接投保。这对于那些相对简单的险种尤为适用。

② 被保险人有可能获得价格更低的保险产品。

③ 可以获得更加高质量的服务。很多在线下不能获得或不易获得的服务，在Internet上变得轻而易举，保险消费者无需不厌其烦地去和每家保险公司、保险代理打交道；在投保后轻松获得在线保单变更、报案、查询理赔状况、保单验真、续保、管理保单的服务，

从而避免了烦琐的手续、舟车劳顿、长时间等待等烦恼。

2．网上保险在我国的发展

我国的网上保险始于 1997 年，其发展可以分为以下 4 个阶段。

① 1997～2000 年。1997 年中国保险学会与北京维信投资顾问有限公司共同发起成立了我国第一家保险网站——中国保险信息网。该网涉及保险业的培训、咨询、销售、投诉等内容，在信息网开通的当天，中国内地第一份由网络促成的保单在新华人寿保险公司诞生，实现了我国网上保险零的突破。

② 2000～2002 年。2000 年 3 月 9 日，太平洋保险北京分公司开通首家保险营销网站"网险"（http://www.orisk.net），推出了包括网上个人保险和网上企业（团体）保险两大类三十余种个人险种。网上个人保险包括机动车辆保险、家庭财产保险、房屋保险、出国人员人身意外伤害保险、家庭人身意外伤害保险、学有所成两全保险；网上企业（团体）包括财产险、计算机保险、公众责任险、顾主责任险、产品责任险、展览会责任保险等。顾客可以使用中国银行长城信用卡、工商银行牡丹信用卡、建行龙卡及 VISA、MasterCard、AE 等信用卡在网上实现支付。该网实现首月保费收入 99 万元，展现了网上保险市场的巨大潜力。2000 年 6 月，平安保险的 PA18 网上交易平台（http://www.PA18.com）建成，并于 8 月正式开通；中国人保、太保、泰康、友邦等保险公司都在网上保险的发展上采取了积极行动，打响了我国网上保险市场的争夺战。2001 年 3 月，太保北京分公司开通了"网神"，推出了 30 多个险种，开始了真正意义上的保险网销，当月保费达 99 万元。

③ 2002 年年底至 2005 年。2002 年之后我国的网上保险实现了从无到有并不断壮大的跨越式发展。2002 年 11 月，中国人保的网上保险平台（http://www．e-picc.com.cn）投入运营，客户通过该网站不仅可以购买意外险、车险、家财险，还可以享受网上支付、保险卡注册、保单验真、咨询报案等服务。截至 2005 年年底，31 家中资保险公司有 26 家开通网站，41 家外资保险公司（包括分公司、代表处）开通中文网站的有 28 家，总共 54 家公司开通网站，比例占全部保险公司的 75%。到 2008 年，中国网上保险保费收入为 72.6 亿元，同比增长约 150%。

④ 2005 年年底至现在。2005 年 4 月，《中华人民共和国电子签名法》颁布，使网上保险真正开始发展。此后，中国人保财险实现了第一张全流程电子保单。2011 年 9 月保监会正式下发《保险代理、经纪公司互联网保险业务监管办法（试行）》，标志着中国网上保险业务逐渐走向规范化、专业化。2012 年 8 月，平安人寿发布首个应用于寿险保单服务的 APP 应用程序"平安人寿 E 服务 APP"；同月，泰康人寿携手携程网、淘宝网打造网上保险。2012 年 12 月，泰康人寿登陆京东商城开通保险频道，在线推出了综合意外险、旅游意外险、交通意外险、母婴险等近 10 款保险产品；同月，国华人寿通过淘宝聚划算网络销售平台推出 3 款万能险产品，仅 3 天时间便售出 4 356 件，销售额达到 1.05 亿元，成为业界利用网络平台团购模式销售保险产品的第一家。2013 年 2 月，由阿里巴巴的马云、中国平安（601318）的马明哲、腾讯的马化腾联手设立众安在线财产保险公司取得了保监会的批文，进入正式筹建期。同年 9 月，众安在线获得同意开业批复；10 月 16 日，保监会发布批复，众安在线获得国内第一个也是全球第一个网络保险牌照。2013 年淘宝理财频道首次参与"双十一"，保险产品成为了其中的主角。据淘宝官方统计，淘宝理财在"双十一"当天成交额 9.08 亿元，其中国华人寿官方旗舰店成交了 5.31 亿元，

生命人寿官方旗舰店成交了 1.01 亿元，国华人寿华瑞 2 号单品成交 4.62 亿元，刷新了三联网单品在线即时成交记录。

3．网上保险的模式

就目前来看，我国网上保险主要有以下 3 种服务模式。

① 保险公司自己开发的网站。这类网站主要在于推广自家公司的险种，如平安的 www.PAl8.com，泰康在线 www.taikang.com，华泰保险公司的 www.ehuatai.com，新华人寿保险公司的 www.newchinalife.com 等。

② 专业财经网站或综合门户网站开辟的保险频道，其目的在于满足其消费群的保险需求，如和讯网 www.homeway.com 和上海热线 www.online.sh.cn 的保险频道。

③ 独立的保险网，也称第三方网站，他们不属于任何保险公司或附属于某大型网站，他们是为保险公司、保险中介、客户提供技术平台的专业互联网技术公司。目前国内较具有影响的独立保险网有：易保网上保险广场 www.ebao.com，中国保险网 www.3wins.com，吉利网 www.jilee.com 等。国内独立的保险网站的定位有 3 类：一类为保险业内信息提供商，如中国保险网将自己定位为向保险从业人员提供资讯的一个内容提供商，它为保险的内外勤人员提供从保险新闻到行业知识的各类专业信息；一类为直销平台，它以代理的身份通过网络进行保险销售，从销售中提取佣金；一类为网上技术平台，如以“网上保险广场”命名的易保网就将自己定位为利用互联网技术为保险业各方提高效率的网上平台，它融合了 B2B、B2C 两种模式，致力于为行业中的各方提供一个交流和交易的技术平台。

4．网上保险交易的基本流程

目前我国网上保险交易正处于从传统保险向网上保险过渡的阶段，用户既可以实现在线投保和在线支付，也可以采用网上投保与面签保单、现金支付相结合的方式。用户在阅读保险公司网站上提供的产品和服务项目的详细内容后，选择适合自己的险种、费率等投保内容，依照网上的格式表格要求填写真实、正确的个人资料，确定后通过网上保险系统传给保险公司；保险公司通过网上平台收到投保信息后，签发纸质保单（即保险合同）并由保险专员送达投保人，交由客户当面正式签名后合同宣告成立。客户交纳保费的方式也有两种，一种是在为纸质保单签名时将现金交给保险专员，另一种是通过银行转账系统或个人网上银行支付的方式，将保费划转入保险公司。网上保险交易的基本流程如图 9-4 所示。

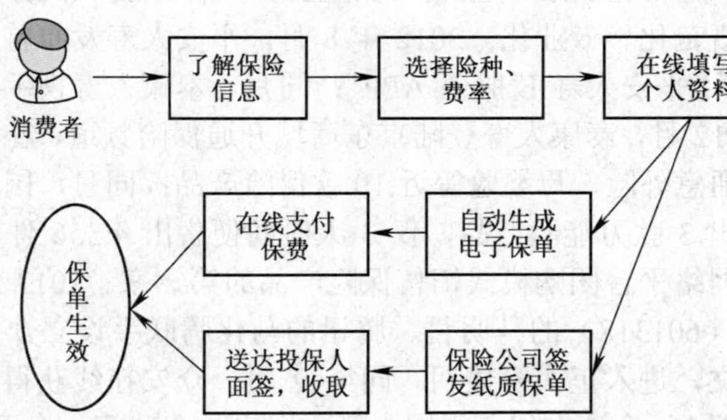

图 9-4　网上保险的基本交易流程

二、网上保险系统的构成与技术要求

1. 网上保险系统的功能

网上保险系统要求至少能提供信息和保险咨询，实现网上投保、核保、支付、理赔、续保、保单管理、用户信息管理等基本功能。

① 信息服务。它包括静态页面的动态信息推送，以供用户浏览与保险相关的新闻、在线杂志等，还包括实现页面审批、内容审批、上传权限控制、用户个性化应用等。

② 保险咨询服务。为用户提供在线投保向导，通过详细咨询和引导，结合用户输入的个人信息来帮助客户了解自己的当前状况，并且提供多种解决方案。可以建立客户信息切片，根据不同用户的习惯和特性来实现个性化推送；还可以设计一些在线咨询投保游戏，通过活泼动感的小游戏来指引客户来了解险种，制订自己的投保方案；也可以在线聘请网上代理人，由代理人主动引导客户投保。

③ 保险业务办理。要求能够实现保户注册、保户主动在线投保、险种选择，保险公司核保、用户在线或离线支付等面向客户的基本功能，以及实现后台业务处理（包括客户关系管理、过程控制、保户查询、自动办公系统）、核保查询（核保情况实时查询、核保结果自动提醒、体检自动通知）、保户服务中心、保户资料维护、续期管理、保全给付、出险通知、投诉、保单贷款（申请、批准、核实）、代理人服务、代理人办公系统（保户完全管理、建议书在线设计等）、代理人查询系统（费率查询、业务问题查询等）、内部信息中心（对代理人的信息的推送）等功能。

2. 网上保险的业务模型

（1）在线保险服务

要求完成在线保险咨询，有效保单红利查询、变更、续期交费、附加险交费，以及出险告知等服务。在线保险既可以为保户提供购买、缴费功能，也能为准备购买保险的用户提供公共资讯的平台、设计合适的保险方案。保户和准保户的在线保险服务模型如图 9-5 所示。

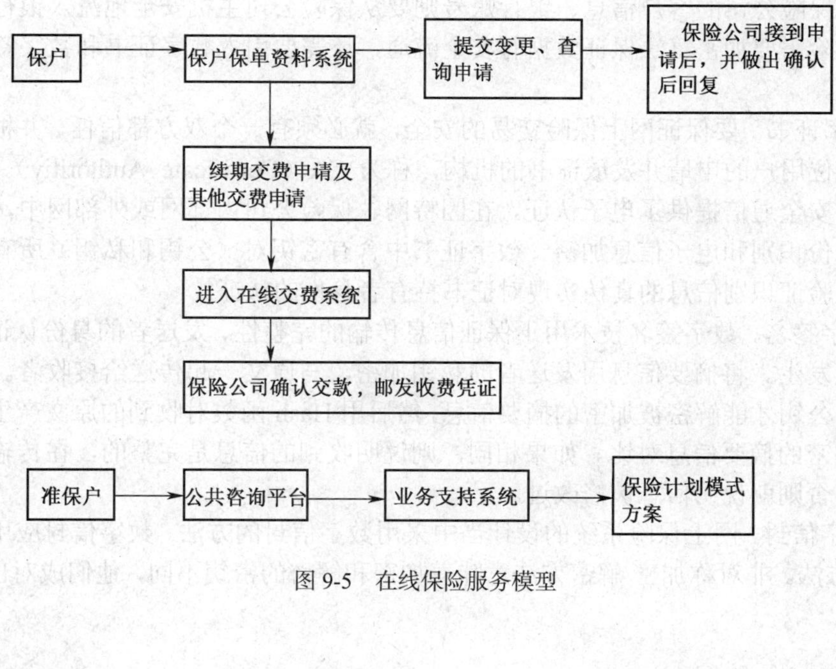

图 9-5　在线保险服务模型

（2）在线投保

该功能为准保户实现了在线投保及首期保费的缴纳，其模型如图9-6所示。

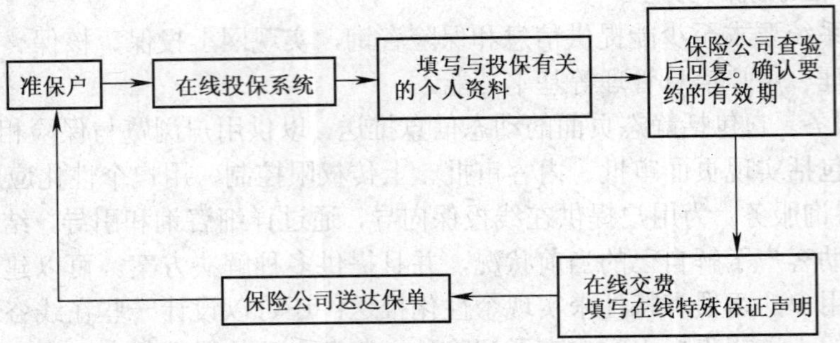

图9-6　准保户实现在线投保及首期保费缴纳模型

（3）在线代理人业务支持

代理人可以通过本系统完成引导客户购买等代理人相关业务，其模型如图9-7所示。

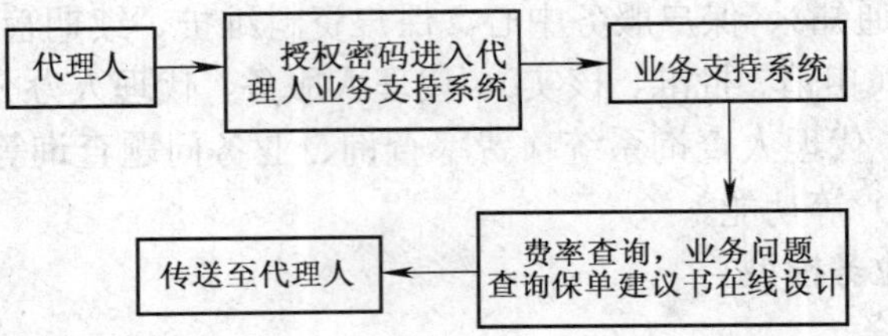

图9-7　代理人业务支持模型

3．网上保险的安全技术

对于保险公司而言，网上保险的投保信息必须安全地从客户的计算机流入保险公司主机，加密后保险公司的客户信息、银行账号则要从保险公司主机安全地流入银行主机。因此，网上保险需要加密算法保证数据有安全流通，还需要引入数字证书和数字签名实现用户身份签别。

① 数字证书。要保证网上保险交易的安全，就必须有一个双方都信任，并根据一定的政策审查每位用户的申请并发放证书的机构，称为CA（Certificate Authoritiy）。数字证书为实现双方安全通信提供了电子认证。在因特网、保险公司内部网或外部网中，使用数字证书实现身份识别和电子信息加密。数字证书中含有密钥对（公钥和私钥）所有者的识别信息，通过验证识别信息的真伪实现对证书持有者身份的认证。

② 数字签名。数字签名技术用于保证信息传输的完整性、发送者的身份认证、防止交易中的抵赖发生。将摘要信息用发送者的私钥加密，与原文一起传送给接收者。接收者只有用发送的公钥才能解密被加密的摘要信息，然后用Hash函数对收到的原文产生一个摘要信息，与解密的摘要信息对比。如果相同，则说明收到的信息是完整的，在传输过程中没有被修改，否则就说明信息被修改过。

③ 数字信封。网上保险系统的设计当中采用数字信封的方法。数字信封应用了非对称加密/解密方法。非对称加密/解密方法意味着加密和解密的密钥不同，他们成对出现，分别

叫做公钥和私钥，而且根据公钥是无法得到私钥的。公钥是通过认证机构向外公开的，而私钥则只有其自己才知道。对通信的一方来说，用他的公钥加密的信息只有用他的私钥才能解密。所以如果保险公司想向银行传递信息，他可以用银行的公钥加密双方通信的对称密钥，这样因为只有银行本身才拥有自己的私钥，也就保证了只有银行才能得到双方通信的对称密钥。这个被加密过的对称密钥，就叫做数字信封。

因此，保险公司和银行之间的数据传输是数字证书、数字签名数字信封和对称加密结合使用的系统。数据加密/解密的过程如下：通信双方通过数字证书验明对方的身份，得到对方的公钥；利用数字信封传递加密数据的对称密钥；传输加密数据和数据签名；最后接收方检验对方的数据签名。若每一过程都正确无误，则数据可以保证被正确的从发送方传到了接收方，而且不用担心被人篡改或截获。信息的保密性、数据的可靠性、数据的完整性、用户身份的鉴别、数据原发者的不可抵赖性和合法用户的安全性都得到了保证。

三、网上保险的管理

1. 网上保险的经营风险

网上保险向现有的传统保险经营模式提出了思想观念、操作手段管理技术、法律和市场服务等诸方面的重大挑战。我们必须谨慎对待网上保险所存在的风险。

（1）信用风险

保险要求客户遵守“最大诚信”和“如实告知”的原则，必须保证客户诚实披露个人信息及身份。而在网上保险中，由于保险交易双方不见面，保险公司失去了直接观察和了解被保险人风险水平的机会，如果不能通过其他渠道获取投保人的相关信息，就很难精确评估投保人的风险水平。因此在网上保险交易中，投保人违反“最大诚信原则”的风险有可能比传统交易方式更大。

（2）系统安全性风险

网上保险作为电子商务的一个应用分支，其安全隐患与电子商务的隐患有共同之处，主要包括：系统中断、信息被窃听、信息被篡改、信息被伪造、对交易行为进行抵赖、黑客攻击及网上支付的安全性等。

（3）法律风险

保险合同是要式合同，即必须具备一定的形式和手续。而网上保险的数据交换不存在传统上的书面记录，存在着法律上的风险。同时由于电子信息的输入需要简单化、标准化，通过网络签署的电子合同不可能像传统的书面合同那样条款齐备、措辞严密，在这种情况下如何避免可能发生的纠纷也需要加以研究。此外，目前我国有关网上保险的法律法规仍不完善，不少纠纷与争议没有解决的依据。如何禁止和惩处利用电子商务进行保险欺诈的行为、如何实现网上核保与网上理赔及支付等，在我国仍有较长的一段路要走。

（4）隐私泄露风险

随着我国保险业的发展，公民个人拥有的金额资产中，保险的比重会逐步加大，相应的保护要求相关单位和个人为其保守财产秘密的愿望也越来越迫切。从一定程度上来说，网上投保可以减少中介机构泄露保险合同当事人的隐私，但是另一方面由于网络的开放性，同时也给客户的隐私权带来隐患。网络保险的发展既要求保证交易的安全、快捷，又要防止滥用个人信息。而我国当前对隐私权又无明确的立法规定来给予相应的保护，在这一点上毫无疑问给准备在网上购买保险的投保者带来了巨大的心理负担，成为制约网上保险发展的一个瓶颈。因此需要加强立法，规范个人信息的收集、加工、存储和再使用，以保护个人信息方面的隐私权。

2. 网上保险发展的有利因素

（1）政策因素

2006年6月国务院发布的《关于保险业改革发展的若干意见》明确提出，保险业要运用现代信息技术，提高保险产品科技含量，开展网上保险等新的服务方式，全面提升服务水平，使网上保险的地位逐步得到提高。2006年9月中国保监会根据《中华人民共和国国民经济和社会发展第十一个五年规划纲要》和国务院的要求，组织编制了《中国保险业发展"十一五"规划纲要》，明确指出要推广网上保险。2006年12月27日保监会印发了《中国保险业发展"十一五"规划信息化重点专项规划》，又一次对网上保险的发展做出了明确规划，提出"十一五"期间网上保险建设的目标为"网上保险基础设施建设基本完成，应用范围不断扩大"。

（2）市场因素

保险业快速发展为开拓网上保险奠定了基础。自2000年以来，我国的保险业快速发展，中国保监会2014年7月发布的《中国保险业社会责任白皮书》称，2013年，中国保险业保费收入达 1.72 万亿元，居世界第四位。据介绍，2013年年底，中国保险业总资产已达8.3万亿元，4家保险公司进入世界500强；至2013年年底，保险业为社会公众提供近30亿份保障计划，累计赔付支出超过3万亿元。《白皮书》称，在提高中国社会保障体系的运行效率等方面，保险业发挥了积极作用。

（3）成本因素

对于保险机构而言，网络平台在信息咨询和产品宣传方面为投保者节省的成本正逐步体现出来，特别是非寿险公司的销售成本平均占保费收入的 12%～26%。网上保险提高了保单销售、管理和理赔的效率，可以直接减少销售费用，整个保险价值链的成本可降低60%以上。对于投保人而言，保险公司可以通过网上保险为广大投保人提供大容量、高密度、多样化的专业信息，以及更加快捷便利的全天候、个性化服务，投保人因而可以节省大量的时间、交通成本等。同时投保人还可以获得更加高质量的服务，不仅可以免去和每家保险公司、保险代理打交道的环节，而且在投保后还轻松获得在线保单变更、报案、查询理赔状况、保单验真、续保、管理保单的服务。

（4）需求因素

Internet是网上保险的载体，近年来我国Internet的迅速普及和网络用户的激增，将对网上保险的发展产生积极的推动作用。中国是世界上信息通信业发展最快的国家之一，中国互联网络信息中心（CNNIC）发布《第33次中国互联网络发展状况统计报告》显示，截至2013年底，中国网民规模达到6.18亿，Internet普及率为45.8%，较2012年年底提升3.7个百分点。其中，手机网民规模达5亿，手机网民规模的持续增长促进了手机客户端各类应用的发展，成为2013年中国Internet发展的一大亮点。如图9-8所示。同时，网民逐步显现出年轻化、知识化，且平均收入水平较高的特征。

（5）法律因素

2005年以来随着《电子签名法》、《电子支付指引》、《电子服务认证管理办法》等相关规定的陆续实施，网络营销中电子单证的有效性和合法性得到确认。电子商务的快速发展对网上保险也将有积极的促进作用。在电子支付问题上，在2005年10月由中国人民银行

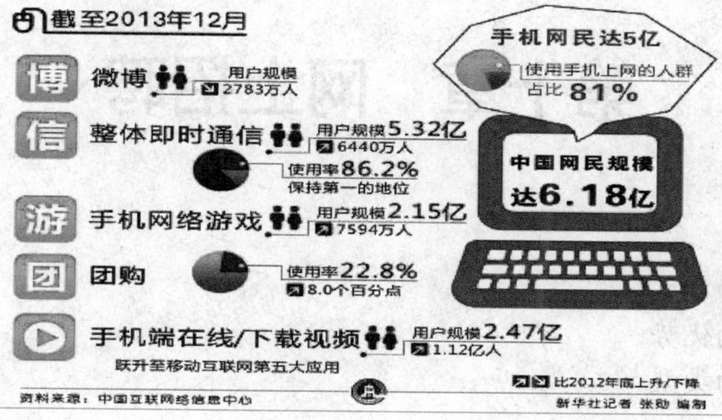

图 9-8 2013 年年底网民规模

制定的《电子支付指引（第一号）》提出指导性要求的基础上，2006 年 3 月由银监会实施的《电子银行业务管理办法》和《电子银行安全评估指引》则进一步完善电子商务网上支付的相关法规，为网上保险的保费支付问题提供了可靠的保障。困扰网上保险的身份认证、电子保单及在线保费支付等问题逐步得到改善，网上投保可以完全脱离线下流程，实现在线支付保费，电子保单也可以作为投保人理赔的凭证。

本章小结

金融业已进入一个崭新的时代，可以预见电子商务技术在全球经济金融的发展进程中将起主导作用。不久的将来，真正的无人银行、无人保险公司、无人经纪公司、无人证券交易公司将成为现实。电子商务技术的应用，将引发人们生活方式和社会经济活动方式一场前所未有的深刻革命。

网上银行、网上证券和网上保险的产生是金融贸易逐步向电子化、自动化、网络化发展的必然结果，并已成为商业银行、证券公司和保险公司重要的服务内容。本章对网上银行、网上证券与网上保险的概念、特点、模式、流程、技术和管理等问题做了阐述和说明。

复习思考题

1. 网上银行的发展模式分为哪两种？
2. 网上银行发展的技术要求有哪些？
3. 网上银行有哪些经营风险？应该如何对其进行管理？
4. 什么叫网上证券？其特点有哪些？
5. 网上证券电子商务模式有哪几种？其特点分别是什么？
6. 简述网上证券交易系统的基本构成。
7. 什么是网上保险？
8. 网上保险交易的基本流程是什么？
9. 简述网上保险交易系统的基本构成。

第十章 网上招聘

本章要点

- 网上招聘的模式
- 网上招聘的优势
- 网上招聘的类型

企业之间的竞争，归根到底是人才的竞争。能否招聘并选拔出合适的员工，使企业拥有富裕竞争力的人力资本，是一家企业兴衰的关键。招聘在人力资源管理工作中是一项基础性工作，它对企业人力资源的形成、管理及开发具有至关重要的作用。

第一节 网上招聘概述

以往企业的招聘工作主要通过报纸上的广告、就业代理机构和猎头公司来完成。Internet的出现和迅速普及，使企业将这个工作转移到了网络上。

网上招聘是基于 Internet 为基础的外部招聘渠道，也称在线招聘或者电子招聘（E-Recruiting），它是指利用互联网技术进行的招聘活动，包括信息的发布、简历的搜集整理、电子面试及在线测评等。网上招聘的出现给传统招聘方式带来深刻的变革，相对于传统的通过媒体发布招聘信息（如报纸、电视等）的渠道相比，网上招聘具有不受地域限制、成本较低、针对性强、信息传递速度快等优点。因此，随着网络求职成功率的不断提高，越来越多的企业都开始选择网上招聘。

网上招聘最早出现在美国，以其招聘范围广、信息全面、方式便捷等优点成为美国多数企业招聘的主要方式。根据 Net-Temps 的数据，在美国采用网上招聘方式的企业高达77.6%，采用报纸、杂志招聘的占 12.2%，采用人才招聘市场招聘的企业占 7.1%，采用广播和电视进行招聘的企业分别占 2%和 1%。特别是在北美地区，企业绝大部分采用网上招聘这种方式。分布在北美的全球 500 强企业中有 96%的企业通过网络建立了自己的招聘专栏。目前，美国已成为全球网上招聘最发达的地区。

第二节 中国网上招聘市场的发展

1999～2004 年，中国大部分企业的招聘还处于初级模式，主要是通过报纸、现场招聘会招揽人才，这种招聘方式充其量只是一个信息发布平台。在这一阶段，中国网络招聘市场 2003 年的市场容量比 2002 年增长将近 9%。2004 年，网上招聘占整个招聘市场容量的13.2%，虽然每年有关网络招聘的数据有在增长，但还是远远低于报纸和现场招聘会的市场份额。

2005 年，随着资本市场的活跃，Internet 在中国的普及，网络应用技术的发展，以及以

Web2.0为代表的新一代互联网技术的影响，网上招聘发展明显加快。2004年中国网上招聘的市场规模仅为5.5 亿元人民币左右；2005年，网上招聘市场发展迅猛，招聘市场份额首次超过20%；2006年，这个比例已达到了33%，销售额为16.9亿元人民币，平均增长率为 73.9%。从招聘网站的数量来看，目前已有上千家，网上发布招聘广告的企业达到 200万家，页面点击率超过40亿人次。各招聘网站的市场规模不断扩大，专业化程度相比往年大大提高。在中国网上招聘市场的竞争格局中，像前程无忧、中华英才网和智联招聘这三大网上招聘公司占据了大半市场份额，并形成三足鼎立之势。

艾瑞咨询发布的《2010年第二季度中国网上招聘市场季度监测报告》显示，2010年第二季度中国网络招聘市场营业收入规模达到4.16亿元，同比增长51.3%。从市场格局上来看，前程无忧的领先优势明显，二季度市场份额达到 32.4%；智联招聘、中华英才网紧随其后，分别占19.9%、16.5%，三大招聘网站合计约占七成市场份额。如图10-1所示。

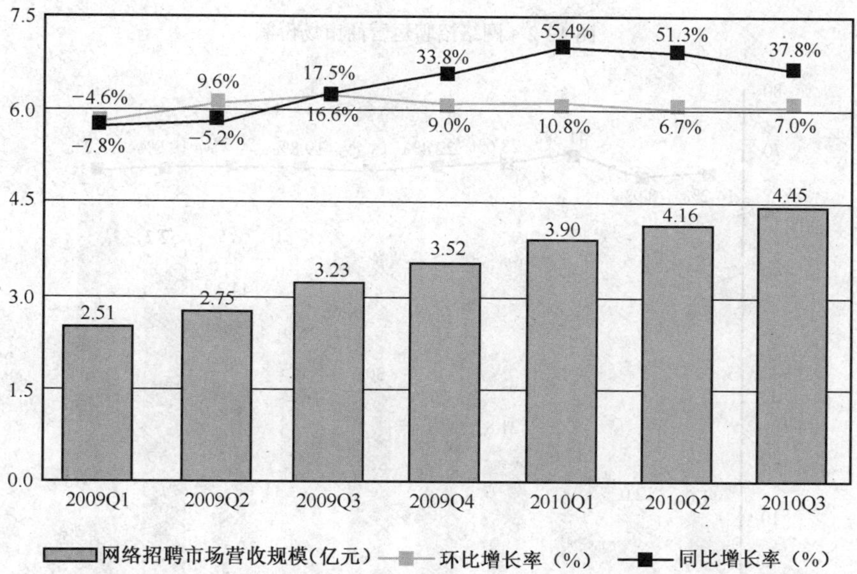

图10-1　网上招聘市场营收规模

艾瑞咨询分析认为，未来1～2年内中国网上招聘市场综合类招聘网站位居前三甲的格局不会发生根本性的变化。随着前程无忧线下业务向线上转移战略的稳步推进，其网上招聘营业收入规模将持续增长；而智联招聘、中华英才网在经历内部管理团队调整后，预计也将迎来业务上的转型、突破。如图10-2所示。

艾瑞咨询统计数据显示，2013年中国网络招聘市场规模为30.8亿元人民币，增长率为15.2%。在激烈的市场竞争之下，ARPU（每用户平均收入）值明显下滑，虽然雇主规模仍有较高速增长，但整体营收增速出现小幅下降。艾瑞预计，伴随着雇主、用户规模的双增，招聘市场未来几年依然看好：首先来自于综合招聘网站服务能力的提升及对于细分市场的深度耕耘；其次，移动招聘、社交招聘及垂直招聘网站等创新业务模式也将给予整体网络招聘市场更强的增量支撑；最后，随着互联网渗透率的提升，基层求职市场将迎来爆发。如图10-3所示。

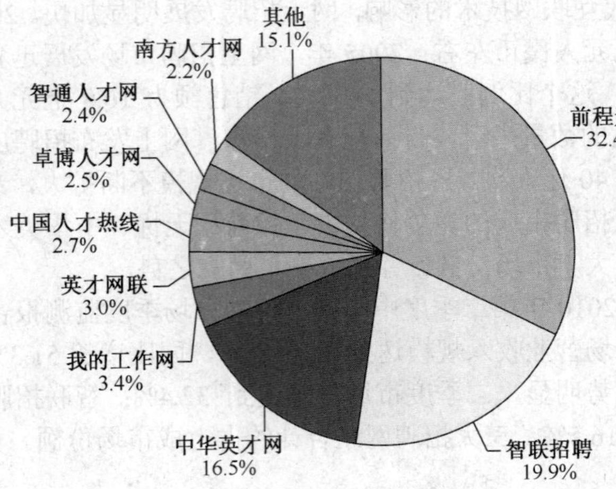

图 10-2　网络招聘运营商市场份额

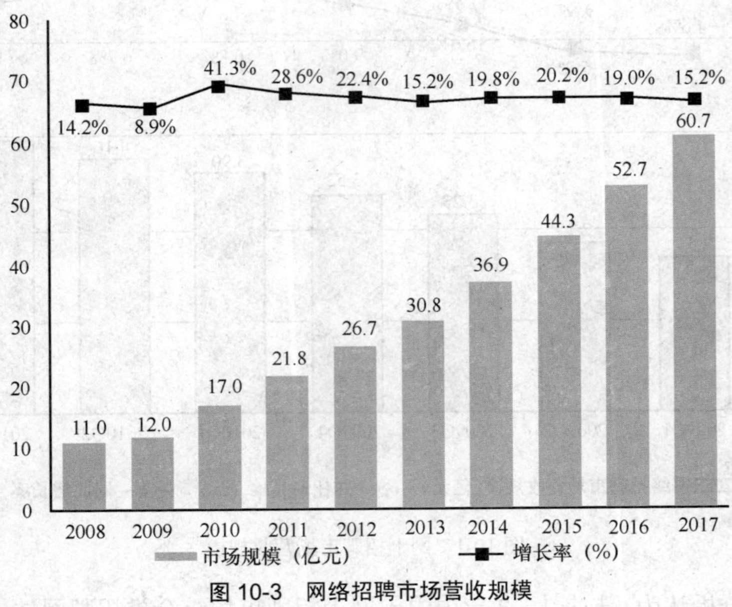

图 10-3　网络招聘市场营收规模

第三节　网络招聘公司运营的主流模式

目前中国的网上招聘模式主要有 5 种：基金运作模式、上市模式（如前程无忧、智联招聘、58 同城等）、合资模式（如中华英才网等）、区域性模式（如南方人才网等）、民营模式（应届生求职网、海投网等）。现对其中的部分模式进行详细地说明。

“前程无忧”（www.51job.com）是国内第一个集多种媒介资源为一体的专业人力资源服务机构。它集合了传统媒体、网络媒体及信息技术的优势，同时还拥有一支经验丰富的专业顾问队伍，公司提供包括招聘猎头、培训测评和人事外包在内的全方位专业人力资源服务，并在全国包括香港在内的 25 个城市设有服务机构。2004 年 9 月，前程无忧成为首个在美国纳斯达克上市的中国人力资源服务企业，融资 8 000 多万美元，标志着前程无忧的发展进入一个新的里程。作为国内首家在海外上市的网络招聘公司，前程无忧扮演的实际上是一个中介服务平台的角色。它懂得如何利用 Internet 的优势，将广大的求职者和招聘者汇聚在了一个平台上，实现双方互动选择，降低了成本。实践证明这是 Internet 上成功的应用模式，很好地满足了实际需求。

前程无忧将自己定义为："集多种媒介资源优势的专业人力资源服务机构"。通过平面媒介资源（前程周刊）和网络中介平台（51job 网站）两个渠道的互动协同，从而扩大覆盖面和影响力，建立规模优势，另外也拓宽了收入来源。其网站首页如图 10-4 所示。

图 10-4　前程无忧招聘首页

中华英才网（www.chinahr.com）成立于 1997 年，是国内最早、最专业的人才招聘网站之一。中华英才网总部位于北京，在全国拥有由千余名高素质、专业化的人才。2005 年 4 月，全球最大的网络服务提供商 Monster.com 向中华英才网注入 5 000 万美元，进行战略投资，并把自身先进的管理理念、业务模式和产品引入了中华英才网。目前，每天有超过 400 万的用户访问中华英才网，网站日均浏览量超过 1 800 万。中华英才网拥有 1 000 多万份有效个人简历，每天向求职者发布 92 多万个有效职位；同时，还拥有 112 万家企业注册会员，超过 90%的全球 500 强企业使用了中华英才网的服务。其网站首页如图 10-5 所示。

成立于 1997 年的智联招聘（www.zhaopin.com.cn）总部位于北京，前身是 1994 年创建的猎头公司智联（Alliance），业务遍及全国的 50 多个城市。从创建以来，已经为超过 38 万家客户提供了专业的人力资源服务。智联招聘还在中国首创了人力资源高端杂志《首席人才官》，其与中央电视台共同举办的《绝对挑战》栏目在全国颇具影响。

智联招聘（ZPIN.N）于 2014 年 6 月 12 日晚间在美国纽约证券交易所挂牌上市，成为继前程无忧之后第二家在美上市的网络招聘企业。智联招聘在 C 端用户层面有着较强的优势和品牌吸引力，在营收规模层面也保持良好的增长势头。与此同时，在校园招聘、高端猎头服务及职业测评等领域中，智联招聘也有诸多创新与突破，并形成了自身独特的核心竞争优势。其网站首页如图 10-6 所示。

图 10-5　中华英才网首页

图 10-6　智联招聘网首页

南方人才网是区域性人才市场，是中国南方人才市场旗下的人力资源网站，经营业务包括网络招聘、报纸招聘、猎头、人才培训、人事代理、人才租赁、薪酬调查、HR 经理人俱乐部等。它在广州地区占有市场份额高达 75%，在整个珠三角地区达 60%，会员企业累计逾 42 万家，个人注册简历量累计逾 550 万份，每月发布职位信息高达 48 万条，网站日均页面访问量超过 1 000 万人次，是华南地区最具影响力的专业人力资源网站。其网站首页如图 10-7 所示。

图 10-7　南方人才网首页

58 同城（58.com）成立于 2005 年 12 月 12 日，总部设在北京，在全国一二线城市共拥有 27 家直销分公司。网站定位于本地社区及免费分类信息服务，帮助人们解决生活和工作所遇到的难题，是中国最大的分类信息网站。58 同城网同时也为商业合作伙伴提供：最准确的目标消费群体、最直接的产品与服务展示平台、最有效的市场营销效果及客户关系管理等多方面服务。其宗旨是：为没有工作的人，创作一个属于自己的平台。58 同城曾获得软银亚洲赛富基金、DCM 等机构多轮风险投资。2013 年 10 月 30 日于纽交所上市，股票交易代码“WUBA”。截至 2013 年年底，月独立用户为 1.3 亿，活跃商户量近 400 万，日用户量达到 300 万。58 同城网流量已经跃升生活服务类网站第一名，访问人数和页面访问量在生活服务类行业内遥遥领先。在全球分类信息领域，58 同城仅次于 Craigslist，位列第二。其网站首页如图 10-8 所示。

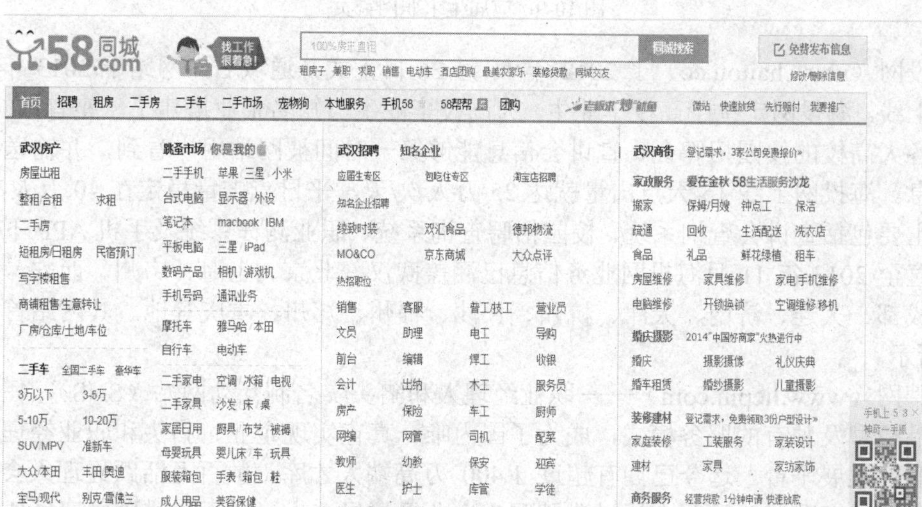

图 10-8　58 同城网首页

应届生求职网（www.yingjiesheng.com）成立于 2005 年 9 月，是中国第一家的专门面向应届毕业大学生及在校生的求职招聘网站，是目前国内最早、最专业的大学生招聘网站之一，为大学生提供全方位的求职服务。应届生求职网始终以大学生需求为导向，注重给大学生提供最满意的网上求职服务体验，用权威、高效的专业服务做好大学生与社会的对接。

应届生求职网向大学生及在校生提供最新、最全、最新、最准确的校园全职招聘、实习招聘、兼职招聘、企业宣讲会、招聘会、企业招聘截止日期等招聘信息，并同时提供职业测评、应聘指导等求职就业资讯及辅导，为大学生提供针对性的求职就业指导。将企业的最新招聘信息在网站发布，吸引求职者主动前来应聘。应届生求职网本着公益性的原则为学生服务的定位，凭借信息搜集筛选的特色，迅速成为最受大学生欢迎的求职网站。其网站首页如图 10-9 所示。

图 10-9　应届生求职网首页

海投网（www.haitou.cc）于 2012 年 11 月 26 日正式开通域名，网站于 2013 年 1 月 1 日正式上线。海投网定位于高校毕业生，为高校毕业生与知名企业搭建了一座有效的桥梁，使全国各大高校的校园招聘会、宣讲会信息能够第一时间被网站用户看到，并输送有效的简历信息。海投网上线 15 天点击量就达 25 万人次/天，平日点击量稳定在 40 万人次/天。海投网主要包括宣讲会查询系统、校园招聘查询系统、职业测评系统及手机 APP 下载四大板块。直至 2013 年 11 月海投网业务信息已涵盖武汉、北京、上海、广州、西安、南京、合肥、成都、大连、济南、天津、杭州、长沙、福州、郑州、重庆等地。其网站首页如图 10-10 所示。

猎聘网（www.liepin.com）——职业经理人和猎头实名制互动网站（SNS），凭借其创新的产品模型及独有的服务模式，成为了国内唯一真正实现企业、猎头和职业经理人三方互动的职业发展平台。迄今已拥有超过 1 400 万高端人才库，数百万活跃经理人会员，数万名已认证的专业猎头顾问在通过猎聘网为企业寻访候选人。今天，猎聘网已经成为全国最大、最专业的中高端人才职业发展平台。其网站首页如图 10-11 所示。

图 10-10　海投网首页

图 10-11　猎聘网首页

第四节　网上招聘的优势

网上招聘具有如下优势。

1．信息量大且更新更快

每天大量的求职人数和招聘职位数吸引着企业和个人的眼球。在国内大型的招聘网站上，企业和个人可以在上网随时查询数万条求职和招聘信息，而且每天个人求职信息的更新速度很快，企业更新的职位也很多，关注招聘网站的企业和个人就能第一时间掌握双方的需求。网络平台每天 24 小时开放，可供企业和求职者随时随地传递求职和招聘信息，并通过网络相互进行有效地交流。

2．招聘网络平台功能强大，效率高

通过招聘网站，个人可以轻松地对工作类别、地区和需求等条件进行全方位智能查询，

快速准确地查询到所需要的包括行业、职位、工作地点、工资等信息。当查询到合适的招聘职位后，个人还可以直接通过网站把简历提交给招聘单位，很大程度上节省了求职者的时间，还使得招聘和应聘更富有针对性。

3．求职无地域限制

无地域限制无疑给求职者创造更多的就业机会，特别是对于异地求职者。如果采取传统的求职方式，还得来回奔波，既费时、费力又费钱。而且对于一般院校学生来说，校园招聘的所得机会不如知名院校的机会多，但通过网络求职就可以获取与其他求职者同等竞争的机会。通过 Internet，不同地区、不同国家的信息传递都是实时的、双向的、互动的，这使得招聘的双方都有了更多的选择。

4．经济实惠

传统的现场招聘会、人才中介、报纸招聘等传统招聘方式成本较高，求职者要花钱制作精美的简历，外加交通、通信等费用，属于不经济的行为。而通过网络求职这些费用都可免去。为企业节省了时间、精力和费用，同时对求职者而言，也省时省力，轻轻松松在家通过网络就可以顺利完成大量简历的投递。比如，证书只需要一次扫描到计算机里，就可以发给多家网上招聘单位，免去了印刷的高成本费用。

5．求职的高成功率

求职方式仅仅是手段，求职成功才是最终的目的，即使某种求职方式非常方便、快捷，大大节省成本，但如果成功率低下，估计也很少有人采用。网上求职方式之所以发展成为今天的主流求职方式，在很大程度上缘于其求职成功率高。企业可以通过网络自动筛选到合适的简历；求职者也可以通过搜索选择适合自己的职位，高成功率吸引着更多的企业和求职者。

第五节　网上招聘的类型

1．以赢利为目的的商业性招聘网站

例如前程无忧工作网（www.51job.com）、中华英才网（www.chinahr.com）等这些网站通过向求职者和招聘单位收取费用获利，也是目前大多数网络招聘公司赢利的渠道。由于人才网站的数据资料库大，日访问量高，所以通过招聘网站，企业往往能很快招聘到合适的人才。同时，由于人才网站收费较低，很多公司往往同时在多家网站注册，收集多位求职者的资料，为企业提供了更大的招聘人才的空间。

2．公益性招聘网站

它一般由政府出面设立，为引进人才和增加就业服务。例如上海劳动保障服务网的“专业人员招聘”栏目、外企服务公司在线的“招聘求职”栏目等。

3．企业网站

许多企业也会在自己的公司网站上发布一些招聘信息，求职者可以根据自己的求职意向，有针对性地访问一些公司网站，查询招聘信息。

4．行业网站

在某些专业的网站 BBS 发布招聘信息。由于专业网站往往能聚集某一行业的精英，在这样的网站发布招聘信息，招聘专业人才效果更好。

5．门户网站

在特定的网站上发布招聘广告。有些公司会选择在一些浏览量很大的网站做招聘广告，如在网易做广告。

6．专业搜索引擎

利用专业工作搜索引擎，搜索国内众多人才网站和企业网站的招聘信息。与传统人才网站的搜索引擎相比，专业工作搜索引擎可实现一站式搜索，搜索范围更广、搜索效率更高；与百度等综合搜索引擎相比，专业工作搜索引擎查准率更高。

7．通过基于 SNS 交友网站招聘

这种即社会化网络招聘，利用网络建立庞大的人脉关系，再利用这种人脉关系进行招聘和应聘。社交网络招聘是在人与人之间关系网络网站进行招聘，实现招聘双方信息的了解、沟通与互动。社交网络网站包括大量新兴的网络聊天、交友、视频分享、博客等，国外典型的网络社区有 Facebook（脸谱）、Myspace（聚友）、YouTube 等，国内知名网站有开心网、人人网、大街网等。

SNS 网络招聘具有以下优势：SNS 网络招聘覆盖面广、细分度高、针对性强；SNS 网络招聘的效率更高，具有高匹配度，同时还能有效降低招聘成本；SNS 网络是企业雇主品牌营销的优质渠道。

8．通过 Blog 招聘

博客的迅猛发展不仅吸引住了众多的“博主”，而且促使越来越多的企业也开始在此方面大做文章。在企业博客上除了能看到招聘信息，还能了解企业的各种具体情况，将招聘的企业虚化成一个真实的人，应聘者对话的不再是一个冷冰冰的企业，而是一个真真实实的人。

此外，还有通过网络猎头公司或网络中介公司等方式。

第六节　网上招聘与传统招聘的比较

一般有多种渠道可以用来进行招聘，例如，招聘会、报刊杂志、电视广播、人才猎取、人才服务中心、员工推荐、校园招聘、网上招聘等。这里提到的传统招聘方式是指除网上招聘外的其他招聘方式，下面主要选取了招聘洽谈会、报刊广告、人才猎取这 3 种有代表性的招聘方式与网上招聘进行比较。

一、招聘成本分析

招聘成本的分析是决定招聘工作何时何地及如何开始的重要因素。一般来说，招聘成本是指平均招收一名员工所需的费用，它包括内部成本、外部成本和直接成本。内部成本为企业内招聘专员的工资、福利、差旅费支出和其他管理费用。外部成本为外聘专家参与招聘的劳务费、差旅费。直接成本为广告、招聘会支出，招聘代理、职业介绍机构收费等。由于网上招聘与传统的招聘方式中内部成本与外部成本的差别不是很大，这里着重分析一下招聘的直接成本。

1．招聘洽谈会的直接成本

在各个地方的人才市场每周举行的小型的招聘洽谈会，直接费用比较少，一般是 300～1 000 元/摊位；大型的招聘洽谈会，（如每年的春季人才市场）费用较高，至少也要两三千元。

2．报纸、杂志广告的直接成本

这种招聘方式的费用也很高，其费用高低受版面大小、位置、色彩、报刊覆盖面等因素制约。

3．人才猎取的直接成本

人才猎取也是近几年才出现的新兴事物，在一些中小城市还不普遍，但像在北京、上海等一些大城市已经成为猎取高级人才的首选了。这种招聘方式费用很高，按照国际惯例应提取招聘者年薪的 30%作为招聘费用。

4．网络招聘的直接成本

企业可以根据本企业的实际情况选择不同的招聘方案。大多数企业都是在人才网站进行注册，成为会员，由人才网站为他们提供服务。如发布人才招聘启事、查询人才简历、提供中介服务、人事规划、人事诊断等。这种招聘方式费用较低，一般 300～2 000 元 / 月。企业如果有自己的网站也可以在自己网站上发布需求信息，这种方式的直接成本更低，但影响力有限。网上招聘还可以通过互联网来完成求职者与招聘企业之间的交流，方便、快捷的同时还有效地降低了求职的成本。

综上所述，可以看出网上招聘具有很强的适应性，不受时间、地域、场所等条件的限制，企业和求职者双方通过网络即可进行直接的双向交流，节约了传统招聘活动中的参会费、交通费、差旅费、广告费、人工费等成本，不用向中介公司支付高昂的费用即可招聘到优秀的人才。因此，相对于传统招聘而言，网上招聘的成本较低。

二、时间投入分析

在各种招聘方式中只有“人才猎取”这种方法不需要投入大量时间，但它却是以高昂的费用为代价的。其他的传统招聘方式一般都需要投入大量的时间对应聘者简历进行筛选，但网上招聘却可以省掉很多时间。一方面通过电子邮件邮寄简历要比传统的通信方式更加迅速、高效，求职者也可以通过邮件与用人单位交流。但更为明显的好处是人力资源部门的工作人员可以从筛选简历等繁杂的工作中解脱出来。比如 51job 网站推出的“网才”招聘软件，它如同一个虚拟的招聘员，提供了包括求职者信息登记、初步筛选、来信回复和信息分档存储等一揽子解决方案，它允许人事经理建立自己的筛选标准，对求职者进行初步过滤，并对退留邮件设置不同标记，自动回复和存档；将处理简历的速度由原来的每天三四十个迅速提升到每天二三百个。这样就节约了人力资源管理部门的精力和时间，同时也不用支付高昂的费用。

三、招聘效果分析

企业招聘渠道的选择是招聘效果的关键。传统的招聘方式都有一定的局限，有的适合招聘高级人才，有的适合招聘中级人才。而网络招聘适用面很广，上到高层管理人员，下到一般的办公室基层职员都可以，并且它不受时空、地域限制，从而更有利于企业选拔到优秀人才。

从招聘的成功率来看，网上招聘也更胜一筹。利用洽谈会招聘人才的企业往往会出现这种情况：连续参加了十几场招聘会，花费了大量的人力、物力、财力，却没有一个合适的人选。这是因为合适的求职者与用人单位之间信息闭塞造成的。在招聘会上有限的求职者无法满足用人单位对高级人才的需求，因此，越来越多的人事经理将目光投向了网上招聘。对于求职者而言，有了网上招聘，他们就可以在任何地区随时浏览全国甚至其他一些国家的招聘信息，从而也提高了求职的成功率。

第七节　网上招聘发展展望

1．网上招聘的国际化

网上招聘在全球的发展必然带动中国网上招聘求职市场的发展。被称为网上招聘业第一大鳄的 Monster 以 5 000 万美元收购中华英才网 40%的股份，一度在业内引起不小的反响。

通过国际化战略合作，国外网络机构将逐步把多年来形成的先进理念和成功经验带入中国市场，携手国内网上招聘机构，打造符合中国市场特色的招聘网站。国内的人才服务机构也将通过学习国际先进的管理方法，广泛采用新兴的互联网技术，强化自身的创新能力，建立长期的竞争优势，使网上招聘更加规范、安全性更加可靠。国内实力较强的招聘网站也将越来越多地参与到国际网络招聘市场中去。

2．带动中国网上招聘市场新的纷争

随着行业开放程度的提高，国外的网络招聘商纷纷把目光锁定在国内网络招聘市场上，外来资本的涌入逐渐加剧。如 Monster 注入 5 000 万资金收购中华英才网 40%股份，澳大利亚 Seek Ltd.以 2 000 万资金收购智联招聘 25%股份。这些都反映了随着中国加入国际化市场竞争，大量国际公司看好中国市场，纷纷将资金投向具有良好发展潜力的机构，中国网上招聘一时群雄崛起，形成争霸格局。

3．广告大量投放，提升市场知名度

网上招聘机构花费大量的预算来投放广告，无论是报纸的平面媒体、电视、电台广告，还是地铁站、车站灯箱等公共场合设施，到处都可以见到招聘网站的广告。网上招聘机构通过这样的模式大大提高了其自身的知名度。从影响力来讲，这是传统的招聘会市场等其他招聘形式所远远不及的。而事实证明，这样的商业模式对招聘网站的业务提升非常有效，前程无忧、中华英才网及智联招聘三大网站每年都在广告上投入了大量的资金，通过这些公开渠道，大幅度地增加了其网站的点击率，网站登录数也越来越多，广告收入及会员制会费收入均有不同程度的增长。可见，随着网上招聘市场的快速发展，招聘网站全方位投放广告将成为未来趋势所在。

4．网上招聘市场呈现细化服务趋势

细分和专业化服务将是网上招聘未来的趋势之一，而其根本动力是能提供更加符合用户需求的本土化、专业化服务。如何在共性需求下尽量满足用户个性化需求是网上招聘服务公司思考的难题。在这样一种情况下，随着市场需求的多样化，网上招聘也在细分，从行业到地域，到专业领域，因为即使一个细分的市场也已经足够庞大，能够支撑起服务公司的运营。

相比国外网上招聘公司，其专业化营销和电话销售、个性化简历的模板化处理、行业细分、地址簿的充分利用、本土化服务等差距很大。国外通过这种专业化、本土化服务能够提供客户满意的增值服务，像 monster，其个人会员的收入甚至占到了总收入的三分之一，而国内网上招聘公司完全可以从现有规模中挖掘潜力。

可以预见的是，网上招聘将会进一步细分，超越同质化竞争的一个有力武器就是找到细分市场，做专业化服务。地方和行业这样细分的网上招聘公司将有更大的机会，他们能够更加贴近用户，提供本土化、更专业化的服务。

5．行业面临整合，市场趋向集中

在招聘网站数量庞大且“同质化”的情况下，优胜劣汰是必然现象。网上招聘作为互联网的主要应用服务，变革已经“箭在弦上”。有一点可以肯定，随着市场集中化程度的提高，网上招聘公司即将面临大洗牌。在竞争过程中，为了求得更好的生存发展机会或求得更广泛的社会关注，招聘网站之间将进行合并或者是联合。传统模式下的网上招聘企业将面临整合，小的公司或被收购或者退出，剩下的将是专注细分和模式创新的强者。行业整合将成为下一阶段的主题。

6．网上招聘创新服务模式趋势

从 1998 年到现在，网上招聘的基本模式没有发生太大的变化。简单来说，其基本模式就是 51job 或者说是源自国外网上招聘鼻祖的 monster 模式，这种模式就是一个中介平台，然后找企业收取费用。雷同的招聘网站模式，使得不同的招聘网站处于同质化竞争局面。

但是，以国外的 dice.com 和国内的英才网联为代表的专业型商业模式也蓬勃发展，并创造了较高的效率。同时，网上招聘的商业模式也在不断创新和丰富之中，出现了 vault.com 为代表的个人收费的模式、以 linkedin.com 为代表的 Web2.0 浪潮中产生的融合社交网络概念的模式、专业的工作搜索引擎模式及 indeed、simplyhired 等垂直职位搜索引擎等，这些新模式的发展速度相当迅速。

7．网络招聘手机移动客户端蓬勃发展

网络招聘手机移动客户端是移动通信与互联网这两个领域相结合的产物，手机移动端的出现与发展为广大求职者和企业带来了更方便、更灵活的服务。企业有了新的发布招聘信息方式与渠道，求职者也可以随时随地查看求职信息，这为企业招聘、求职者应聘提供了极大的便利、快捷，节省了人力、财力和物力，使随时随地进行网络招聘成为可能。

从整个网络招聘行业来看，前程无忧还是最早推出移动端的企业，其移动客户端在用户规模、用户时长等指标均领先竞争对手，并保持稳定的版本更新速度，用以满足 iOS、Android、Windows Phone 三大平台用户的需求。从前程无忧移动端发展来看，用户使用手机获取招聘信息的用户习惯正在养成，其移动端的使用时长在不断增长。前程无忧将品牌知名度延伸至移动端，并在移动端产品研发方面大力投入，良好的产品体验及招聘信息质量是用户保持较高使用黏性的重要原因，从而确保其用户规模在整个行业内的领先优势。

随着前程无忧移动端的推出，其他网络招聘的网站也纷纷推出手机移动端，移动网络招聘逐渐成为潮流。招聘网站移动端示例图如图 10-12、图 10-13 所示。

网络招聘移动端的前景较好，在未来还有很大的发展空间，随着手机移动互联网对人们生活的影响，移动网络招聘会成为未来网络招聘的主要发展趋势。

图 10-12　前程无忧移动端首页

图 10-13　58 同城移动端首页

本章小结

随着互联网本身的不断发展创新，网上招聘模式有很大的创新空间，而这种模式创新的背后则是充分利用网络的特点，更有效率地满足用户社会化、个性化和方便便捷的需求，并在满足这样需求的前提下开发定向广告、专业服务、收费排名、无线增值和其他增值业务。未来的招聘网站很可能会走出一片很大的天空，“走向国际、全面整合、垂直细分”将是国内网络招聘市场未来发展的必然趋势，招聘网站对服务功能的开发与创新也将是国内网络招聘发展的趋势。

复习思考题

1. 简述网络招聘的定义。
2. 目前中国的网络招聘主要有哪几种基本模式？
3. 简述网络招聘的优势。
4. 网络招聘与传统招聘的异同有哪些？
5. 论述网络招聘今后的发展趋势。

第十一章　网络旅游

本章要点

- 网络旅游的类型
- 网络旅游的优势
- 网络旅游的运营模式

我国的旅游网站作为旅游业和IT业两大新兴朝阳产业结合的产物，虽然出现的时间不长，但发展迅猛，并且有着极强的发展潜力。它将对我国旅游业的快速发展产生重大促进作用。

第一节　网络旅游概述

随着信息技术的发展，旅游业与计算机网络紧密结合，形成了一种全新的旅游形式，即网络旅游。旅游者通过互联网查询和整合旅游资源，自助设计旅游线路，制订旅游计划，完成旅游活动。

随着中国社会经济的发展和综合国力的增强，人民生活水平显著提高，中国旅游业也随之迅速发展，并保持着持续发展的活力。据《中国入境旅游发展年度报告2014》统计显示，2013年我国接待入境旅客12 907.78万人次，市场规模总量位居世界第四，入境旅游实现外汇收入516.64亿美元，旅游外汇收入也位居世界第四。根据世界旅游组织预测，到2020年，中国将成为世界排名第一位的旅游接待国和排名第四位的客源输出国，届时旅游市场将会有10%的交易来自于互联网，因此，旅游网站在未来几年里势必保持蓬勃发展的势头。而作为旅游业与信息产业结合的产物——网络旅游，将进一步显示其顽强的生命力和美好的发展前景。

政策环境方面，我国一直大力支持旅游业，提出“网络旅游”的理念，并将其写入“国家‘十二五’规划纲要”。由于网络旅游从本质上说，是对传统旅游市场销售渠道的补充，因此我国网络旅游市场的发展必然依托整个旅游产业的发展，依托整个政策环境的支持和引导。

经济环境方面，国家统计局发布数据显示，2012年国内生产总值为51.93万亿元人民币，比上年增长7.8%。2012年国家公共财政收入增速仍旧跑赢GDP，城乡居民的收入增速也高于GDP增速。由于旅游是满足人们娱乐休闲需要的更高层次精神消费，所以旅游市场的发展与居民的生活水平息息相关。居民生活水平的稳步提高对网络具有巨大的刺激消费作用。

社会环境方面，社会化媒体是近几年出现的新概念，当传统旅游出现市场惰性的时候，社会化媒体为网络旅游注入新的市场活力。

技术环境方面，大数据时代赋予网络旅游更大的商业价值，使网络旅游企业在新时代面临的最大机遇。

第二节 旅游网站的发展

1. 国外旅游网站的发展历程

在国际上，旅游业中最早引入网络技术的是航空公司。随着航空公司与旅行社合作的不断深入，航空公司计算机预订系统延伸到了旅行社代理商。20 世纪 70 年代，一些国际性的大型酒店集团开始建立自己的中央预订系统，随着计算机技术的发展，计算机预订系统的业务范围逐步扩大到包括订购机票、预订客房、租车等。同时，原有的各大计算机预订系统也开始互相整合。其中较有影响的是全球分销系统（GDS），该系统是由国际性航空公司联合组建，联合饭店、度假村、汽车租赁公司、铁路公司、旅游公司等其他旅游相关行业，提供航班预定及订房等预订和市场营销综合服务的销售系统。通过国际航空电讯协会的通信专网，将加入 GDS 的"卖方"和"代理方"连成一个旅游专业网络系统，并通过"代理方"实现对"最终用户"（各国旅行者）的销售。目前，据不完全统计，在美国几乎所有的旅行社都在使用 GDS，法国已经有 85%的旅行社使用，而整个欧洲大约 40%的旅行社使用该系统。

20 世纪 90 年代中后期，互联网（Internet）的出现及个人计算机和信用卡的普及，旅游网络发展进入一个崭新阶段。互联网是拥有丰富信息资源的公用网络，包括电子公告牌、电子邮件、时事新闻、图文和视频音频信息发布等多种信息交互服务。旅游企业可以绕过代理商，透过 Web 直接面对大量旅游消费者，大大降低了交易费用，并且还能提供个性化的、点对点的增值服务，创造以消费者为主的市场销售模式。

Internet 的迅速发展，以其开放性的网络环境，统一的协议标准，低廉的通信费用，便捷的数据交换，使得基于 Internet 的电子商务普及。目前，全球已有 8 500 万人次以上享受过旅游网站的服务。1999 年全球旅游网上交易达 78 亿美元。2000 年度全球电子商务销售额突破 4 200 亿美元，其中旅游电子商务销售额突破 630 亿美元，享受过旅游网站服务的游客达 2 亿人次以上，分别比 1999 年增长 200%和 133%。2000 年全球国际旅游收入为 4 760 亿美元，旅游电子商务销售额相当于全球国际旅游收入的 13.2%。美国是旅游电子商务最为发达的国家，据美国一研究机构统计，2000 年美国旅游电子商务的销售额达到了 130 亿美元，占世界旅游电子商务销售额的 20%，旅游电子商务消费者人数由 1999 年的 1 100 万增加到 2000 年的 2 100 万，2001 年与 2000 年相比，旅游网站收益增长了 17%，而从 2000 年 1 月到 2001 年 1 月，全美最大的 5 家旅游网站的浏览量增长了 42%，达到 2 200 万人次。

2. 我国旅游网站的发展历程

我国旅游网站的出现虽然时间不长，但是一出现就立即引起众多网络公司和旅游公司的追逐。我国旅游网站的发展分几个阶段进行。第一阶段的标志是华夏旅游网和中国旅游资讯网的产生（1998 年）。其基本特征是：一是从用户角度来说，互联网用户数量较少，对旅游网站的认知的水平还相对低下；二是从旅游网站角度来看，其经营业务主要是提供基本的旅游资讯，包括简单的旅游线路介绍、旅游酒店介绍和时尚旅游信息（如游记、照片等旅游者的经历等）。虽然这些功能在今天看来还比较单一，但为以后旅游网站的发展奠定了良好的基础，并且成为今天的旅游网站重要功能的一部分。

我国旅游网站发展到第二阶段的标志是风险投资的概念的引入（1999 年）。其基本特征是：一是数量较第一阶段多，在资本市场的运营下互联网上产生了大量的旅游网站，这些网站之间竞争激烈；二是经营业务种类更为丰富。

在第二阶段一些旅游网站一方面沿用了上一阶段提供旅游资讯的功能，另一方面引用了美国电子商务的模式，开展网上预订机票、酒店业务。在这一阶段中，大规模商务预订中心在公司内部的成立，主要负责处理客户预订和联络供应商。第一阶段的旅游网站在经历了沙里淘金般的资本市场洗礼后有幸保留了下来，并成为了第二阶段的优质旅游网站的代表。例如华夏旅游网访问人数在当时的旅游网站中位居榜首，达到 50 000 人次/日，成为了当时我国十佳服务类网站之一。

目前我国旅游网站发展到了第三阶段，较之前两个阶段有着显著区别。首先，从数量上来讲较第二阶段更多，我国综合型旅游网站现已经超过了 300 家。其次，从质量上来讲，出现了在全国范围内影响力大的龙头旅游网站，其代表是上海的携程、北京的艺龙等。最后，从网站类型上来讲更为丰富，涵盖了旅行社、酒店、旅游景区、航空公司、地方政府开设的旅游网站、旅游在线预订中间商等多种类型。携程旅行网首页如图 11-1 所示。

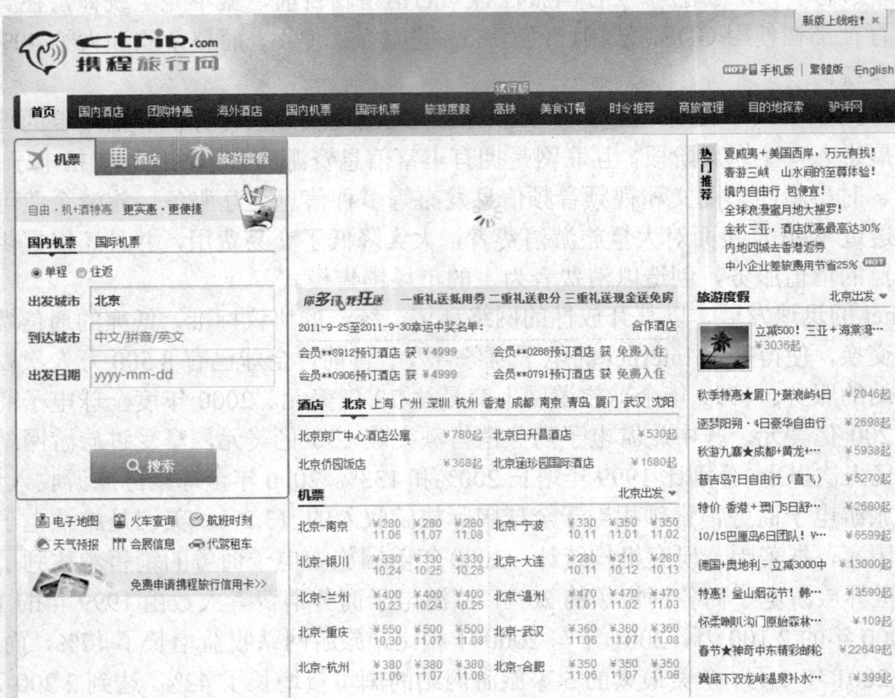

图 11-1　携程旅行网首页

我国在线旅游预订市场发展迅速，行业处于快速成长期，长期发展性强，市场预期乐观。CNNIC 最新数据显示，截至 2013 年 6 月，在网上预订过机票、酒店、火车票和旅行行程的网民规模达到 1.33 亿，占网民比例为 22.4%。艾瑞统计数据显示，2014 第二季度网络旅游交易规模已达到 614.1 亿元，环比增长 5.5%，同比增长 17.1%。在线旅游市场交易规模示意图如图 11-2 所示。

网络旅游市场巨头抱团已成为主旋律。艾瑞统计数据显示，2014 第二季度中国网络旅游市场份额中，携程份额占比 54.2%，艺龙网、同程网分别占比 8.7%和 6.1%，三家企业总和占比近 70%。如图 11-3 所示。

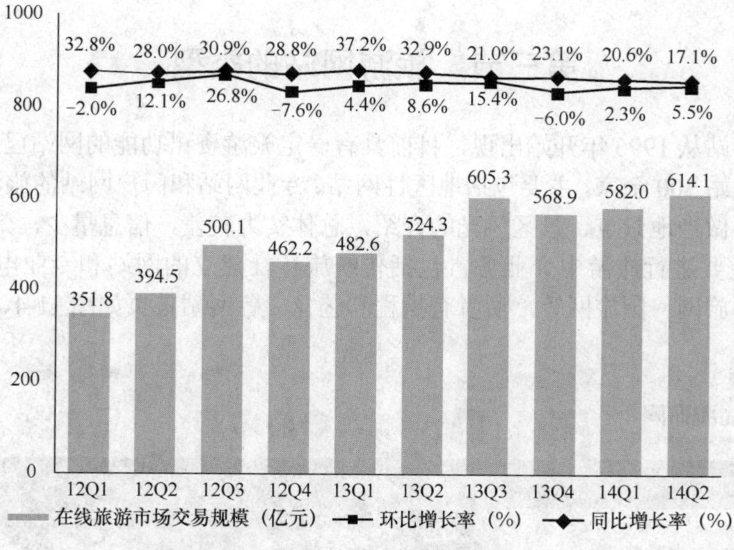

图 11-2　2012 年第一季度至 2014 年第二季度在线旅游市场交易规模

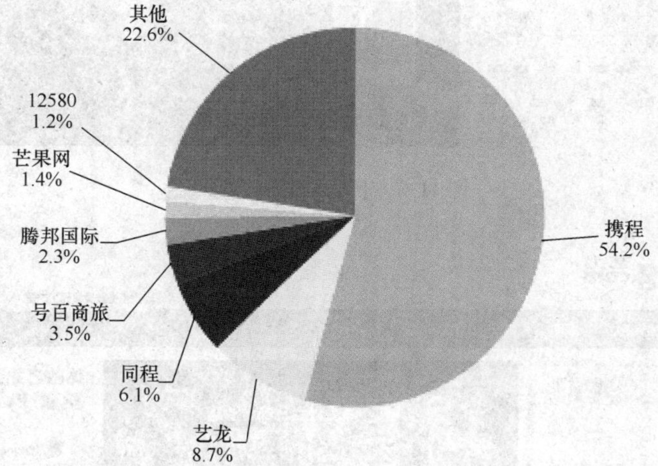

图 11-3　2014 年第二季度中国在线旅游市场份额

其中，携程网通过不断优化现有产品和完善旅游产业链（频繁在不同旅游领域的收购）来使其在网络旅游企业中保持竞争优势；同程网先后与艺龙解约，后与携程合作，最终在景点现付市场得到携程的支持，由于同程网和携程网优势领域和客户群体不同，正好可达成一定程度的互补效应；艺龙网方面，在线酒店预订市场继续受到网络旅游核心企业的冲击，而同程网与携程网的合作未来将使艺龙网受到更大威胁。

目前，中国网络旅游市场发展迅速，行业处于快速成长期，长期发展性强，市场预期乐观。网络旅游市场的格局正在被重塑，“去哪儿”、“驴妈妈”等垂直旅游平台带来的价格竞争，淘宝、京东等大型电商平台的介入，以及航空公司和酒店大力发展的直销业务都在侵蚀着携程、艺龙等传统市场份额。此外，途牛、乐途旅游网、悠哉旅行网等新兴网站正在借助资本力量迅速崛起，深耕市场打造品牌。从整体上看，整个在线旅游预订行业的市场竞争愈演愈烈。

第三节　旅游网站的类型

我国旅游网站从 1996 年开始出现，目前具有一定旅游资讯功能的网站已有 5 000 多家。其中专业旅游网站 300 余家，主要包括地区性网站、专业网站和门户网站的旅游频道三大类。地区性网站主要做当地景点、景区风光的介绍，总体实力较差，信息量少，效益难以保证。专业旅游网站主要进行旅游中介业务，包括传统旅行社建立的网站和专业电子商务网站两类。前者有中青旅网、国旅网等，后者有携程和艺龙。各网站首页如图 11-4、图 11-5 所示。

图 11-4　中青旅遨游网首页

图 11-5　艺龙网首页

国内学者按功能将旅游网站划分为如下 4 种。

1．旅游机构网站

旅游机构网站是指旅游景点、旅行社、酒店等旅游单位建设的用以推广旅游信息、提供在线预定服务的网站。旅游业的发展和互联网信息技术的进步必然导致这类服务单位的产生。例如康辉旅行社等，如图 11-6 所示。

图 11-6 旅游机构网站

2．旅游导航网站

旅游导航网站是指门户网站（如新浪、腾讯、网易等）开设的旅游资讯频道。导航网站的内容以收集旅游景区及周边住宿、餐饮信息为主，辅以体验、评论以增加消费者的信赖度。此类旅游网站数量很多，提供的功能类似于搜索引擎，有发展为专业搜索引擎的潜质。例如，到到网、途牛网、去哪儿网等，如图 11-7～图 11-9 所示。

图 11-7 到到网首页

图 11-8 去哪儿网首页

图 11-9 途牛旅游网首页

3．旅游资讯网站

旅游资讯网站是指以旅游景点、旅游评论、旅游交通线路等旅游信息为主要内容的向导型网站。它以大容量的旅游信息为主要卖点，成为旅游者查找信息的首选。这类网站也往往带有分类检索功能，方便旅游者快速地查询信息。例如，万景网、蚂蜂窝网、穷游网等，如图 11-10～图 11-12 所示。

图 11-10　万景网首页

图 11-11　蚂蜂窝网首页

4．旅游中介网站

旅游中介网站是指以航空票务、酒店和租车预订信息为主要业务，以在线或线下支付为交易手段的旅游网站，利润来源以赚取中间差价为主，是联系旅游单位商家和旅游者的中介。此外他们往往也提供在线的旅游信息查询和指南。此类网站数量多、规模大，影响力显著。示例网站首页如图 11-13 所示。

图 11-12　穷游网首页

图 11-13　旅游中介网站

第四节　网络旅游的优势

1．信息量大，传播广泛

旅游信息在网络上传播迅速，在一定程度上不受时间、距离的影响，可以面向全球所有的旅游者。不仅如此，网络旅游信息更是丰富多彩，应有尽有。网络旅游公司对饭店、旅游交通部门和其他的旅游企业的信息进行收集和处理，然后综合反映在旅游网站上，提供比传统旅行社更全面的信息，这样旅游者不管是在家中还是在旅途上都可以通过网络浏览信息、订票、订餐、订车等服务，可以主动选择自己需要的旅游信息，从而制订一条适合自己的旅游线路。

2. 减少中间环节，降低成本

网络旅游可以让旅游者跳过许多中间不必要的环节，如减少现实中支付、配送、组团等环节，通过网络平台将旅游服务商和旅游者直接联系在一起，消费者可以根据自身情况直接选择所需，通过电话和鼠标即可完成订单的处理，可以避免中间商为获取利润而提高价格，从而较大程度地降低旅游成本，为旅游者提供实惠，同时也提高了效率。

3. 为旅游者与旅游服务商提供一个互动平台，体现个性化

由于网络的交互性和快捷性，旅游者通过网络可以直接与旅游服务商对话，根据自己的个性需求，提出对旅游服务的建议和要求，制定与众不同个性化的旅游线路和方式；旅游服务商也可以直接把最新的产品和服务展现在旅游者面前，满足不同年龄、不同种族的旅游者的喜好和需求。

4. 促进旅游业的可持续发展

网络旅游突破了时间、空间的限制，提供全天候、跨地域的服务，扩大了旅游业的目标市场，为旅游业注入了新鲜血液，推动了旅游业的良性发展。今后如果能进一步加强和完善网络旅游的建设，合理有效地利用网络旅游资源可以促进旅游业的可持续发展，形成规模经济。

第五节　旅游网站的运营模式

1. 旅游网站的运作

（1）交易佣金

旅游网站通过与航空公司、饭店、租车公司等签订协议，或利用航空公司的交易平台，或自行开发平台，采用加盟方式，从中获得交易佣金。

（2）与访问量大的门户网站合作

旅游网站要想赢利，扩大网站访问量是关键。旅游网站通常会选择与访问量大的门户网站合作，并将访问量吸引到自己的网站上来。一些大的门户网站也已意识到旅游市场的价值，也愿意开展合作项目。旅游中介服务提供商大多要求门户网站独家使用其预订服务平台，但是门户网站并不能约束中介服务商在其他门户网站上做广告。

（3）品牌合作

旅游网站都有其品牌合作计划，它们允许任何一个网站成为自己品牌中的一部分，或者铸建合作品牌。一些访问率高的网站，会得到分销的回报，其他网站则会在交易中获得一部分提成。

（4）网络广告

现在许多预订服务提供商向旅游网站投入了大量的广告，这是旅游服务网站获得收益的一个重要来源。

（5）机票购买与递送

旅游网站的服务器与航空公司的服务器是时刻连接在一起的，当机票的优惠和折扣信息有变化时，就会直接反映到旅游网站的数据库中，解决了原始方式订购机票需要专门递送、费时费力的问题。

（6）优惠战略

市场竞争的结果使航空公司、饭店等在一定条件下会给出相当具有诱惑力的折扣或优惠，旅游网站将众多的折扣和优惠信息加以汇集并使之有序化，这样预订搜索引擎便可以让消费者在信息的海洋中实现高效率的检索查询。同时，也可以根据消费者需求，为其挑选性能价格最优的旅游线路和航班、饭店等消费方案。

2．旅游网站的服务功能

旅游网站的服务功能可以概括为以下 4 类。

① 旅游信息的汇集、传播、检索和导航。这些信息内容一般都涉及景点、饭店、交通旅游线路等方面的介绍；旅游常识、旅游注意事项、旅游新闻、旅游电子地图、旅游目的地天气、环境、人文等信息及旅游观感等。

② 旅游产品（服务）的价格公示。网站提供旅游及其相关的产品（服务）的各种优惠、折扣、航空、饭店、游船、汽车租赁服务的价格公示等。

③ 个性化定制服务。从电子邮件指令、网上订票、预订酒店、查阅电子地图到完全依靠网站的指导在陌生的环境中观光、购物。

④ 其他功能。如广告征订、网上交互、导游服务、客户服务、投资服务和在线招聘等。

3．旅游网站的推广方式

从旅游网站的特点来看，旅游网站的推广可以有如下几种方式。

① 在综合性导航、搜索引擎中注册网址。

② 在相关网站中设置网标广告链接。鉴于旅游消费者的分布十分广泛，所以一个旅游网站的旅游广告会发布在各个领域。

③ 与访问率高的搜索引擎合作，将预订服务融合在导航或搜索引擎之中。

④ 通过电子邮件及网上订制服务吸引和联系旅游消费者。

⑤ 在其他信息媒体上做广告。

第六节　网络旅游的应用趋势

随着移动电子产品的更新换代，手机对人们生活的影响越来越大。随着手机应用程序的出现，各大网络旅游企业也纷纷效仿，研发出自己的旅游移动客户端，让旅游者感到方便、快捷的同时也增加了客户和业绩。

网络旅游用户中，有过移动端网络旅游经历的用户占 20.3%。安装了网络旅游应用的人绝大多数都在使用该应用。手机在人们旅行过程中的作用贯穿全程：旅游过程中与亲人朋友联络，对于旅行前目的地等行程信息查询，旅游过程中信息导航（LBS 等功能），旅游过程中分享见闻等都起着很大的作用。目前移动端用户甚至多于计算机用户。移动智能终端的发展和应用拓展了网络旅游渠道，朋友间的交互作用也在不断刺激着旅游需求和旅游消费。未来随着网络旅游应用的不断完善，计算机用户和潜在旅游用户可能直接转化为移动端用户。

旅游移动端业绩发展较好企业主要有：携程、艺龙、去哪儿和途牛。其中，携程一直很重视移动端发展，返现、价格战等促销活动均偏重在移动端进行。如图 11-14～图 11-18 所示。

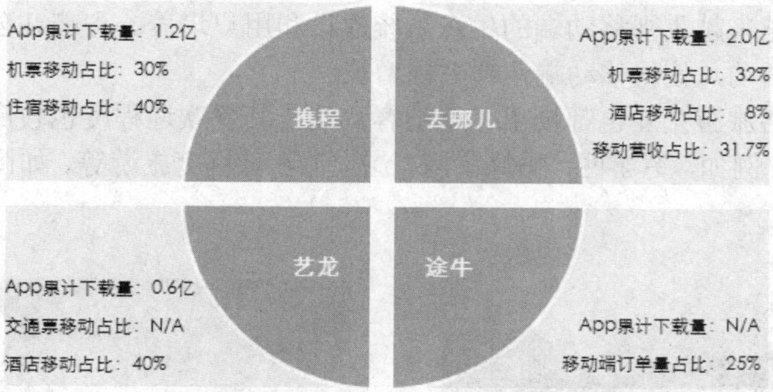

图 11-14　2014 年第一季度在线旅游上市企业移动端业绩

图 11-15　携程移动端首页

图 11-16　艺龙移动端首页

图 11-17　途牛网移动端首页

图 11-18　去哪儿移动端首页

去哪儿网也越来越重视移动端的生态系统建设和用户培养。去哪儿公司在移动端大力推广促销、返现活动，使得移动端业绩大幅增长。

还有一些网络旅游企业也都推出了移动客户端，其受欢迎程度也较高，得到了许多旅游者的一致好评。例如，穷游网、蚂蜂窝网、淘宝旅游、百度旅游等。如图 11-19～图 11-21 所示。

图 11-19　蚂蜂窝移动端首页

图 11-20　穷游网移动端首页

图 11-21　百度旅游移动端首页

第七节　网络旅游的展望

我国是电子商务成长最为迅速的国家之一。据世界旅游组织预计，中国有望成为 21 世纪全球最大的旅游市场。而据业内人士预测，3 年以内，旅游市场将有 10%的交易额来自网络支持。目前，我国已经有相当规模和影响的旅游网站，如携程旅行网、艺龙旅行网、华夏旅行网等，其赢利的模式和效应也吸引了越来越多投资者的进入。我国已启动了中国旅游海外推广网站，完善了中国旅游目的地数字化营销系统，建立了微信公众账号，开通了 Facebook 和 Twitter 公众账号，策划推出了全球评选中国旅游达人、百名留学生家属探亲游、重走马可波罗中国之路游、外国人眼中的魅力中国目的地、温暖中国之旅、十大中国神秘古村落等营销活动。此外，随着国家“金旅工程”，包括“三网一库一平台”，即内部办公网、管理业务网、公众商务网、信息资源数据库、交换平台的全面建立和完善，将进一步推进网络旅游的发展。由此可见，我国网络旅游的发展前景美好。

从我国旅游网站的发展视角来看，经过 10 余年的曲折发展，目前正处于快速稳定发展的时期。近两年（2013～2014 年）旅游网站市场规模平稳增长，环比增长达到 5.5%，同比增长率达到 17.1%，成绩喜人。但同时也应看到我国旅游网站还存在预订市场集中度高（仅携程网就占去 54.2%）、网站经营缺乏特色等不足之处。而美国旅游网站在打造自身特色上优于我国，主要表现在市场集中度分散，占有率最大的 Expedia 市场份额也仅占 14%，十余家旅游网站以相近的市场占有率平分市场。这是我国需要学习和借鉴的地方。

本章小结

目前我国网民数量很多，提供网络服务的专业旅游网站有 500 多家，另外还有几千个相关网站，并且还在不断的增加。经过几年的发展，虽然我国的网络旅游基础设施比较完备，但服务的种类和质量差强人意。整体上看，旅游网站仍以发布信息为主，旅客和旅游企业仍以电话联系为主，因此，网络旅游是一个有着巨大空间的潜在市场。

复习思考题

1．简述网络旅游的定义。
2．简述网络旅游网站的类型。
3．简述网络旅游相对于传统旅游的优势。
4．举例说明网络旅游的功能模块。
5．论述网络旅游网站今后的发展趋势。

第十二章　网络零售

本章要点

- 网络直销
- 网络团购
- 网络拍卖

近几年，全球零售业迅猛发展，规模也越来越大，已成为当今经济社会的支柱及先导性产业。目前，就销售额而言，零售企业已超过制造、金融服务、信息等类型企业而成为世界第一。零售企业之所以能发展到如此大的规模，高度的信息化是一个核心因素。电子信息技术的快速发展不单为零售业大规模发展提供了前提条件，促使了网络零售的出现，零售业的销售经营形式和销售规模也因此发生了根本的变化。

第一节　网络零售概述

网络零售（E-retail）是指通过互联网或其他电子渠道，针对个人或者团体的需求销售商品或者提供服务。即交易双方以互联网为媒介，进行信息的组织和传递，实现有形商品和无形商品所有权的转移或服务的消费。买卖双方通过电子商务（线上）应用实现交易信息查询（信息流）、交易（资金流）和交付（物流）实行。网上零售是针对一般顾客（而不是生产性顾客）的电子商务活动，属于 B2C 或 C2C 的电子商务范畴。

根据我国网络零售的现状，平台类型划分为 C2C 和 B2C，根据针对的客户群不同划分为内贸零售和外贸零售。其中内贸 C2C 平台典型代表为淘宝网（其首页界面如图 12-1 所示）、拍拍网、易趣等；外贸 C2C 平台中最常用的外国平台有 eBay、Amazon Store（其首页界面如图 12-2 所示），国内建设面向国外市场的平台有敦煌网、易唐网、贝通网、LinkChina、tootoomart.com、madeinchina.com 等。内贸 B2C 平台典型代表为京东（其首页界面如图 12-3 所示）、当当、卓越亚马逊、VANCAL 等；外贸 B2C 平台典型代表有 lightinthebox.com、草莓网、glassesshop.com 等。

网络零售相比传统零售而言，首先是品种齐全，价格低廉。以国内最大的网购平台“淘宝网”为例，其在线商品达到 1.16 亿件，销售的品牌商品，基本都是以市价的 3～7 折价格销售。因为这些商品的利润空间本来就很大，在卖场零售，除了支付进场费、场租、人工费等各项费用外，还要支付各级销售商的利润，而在网络上零售，这些费用统统可以省略。

其次是消费便利。随着生活节奏的加快，人们的时间越来越宝贵，购买日常生活用品，既要质量好，又价格合理，更要方便快捷，节省时间。凭借高度发达的现代物流技术，网购加快了商品的物流速度，消费者通过网络足不出户便可完成多种商品“一站式”购物，减少了消费者的时间、物力和人力的消耗。

图 12-1　淘宝网首页

图 12-2　Amazon Store 首页

图 12-3　京东网首页

此外，网购还能满足消费的个性化需求。目前，消费者的消费心理已经非常成熟，不再盲目追赶潮流，个性化消费已经成为市场的主流方向。与传统零售相比，网络零售可以体现个性化服务，消费者可以在最快时间内为自身的个性化消费找到决策依据。

但是网络零售也有其劣势，如信任问题。在信息交流中，双方的信任程度直接影响交流的效果。互联网为交流双方提供的是一种虚拟的不见面的交流空间，其开放性的特征更容易使人对网上信息产生不信任感，这成为影响网上零售发展的重要障碍。调查表明，我国网民认为网上购物的最大问题是"产品质量、售后服务及厂商信用得不到保障"。

信息安全问题。在信息传递的过程中存在信息被截取、篡改和滥用的情况。如上网用户的银行账号和密码被窃取，用户上网购物的记录被商家出售，造成许多用户不敢进行网上交易。

还有物流问题、消费者心理满足等问题，因此虽然网络零售对传统零售业的许多方面造成很大的冲击，但从目前来看，不可能完全取代传统零售业，网络零售与传统零售已出现融合的趋势。

第二节　网络零售的发展

美国电子商务兴起于1995年，到2000年随着互联网普及并引入了更安全的通信协议后，网络零售业才开始大规模发展起来。最早从事网络零售业的亚马逊公司直到2003年才首度赢利，但此后成长极为迅速。近年来，除像亚马逊、eBay这些专业电子商务公司外，沃尔玛、百思买、好士多等大型零售企业纷纷开展网络销售服务。2010年美国来自B2C领域的网络零售额为1 425亿美元，约占全美商品零售总额的8%，其中通过网络销售的服装类商品总额260亿美元，约占全美国内市场13%，全美72%的女性上网选购饰品。研究机构预测全美网络零售行业2015年销售总额将达2 790亿美元，即比2010年翻一番。

美国网络零售起步于10多年前，如今已成为零售业的一支生力军，业务覆盖服装、服饰和鞋类、计算机产品、汽车和汽车配件、家居装饰用品、消费电子产品、音像产品、办公用品、图书、玩具、食品饮料、杂货、宠物食品、珠宝、化妆品、婴儿用品、工具设备、鲜花卡片、体育用品、医药保健品和旅游等各领域，人们足不出户便可基本满足日常生活之需。

网络零售之所以在美国一路走红，其原因是多方面的。第一，信息技术的发展为网络零售业的蓬勃发展创造了条件。据统计，美国有条件在家中上网的户数已超过75%，宽带服务也日趋普及，网络购物环境也在不断改善。消费者不仅可根据需求任意缩放或旋转产品图片，而且还可对不同颜色的商品进行色彩对比，选择性大大增强。第二，网上购物便捷省力，不受时间限制。与传统商店不同的是，网络商店每天24小时营业，为无暇外出购物的消费者提供了便利。同时，许多商家还提供货物配送全程透明服务和退换货免收邮费优惠。第三，价格优势明显。网络购物的一大优势是消费者可通过搜索引擎在很短时间内货比三家，以最低价格购买商品，即使加上运费也要比实体商店相同产品价格低廉。商家还经常开展各类优惠活动，如免费送货、节假日优惠等。此外，消费者还节省了外出购物的时间和汽油等交通费用。

2014年3月19日，中国电子商务研究中心发布了《2013年度中国电子商务市场数据监测报告》。报告显示，截至2013年底，中国电子商务市场交易规模达10.2万亿，同比增长 29.9%。其中，B2B 电子商务市场交易额达 8.2 万亿元，同比增长 31.2%；网络零售市场交易规模达 18 851 亿元，同比增长 42.8%，如图 12-4 所示。另外，国内电子商务服务企业数已达 29 303 家，较 2013 年增幅达 17.8%，预计到 2014 年年底达到 34 314 家。中国网络零售市场交易规模占到社会消费品零售总额的 8.04%，如图 12-5 所示，而该值在 2012 年仅为 6.3%，预计在未来两年内网上零售市场交易规模将会步入全新的台阶。

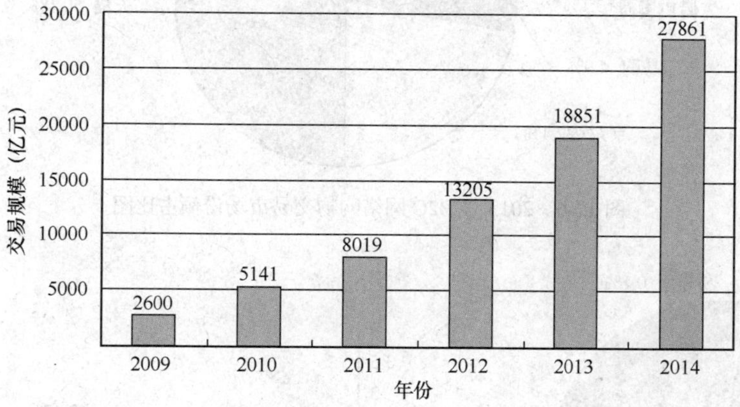

图 12-4　2009～2014 年中国网络零售市场交易规模

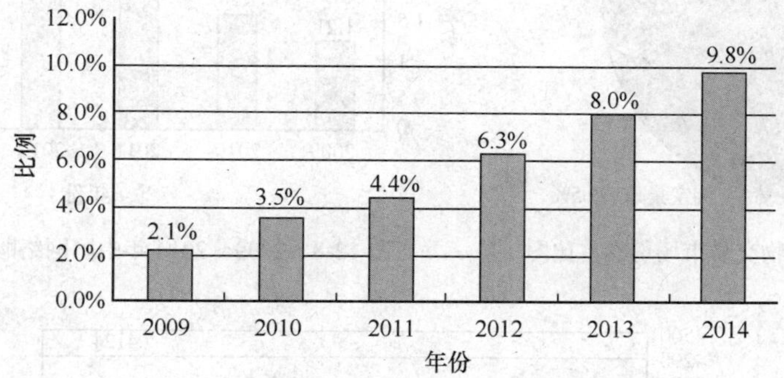

图 12-5　2009～2014 年网购规模占社会消费品零售总额比例

中国电子商务研究中心监测数据显示，截至 2013 年 12 月中国网络购物市场上，B2C 网络零售市场占有率：排名第一的是天猫商城，占 50.1%；京东名列第二，占据 22.4%；位于第三位的是苏宁易购达到 4.9%，后续 4～10 位排名依次为：腾讯电商（3.1%）、亚马逊中国（2.7%）、1 号店（2.6%）、唯品会（2.3%）、当当网（1.4%）、国美在线（0.4%）、凡客诚品（0.2%），如图 12-6 所示。C2C 网络零售市场占有率：淘宝集市地位依旧稳固，占全部的 96.5%。拍拍网占 3.4%，易趣网占 0.1%，如图 12-7 所示。

据中国电子商务研究中心的监测数据显示，截至 2013 年 12 月，中国网购的用户规模达 3.12 亿人，同比增长 26.3%，而 2012 年用户规模为 2.47 亿人，如图 12-8 所示。预计未来几年，这一规模仍将迅速持续上升。

据中国电子商务研究中心的监测数据显示，截至 2013 年 12 月，中国移动电子商务市场交易规模达到 2 325 亿元，同比增 141%，依然保持快速增长的趋势。到 2014 年这一数字将达到 4 124 亿元。如图 12-9 所示。

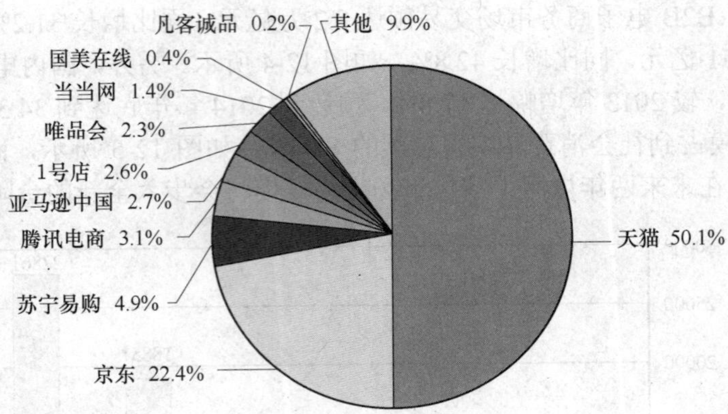

图 12-6　2013 年 B2C 网络购物交易市场份额占比图

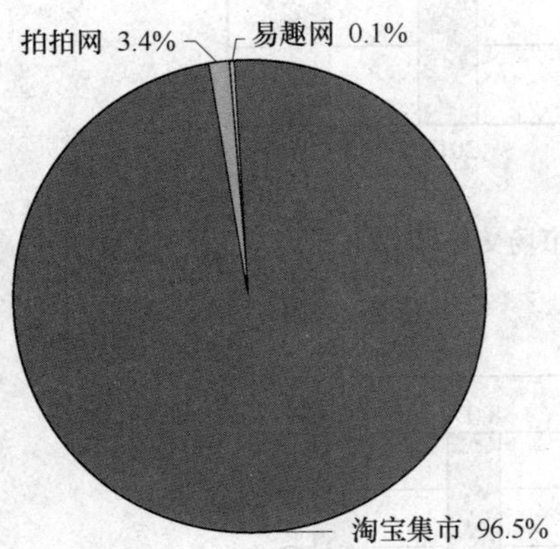

图 12-7　C2C 网络购物交易市场份额占比图

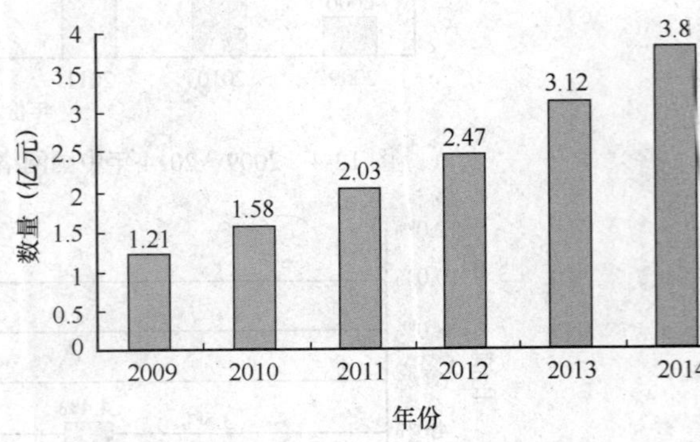

图 12-8　2009～2014 年中国网络购物用户规模

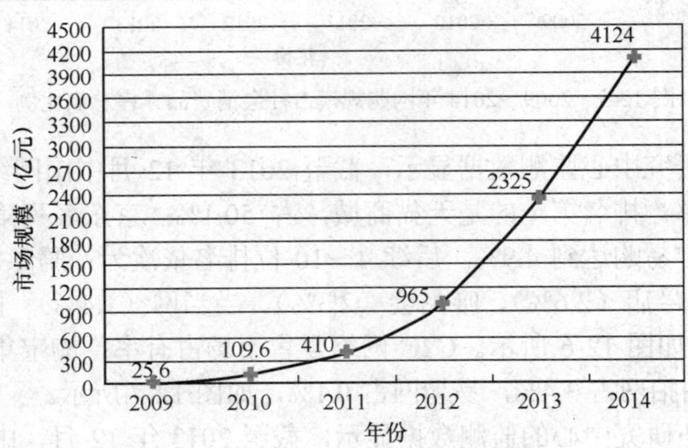

图 12-9　中国移动电子商务市场规模

随着智能手机的普及和移动互联网的发展，网络消费日益向线下消费渗透，网络应用的接受程度和使用程度不断加深。微信支付、比价搜索等各种网络零售辅助应用的“人性化”设计大大提升了消费者的购物体验，从而激发消费者的网络购物需求。

第三节　网络零售与传统零售的差异

网络零售的内含决定了网络零售与传统零售的差异。网络零售之所以能获得迅速的发展，正是这种差异决定的，也正是这种差异弥补了传统零售的不足。我们列出了完成零售任务的 4 个必不可少的要素，即购买者、销售者、产品（商品）和交易条件，并结合影响这些要素方面的诸因素，比较网络零售和传统零售的差异。

一、产品方面的差异

网络零售产品与传统零售产品本质上是一样的，但由于网络零售的虚拟性，网络零售产品和传统零售产品在形态、构成上仍存在一定差异。

产品表现形态差异。产品表现形态的实物性和虚拟性差异。网络零售产品是实物产品的信息化，具有虚拟性。消费者在零售网络上看到的产品实际上是实物产品的信息化表现，如展示实物产品的图片、文字、音效等。实物产品信息化、信息产品网络化，既是网络零售与传统零售产品的差异，也是网络零售的产品创新形式。网络零售产品的信息化程度决定着网络零售产品的销售状况。以往认为不适合网络零售的电器、服装、食品、日用品等，由于信息化程度的加深，目前在网络零售中销售情况也越来越好。据波士顿咨询集团的研究，未来最具增长潜力的恰恰是这些不适宜网络销售的商品，因为它们的规模巨大，更适宜网络零售的扩张。

产品构成差异。产品构成的定型性和定制性差异。传统零售产品由于其实物性，只能是销售商根据自己对市场需求的判断提供事先生产出的实物产品供消费者选购。

由于网络的虚拟性，网络零售产品只是网络零售商提供的虚拟产品信息，可以是非实物的。这一特性使得消费者可以根据产品信息实时订制符合自己特殊要求的产品，即可以“生产”具有自己特征的个性化商品。如 Autobytel.com、dell.com 等网络零售商已经实现了消费者自主订制产品。

产品资讯差异。产品资讯的单一性和多方位性差异。消费者对传统零售产品的资讯获取有实物触摸、外观审视、销售咨询等。网络零售的信息化形式使得产品资讯可以实现多方位展示，不仅是产品外观、性能，消费者还可以了解到生产厂商的情况、生产过程、内部构成、产品历史及其他消费者对此产品的评价等多方面的资讯。如 DELL 的网站有完整的服务和支持数据，包括 35 000 页的疑难问题解答信息和 12 位销售代表为客户在线服务，产品资讯的专业性远远超过传统零售商。再如亚马逊网站销售的书籍、DVD 等产品，都附有消费者购买后对产品的评价，这在传统零售方式中是不可能实现的。

二、购买方面的差异

传统零售与网络零售的购买过程存在着较大差异，这种非亲临现场的交易从寻找商品到支付都与传统零售不同。

选购过程的差异。传统的零售中消费者逐个商店、逐个货架地寻找、比较商品，选择商品的数量有限。网络零售则极大地拓展了商品数量和经营范围。传统零售的一家音响店可以有 25 000 种 CD，而网络零售的 Cdnow.com 则有超过 500 000 种商品供选择。

传统零售消费者的选购过程仅是个人性的，网络零售则可以使消费者联合起来。如

FIREFLY 网站建立的联合过滤技术，可以使购买者输入自己的喜好信息后，自动连接到相同的购买者，交流购买信息，这些信息作为数据库可供其他选购者参考。FIREFLY 虽已关闭，但其技术已并入微软的 MSN，继续为购买者提供服务。随着搜索引擎技术的发展，网络零售选购越来越接近传统零售，如亚马逊新开发的书内搜索技术，可以在 12 万本书的 3 300 万页内搜索关键词及相关内容，传统零售无法实现这么庞大的选购过程。依托于互联网及先进的搜索引擎，网络零售商店能够在最短时间内进入消费者视野，最大范围、最短时间提供消费者全方位的产品选购资讯。

购买过程的差异。传统零售的购买过程是单一的，网络零售则是整体的。如 DELL 网站的销售，在购买者确定订单后，从生产到发货，购买者可以全过程查询跟踪，整个过程是透明的。再如 MERCATA 的集体竞价、集团购买从而大幅度降低产品价格的过程也是网络零售所独有的。

支付手段的差异。网络零售与传统零售的支付方式部分相同，如货到付款、信用卡支付等。但除此之外，网络零售还可以以电子货币或电子钱包、邮局汇款、银行汇款等方式支付。我国出现的手机支付方式也是网络零售支付方式的一种。传统零售没有电子货币的支付方式，在信用卡结算方面也存在着差别，网络零售的信用卡结算需要严格的认证加密系统，传统零售则相对较简单、安全。

三、销售方面的差异

网络零售与传统零售在销售方面的差异主要表现在销售媒介、手段、形式上的不同，网络零售主要以互联网为特征，部分地摆脱了传统的销售手段。

管理技术差异。网络零售与传统零售在销售方面的差异主要体现在管理技术上，网络零售管理系统的技术要求较传统零售的管理技术要求要高许多。传统零售的商品陈列和摆放技术在网络零售中失去意义。取而代之的是网络零售的搜索引擎、网站页面设计和浏览，购买者的信息搜集、分析和管理技术及商品销售信息管理技术。传统零售管理强调规模化，网络零售管理强调个性化，是以客户为中心的个性化管理。正如亚马逊的创始人贝佐斯所说：为每一个顾客装饰一个商店，如果有 1 070 万个客户，就有 1 070 万个商店。

配送分销的差异。配送分销方面的主要差异在于网络零售极大地减少了分销过程中的中间环节，通过高效的管理技术手段，网络零售可以直接将商品从生产厂家送至用户手中。对一些信息产品，如 CD、电脑游戏、软件、电子书籍等，网络零售甚至可以摆脱配送和分销，可以采取付款下载的方式，直接通过网络传递商品。在具体的分销配送方式上，网络零售较传统零售更依赖第三方物流，要求有更高效、快捷的第三方物流配送体系，而传统的大型零售则更多地依靠自有的配送中心来实现商品的分销和运送。

营销手段的差异。传统零售经营上依赖地段的区位优势，电视、报刊等传统媒体的促销，大量的产品选择带来的大量库存及数量庞大的经营销售人员。网络零售则是利用网络信息传送速度快、范围广的特点，利用搜索引擎、门户网站等横向关联的网络软件实现对客户的宣传和引导。通过高效的客户关系管理系统，网络零售可以在低库存甚至零库存的情况下实现规模效益，以互联网这独特的工具实现少人员、低成本的高速扩张。网络零售突破了传统零售经营的时间、空间限制，实现了制造商、零售商和消费者之间的实时互动交流，同时，在强大的信息处理技术和全面的顾客资料数据库的基础上，企业可以根据各个细分市场，甚至每一位顾客的独特需求，为他们“量身订制”产品。

四、交易条件的差异

交易条件主要是指实现交易的时空环境和价格机制。网络零售与传统零售相比，交易条件具有更大的灵活性和自主性。

时空环境差异。同传统商业比较，网络零售克服了传统零售的时空限制。传统零售店的销售受制于辐射面、居民数量、购买力、购买者到商店的行程、车程等物理空间限制。网络零售从理论上说，只要网络能达到的地方，都可以实现销售。

例如，一个传统的书店不可能有跨国的零售，但美国的网上零售书店亚马逊则可以实现 8 000 万人来自 160 多个国家的购书交易。传统的零售业受营业时间的限制，网络零售不存在时间限制，消费者可以 24 小时在线。网络零售也不受场所空间的限制，同时在线人数只受网络承载量的限制。

价格机制差异。传统零售中，买卖双方可以面对面地讨价还价，但只能在单一的商店中进行。网络零售则可以在跨地区的多个商店中比较价格。如 bargaifinder.com 网站提供的服务，消费者输入商品后，bargaifinder.com 在进行网络搜索后，列出从高到低的同类商品、不同网络商店的价格和运费供消费者比较选择。

从上述比较可以看出，网络零售与传统零售的差异在于其实现交易过程中，通过产品形态创新、管理技术创新、交易环境创新延伸了传统零售产品的服务内涵。同时，网络零售的虚拟性、更多的消费自主性、交易透明性和交易要素整合性等特性带来的需求创新，进一步拓展了市场的深度和广度，也提高了消费者的需求满意度。但这种差异优势是在一定的社会经济环境成熟的条件下才能充分显现的，离开网络零售必须的交易环境和条件，这些差异优势无法实现。

第四节　网络直销

网络直销是指生产厂家借助联机网络、计算机通信和数字交互式媒体，且不通过其他中间商，将网络技术的特点和直销的优势巧妙地结合起来进行商品销售，直接实现营销目标的一系列市场行为。开展网络直销有 3 种主要方式：直销企业建立网站、直接网络派送和电子直邮营销。

网络直销没有营销中间商，商品直接从生产者转移给消费者或使用者。网上直销有订货、支付和配送 3 个功能，它一般适用于大型商品及生产资料的交易。其主要特点如下。

1. 相关服务的便捷性

消费者可以直接在网上订货、付款，等着送货上门。生产者通过网络直销渠道为消费者提供售后服务和技术支持，特别是对于一些技术性比较强的行业如 IT 业，提供网上远程技术支持和培训服务，方便顾客的同时，也使生产者降低了为客户服务的成本。

2. 网络直销渠道的高效性

网络直销大大减少了过去传统分销中的流通环节，免除了支付给中间商的费用，有效地降低了成本。生产者可以根据消费者的订单按需生产，做到实现零库存管理。同时网上直销还可以减少过去依靠推销员上门推销的昂贵的销售费用，最大限度控制营销成本。

3. 人机互动性和信息的可反馈性

网络直销能满足当前企业与消费者的交流水平方面的不足，借助于网络，厂家在网上发布有关产品信息，使用 E-mail 等工具，及时实现与顾客“一对一”的互动交流。企业还可以很容易地获得快速、便宜、易加工的反馈信息，跟踪消费者的需求及其变化情况，根据他们的要求安排生产和销售，避免了传统企业在接到订单之前就已经完成了产品制造的盲目性，使企业能应对消费者的较高的可选择性。利用互联网的交互特性，网络直销从过去单向信息沟通变成双向直接信息沟通，增强了生产者与消费者的直接连接。

可以看出网络直销的最大优势是：生产者能够直接与消费者联系；消费者的购买更加方便快捷，生产者销售效率大大提高；生产者的销售减去中间环节，产品价格更为低廉，达到双赢目的。

以 DELL 公司为例，其知名的网络直销模式造就了总生产销售成本的降低，最直接的效应就是产品价格相对其他国际品牌具有竞争力。在中国和海外都有自己的网站和 800 免费电话，消费者可以通过上网和打 800 电话的方式查看或者咨询相关产品性能。在 DELL 网站上，会对相应产品进行详细分类，按照用户性质的不同会分为家庭用户、中小企业用户、大型企业用户等几大类别。而对应不同用户类别，DELL 会提供相应的产品解决方案。消费者可以在网站按照 DELL 提供的相应解决方案作为基础，然后根据个人产品喜好或者价格因素来调整产品配置，而 DELL 网站会实时的计算出来相应产品的价格，让人一目了然。

在生产成本方面，DELL 的产品配件是全球统一采购模式，由于大批量的采购可以大大降低单个零部件的价格，而 DELL 通过优秀的库存管理模块，可以将库存水平降低到一个很低的水平，达到一个动态的平衡，即“零库存”。

DELL 公司直销模式的精华在于“按需定制”，在明确客户需求后迅速做出回应，并向客户直接发货。由于消除中间商环节，减少不必要的成本和时间，使得公司能够腾出更多的精力来理解客户需要。DELL 公司的直销模式能以富有竞争力的价位，为每一位消费者订制并提供具有丰富配置的强大系统。通过平均四天一次的库存更新，及时把最新相关技术带给消费者，并通过网络的快速传播性和电子商务的便利，为消费者搭起沟通桥梁。

以奇瑞汽车的网络直销为例，其流程为：客户先在网上填订单，而后厂家打电话对订单予以确认，并在 3 个工作日之内发邮件反馈给客户。收到邮件的 3 个工作日之内，客户需要到指定经销商处缴纳一定数目的订金，然后就等着提车。按照奇瑞对于这种销售模式的初步规定，想要购买奇瑞 A1 的人只要登录其网站，在看过 A1 的详细资料后，便可以向奇瑞的 4S 店申请试驾，如果试驾满意，购车者可以从网站直接预订。在得到奇瑞的电子邮件回复后，购车者便可以在奇瑞指定的 4S 店预付订金，奇瑞根据购车者的订单完成生产之后，用户即可付全款提车。

由此可见，网络直销对企业的供应链管理提出了挑战，如果企业的信息技术手段跟不上，物流系统化、专业化欠缺，服务管理不到位，那将无法真正实现网络直销的优势。

第五节　网络团购

团购并不是新出现的消费者购买现象，而是早已有之。起初是集体采购发放福利，后来互联网络的发展，使得个人可以通过相关论坛、聊天室发起具有相同购买意向的网友共同向某一商家购买，团购的也多是高价值、高投入的商品，如住房、汽车、建材等。随着团购给商家带来的多过平常数倍的客户流量，利润并没有随着价格的折让而降低，反而产生了“薄利多销”的效果，于是个别商家开始通过自己的网站发起团购信息，吸引消费者的关注。由于商家及消费者精力的限制，这两种团购模式并没有得到广泛的推广，此时，一种联合商家及消费者的团购网站应运而生。团购网站作为桥梁，一方面发布商家的消费信息，另一方面由于其产品总类多、团购信息及时而吸引更多的消费者。但是团购网站只提供商品信息，并不对商家进行鉴别，面对种类繁多的商品信息，需要消费者耐心选择，自主判断，难以获得消费者的青睐。2008 年 11 月，美国团购网站鼻祖 Groupon 上线，以其“一日一团”（deal of the day）的商业模式，吸引了大量客户的注册，7 个月便实现了盈亏平衡，一年半的时间，该网站估价就超过了 13.5 亿美元，创造了互联网神话，之后全球各地互联网公司、投资创业者争相模仿。

2010 年 3 月基于 Groupon 模式的美团网的上线，引爆了中国团购网站的竞争之势，到 2010 年年底，各种大大小小的团购网站多达 1 664 家，且数量呈上升趋势，竞争进入了白热化阶段，业界戏称“千团大战”，团购网站迎来了发展的春天。团购网站的迅速发展，与团购的模式特点有关。其一，团购发掘了餐饮、休闲、娱乐等本地化消费服务的特点，迎合了网民对服务性商品的需求，填补了线上市场空白，这是导致团购网站急速增长的重要原因。其二，随着网络零售的发展，网民对网上购物的接受度越来越高，团购模式正赶上了电子商务应用迅猛增长的时期，使得团购服务方式得以从网民网上消费模式中稳固生长。

网络团购是指借助互联网，将具有相同购买意向的零散消费者集合起来，向商家大批量购买，求得最优惠的价格。团购网站向消费者提供同城商家的优惠商品和服务，并从中抽取佣金，消费者得到优惠的价格，而商家也从中赚取费用。简而言之，是指一定数量的消费者通过互联网渠道组织成团，以折扣购买同一种商品。国际上通称 B2T（Business To Team），是继 B2B、B2C、C2C 后的又一电子商务模式。这种电子商务模式也可称为 C2B，和传统的 B2C、C2C 电子商务模式有所不同，需要将消费者聚合才能形成交易，所以需要有即时通信和社交网络作支持。

目前，团购网站涉及的产品已经覆盖了衣食住行等众多方面，酒店和旅游产品也已成为新的团购商品。团购商品向垂直化发展，在餐饮、化妆品、旅游等领域都出现了专注于垂直领域的团购网站。同时，在城市扩张方面，目前较大的团购网站都在全国数百个城市开辟了团购业务。

《2013 年度中国电子商务市场数据监测报告》中显示：2013 年全年团购市场交易额累计达 532.89 亿元，与 2012 年相比环比大涨 52.8%，交易额净增 184 亿元，如图 12-10 所示。与 2012 年的涨势相比，2013 年平均每月的涨幅更大。

团购行业经历 3 年的起伏，2013 年国内大型团购网站相继实现赢利共同推动团购市场规模逼近“600 亿”。团购俨然已经成为消费者最主要的消费形式之一，并极大地带动了国内市场经济。

2013 年度团购折扣走势如图 12-11 所示，可知团购平均折扣逐月呈现走高趋势，由年初的 4.3 折上涨至 12 月的 4.5 折。

从 2012 年团购整体摆脱靠“赔本赚吆喝”的经营模式后，逐渐走向理性。通过逐年上涨的交易额可知，团购热度并没有随着团购折扣优惠度的降低而降温。相反，在团购行业良性发展时期，更有助于团购行业的拓展和赢得口碑。

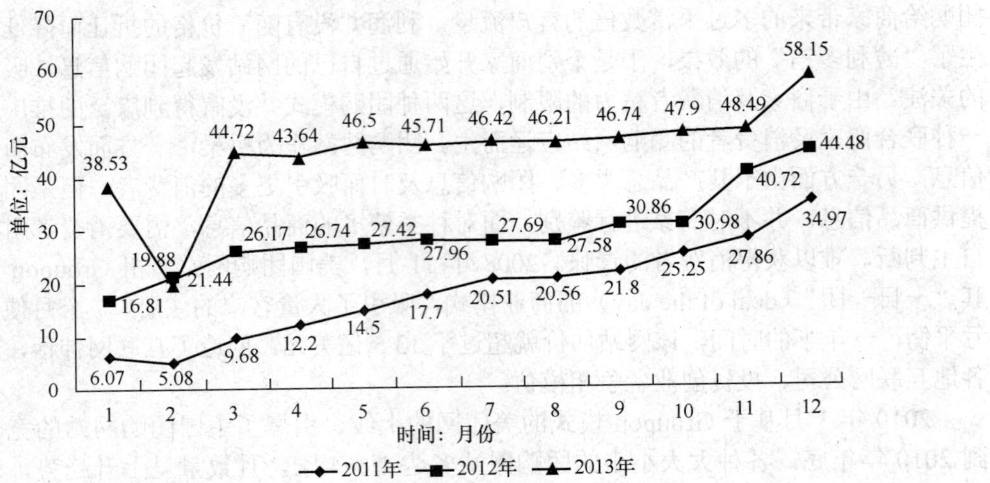

图 12-10 2011～2013 年团购交易额对比图

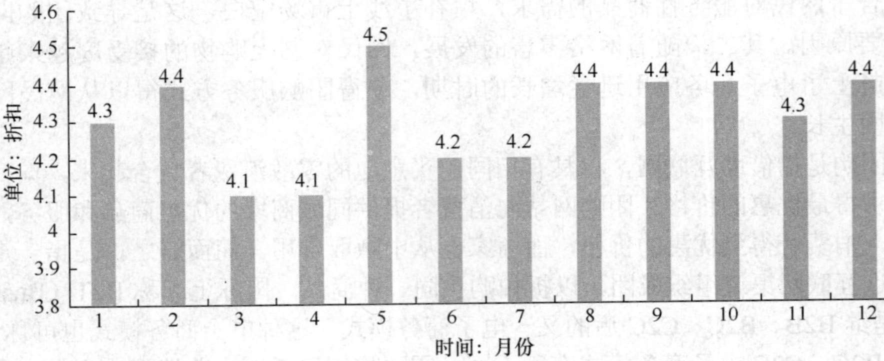

图 12-11 团购折扣走势

中国电子商务研究中心（100EC.CN）、领团网将团购网站分为三大类：以美团、大众点评、窝窝团、拉手网、糯米网、高朋网等前十强团购网站，聚划算、京东团购、58 团购为主的团购平台和聚美优品、知我网、团购王等垂直或中小型团购网站。如图 12-12 所示可知，2013 年前十强团购网站交易额之和占总市场份额的 42%，团购平台占市场份额的 37%，其他中小团购网及垂直网站交易额之和占其余市场份额的 21%。其数据显示，以美团网为首的前十强团购网站已经牢固占据市场主导地位，在移动团购、O2O 等方面也占尽优势。

随着移动互联网的迅速发展，团购行业出现新的演进态势。团购向 O2O 的深化也体现在大型团购网站的变迁之中。高朋网在微信平台推出“微信电影票”，覆盖北京、上海、广州和深圳 4 个城市，并支持微信支付。大众点评已开始尝试在线订座点餐功能，领团网则推出微信公众号“约你妹”，主打约会交友的社交 O2O 市场，解决团购与生俱来的消费者实惠与团购商家追求赢利的内在矛盾，做到消费者、商家和团购网站的多方共赢。

网络团购的主要特征如下。

① 成交数量限制：团购交易成立的前提条件是购买数量需达到最低数量；由于生产、配送等方面的问题，通常团购活动也会设置数量上限。

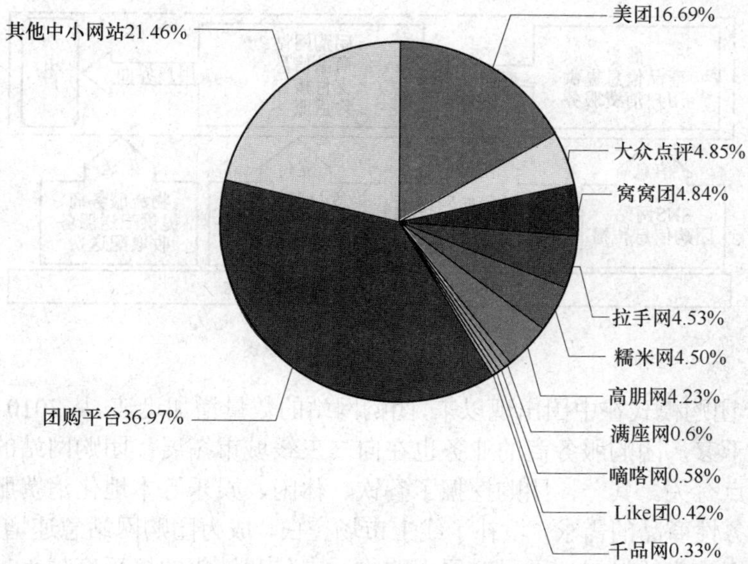

图 12-12　团购网站市场份额对比图

② 价格折扣低：团购交易的目的之一就是通过集体购买，获得较低的价格折扣。

③ 时间限制：团购交易属于阶段性的商业促销活动，不是商家持续性策略，因此一般团购活动都会有时间周期。

④ 小额支付：目前国内网络团购交易涉及的金额，多是小额支付；类似房子、汽车之类的大额支付交易，尚未发展起来，这与中国此类商品单价高、购物决策影响因素多有关。

⑤ 商品毛利高：团购活动本身属于促销行为，目的在于吸引消费者的重复消费，因为商品生产的边际成本低，或毛利水平高，才能支持低折扣销售。

网络团购的主体大体可以归为 3 类：购买者、销售者、组织者。3 类主体结合方式的不同，也决定了网络团购具体形式的不同。目前存在的网络团购形式大体可分为 3 种。

第一种：消费者通过网络自发组织的团购。此种团购中，所有参与网络团购的都是消费者，组织者作为消费者之一通过网络将零散的消费者组织起来，以团体的优势与销售者谈判，从而获得比单个消费者优越的购买条件。

第二种：销售者通过网络组织消费者团购。此种团购中，销售者通过网络发布团购信息，邀请消费者参与团体采购，而销售者自愿将价格降低到比零售更低的水平。因为消费者采购数量大，从而也保证了销售者的更大利润。

第三种：专业团购组织通过网络组织团购。此种团购中，除了消费者和销售者以外，尚有专业的团购组织。专业团购组织并不是消费者，也不是销售者，而是为了帮助消费者购买而提供服务的组织。当然，此种形式的组织者也可能是个人。

因此网络团购的本质，从消费者的角度分析，网络团购是一种购物方式；从商家的角度分析，网络团购是一种营销方式。

目前国内团购交易过程中，社交网站（SNS 网站）成为团购信息的传播渠道，团购导航网站集合多家团购信息，为用户提供集合信息平台，同时帮助团购网站，尤其是新出现的团购网站进行推广；支付宝、财付通、环迅等支付服务商，申通、圆通等物流服务商获取服务费收入。团购网站主导的网络团购产业链如图 12-13 所示。

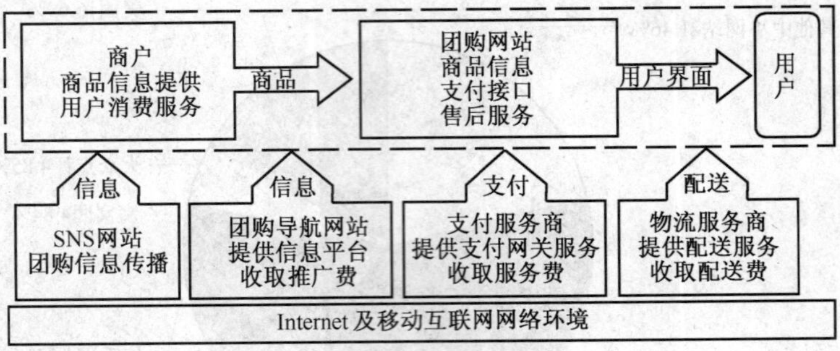

图 12-13　团购网站产业链

自2010年团购模式在中国出现以来，团购网站的数量增加迅速。从2010年年底的2 000家增加到四五千家，团购服务商的业务也在向二三线城市拓展。团购网站的迅速发展，与团购的模式特点有关。其一，团购挖掘了餐饮、休闲、娱乐等本地化消费服务的特点，迎合了网民对服务性商品的需求，填补了线上市场空白，成为团购网站急速增长的重要原因。其二，随着网络零售的发展，网民对网上购物、支付和销售的接受度越来越高，团购模式进入中国正赶上了商务类应用迅猛增长的时期，使得团购服务方式得以在中国网民网上消费模式中稳固生长。其三，区域化正在成为电子商务发展的重要方向。重点城市电子商务的环境已经相对形成，用户培育已经相对成熟，团购与LBS应用的联合也强化了团购服务的本地化色彩，给团购发展提供了较好的应用发展环境。但随着网络团购的发展，团购行业竞争日益激烈，大多数网站存在规模小、管理经验缺乏、没有配套的保障服务等问题，诚信问题难以解决，用户满意度低，最终影响消费者利益。网络团购作为一种新兴的消费模式，同所有网上购物一样，目前还缺乏相关法律法规的监督约束，就会导致一些违法分子利用法律漏洞诈骗消费者。因此消费者对团购平台的选择应该谨慎小心，避免直接付款，关注网络团购售后服务相关信息等，以此规避风险。

从未来发展趋势看，团购网站已经处于分化的阶段，一些服务能力和资金实力不足的网站会逐步退出市场。从模式上看，有一些团购网站还是会坚持走“轻”路线，专注于本地消费电子商务；一些团购网站尝试“重”的道路，从侧重服务转移到全网商品上，与B2C购物网站抢夺市场。虽然目前众多单凭自身业务能力，在地方进行直营，但在一些团购网站的城市发展中，代理服务模式也已经出现。但是代理模式不利于团购网站的质量控制，城市代理的资质认定和管理体系还需成熟化。

第六节　网络拍卖

网络拍卖（Auction Online）是指通过Internet实施的价格谈判交易活动，即利用互联网在网站上公开发布将要招标的物品或者服务的信息，通过竞争投标的方式将它出售给出价最高或最低的投标者。网络拍卖的实质是以竞争价格为核心，建立生产者和消费者之间的交流与互动机制，共同确定价格和数量，从而达到均衡的一种市场经济过程。网络拍卖不仅是网络时代消费者定价原则的体现，更重要的是拍卖网站营造了一个供需有效集结的市场，成为消费者和生产商各取所需的场所，是一种典型的中介型电子商务形式。随着电子商务的发展，网络拍卖已经成为一种引人瞩目的新型交易机制。

最早的拍卖网站是由欧米达在 1995 年建立的，他在网站上加了一个小的拍卖程序，帮助人们交换各自的收藏品。后来他辞掉工作，全心全意投入到网上拍卖业务中去，于是现在知名的网络拍卖网站——eBay 诞生了。较早开展网上拍卖的还有创建于 1995 年 5 月的 Onsale，它和 eBay 首开利用网站提供的技术进行拍卖的先河，并创立了电子形式的自动化投标代理、搜索引擎和分类目录等网上拍卖技术。目前，国际知名的拍卖网站有 eBay（其首页界面如图 12-14 所示）、Yahoo 和 Amazon 等，我国比较成功的拍卖网站有易趣、雅宝、淘宝等。

图 12-14 eBay 网首页

网络拍卖绝不仅仅是传统拍卖在 Internet 上的简单移植。无论从商务模式、买卖双方行为特征还是从拍卖品类型、拍卖方式来看，网络拍卖都有自身独特的性质。

① 交易双方不受时间、地域的限制。个人可以随时随地买卖各种物品，无须支付中间人费用。

② 拍卖网站不一定是拍卖者，卖方也不一定是委托人。许多拍卖网站只是提供一个虚拟的交易场所，在买家和卖家之间起着中介作用。

③ 不必事先缴付保证金，凭借网站自建的信用评价系统，借助所有用户的监督力量来营造一个相对安全的交易环境，买卖双方都能找到可信赖的交易伙伴。

④ 买卖各方在竞价过程中可以通过网络自由交流。如对拍卖品进行提问、回答、讨论与留言等。

⑤ 卖方可根据买方的信用情况，选择出价者中的任何一方成交，而非一定是“价高者得”。

网络拍卖的交易流程为：买卖双方进入系统之前，需要向系统注册，并提供真实的卖家身份，以保证交易的正常进行，防止商业欺诈或不履行责任的行为。卖家登录系统后，向系统提交拍卖信息、拍卖品状况、拍卖方式、有效时间等信息。系统接收到拍卖请求后，安排好该项拍卖的起始时间并予以公布。买家查询网上拍卖的产品，选择进入某产品的拍卖，提交自己的竞争价格。拍卖截止后，系统根据拍卖的方式及拍卖规则自动确定拍卖赢家。

网络拍卖自诞生以来便备受关注，是一种基于明确规则的高效、无摩擦市场竞争机制，参与者在竞价过程中可有效的分配资源，形成最优定价，因而被理论界评为接近完美的交易模式。但网络信任的缺失严重阻碍了网络拍卖市场的发展，如卖家欺诈，包括不运送货物、虚假描述、虚增费用、出售黑货和“托”投标等；买家欺诈，如多重投标或投标屏蔽、买家共谋、不付款、退款欺诈等；网站共谋，如将廉价物品放入高档货目录或进行虚假广告减少对某一物品的投标帮助买家减少竞争等。

市场的开放性及严重的信息不对称是网络拍卖欺诈行为盛行的关键原因。拍卖网站中交易者都是匿名注册的，没有太多的条件限制竞价过程没有现场感，无法看到竞价过程和竞价者；拍卖时间延长、交易结束标志不清晰；网下钱物交换没有规范化的操作规则等。

目前拍卖网站大都建立了信任机制，通过控制交易过程中的不确定性，一定程度上制约了网上欺诈行为的发生。网络拍卖信任机制主要由系统信任、安全策略、交易信任、信任保障机制 4 部分组成。其中，系统信任机制通过减少网络及交易环境所产生的不确定性，使交易双方对 Web 环境和交易平台产生信任。安全策略机制对交易活动和交易平台中行为的合理性做出了规定。交易信任机制包括身份认证、声誉系统和安全交易判断机制等。信任保障机制为网络拍卖信任机制的有效运行提供支持，包括惩罚与制约制度、安全交易基金机制等。另外，交易完成后，其结果会反馈到声誉系统，并进行信用评估，同时安全策略进行相应调整。

网上拍卖一般包括 3 个部分。

① 信息流，包括网上拍品展示（即网上用户所展示的拍品的图像及有关文字资料），竞价信息，拍卖网站用户的反馈信息，拍卖当事人之间的信息交流等。

② 配送的物流，即拍卖成交的商品成功到达竞买人的手中。

③ 转账支付的结算，即网上拍卖交易双方支付拍卖价款，包括拍品价格和拍卖费用。

Internet 上的拍卖网站就像一个经纪人，它为想在网站上出售物品的供货商和想为这些物品竞价的购买者提供服务。大多数拍卖以供货商愿意接受的最低价开始进行竞价，每件物品的详细描述可在线查询，一些价值昂贵的物品的详细信息可通过电子邮件获得。竞价者看了物品描述后，通过发送电子邮件或填写电子表格的形式进行竞价，竞价过程通常持续几天时间（有的甚至持续几个月），网站公开整个竞价过程，时刻刷新最近的最高报价。为保护竞投者的隐私，竞投者以代号的形式参加竞投，只有在竞价结束后，购买者和供货商才能从网站知道彼此的一些个人真实信息。公拍网首页界面如图 12-15 所示。

一般的网上拍卖网站会提供两种拍卖方式：一般拍卖和集体议价方式。一般拍卖指的是供货商提供商品参加拍卖，购买方进行竞价购得商品的方式，此时一般采压加价式竞价来决定最终购买方和购买价格。集体议价是一种多人对多个同一商品进行购买的方式。它的特点在于，商品的最终成交价格不是由竞价者出价决定，而是根据其投标总数量的不同购买量，同一种商品，买的人越多，最终成交的价格就越低。一般的，集体议价会设定在一个时间段内进行，在到达截止时间时，系统会自动根据出价总数量决定此种商品的最终成交价格。集体议价的拍卖流程和一般拍卖的基本相同，只是竞拍人选择的竞价方式是集体议价。

图 12-15　公拍网首页

第七节　移动网络购物

据互联网络发展状况统计调查统计可知，目前手机网民规模已超过传统计算机网民规模。截至 2014 年 6 月，我国手机网民规模达 5.27 亿，网民中使用手机上网的人群占比进一步提升，由 2013 年的 81.0%提升至 83.4%，如图 12-16 所示。

图 12-16　中国手机网民规模及占网民比例

随着网络购物的持续走俏、智能手机的普及和移动互联网的发展，移动网络购物出现在人们的生活中，为人们带来更快捷的网络购物方式。移动网络购物是移动通信与网络购物的有效结合。移动网络购物在移动端市场发展迅速，据艾瑞咨询最新数据，2013 年网络购物市场规模达到 18924.9 亿元，其中移动端占比为 14.5%。整体移动购物市场规模为 2 740.0 亿元，而 2013 年阿里公开数据表明其移动端交易额已达 2 320.49 亿元，阿里移动端（手机淘宝，含天猫）交易额在移动网络购物市场整体中占比为 84.7%。移动网络购物已经发展成为网络购物市场重要补充方式。如图 12-17 所示。

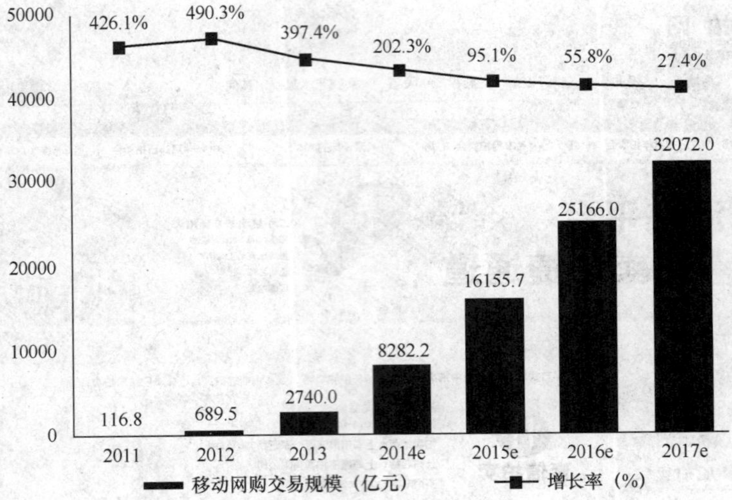

图 12-17　2011～2017 年中国移动购物市场交易规模

艾瑞咨询预计，2014 年移动购物市场交易中移动端交易占比达 30%，艾瑞分析认为，移动互联网的普及、网民购物习惯的变化、移动购物场景的完善、移动支付应用的推广，将共同推动移动购物市场的快速发展。如图 12-18 所示。

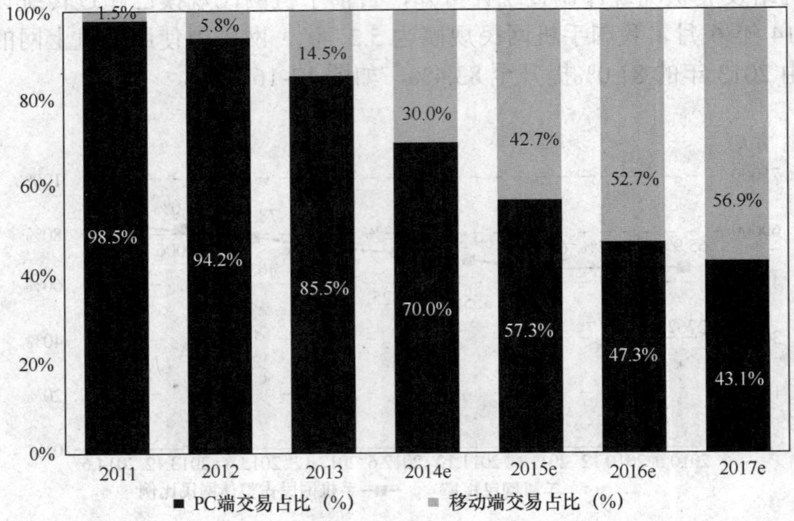

图 12-18　2011～2017 年中国网购交易额 PC 端和移动端占比

此外，阿里巴巴、京东、唯品会、苏宁、当当、亚马逊等核心企业移动端布局力度进一步加大，买卖宝、移淘等独立移动购物企业在三四线城市继续发力，艾瑞分析认为，中国移动购物市场未来将保持强势增长态势，移动端也将成为网络购物用户的重要选择。

B2C 市场中移动端的发展前景看好，网络团购企业也不甘示弱。随着智能手机的普及及购物体验的改善，手机网络购物成为一种流行时尚。如今，手机网民数量已经超过 PC 端网民数量。美团、大众点评、糯米网等都推出了移动客户端，使网络团购进入人们的生活中，从而推动着网络团购不断朝前发展。

据统计，消费者团购的商品中美食最多，其次是电影，再次是休闲娱乐。以餐饮团购为例，比较受欢迎的有：美团网、淘点点、大众点评。处于网络团购排名第一的美团网推出移动端，让用户可以随时随地团购美食、享受优惠。（美团网移动端首页如图 12-19 所示）而淘点点主要以美食外卖为主，用户可以通过移动端下订单、付款，然后等待美食送货上门。（淘点点移动端首页如图 12-20 所示）这对于上班族来说，极大地节省了时间，还免去了下班高峰期排队的困扰。大众点评则是在用户评价方面做得较好，它支持用户在订单体验后进行评价，这些评价可以给他人提供参考的标准，使他人有选择地查看所要购买的产品（大众点评移动端首页如图 12-21 所示）。

图 12-19　美团网移动端首页

图 12-20　淘点点移动端首页

图 12-21　大众点评移动端首页

复习思考题

1．简述网络零售的定义。
2．如何理解网络直销？
3．简述网络零售相对于传统零售的优势。
4．简述网络直销的优势。
5．简述网络团购的定义及其发展。
6．简述网络团购的流程。
7．简述网络拍卖的特点。
8．简述网络拍卖的类型及其流程。

参考文献

[1] 李瑞．电子商务法[M]．北京：北京大学出版社，2008．
[2] 严晓红．电子商务法律法规[M]．北京：清华大学出版社，2010．
[3] 张福德．电子商务概论[M]．北京：清华大学出版社，2009．
[4] 杨天翔．电子商务概论[M]．上海：复旦大学出版社，2007．
[5] 濮小金．电子商务理论与实践[M]．北京：机械工业出版社，2008．
[6] 陈德人．电子商务理论与实践[M]．北京：高等教育出版社，2010．
[7] 曹彩杰．电子商务案例分析[M]．北京：北京大学出版社，2010．
[8] 胡燕灵．电子商务物流管理[M]．北京：清华大学出版社，2009．
[9] 祝凌曦，汪晓霞．电子商务物流管理[M]．北京：人民邮电出版社，2008．
[10] 丁振凡，李卓群．电子商务物流管理[M]．北京：中国铁道出版社，2009．
[11] 杨路明．电子商务物流管理[M]．北京：机械工业出版社，2007．
[12] 明均仁．电子商务概论[M]．北京：人民邮电出版社，2012．
[13] 李琪．电子商务概论[M]．北京：高等教育出版社，2009．
[14] 陈德人．电子商务案例及分析[M]．北京：高等教育出版社，2010．
[15] 王学东．电子商务管理[M]．北京：高等教育出版社，2011．
[16] 黄敏学．电子商务[M]．北京：高等教育出版社，2007．
[17] 胡伟雄．电子商务安全与认证[M]．北京：高等教育出版社，2011．
[18] 杨坚争．电子商务法教程[M]．北京：高等教育出版社，2007．
[19] 张大斌．电子商务技术基础[M]．北京：高等教育出版社，2008．
[20] 劳帼龄．电子商务安全与管理[M]．北京：高等教育出版社，2011．
[21] 马士华．供应链管理[M]．北京：高等教育出版社，2011．
[22] 霍红．物流管理学[M]．北京：高等教育出版社，2011．
[23] 叶怀珍．现代物流学[M]．北京：高等教育出版社，2006．
[24] 霍佳震．物流与供应链管理[M]．北京：高等教育出版社，2006．
[25] 陈科鹤．电子商务实务教程（第 2 版）[M]．北京：清华大学出版社，2006．
[26] 赵卫东 黄丽华．电子商务模式[M]．上海：复旦大学出版社，2006．
[27] 赵吉兴，等．电子商务概论[M]．北京：中国铁道出版社，2007．
[28] 李健．电子商务基础与实验[M]．北京：中国水利水电出版社，2005．
[29] 李莉，等．电子商务经济学[M]．北京：机械工业出版社，2007．
[30] 北京市信息化工作办公室等．北京市电子商务发展报告 2005．北京：中国发展出版社，2006．
[31] 陈月波，等．电子商务实务[M]．北京：电子工来出版社，2005．
[32] 王伟军．电子商务概论[M]．武汉：华中师范大学出版社，2006．
[33] 张劲松．网络金融[M]．北京：机械工业出版社，2007．
[34] 汪蕾．网上支付与结算[M]．杭州：浙江大学出版社，2007．
[35] 邵兵家．电子商务概论[M]．北京：高等教育出版社，2006．
[36] 邵兵家，等．电子商务案例教材[M]．北京：机械工业出版社，2001．

[37] 张润彤．电子商务[M]．北京：科学出版社，2005．
[38] 姜旭平．电子商贸与与网络营销[M]．北京：清华大学出版社，1998．
[39] 李红，梁晋．电子商务技术[M]．北京：人民邮电出版社，2001．
[40] 黄敏学．电子商务[M]．北京：高等教育出版社，2001．
[41] 黄孝武．网络银行[M]．武汉：武汉出版社，2001．
[42] 高富平．电子商务法律指南[M]．北京：北京法律出版社，2002．
[43] 陈梅梅．电子商务实务[M]．上海：东方出版中心，2001．
[44] 陈如刚，杨小虎．电子商务安全协议[M]．杭州：浙江大学出版社，2000．
[45] 陈晓红．电子商务实现技术[M]．北京：清华大学出版社，2001．
[46] 方美琪．电子商务概论[M]．北京：清华大学出版社，2002．
[47] 李琪．电子商务概论[M]．成都：西南财经大学出版社，1997．
[48] 李琪．电子商务图解[M]．北京：高等教育出版社，2001．
[49] 刘军．电子商务系统的规划与设计[M]．北京：人民邮电出版社，2001．
[50] 张福德．电子商务导论[M]．北京：科学出版社，2001．
[51] 张福德．电子商务安全技术[M]．北京：中国城市出版社，2001．
[52] 王志峰．电子商务网站的构建与维护[M]．北京：清华大学出版社，2000．
[53] 胡静．电子商务认证法律问题[M]．北京：北京邮电大学出版社，2000．
[54] 陈淑仪．EDI 技术[M]．北京：人民邮电出版社，1997．
[55] 姚国章，邵柏庆．新编电子商务案例[M]．北京：北京大学出版社，2004．
[56] 杨路明，等．现代旅游电子商务教材[M]．北京：电子工业出版社，2004．
[57] 刘涛．电子商务网站建设[M]．北京：经济科学出版社，2002．
[58] 柯新生．网络支付与结算[M]．北京：电子工业出版社，2004．
[59] 刘喜敏，刘玉玲．电子商务法律法规[M]．大连：大连理工大学出版社，2006．
[60] 杨坚争，高富平，方有明．电子商务法教材[M]．北京：高等教育出版社，2001．
[61] 关振胜．公钥基础设施 PKI 与认证机构 CA[M]．北京：电子工业出版社，2002．
[62] 刘刚．网上支付与电子银行[M]．武汉：华中师范大学出版社，2002．
[63] 孙森．网络银行[M]．北京：中国金融出版社，2004．
[64] 吴佩江，王瑞飞．电子商务法律[M]．杭州：浙江大学出版社，2004．
[65] 吴弘，等．电子商务发展的法律研究[M]．上海：上海交通大学出版社，2006．
[66] 秦成德．电子商务法[M]．重庆：重庆大学出版社，2004．
[67] 孟霜．电子商务与法律[M]．北京：北京水利水电出版社，2005．
[68] 夏春玉．物流与供应链管理[M]．大连：东北财经大学出版社，2004．
[69] 徐天宇．电子商务系统规划与设计[M]．北京：清华大学出版社，2007．
[70] 朱顺泉．电子商务系统及其设计[M]．西安：西安电子科技大学出版社，2005．
[71] 厉小军．电子商务系统设计与实现[M]．北京：机械工业出版社，2007．
[72] 刘明菲，王槐林．物流管理[M]．北京：科学出版社，2008．
[73] 中国就业指导培训指导中心编写．物流师（基础知识）第 2 版[M]．北京：中国劳动社会保障出版社，2009．
[74] 王丽杰．供应链管理[M]．厦门：厦门大学出版社，2012．
[75] 沈莹．供应链管理[M]．北京：北京交通大学出版社，2008．

［76］杨天剑，胡桃，吕廷杰．电子商务系统分析与设计[M]．北京：北京邮电大学出版社，2007．

［77］邓仲华．电子商务系统分析与设计[M]．武汉：武汉大学出版社，2003．

［78］朱顺泉．电子商务信息系统分析与设计[M]．北京：清华大学出版社，2006．

［79］王伟军．电子商务概论[M]．北京：首都经济贸易大学出版社，2007．

［80］吕英斌，储节旺．网络营销案例评析[M]．北京：北方交通大学出版社，2004．

［81］冯红霞．电子商务中的几个法律问题[J]．商场现代化，2007，(10s)：94-95．

［82］秦成德．电子商务法[M]．重庆：重庆大学出版社，2004．

［83］吴佩江，王瑞飞．电子商务法律[M]．杭州：浙江大学出版社，2004．

［84］吴弘等．电子商务发展的法律研究[M]．上海：上海交通大学出版社，2006．

［85］孟霜编．电子商务与法律[M]．北京：北京水利水电出版社，2005．

［86］苏丽琴．电子商务法[M]．北京：电子工业出版社，2006．